住房城乡建设部土建类学科专业"十三五"规划教材
高等学校房地产开发与管理和物业管理学科专业指导委员会规划推荐教材

设施管理

（物业管理专业适用）

曹吉鸣　刘　亮　主编
陈建国　主审

中国建筑工业出版社

图书在版编目（CIP）数据

设施管理/曹吉鸣，刘亮主编. —北京：中国建筑工业出版社，2017.6

住房城乡建设部土建类学科专业"十三五"规划教材. 高等学校房地产开发与管理和物业管理学科专业指导委员会规划推荐教材

ISBN 978-7-112-20794-7

Ⅰ.①设… Ⅱ.①曹… ②刘… Ⅲ.①物业管理—设备管理—高等学校—教材 Ⅳ.①F293.33

中国版本图书馆CIP数据核字（2017）第113650号

本书在总结国内外设施管理（Facility Management）最新研究成果的基础上，结合作者的理论探索和应用实践，建立了一套较为完整的设施管理学科体系。全书分为13章，介绍了设施管理的基本概念和发展趋势，阐述了设施战略规划、设施管理组织、工作空间管理、业务持续管理原理，探讨了设施成本和价值管理、设施管理外包、设施运营和维护、建筑环境管理、能源管理和客户关系管理的方法，以及设施管理绩效和审核、信息技术应用等领域的应用实践。

本书可作为高校房地产、物业管理、工程管理、建筑学和土木工程等专业的课程教材，也可作为设施管理相关的专业人员提供参考资料。

为更好地支持相应课程的教学，我们向采用本书作为教材的教师提供教学课件，有需要者可与出版社联系，邮箱：cabpcm@163.com。

责任编辑：张　晶　刘晓翠　王　跃
责任校对：焦　乐　党　蕾

住房城乡建设部土建类学科专业"十三五"规划教材
高等学校房地产开发与管理和物业管理学科专业指导委员会规划推荐教材
设施管理
（物业管理专业适用）

曹吉鸣　刘　亮　主　编
陈建国　主　审

*

中国建筑工业出版社出版、发行（北京海淀三里河路9号）
各地新华书店、建筑书店经销
北京锋尚制版有限公司制版
北京君升印刷有限公司印刷

*

开本：787×1092毫米　1/16　印张：24¼　字数：513千字
2017年9月第一版　2017年9月第一次印刷
定价：48.00元（赠课件）
ISBN 978-7-112-20794-7
（30447）

版权所有　翻印必究
如有印装质量问题，可寄本社退换
（邮政编码100037）

教材编审委员会名单

主　任：刘洪玉　咸大庆
副主任：陈德豪　韩　朝　高延伟
委　员：（按拼音顺序）

曹吉鸣　柴　强　柴　勇　丁云飞　冯长春　郭春显
季如进　兰　峰　李启明　廖俊平　刘秋雁　刘晓翠
刘亚臣　吕　萍　缪　悦　阮连法　王建廷　王立国
王怡红　王幼松　王　跃　吴剑平　武永祥　杨　赞
姚玲珍　张　晶　张永岳　张志红

出版说明

20世纪90年代初,我国房地产业开始快速发展,国内部分开设工程管理、工商管理等本科专业的高等院校相继增设物业管理课程或开设物业管理专业方向。进入21世纪后,随着物业管理行业的发展壮大,对高层次物业管理专业人才的需求与日俱增,对该专业人才培养的要求也不断提高。教育部为适应社会和行业对物业管理专门人才的数量需求和人才培养层次要求,于2012年将物业管理专业正式列入本科专业目录。为全面贯彻落实《国家中长期教育改革和发展规划纲要(2010—2020年)》和教育部《全面提高高等教育质量的若干意见》的精神,规范全国高等学校物业管理本科专业办学行为,促进全国高等学校物业管理本科专业建设和发展,提升该专业本科层次人才培养质量,按照教育部、住房城乡建设部的部署,高等学校房地产开发与管理和物业管理学科专业指导委员会(以下简称专指委)组织编制了《高等学校物业管理本科指导性专业规范》(以下简称《专业规范》)。

为了形成一套与《专业规范》相匹配的高水平物业管理教材,专指委于2015年8月在大连召开会议,研究确定了物业管理本科专业核心系列教材共12册,作为"高等学校房地产开发与管理和物业管理学科专业指导委员会规划推荐教材",并在全国高校相关专业教师中遴选教材的主编和参编人员。2015年11月,专指委和中国建筑工业出版社在济南召开教材编写工作会议,对各位主编提交的教材编写大纲进行了充分讨论,力求使教材内容既相互独立,又相互协调,兼具科学性、规范性、普适性、实用性和适度超前性,与《专业规范》严格匹配。为保证教材编写质量,专指委和出版社共同决定邀请相关领域的专家对每本教材进行审稿,严格贯彻了《专业规范》的有关要求,融入物业管理行业多年的理论与实践发展成果,内容充实、系统性强、应用性广,对物业管理本科专业的建设发展和人才培养将起到有力的推动作用。

本套教材已入选住房城乡建设部土建类学科专业"十三五"规划教材,在编写过程中,得到了住房城乡建设部人事司及参编人员所在学校和单位的大力支持和帮助,在此一并表示感谢。望广大读者和单位在使用过程中,提出宝贵意见和建议,促使我们不断提高该套系列教材的重印再版质量。

高等学校房地产开发与管理和物业管理学科专业指导委员会
中国建筑工业出版社
2016年12月

前 言

随着我国经济结构转型和体制改革的深化,各类企业、事业单位和社会公共机构等组织面临着资产整合、人力资源优化、技术变革、成本削减、业务外包、社会责任、可持续发展、应急响应等一系列新常态下的机遇和挑战。如何保持高品质的活动空间,如何提高投资效益,如何满足战略目标和业务发展的要求,是组织迫切需要解决的难题。

设施管理(Facility Management,FM)是一门跨学科、多专业交叉的新兴学科,它综合利用管理科学、建筑科学、经济学、行为科学和工程技术等多种学科理论,将人、空间与流程相结合,对人类工作和生活环境进行有效地规划和控制,确保建成的建筑环境功能的实现。设施管理概念是在20世纪70年代后期提出来的,世界各国相继成立了设施管理协会,在一些发达国家高校专门有设施管理的本科和研究生学位专业,成立了设施管理研究中心或设施管理学院。欧洲标准研究院(ESI)和国际标准化组织(ISO)也已经正式发布了一系列设施管理的标准和规范。

虽然我国设施管理行业发展比较晚,但市场对设施管理高端服务和专业人才的需求不断扩大。世界500强跨国企业、国际知名服务供应商发挥了设施管理实践的示范引领作用,我国高等院校、国际性专业协会推动了设施管理的知识、理念、方法的传播,培养了一批设施管理的新生力量。根据教学计划的安排,国内部分高校准备针对本科生和研究生开设设施管理专业课程,这将是我国设施管理行业发展过程中一个重要的里程碑事件。

本书在2011年出版的《设施管理概论》基础上,结合设施管理的最新研究成果和应用实践,进行了补充、调整和修改,比较系统地介绍了设施管理的基本概念和发展趋势,阐述了设施管理的理论体系和方法。本书共分为13章,由曹吉鸣、刘亮主编。具体编写分工如下:第1章,曹吉鸣;第2章,曹吉鸣、刘佳;第3~4章,缪莉莉;第5章,王万力、周瓒;第6章,黄蕾;第7章,林毅、彭奕龙;第8章,刘亮、周寻;第9章,马腾、周通拉嘎;第10章,仲毅;第11章,朱倩、田哲;第12章,刘亮;第13章,汤红霞。

在本书编写过程中,得到了同济大学经济与管理学院和中国建筑工业出版社的大力支持,也得到了李秋锦、白云松、周诗杰、杨克、单显林、姚晓勃等业界专家的热情帮助,申良法、许志远、刘冰卿、戴维、夏静怡等为本书的数据编辑和资料整理做了大量工作,在此一并表示衷心的感谢。

本书可作为高校房地产、物业管理、工程管理、建筑学和土木工程等专业的课程教材，也可作为设施管理相关的专业人员提供参考资料。

由于作者的学术水平和实践经验有限，书中错误、遗漏和不足之处，敬请有关专家、学者和读者批评指正。

2017年5月

目 录

1 设施管理概述 /001
- 1.1 设施管理基本概念..................................002
- 1.2 设施管理产生和发展趋势..........................008
- 1.3 设施管理知识、能力和相关学科....................013
- 复习思考题..022

2 设施战略规划 /025
- 2.1 设施管理战略......................................026
- 2.2 设施战略规划概述..................................033
- 2.3 设施战略规划制定和实施............................039
- 复习思考题..045

3 设施管理组织 /047
- 3.1 设施管理相关方....................................048
- 3.2 基于规模的设施管理组织模式........................053
- 3.3 设施管理组织变革..................................058
- 3.4 设施管理组织制度体系..............................063
- 复习思考题..067

4 工作空间管理 /069
- 4.1 工作空间需求分析..................................070
- 4.2 工作空间配置......................................074
- 4.3 现代工作空间......................................086
- 4.4 搬迁管理..093
- 复习思考题..101

5 设施成本与价值管理 /103
- 5.1 设施全生命周期成本管理............................104
- 5.2 设施的经济寿命管理................................110

5.3 价值工程在设施管理中的应用..........................117
复习思考题..........................124

6 设施管理外包 /125

6.1 设施管理外包概述..........................126
6.2 设施管理外包流程..........................130
6.3 设施管理需求方案说明书..........................140
复习思考题..........................144

7 设施运营和维护管理 /145

7.1 设施运维管理概述..........................146
7.2 设施运行管理..........................151
7.3 设施维护管理..........................160
复习思考题..........................175

8 设施环境管理 /177

8.1 设施环境管理概述..........................178
8.2 设施环境要素的检测与控制..........................186
8.3 与设施管理相关的环境评价体系..........................204
复习思考题..........................213

9 建筑能源管理 /215

9.1 建筑能源消耗和基准..........................216
9.2 建筑能源管理体系..........................226
9.3 建筑能源管理实践..........................234
复习思考题..........................245

10 客户关系管理 /247

10.1 客户关系管理的基本要素..........................248
10.2 客户服务工具..........................259
10.3 客户满意度管理..........................265
10.4 客户投诉管理..........................275

复习思考题..280

11 设施管理绩效与审核 /283

11.1 设施管理服务水平协议..................................284
11.2 设施管理关键绩效指标..................................294
11.3 设施管理审核..................................303
复习思考题..310

12 信息技术在设施管理中的应用 /313

12.1 设施管理信息技术发展和作用..................................314
12.2 设施管理信息系统模型及实施..................................321
12.3 典型设施管理信息系统软件..................................330
复习思考题..334

13 设施业务持续管理 /337

13.1 设施业务持续管理概述..................................338
13.2 业务影响分析和风险评估..................................344
13.3 设施业务持续管理策略..................................353
13.4 设施业务持续响应计划..................................358
13.5 设施业务持续管理实施..................................365
复习思考题..371

参考文献 /373

设施管理概述

[本章导读]

设施管理（Facility Management，FM）是一门跨学科、多专业交叉的新兴学科。尽管设施管理学科诞生的时间不长，但已经积累了丰富的理论方法和实践案例，初步形成了独特的学科体系。随着我国经济结构转型和体制改革的发展，企业投资扩张、人力资源优化、技术变革、成本削减、业务外包、社会责任、可持续发展、应急事件等因素给设施管理注入了新的活力，也带来了巨大的市场机遇和挑战。本章主要探讨设施管理的基本概念、回顾和展望设施管理的产生和发展趋势，并阐释设施管理的学科体系。

[本章主要内容]

- ❖ 设施管理的概念、定义和特点；
- ❖ 设施管理的分类；
- ❖ 设施管理的功能及作用；
- ❖ 设施管理的产生、现状与发展趋势；
- ❖ 设施管理经理人的能力、特征与知识体系；
- ❖ 设施管理者的能力范围和能力标准；
- ❖ 设施管理与相关学科的关联。

1.1 设施管理基本概念

国际上对于设施管理的定义尚未形成统一的共识，实际上没有形成一个普遍认同的、适用的标准定义。但鉴于长期的实践，已经逐步形成了设施管理的显著特点和基本内容，设施管理的意义和作用也得到了社会各界广泛的认可。

知识链接

更多设施管理基本概念，请访问设施管理门户网站FMGate——FM智库——研究报告——"同"的清晰和"异"的界定——中国设施管理行业共识度调查报告。

1.1.1 设施管理定义和特点

1. 设施的定义

设施是组织所拥有的一种重要资源，是保证生产、生活和运作过程得以进行的必备条件，如交通设施、农业设施、办公设施、教学设施、安全设施等，其日常运作也需要很大的成本开支，作为一种资产也具有增值保值的能力。

国际设施管理协会（International Facility Management Association，IFMA）将设施定义为服务于某一目的而建造、安装或构建的物件，所包含的范围广泛，可以从两个层面来理解。狭义上，设施是指已建成并具有使用功能和经济效用的各类供居住、生产之用的建筑物和配套设备、公用设施，以及附属物等；广义上，设施则包括所有上述的有形资产及相关服务性、支持性活动，包括交通、餐饮、家具、邮件通信、前台、保安、保洁等。

针对设施管理的对象，本书所指的设施特指服务于生产、生活和运作目的的建筑物本体及其相关的给水、排水、采光、供电、通风、暖气、消防、保安、通信、电机等设备，以及辅助性家具、工器具、水塔、锅炉房、变电站和室外绿化、道路、停车场地等构成的物理实体，及其围绕上述物理实体提供的相应服务性、支持性活动的总和。

2. 设施管理的定义

通过文献阅读，可以发现大量关于设施管理的术语和解释，这是因为不同机构和个人都试图对设施管理进行解释，而实际上却没有形成一个普遍认同的、适用的标准定义。

国际设施管理协会（IFMA）认为，设施管理是包含多种学科的专业，它通过人员、空间、过程和技术的集成来确保建成的建筑环境功能的实现。

英国设施管理协会（Britain Institute of Facility Management，BIFM）采纳由欧洲标准化委员会提出，并由英国标准学会批准的设施管理定义：设施管理是在组织中对约定的服务进行维护和发展的过程的集成，能够支持并促进组织的基本活动的效益。设施管理在建筑环境及其对人员、工作场所影响的管理中包含多学科的活动。

澳大利亚设施管理学会（Facility Management Association of Australia，FMAA）认为，设施管理最主要的功能是管理并维护建筑环境的高效运作。该行业承担以下职责：确保通过提高使用该设施的人员的生产力与效率的途径提供服务；减少使用该设施对环境造成的影响；使设施运营全生命周期成本最小化；提供设施高效运营所要求的维修与保养、保安与清洁以及更技术性的服务。

德国设施管理学会（German Association for Facility Management，GEFMA）认为，设施管理是针对工作场所和工作环境，通过楼宇、装置和设备运作计划、管理与控制，改进使用灵活性、劳动生产率以及资金盈利能力的创新过程，是利用设施来满足人们工作的基本需求、支持核心组织流程并提高资本回报率的管理学科。

尽管这些定义从不同的角度给出了对设施管理的不同解释，但基本思路是一致的。设施管理是一个复合名词。它综合利用管理科学、建筑科学、经济学、行为科学和工程技术等多种学科理论，将人、空间与流程相结合，对人类工作和生活环境进行有效的规划和控制，保持高品质的活动空间，提高投资效益，满足各类企事业单位、政府部门战略目标和业务计划的要求。因此，不能简单地从字面解释，将设施和物业、设备进行简单的组合，所谓设施设备管理、物业设施管理的叫法，不仅没有一个确定的含义，还会对设施管理产生歧义。

3．设施管理的特点

综合分析各设施管理专业学会的定义，可以看出设施管理具有综合性、系统性的特点，它从战略上整合了三项关键的组织资源：人员、设施以及技术，从而保持高品质的工作和生活空间、提高投资效益，以达到改善组织的营运能力的目的。人员、设施以及技术资源的整合，如图1-1所示。

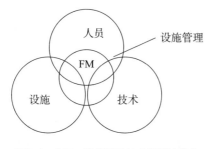

图1-1　人员、设施以及技术资源的整合

设施管理具有以下几个显著的特点：

（1）对象。设施管理不同于项目管理的一次性活动，它更多偏向于持续性的、重复性的任务，属于服务科学和企业管理的范畴。它针对各类生产、生活和经营组织（包括企业、事业单位和政府机构，下同）的设施，从狭义的硬性技术（Technical）服务和广义的软性管理（Managerial）业务两个方面，综合应用战略、规划、组织、指挥、协调和控制等方法和手段。

（2）目标。设施管理通常是非盈利性的，需要按计划和预算支出成本费用。它的根本目标是从战略层、经营和作业层不同层面支持组织核心业务发展，提供高品质、舒适、健康和温馨的工作空间环境，发挥经济效益，实现组织社会责任和可持续发展。

（3）领域。设施管理突出组织中人、设施、资源和环境的整合，涉及组织战略、经济、技术、环境、合同、法律、人文等多学科专业领域和理论知识，调整和协调组织内部业务部门、外部供应商团队、最终用户等相互关系。

（4）组织。设施管理组织部门对于企业来说，像财务管理、人力资源管理、采购管理和IT等部门一样，由组织内部房地产，或设施管理，或资产管理，或工作场所管理专业管理部门或团队实施。具体业务可外包给专业设施服务供应商，聘请专业设施管理顾问团队，或组成共同参与的管理团队一起实施。

（5）周期。设施管理涉及设施规划、设计、施工和运行阶段的全生命周期。既包括企业房地产的组合投资、选址、租赁、建设管理和交易，也包括运行阶段的战略、资产、空间、维护、能源、应急管理，还涉及设施新建、改建和扩建中的规划、设计、施工任务。

1.1.2 设施管理分类

设施管理的对象和范围非常广泛，涉及人类有效的生活环境，包括对不动产、土地、建筑物、设备、房间、家具、备品、环境系统、服务、信息物品、预算和能源等设施的管理。

1. 以设施管理的对象分

设施管理可分为公共设施管理、工业设施管理和商业设施管理，具体来说主要包括以下几个方面：

（1）公共设施管理。包括医院、学校、体育场馆、博物馆、会展中心、机场、火车站、公园等的设施管理。

（2）工业设施管理。包括工厂、工业园区、科技园区、保税区、物流等的设施管理。

（3）商业设施管理。包括写字楼、商场、酒店、宾馆等设施管理。

2. 以设施全生命周期的实施主体分

设施管理可分为组织资产拥有方的设施管理和外包服务方的设施管理，设施管理的其他参与方还包括设计方、施工方、物资供应方、咨询方、外包服务方等。基于全生命周期的设施管理实施主体，如图1-2所示。

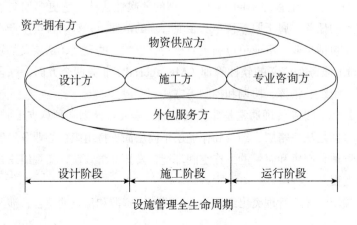

图1-2 基于全生命周期的设施管理实施主体

（1）组织资产拥有方。它包括政府机关、企事业单位、社会团体等设施的投资者和资产拥有者，它们一般设立设施管理综合管理部门，或称为企业房地产（CRE）、资产管理（AM）、工作场所（Workplace）管理及其组合。它负责设施的开发、建设和运行管理，密切配合组织的战略目标和业务计划，并根据需要将设施管理的专业业务部分或全部分包。

（2）设施外包服务方。它包括各类设施管理的专业外包服务公司及相关的能源、机电设备维护、保洁、保安、绿化、餐饮、交通等服务公司，根据委托合同的约定，承担综合性管理或单一性设施运行服务工作。

（3）设计方、施工方和物资供应方。根据委托合同的约定，有专业能力、具有一定资质的设计单位、施工方和物资供应单位提供建筑物空间及其设备的新建、改造和维修任务。

（4）专业咨询方。它包括为企业设施发展战略、设施规划、设计咨询、施工管理、融资、租赁、交易、评估、审核、信息支持、采购等提供专业咨询服务的单位。

知识链接

更多设施管理咨询方信息，请访问设施管理门户网站FMGate——FM服务——咨询服务。

3. 以设施管理的职能分

设施管理的职能范围很广，不同的组织文化、结构和类型，其侧重点截然不同。威尔逊（Wilson）为设施管理确定了不动产、战略规划、建筑项目、建筑物管理和办公支持等五个基本职能，并通过其职责、组织类型和行业赋予了它们不同的特点。从设施管理的职能来看，设施管理可分为基于不动产的设施管理、基于办公支持的设施管理、基于整合建筑物的设施管理和基于整合组织的设施管理。

（1）基于不动产的设施管理。由负责不动产和建筑物管理的各部门承担不动产的买卖和租赁行为。

（2）基于战略规划的设施管理。由负责综合计划、组织战略和建筑管理的各部门收集有关长期空间需求方面的信息，制定配合主营业务的设施战略目标、任务、预算和未来行动计划。

（3）基于建设项目的设施管理。由负责建设投资和建筑管理的各部门从事新建项目、改造项目、重大修缮项目的资金筹集、选址、规划设计和施工。

（4）基于建筑物的设施管理。由负责建筑管理和后勤服务的各部门承担建筑物结构、墙体、屋面和设备系统的维护、保养以及相关的清洁、保安、绿化等业务。

（5）基于办公支持的设施管理。由负责建筑管理和办公支持服务的各部门承担主营业务活动的运作支持，如交通、差旅、通信、餐饮、物品购置等。

1.1.3 设施管理功能和范围

根据国际设施管理协会（IFMA）的定义，设施管理者需要负责组织内部所有的与设施相关的业务，因此其所涉及的功能和职责非常的广泛和复杂。IFMA所定义的设施管理九大职能，如图1-3所示。

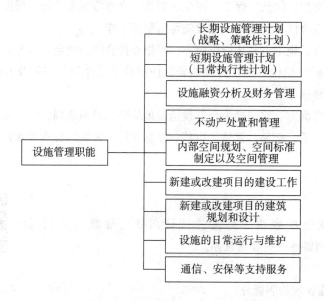

图1-3 IFMA所定义的设施管理九大职能

Then设施管理主要组成要素模型，如图1-4所示。在该模型中设施管理的工作范围包括从设施提供（战略性部分）到设施服务管理（操作性部分）；设施管理包括4个组成部分：战略性设施规划、空间规划和工作场所战略、设施支持服务管理以及资产管理和维护。

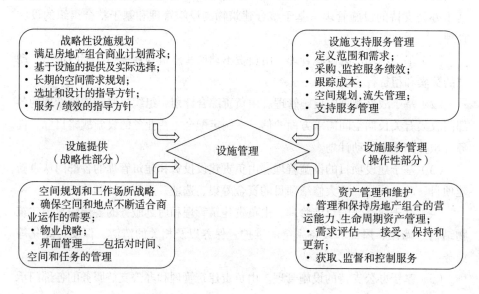

图1-4 Then设施管理主要组成要素模型

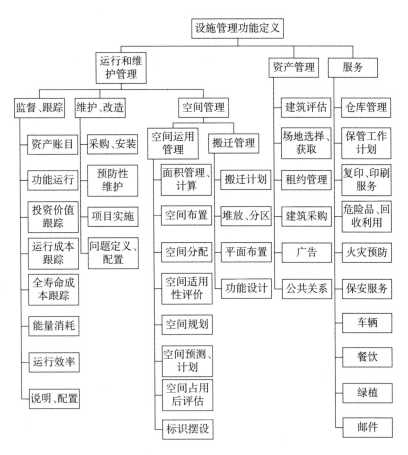

图1-5 BOMA & NAFDC的设施管理功能定义

国际建筑业与管理者协会（BOMA）、国际协同联盟（IAI）和北美设施专业委员会（NAFDC）将设施管理分为运行和维护管理、资产管理和设施服务三大主要功能。然后，对每一个功能再分解成各个子功能，如监控与跟踪、维护更换与修理、空间管理。其中空间管理又分为空间使用管理和搬迁管理。BOMA&NAFDC的设施管理功能定义，如图1-5所示。

1.1.4 设施管理作用和意义

越来越多的企业和政府部门期待通过设施管理达到在降低设施运行成本、保持高品质的业务空间的同时，能整合所有的设施相关的业务活动，以支持组织发展战略和核心业务，从而提高组织的经济效益和核心竞争力的目的。正因为设施管理对于组织的发展有重大的帮助，才推动了设施管理在全世界的迅速普及推广。成功实施设施管理的效益，如图1-6所示。

设施管理具有下列实际的意义：

（1）提供和保持高品质的业务空间。设施管理专业人士通过制定和执行设施管理计划，利用先进的技术以及专业的设施管理经验，创造安全、环保、健康的业务空间，满足设施使用者对于高品质空间的需求，使其能够在舒适的空间中最大效率地工作和学习。

成功的设施管理可带来的效益

办公空间规划、优化和维护	营造更有吸引力的工作环境	优化设施的可靠性、能效和可持续	复杂的房地产资产和设施的先进质量管理	风险管理、治理与业务连续管理
↓	↓	↓	↓	↓
·实现企业房地资产保值 ·支持房地产资产规模增长 ·更好地控制成本	·有助于吸引人才 ·提高员工留职率 ·提高员工生产率	·提高（国际）信誉 ·改善品牌形象 ·改善企业社会责任绩效	·改善总体效益 ·提高设施、设备正常运行时间 ·减少维护成本	·在困难时期截流增效 ·降低业务中断几率 ·迅速恢复正常运行

图1-6 成功实施设施管理的效益[①]

（2）整合和支持组织内部所有设施相关的业务。设施管理的工作范围涵盖了组织内所有相关的设施业务，通过相关设施部门和业务整合，能够迅速反映设施使用者新的要求，减少部门内部界面，统一提出应对策略。

（3）降低设施全生命周期运行成本。设施成本或费用的降低是大多数组织的高级管理层最为关注的问题之一。设施管理者通过预测设施资金需求，合理配置有限的资源，从设施全生命周期角度发挥设施的最佳经济效益。

（4）支持组织的发展战略和核心业务。支持组织战略和核心业务发展是设施管理的宗旨。近几年来，越来越多的组织高层管理者意识到，设施管理对于支持组织战略和核心业务发展的意义和重要性，设施管理者也越来越多地参与到组织战略决策制定过程中去，为组织制定发展战略提供设施管理方面的支持，同时也有利于设施管理者根据组织发展战略制定合适的设施管理战略计划，以促进组织战略和核心业务的发展。

总之，设施管理要求采用系统理论和方法，达到资产设施全生命期经营费用与使用效率的最优结合，在保证资产保值增值的基础上，为各类组织带来更多的社会、经济和生态效益。

1.2 设施管理产生和发展趋势

设施管理是为了满足组织对节约设施运行成本、提高服务效率的社会需要应运而生的，跨国公司的实践应用、高校等研究机构的研究、专业设施管理公司和专业设施管理协会推动，进一步扩大了国内外设施管理市场规模，促进了设施管理的理论研究和实践水平的提高。

知识链接

了解设施管理在中国的发展趋势，请访问设施管理门户网站FMGate——FM资讯——高端访谈——我国新常态下的设施管理（FM）发展的机遇与挑战。

---

① 亚历山大·科尔波特. 设施管理在中国. 设施管理，2013（9）.

1.2.1 国外设施管理产生和发展

设施管理定义和理念虽然是在20世纪70年代后期才确定并开始推广的，但在这之前，许多拥有大量房产设施和庞大运行维护预算，但缺少资金预算的高校、大型企业以及政府部门已经在进行设施管理实践，只是这种实践还未上升到理论体系的高度。这些企事业单位的相关部门用极少的人员和预算，需要每天负责整个单位内部设施管理运转，并且为了达到设施运行高效、费用节省的目的，精心制定详细的设施管理计划。

1978年，George Graves、Charles Hitch 和David Armstrong在Facility Influence on Productivity 会议上提出了由产业设施管理专家组建设施管理组织的需求；1980年，美国国家设施管理协会（National Facility Management Association，NFMA）创建；1981年，NFMA更名为国际设施管理协会（International Facility Management Association，IFMA）；1982年，David Armstrong描述了FM的核心价值：集成人、过程、场所（People，Process and Place）模型。

从1985年起，由房地产和维护领域的专家发起，英国、荷兰、德国等20多个欧洲国家分别成立了设施管理协会。由于欧洲各个国家的文化、经济、语言和法律法规、市场结构等各不相同，所以欧洲各个国家设施管理的发展各有自己的特色。此外，世界其他地区，如日本、韩国、澳大利亚、巴西等国家及我国香港、澳门也都先后发起成立了设施管理组织。

在一些发达国家高校专门有设施管理的本科和研究生专业，成立了设施管理研究中心，或设施管理学院。2010年起，欧洲标准研究院（ESI）和国际标准化组织（ISO）开始编制一系列FM标准和规范。设施管理发展历程和专业轨迹，如图1-7所示。

随着全球企业不动产协会（Corenet Global）、国际建筑业与管理者协会（BOMA）、英国皇家特许测量师学会（RICS）等国际化组织逐渐介入企业房地产、工作场所、设施管理等领域，促进了相关专业的融合和交流，进一步培育和

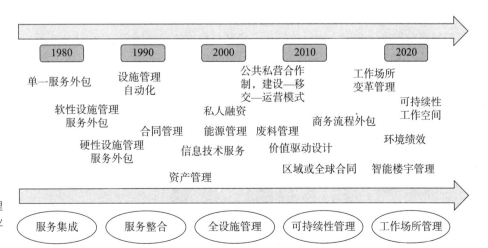

图1-7 设施管理发展历程和专业轨迹

促进了全球范围内设施管理专业市场的发展，也推动了设施管理学术交流、实践经验总结和人才的培养，逐渐形成了比较完善的设施管理理论体系。

1.2.2 我国设施管理行业现状

虽然我国设施管理行业发展比较晚，但是设施管理的实践和运作从20世纪90年代就已经开始了。随着大量的外资企事业机构进入我国内地市场，高端设施管理服务需求不断扩大，国外专业设施管理组织以全球战略合作伙伴关系的身份也纷纷进入我国，积极开拓我国本土设施管理市场。从我国设施管理理论研究、应用实践和行业推广的角度看，得益于下列三方面的推动力量。

（1）我国高等院校、专业机构。高等院校、专业机构的设施管理领域承担科学研究、人才培养任务、案例分享和经验交流，开展与国际组织、国外高校、研究机构的交流，为我国设施管理专业发展提供了有力的支持，输送了一批合格的新生力量。1997年夏，同济大学承办了我国第一次设施管理大会；2003~2006年间，香港设施管理学会（HKIFM）、香港大学、清华大学、同济大学等分别在北京、上海、重庆主办召开了"策略性设施管理在中国"、"设施管理解决方案"等国际研讨会；2011年，同济大学成立了设施管理研究中心、设施管理学生社团，推出设施管理专业教材和门户网站（FM Gate）；2014年起，同济大学开设了设施管理高级研修课程，吉林建筑大学开设设施管理专业第二学位，吸引了建筑、土木、工程管理、房地产等相关专业大学生学习设施管理专业知识。

（2）跨国企业设施管理实践和知名专业咨询服务供应商。首先是电子科技、信息技术和银行保险等外资企业（包括世界500强），如摩托罗拉、Intel、GE等的示范引领作用，带动了我国内地一批大型民营企业，如华为、联想、腾讯等企业设施管理实践业务开展，国际知名设施管理咨询服务供应商，如强生自控、仲量联行、高纬环球等的积极介入，发挥了示范引领作用。

早在20世纪90年代末，中国内地设施管理的客户群体主要为欧美的金融机构，如摩根大通、花旗银行等，之后客户群体的重心偏向了高科技大型跨国企业，如诺基亚、Intel等；现在客户群体在不断扩大，并向制造、商业、生物科技等领域多向发展。我国内地设施管理市场客户群体的发展历程，如图1-8所示。

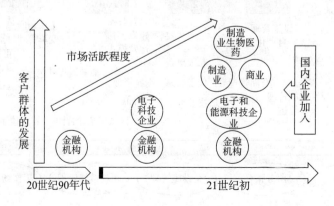

图1-8 我国内地设施管理市场客户群体的发展历程

（3）国际性专业协会。国际性专业协会，如国际设施管理协会（IFMA）、全球企业不动产协会（Corenet Global）、国际建筑业与管理者协会（BOMA）、英国皇家特许测量师学会（RICS）等，包括我国香港设施管理学会（HKIFM），在我国内地举办了一系列设施管理的峰会、研讨会、学习课程，发展专业会员，提供专业刊物和阅读书籍等，进一步推动了我国设施管理的知识、理念、方法的传播。

当前，在我国内地提供高端设施服务的综合资产管理或专业化服务企业利用其人才、技术、信息等社会资源，以及专业经验优势，承担了相当一部分的外资企事业机构设施管理的外包业务，提供前期可行性研究、融资、规划设计、建造、日常运行管理等一系列全生命周期的设施管理，以及保安、清洁、绿化、搬运、会议、餐饮、办公支持、灾害防治、垃圾管理和回收再利用、前台接待、邮件管理等专业服务。

综合考虑在设施服务领域的历史和竞争力，我国高端设施管理市场中设施服务提供商大体可分为以下三类。

第一类：集成设施管理综合咨询服务供应商。该类组织在设施服务领域有着悠久的历史，专业程度高，技术力量雄厚，建立了完善的全球化服务网络和质量管理体系，积累了完整的数据资料，拥有计算机信息技术平台，具有提供集成设施管理的经验和实力。

第二类：房地产咨询及资产管理。该类组织以房产地产咨询业务为主导，将其业务延伸至房地产建设和运营阶段管理领域，可提供前期策划、市场调研、买地、租赁、交易和建设、运营等全寿命周期的设施管理服务。

第三类：专业化服务支持。该类组织以提供优质的餐饮、清洁、班车、IT等专业化服务为核心竞争力，可提供专业化的设施管理单一专业业务的外包。

近年来，我国成立了一定数量的专业设施管理机构，部分物业系统的大型专业化管理机构也开始调整经营策略，提供转型升级，涉足设施管理的专业领域，凭借其比较熟悉国内的政策法规和市场需求的特点，市场份额逐渐做大，并逐步向综合性物业资产管理公司方向发展。

1.2.3 国内外设施管理发展趋势

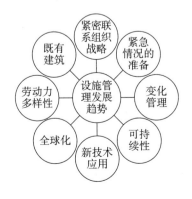

图1-9 设施管理发展趋势

国际设施管理协会（IFMA）曾邀请了代表各个设施管理部门和专业的一组行业专家展开讨论，就设施管理的发展趋势预测和未来影响设施管理专业的问题提出了许多看法。设施管理发展趋势，如图1-9所示。

1. 紧密联系组织战略

将设施管理的作用与组织的核心商业战略紧密联系，组织的设施在决定生产率、支持技术革新、提高工作效率、雇员满意度和组织的公众理解等方面能够发挥巨大的作用。设施管理专业人员通过充分理解组织的长期经营战略，提供充分和可以测量的投资回报率，帮助组织扩充和留住最好的员工。

2. 紧急情况的准备

紧急情况的准备包括但不限于安全保卫、恐怖行动、自然灾害、工作场所暴力、化学和生物事件、流行性疾病和数据保护，紧紧围绕可能影响组织及其员工的事件这个主题。预先的计划和准备对于减少事故、迅速恢复是非常重要的。设施管理专业人员的主要任务有分析弱点、制定和实施保护性战略、预先制定快速反应计划、保持与所有相关者的沟通、落实人力和资金资源、实施培训和实际训练。

3. 变化管理

变化管理的内容包括业务变化、建筑物的扩展、提高效率的持续需求和经常性的变化。变化总是不可避免的，数字化和技术革命步伐的加快，给设施管理提出了更加复杂的要求。组织核心业务中的程序变化、政策法律的变化、经营环境的变化，都需要设施管理做出明显和快速的反应。设施管理专业人员要与设施客户密切联系，尽可能早地预先发现变化，制定及时的和投资效率高的反应和决策系统，提供组织运营、搬迁、空间变化（增加或扩展）过程中节约时间和费用的预案和战略，保持建筑物的机动性和组织灵活性，招募、训练和维护一支顶尖的设施管理团队。

4. 可持续性

可持续性包括环境责任、能源管理、高效系统的投资、室内空气质量的问题。随着工业化的发展，环境资源的消耗越来越受到人们的关注。对于设施管理专业人士来说，能源的节约仍然是节约有限资源的最长期方法。高性能建筑对于工作场所环境具有明显的影响，室内空气质量将受到更广泛的关注。

5. 新技术应用

客户需求和建筑技术的变化，形成了物联网（IOT）、虚拟现实（VR）、大数据（Big Data）、建筑信息模型（Building Information Modeling，BIM）、集成工作场所管理系统（IWMS）等一批新技术。建筑技术（包括自动化系统）越复杂，就越需要有领悟新技术能力的建筑运行者。设施管理专业人士面临的一个重大的挑战是管理多系统的运行，并充分挖掘这些系统的潜力。越来越多的建筑物在设计阶段应用BIM软件。由于该软件基于项目信息数据库模型的绘图技术，重要的信息能够从设计、施工到业主依次地传下去，保证不丢失。设施管理专业人士可以借助BIM软件建立的信息来管理设施，并不断扩充数据库。各种信息源经过公共门户渠道建立起来的公共平台软件（如IWMS），对于设施管理专业人士来说，是一种有效的管理工具。

6. 全球化

由于市场扩展和竞争领域的扩大，设施地理位置的分布越来越广泛，带来了交流工具、文化、语言、法律、制度、标准和教育背景等方面的差异性。设施管理专业人士需要针对广阔的外部环境提供无缝的工作流，应对地理障碍、文化差异和环境变化。

7. 劳动力多样性

劳动力多样性包括劳动人口的老龄化，不同工作方式。经济发展产生了对劳动力数量和技能的空前需求。随着老一代的员工接近退休年龄，设施市场上面临着多样性的劳动力，如少数民族、独生子女的不同工作方式，给设施管理带来更多的挑战。

8. 既有建筑

既有建筑涉及维护和替代等事宜。当建筑设施接近于它本身的计划工作寿命时，设施管理专业人员将更多地面临维修、再使用或替换的决策。同时，材料设备的更换也给设施管理专业工作增添了难度。设施管理专业人员要决定设施投资回报（Return On Investment，ROI），进行再投资或替换的决策，提高既有建筑结构和维护条件分析的能力。

设施管理的理论发展和实践运用，将会给传统的设施管理模式带来根本性变革，形成一种新的发展理念。设施管理发展新理念，如图1-10所示。

设施管理发展新理念
- ❖ 设施管理的领域将从现场管理上升到经营战略的高度
- ❖ 主要工作目标将从维护保养上升到服务品质、设施价值的提升
- ❖ 着眼点将从发生问题的设施到全部资产设施
- ❖ 时间范畴将从设施运行阶段扩展到全生命周期
- ❖ 所需的知识、技术将从单纯的建筑及设备本身延展到市场、财务、经济、法律、环境、信息等相关学科
- ❖ 承担设施管理工作的部门也将从单一的设施运行维护部门发展到多部门的交叉、协调

图1-10 设施管理发展新理念

1.3 设施管理知识、能力和相关学科

设施管理经理人的知识、能力、素质、理念和工作经验直接关系设施管理组织工作的成败，成功的设施管理活动无一不反映了设施管理经理人卓越的管理才能，而失败的设施管理活动也从反面说明了设施管理经理人的重要性。

1.3.1 设施管理经理人的基本特征

设施管理经理人是组织设施管理的领导者，承担设施管理组织、计划及实施全过程任务，对提供给各类客户的产品或服务负有最终责任，以保证设施管理组织目标的成功实现。不同组织的设施经理的工作业务差别极大，这主要是因为提供的产品或服务不同，银行系统设施经理与炼钢系统设施经理显然需要不同的专门知识。但设施经理职责是一致的，那就是为组织提供保障及增值服务。

澳大利亚设施管理协会（The Facility Management Association of Australia Ltd，FMAA）认为设施管理经理人的工作层面可以分为以下两种：

（1）以提供所有权资产管理、战略决策和设施发展规划为主的战略层面。

（2）以提供日常基础服务为主的运营层面，主要管理一些技术工作，例如设施维修、维护、保安保洁等工作。

国际设施管理协会（IFMA）关于设施经理的调查，形成了设施管理经理人的一个大致轮廓：

（1）85%的设施经理管理多场所的设施。

（2）54%的设施经理管理超过500 000ft^2（约46452m^2）空间面积。

（3）40%的设施经理所在组织的员工人数超过1000人。

（4）68%的设施经理管理1/6的组织员工，甚至更多。

（5）76%的设施经理是男性，24%是女性。

（6）所调查的设施经理的平均年龄是49岁，具有27年的全职工作经验。

（7）81%的设施经理拥有专业协会的资格认可，61%拥有学士学位甚至更高，20%拥有硕士学位甚至更高。

（8）拥有专业资格和学位的人员中，34%的人主修商业管理。

当今组织系统发展的一个趋势是组织结构的扁平化，多数工作人员被赋予更多的责任和更大的权力，中间几乎不设经理人。设施经理所需的技术、人力、经济、管理方面的技能往往是跨专业的，这就需要设施经理是通才，具有战略的眼光，能够收集整理、综合分析设施信息，学会与组织中其他部门打交道，确定解决问题所需的资源和行动过程。当设施经理遇到疑难问题时，可调动社会力量邀请专家会诊，协力解决。

1.3.2 设施管理专业知识体系

所谓知识体系，严格地讲就是指知识是具有内在的联系的，并且这些联系中存在着一定的规律性，通过对这些规律的梳理可以在各种知识之间建立起系统的、完备的结构，这一知识结构体系被称为知识体系。

设施管理理论知识涉及社会、政治、经济、技术、管理、法律、环境等诸多方面，设施管理系统中人理、事理和物理要素的交叉点反映了设施管理这门学科的基础，需要工程技术学、经济金融学、财务会计学、合同和法律等理论基础，以及美学、心理学、人体工程学、行为科学、社会学等专门知识的支撑和融合，还包括大量应用行之有效的现代科学技术和管理方法。设施管理专业知识体系，如图1-11所示。

几乎每个物质系统都受到多种因素的影响，所以若要理解这样的系统，就必须熟练地运用来自不同学科的多元思维模式。既然知识间是有关联的，并且这样的关联是有规律的，那么掌握了这样的规律是不是能更快、更有效地获得更多的知识呢？回答是肯定的。设施管理的知识体系是非常重要的。它可以帮助我们梳

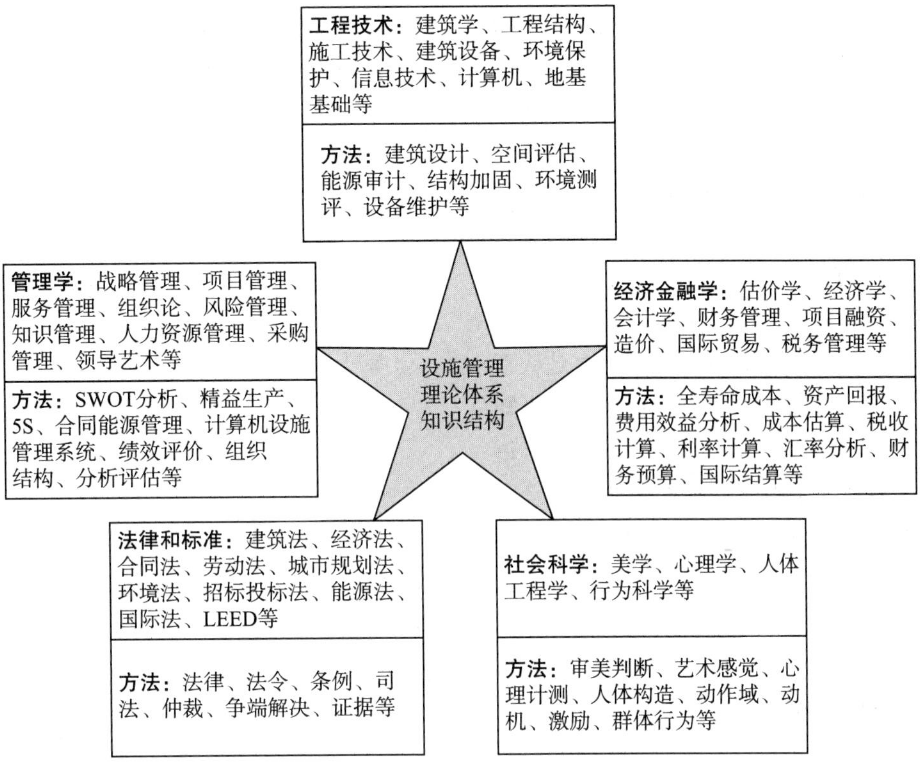

图1-11 设施管理专业知识体系

工程技术：建筑学、工程结构、施工技术、建筑设备、环境保护、信息技术、计算机、地基基础等

方法：建筑设计、空间评估、能源审计、结构加固、环境测评、设备维护等

管理学：战略管理、项目管理、服务管理、组织论、风险管理、知识管理、人力资源管理、采购管理、领导艺术等

方法：SWOT分析、精益生产、5S、合同能源管理、计算机设施管理系统、绩效评价、组织结构、分析评估等

经济金融学：估价学、经济学、会计学、财务管理、项目融资、造价、国际贸易、税务管理等

方法：全寿命成本、资产回报、费用效益分析、成本估算、税收计算、利率计算、汇率分析、财务预算、国际结算等

法律和标准：建筑法、经济法、合同法、劳动法、城市规划法、环境法、招标投标法、能源法、国际法、LEED等

方法：法律、法令、条例、司法、仲裁、争端解决、证据等

社会科学：美学、心理学、人体工程学、行为科学等

方法：审美判断、艺术感觉、心理计测、人体构造、动作域、动机、激励、群体行为等

（中心：设施管理理论体系知识结构）

理横向学科之间的关系，使得我们具有触类旁通的能力；可以帮助我们透视纵向知识之间的联系，使得我们具有上下贯通的能力。当设施管理专业人士具备了这样的能力，则知识学习和知识应用的效率就会大大地增强。

设施经理是经过系统工程、商务、金融、财经等专业训练，既懂技术、又懂经济的复合型管理人才，需要具备设施管理的基本理论，掌握现代设施管理思想、组织、方法和手段，熟悉相关法律法规。尤其重要的是，要具备战略发展眼光、综合决策和判断能力、运用计算机辅助解决设施管理问题的能力，在发现、分析和解决设施管理问题过程中能够选定明确主导方向、基本思路、技术路线和组织途径，有较高的沟通和人际交往技巧。

鉴于设施管理理论和方法是如此丰富多样，设施管理专业人士既要掌握某一专业领域的纵深知识，同时也要有宽阔的知识面，具备多学科的广泛视野。在一个跨专业的管理领域，设施管理专业人士需要注意不断地加强对新知识的学习，推动设施领域的知识管理。

1.3.3 设施管理专业能力要求

一个合格的设施管理专业人士应该具备专业精神、专业伦理与专业能力。

（1）专业精神。专业精神指的是对所从事的工作，抱持神圣崇高的敬畏，愿用一生永无止境地追逐，期其完美；但完美似乎永不出现，只能不断地推翻自己，以期更高的境界。

（2）专业伦理。专业精神是信仰，有了信仰，实际执行上就要信守专业伦理。每一项工作都有其必须遵守的原则与规范，有的是明确成文的规则。一方面要对社会的安全、文明、进步和经济发展负有道德责任，另一方面要遵守个人行为的道德品质，规范个人行为的方式和原则。

（3）专业能力。专业能力是从事某种职业所需要具备的特殊专业知识、实践经验和工作技能，体现了每个专业人士胜任专业业务的能力。

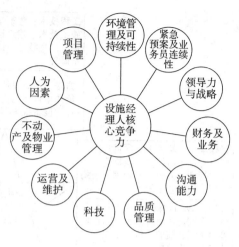

图1-12 设施经理人核心竞争力

Cotts和Lee总结归纳了优秀设施经理应具备的特征：技术过硬，果断，有良好的口头、书面沟通能力，熟悉法律，遇事镇定自若，具有同时应对多种问题的能力，服务取向，乐于并且有能力进行定量测评，有成本的意识，行动取向，外向型，有政治策略，能够与人打交道。设施经理人核心竞争力，如图1-12所示；IFMA对设施管理专业人士的能力要求，如表1-1所示。

IFMA对设施管理专业人士的能力要求　　　　表1-1

能力范围	能力	具体要求
运营与维护	监督建筑系统的采购、安装、运行、维护及处置	评估设施对建筑系统的要求 对建筑系统提出建议 监督建筑系统的采购、安装和运行 提出建筑系统策略 建立建筑系统的工艺和程序 确定和管理建筑系统的资源分配 检测和评估建筑系统工作情况 进行预防性维护 制定应急管理程序 实施灾难恢复计划
	建筑结构与内部装饰维护管理	评估建筑结构和室内装饰设计 建筑结构和室内装饰维护和清洁需求管理
	监督家具设备的采购、安装、运行、维护和处置	预测需求，监督收购 提出采购策略 建立采购标准、方法和程序 评估家具设备的使用性能 家具设备的维护和清洁管理
	监督建筑系统外部设施的采购、安装、运行、维护和处置	评估气候与极端环境条件对设施的影响 评估内部设施对建筑系统外部设施要求 提出应对策略 建立采购标准、方法和程序 评估建筑系统外部设施使用性能 建筑系统外部设施维护和监督管理

续表

能力范围	能力	具体要求
房地产	管理与实施房地产总体规划	管理企业房地产总体规划发展与实施 评估总体规划的发展策略，并提出合理化建议
	房地产资产管理	管理企业租赁和自有资产的获取与处置 评估企业资产发展策略，并提出合理化建议 房地产资产最佳使用研究 评估经济变化对房地产资产的影响 评估房地产资产变化对企业不同业务部门的影响 管理房地产租赁协议组合 清点、跟踪和报告房地产资产 保管房地产文档 管理发展支持服务的其他功能
人与环境因素	制定和实施促进保护健康、安全、工作品质、环境与组织效能的方案	评估及管理设施对组织目标的支持作用 关注法律、法规的变化 确保设施及其使用符合法律、法规 监督设施功能与服务的变化 关注设施使用者变化 关注有关人与环境问题的信息和发展趋势 提供培训，以确保使用者安全有效地使用设施 引导环保项目的发展和管理 进行尽职的调查研究
	制定和管理应急程序	制定应急计划 确保人员经过应急培训 保证所有的应急系统和程序按计划进行演练 确保进行应急演习 制定灾难恢复计划
设施规划和项目管理	制定设施规划	阐述企业总体业务目标以及实现这些目标的组织战略 制定短期、中期和长期的设施规划 定期修改短期、中期和长期的设施规划 评估短期、中期和长期的设施规划
	项目全生命周期的规划和管理	定义项目的范围 确定项目团队 制定项目计划 制定项目替代战略 确定项目所需的资源 制定招投标的具体要求 设置项目执行标准 确保必需资源得到满足 制定和调整审批程序 协调项目任务 项目监控 识别和评估项目变更 控制变更清单 项目后评价
	项目规划和设计管理	管理规划过程 项目可行性评估 管理设计过程 评估设计方案
	建设和拆迁管理	建设项目管理 评价建设项目满足企业业务目标的程度 拆迁项目管理 评估拆迁效果

续表

能力范围	能力	具体要求
领导能力与管理	规划和组织设施功能	设施功能定位 评估企业业务的发展趋势 规划设施功能活动 组织设施功能
	管理设施工作人员	确定设施工作人员的需要和要求 确定工作人员的雇用、签订合同、重新分配、培训与权力范围 调整人员的配置 按合同规定调整工作内容 评价员工业绩 支持员工的发展 有效领导员工
	管理设施功能	管理设施的策略、程序和工艺 管理设施的采购、分配和使用 文件系统维护
	设施服务的管理	制定设施服务计划 确保设施服务得以提供 评价设施服务绩效
财务管理	管理设施的财务	分析财务信息 管理索赔系统 编制预算 管理预算 监督设施的收入与支出,以控制成本 管理设施债务
质量评价与创新	管理服务质量的评估	确保进行客户调查 确保对客户调查过程的记录 选择收集数据的方法 建立评估标准 分析数据 完善的设施和服务交付流程 监督和完善质量管理过程
	标杆管理	建立标杆管理基准 确定可改进的地方 将分析结果整合到设施功能管理和企业目标中
	审计管理	遵守法律、法规 进行内部审计 遵守审计法律、法规中强制要求的内容
	关注设施服务的发展,推进设施服务的创新	寻找改善设施服务的途径 评估设施服务创新的风险和机会 开发新流程,进行初步试验
沟通	良好的沟通	使用有效的沟通策略 发出指示 积极明确的解释和确认的理解 口头陈述 积极倾听 信息可视化 书面沟通 利用通信技术 进行有效的会议 理解书面和图表信息 理解财务和技术信息 建立员工和专家网络

续表

能力范围	能力	具体要求
技术	规划、指导和管理设施业务和运行技术	关注设施管理技术发展的信息和动态 收集并确定内部和外部资源的信息 确定评价标准、评价和建议设施管理技术的解决方案 评估设施管理技术的变化对现有基础设施、工作流程以及建筑系统的影响 制定计划并监督设施管理技术部件采购、安装、运行、维护、升级和处置 提出合理意见，建立设施管理技术运行规程及管理程序 制定并执行对设施管理员工和其他人员的培训方案 监督设施管理技术的运行，并提出改进意见 预防性维护 必要时，开发、演练和实施应急预案和灾难恢复计划

英国皇家特许测量师学会（RICS）将设施管理专业人士的专业能力分为：核心能力和可选能力，并按不同要求分成3个层次（从一般性知道、理解，到实践应用，再到提出报告、方案和建议）。设施经理的能力标准和要求，如表1-2所示。

设施经理能力标准和要求　　　　表1-2

核心能力			可选能力		
客户要求分析 企业房地产管理 消防安全 维护管理 采购与招标 项目财务控制及报告 供应商管理			建造技术与环境服务 合同管理 环境管理 设计及规范 可持续发展		
层次 1	层次 2	层次 3	层次 1	层次 2	层次 3
知道、理解	判断、应用、实施	报告、方案、建议	知道、理解	判断、应用、实施	报告、方案、建议

国际设施管理协会等六大设施管理协会曾经对近3000位设施管理从业人员进行问卷调查，公认的设施管理者需具备的技能包括了客户服务、设施运行与维护技能、沟通能力、项目管理、管理能力、财务管理、策略计划、能源管理、谈判技巧以及其他诸如不动产处置、安全措施等方面。设施管理者需具备的技能分布结构，如图1-13所示。

问卷结果显示，设施管理者所具备的知识和技能范围是相当广泛的，不仅需要有丰富的专业知识，更需要有很强的沟通协调、项目管理、客户服务等管理技能，只有这样才能成功地完成各项设施管理任务。

1.3.4 设施管理与相关学科的关系

设施管理理论知识涉及多种学科的交叉融合，其实践过程中往往会与物业

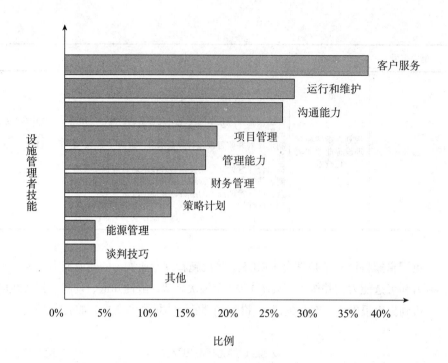

图1-13 设施管理者需具备的技能分布结构

管理（Property Management）和资产管理（Asset Management）等相混淆。尽管它们三者之间有一定的联系，但其实施范围、特征、方法和目的具有本质的不同。

1. 设施管理与物业管理的关系

物业管理，是指业主或物业服务企业按照物业服务合同约定，对房屋及配套的设施设备和相关场地进行维修、养护、管理，维护物业管理区域内的环境卫生和相关秩序的活动。其主要侧重于物业的维护、保养、保洁、保安、绿化等操作性业务，旨在确保物业正常运行，节约物业运行成本。设施管理与物业管理（尤其是居住物业管理）具体的区别和联系表现在以下几个方面：

（1）服务物业领域

设施管理涉及人类有效生活环境中所有的相关设施，具体包括医院、学校等公用设施，工厂和科技园等工业设施以及写字楼、酒店等商业设施；物业管理更侧重于居用物业领域，诸如住宅小区等。尤其是我国颁布了一系列的物业管理条例，将物业管理纳入了社区管理和行政管理的范畴，超越了物业本身的范围。

（2）服务内容和范围

设施管理的范围非常广泛，涉及人类有效的生活环境，包括对不动产、土地、建筑物、设备、房间、家具、备品、环境系统、服务、信息物品、预算和能源等设施的管理，服务内容涵盖了设施计划、日常维护、设计建造、空间管理、财务管理等九大方面；物业管理主要涉及物业的日常维护管理以及一些保洁、保安、绿化等辅助支持性活动。因此，在某种意义上设施管理包括了物业管理工作职责之内的一部分工作。

（3）服务目标

设施管理最主要的目标是从战略层面整合组织所有的设施管理活动，在保持和创造设施价值的同时，支持所在组织的核心业务的发展；物业管理的目标主要是为社会创造优质的工作和生活空间，保持物业清洁、安全、美观和提升经济价值。

（4）角色地位

设施管理与物业管理二者最核心的区别在于角色地位的差别。设施管理是企事业单位、政府机构内部的部门职责，该部门承担着本组织内部所有的设施管理工作，支持本组织的发展，设施管理作为核心业务支持部门，其对于组织发展的支持作用已越来越受到组织高层管理者的重视，设施管理者已开始进入组织决策层，为制定组织战略提供设施管理方面的支持；而物业管理在企事业机构内部作为设施管理的一项外包业务，在实践操作中，通常会将其外包出去。物业管理作为第三方的服务机构，面对的是大量小业主和众多的服务需求。

（5）所需知识结构

设施管理者不仅仅需要具备丰富的专业知识，更需要掌握各项管理技能，如战略管理、合同管理、空间规划、客户关系、沟通谈判、财务分析等；而物业管理所需要的知识重点在日常维护专业技术和工作技能。

2. 设施管理与资产管理的关系

我国于1992年底所发布的《企业会计准则》将资产定义为"能够用货币计量的经济资源"。按照不同的标准，资产可以分为不同的类别。按耗用期限的长短，可分为流动资产和长期资产；按是否有实体形态，可分为有形资产和无形资产。可见，资产要比设施具有更广泛的内涵，设施资产（Facility Asset）仅仅是一种与设施相关联的实物资源。

在财务服务领域，人们习惯于将资产管理理解为"从投资中获取最好的回报"。可是，现在资产管理也用于描述物理设施（Physical Infrastructure）、数据及信息和人、公共形象、声誉及其他类型资产的专业化的管理。石油、电力和水利等许多工业部门已经逐渐认识到尽管采用了减少成本、机构重组、新技术、提高生产率和产品质量等措施，由于无效和相互冲突的目标、缺少沟通和丧失机会，其效果是局部的、零星的。

资产管理是将一系列单个的独立改进和行动组合在一起，形成管理流程、工具、执行评估的集合。资产管理具有非常动态的、自我调整的功能。对于实物资产管理可以认为是一系列保证整个运营生命周期的投资、实施和风险效益最优化的原则、方法、过程和工具的有机组合。资产管理的理论体系和架构，如图1-14所示。

资产管理主要包括资产经营开发、租赁及投资管理等内容。其重点是从货币的角度减少资产的维护费用、提高资产价值，实现无形和有形资产的保值和增值，以及对新资产的投资决策和采购供应，以满足生命周期最佳收益的需要。

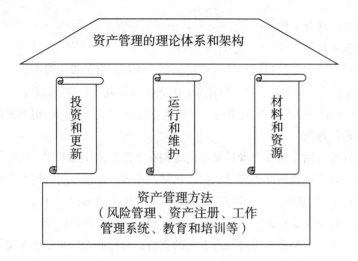

图1-14 资产管理的理论体系和架构

由此可见，资产管理更多地关注投资回报率等经济性指标，其对象要比设施管理宽泛得多。两者的交叉部分，即针对设施资产的管理，涉及土地、建筑物、基础设施、建筑设备、办公设备、交通工具、景观绿化、人等的管理；设施管理的职责范围要比资产管理广阔得多，采用的技术和方法也更丰富多样。资产性只是设施属性的一个维度，资产管理也只能是设施管理的一个方面。

此外，设施管理（FM）与企业房地产（CRE）、工作场所管理（Workplace Management）等新兴专业也有一定的交集。

关键术语

设施管理　全寿命周期　建筑环境　战略规划　FM功能　FM经理人　FM知识结构　FM发展趋势　变化管理　企业不动产　工作场所管理

复习思考题

1. 设施指的是什么？根据各个协会的定义，设施管理的定义是什么？
2. 设施管理是人员、设备、技术的整合，那么它有什么特点呢？
3. 设施的全寿命周期包含哪些方面？
4. 设施管理的功能和职责范围可以分为几个部分，分别包含什么内容？
5. 推行设施管理的意义是什么？
6. 设施管理经理人的基本特征有哪些？

7. 设施管理经理人应该掌握的知识领域包括几个范围，具体内容是哪些？

8. 设施管理经理人的核心竞争力分别是什么？

9. 分析设施管理和物业管理的关系。

10. 分析设施管理和资产管理的关系。

延伸阅读

[1] Cotts D.G., Roper K.O., Payant R P.. The Facility Management Handbook [M]. American Management Association，2010.

[2] 曹吉鸣，缪莉莉. 我国设施管理的实施现状和制约因素分析 [J]. 建筑经济，2008，（3）：100-103.

[3] John Boudreau. 未来，这个世界只有4种工作模式 [EB/OL]. 哈佛商业评论，2016.

[4] Jensen P.A.. Organisation of facilities management in relation to core business [J]. Journal of Facilities Management，2011，9（2）：78-95.

设施战略规划

[**本章导读**]

　　设施管理事务繁多,设施管理者忙于响应各种各样的请求、命令,或遵从法规、期限等,往往处于被动反应式运作模式。越来越多的设施经理意识到其工作的前瞻性和战略性非常重要。同时,精益设施管理迫切需要将设施运营与组织核心业务战略相结合。本章将介绍设施战略在企业中的角色定位、设施战略规划的概念并阐述其制定、实施以及评估的全过程。

[**本章主要内容**]

- ❖ 设施管理战略的定义、角色;
- ❖ 竞争战略相关模型;
- ❖ 设施战略规划相关概念和主要内容;
- ❖ 设施战略规划地位和阶段划分;
- ❖ 设施战略规划的关键驱动因素和内容框架;
- ❖ 如何制定设施战略规划以及如何实施战略规划。

2.1 设施管理战略

设施管理聚焦点正从战术—运行层面慢慢转向战术—战略层面，设施经理们也越来越关注设施管理战略的制定、执行。设施管理战略作为企业战略的一部分，为企业战略目标的形成提供有形资源和服务性支持。

2.1.1 设施管理战略定义与角色

1. 战略的由来和定义

战略最初指的是军事战略，其本义是对战争的整体性、长远性、基本性的谋划。对战争的谋划有两种：局部性、短期性、具体性的谋划是战术，而整体性、长远性、基本性的谋划是战略。

根据明茨伯格的5P定义，企业战略具有下列五种层面的含义：首先，从企业未来发展的角度来看，战略表现为一种计划（Plan），如五年计划、十年计划就属于公司发展的战略；其次，从企业过去发展历程的角度来看，战略则表现为一种商业模式（Pattern），如互联网O2O、P2P等模式；第三，从产业层次来看，战略表现为一种定位（Position），如定位于高消费人群还是普通消费者；第四，从企业认知层次来看，战略则表现为一种观念（Perspective），如商场主推有机食品的理念；此外，战略也表现为企业在竞争中采用的一种计谋（Ploy），如为打入海外市场、垄断市场所制定的策略。战略的基本目标是实现竞争优势，为企业带来卓越的盈利绩效。在某个意义上，战略是竞争优势和盈利的驱动力量。

2. 设施管理战略的概念

Barrett模型中提出设施管理理论上包括两个截然不同的功能，即设施管理战略和设施管理运营。设施管理战略为组织提供长期可持续经营目标，设施管理运营为组织日常运作提供服务支持。为了实现长期可持续经营目标，设施管理部门需要为组织提供设立一个支持组织核心业务目标的远景目标并对实现目标的轨迹进行清晰的总体性、指导性谋划，也即设施管理战略。

设施管理通过寻求合适的行动方式使得为组织的核心业务运营提供的服务支持和资金价值最大化。因此，设施管理战略应当包含财务目标、工作场所空间战略、自管运营战略、外包战略、人力资源战略、设施维护维修策略、客户满意度和IT服务战略。

对于设施管理组织来说，设施管理战略扮演了多重角色。设施管理战略的主要角色，如图2-1所示。

3. 设施管理战略的作用

设施管理战略是关键的企业战略资源。制定和执行设施管理战略是高级设施经理们优先考虑的任务，这有两个非常重要的原因。

首先，对于设施经理，非常有必要提前计划如何支持企业的核心业务经营。

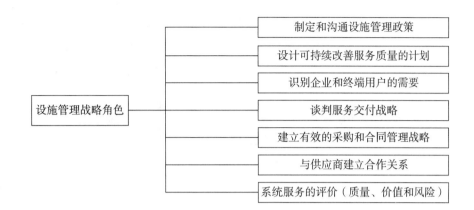

图2-1 设施管理战略的主要角色

一个清晰、理由充分的战略是管理者经营企业的指示灯，是获得竞争优势的地图，是获得利益相关者认同并完成绩效目标的策略。

再有，一个聚焦于战略的企业比其他企业更有可能具有彻底的执行力。设施管理战略制定和执行的质量对企业收益、现金流和投资收益有巨大的正面影响。一个缺乏清晰方向、目标模糊或要求偏低、战略混乱或错误，或看起来不能彻底执行战略的企业，它的财务业绩最有可能遭受损害，业务长期处于风险中，而且缺乏有效的管理。

另一方面，如果能够在战略制定和执行战略管理过程中充分利用战略管理的各种方法，不同部门、科室、设施经理和工作组越有可能整合创新精神和活动，形成一股协同、内聚的力量。有效的设施战略可以支持企业快速发展，优化现有资产和服务，特别是在企业困难时贡献现金流。

知识链接

更多设施管理战略知识，请访问设施管理门户网站FMGate——FM资讯——高端访谈——高端访谈第二期：CRE/FM在企业战略决策中的地位和作用。

2.1.2 设施管理竞争战略模型

1. 波特竞争战略模型

1985年哈佛商学院教授迈克尔·波特（Michael Porter）出版的《竞争优势》一书中，以产业组织的经济理论为基础，提出通过分析五种因素，可以诊断出任何行业的结构，并创建竞争战略。这五种因素是：购买者或客户的力量、供应商的力量、行业准入壁垒、替代者的威胁和行业内竞争者的综合水平。波特竞争模型，如图2-2所示。波特的竞争战略理论说明了企业需要战略的原因，即在竞争环境下赚取高于行业平均水平的利润。

2. SWOT分析

应用SWOT分析对企业资源的优势（S）和劣势（W）以及外部的机会（O）

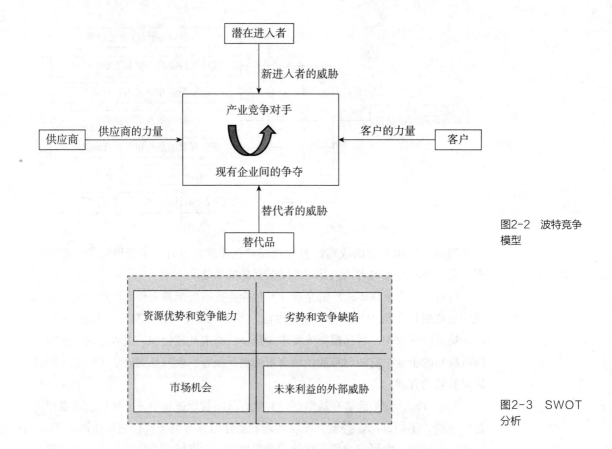

图2-2 波特竞争模型

图2-3 SWOT分析

和威胁（T）进行评估，可以全面了解企业具有的内部优势和劣势，判断公司面临的外部机会和威胁。SWOT分析，如图2-3所示。至关重要的是，准确的SWOT分析是精心构思战略的基础，它的目标是充分利用公司的资源来捕捉机会，免于威胁。

从SWOT分析中，可以收集到关于企业总体业务情况和改善公司战略行动的信息。

（1）关于企业总体业务情况的总结

1）总体情况处于从"十分脆弱"到"极其强大"的哪个等级？

2）企业情况有哪些处于最有利和最不利的方面？

（2）改善战略的行动

1）将企业资源优势与能力作为企业战略的基石；

2）专注于最适合企业优势和能力的市场机会；

3）改善妨碍企业抓住重要的市场机会和抵抗外部威胁的劣势；

4）利用企业优势来降低主要外部威胁的影响。

3．战略选择

根据波特的竞争战略理论，可以归纳出两种基本战略，即成本领先与独特产品或服务。

（1）成本领先。即通过大量生产获得低成本优势，其基本思想是通过增加市场份额建立规模优势、投资以降低生产成本、注重低成本等。

（2）独特的产品或服务。即在细分领域提供独特的产品或服务，表现为理解挑剔客户的偏好、投资以提高产品服务的附加值、注重独特价值等。

从波特的两种基本战略又可延伸出时下企业所采用的四种战略，即卓越运营、客户粘贴、产品领先和颠覆创新。四种战略的聚焦点、企业文化、主要考评指标等都不同。四种战略选择，如表2-1所示。

四种战略选择　　　　　　表2-1

特点\战略	卓越运营	客户粘贴	产品领先	颠覆创新
聚焦点	流程效率	客户体验	产品质量	差异化
时间管理关注点	内部节奏	客户反应时间	有竞争力的反应时间	被采纳的时间
主要考评指标	失误的次数	客户再购买率	产品规格	快速超越
企业文化	控制文化	协作文化	竞争文化	培育文化
企业高层来自	运营、财务部门	市场、客户支持部门	销售、工程部门	研发部门

企业对于不同战略的选择会形成不同的企业文化。企业文化与战略匹配模型，如图2-4所示。

（1）卓越运营战略。卓越运营控制型文化是选择卓越运营战略的企业文化，其特点是企业具备非常典型的运作流程。

（2）产品领先战略。竞争型文化是由产品领先战略演变而来的，其特点是企业组织内常发生不同团队间的竞争，来促进员工的成就感以达到共同发展的目的。

（3）客户粘贴战略。协作型文化是客户粘贴战略的衍生，亦是当今社会所倡导的一种企业文化，旨在推动跨部门间的合作。

（4）颠覆创新战略。培育型文化意在营造一种宽容的氛围，培养员工的颠覆性思想。

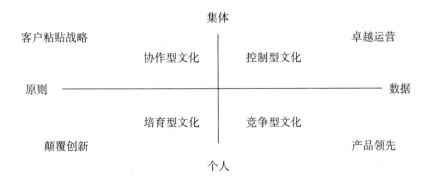

图2-4　企业文化与战略匹配模型

知识链接

更多设施管理战略知识，请访问设施管理门户网站FMGate——FM资讯——高端访谈——高端访谈第六期：探索物业管理公司迈向FM的战略转型之路。

2.1.3 设施管理战略的决定因素

在特定企业中，设施管理战略不仅要符合企业战略，而且还能指导设施管理部门为企业战略目标的形成提供有形资源和服务性支持，也决定着为组织提供工作场所配置和服务的合适路径。在企业资产收益方面，设施战略为企业的市场定位和竞争策略提供决策支持。

设施经理在制定设施管理战略计划时，需要考虑小项目（非投资类）的管理方式，自建生产工作场所还是租赁，预防性维护的权重，外包还是增加内部员工，如何选址，新建或改建项目采用哪种设计风格和方案等。这些战略决策取决于企业的文化、组织架构、企业资源、客户需求和当时的商业环境。设施管理战略的决定因素，如图2-5所示。

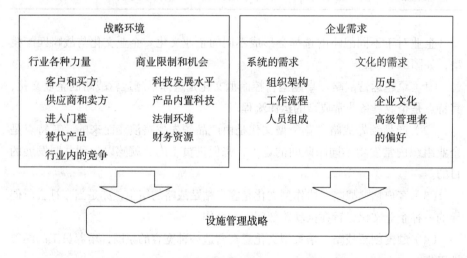

图2-5 设施管理战略的决定因素

外部战略环境决定了企业的预期水平及企业设施管理的战略目标，决定着企业设施管理的发展水平、规划内容和管理要求。组织的系统需求与企业的文化、历史、员工以及领导能力的特点相结合，使得每个企业的设施管理战略相对于其他企业来说都是独特的。

[案例2-1][①]

某微系统公司在快速发展期间，面临办公空间紧张困境。对于微系统公司来

---

① Arthur A. Thompson, Jr., John E. Gamble. A. J. StricklandIII Strategy: Winning in the Marketplace Core Concepts, Analytical Tools, Cases [M]. McGraw-Hill/Irwin, 2006

说，其主要竞争优势在于它能比竞争对手更快地把产品送至用户手中。随着产品的生命周期越来越短，有时候，要领先于竞争对手的代价是昂贵的，因为这种做法损失了一部分销售额；然而长期的损失更大，因为这样会流失用户。该公司的设施管理者秉信："公司设施管理部门的使命是不让工作场所空间问题成为通往公司经营目标道路上的障碍。为做到这一点，我们要确保公司在合适的位置、以合理的价格获得足够恰当的场所和空间。"他们在进行战略选址时采用波特竞争战略模型，需要考虑的问题如下。

（1）关于购买者和客户的问题

工作场所直接或间接地影响着公司之间的关系。如果客户在公司的办公地点进行交易，则公司办公场所的规划与设计和客户对公司的看法之间就会产生直接的联系。

1）新的公司选址是否为客户与公司进行的业务活动提供了方便？

2）公司的地址对客户有影响吗？如果没有，有没有其他或者能够减少成本，或者能更好地实现差异化的地址？

3）设施管理战略准确地传递了公司的公众形象吗？

（2）关于供应商的问题

如果供应商能够容易地对公司的产品或服务的重要原材料提高价格或者中断供给，那么说明这个行业内，供应商的力量非常强大。公司需要考虑如下问题：

1）公司是在合适的地方办公吗，办公设施能吸引最好的雇员吗？

2）公司的办公选址是否与供应商毗邻？

3）办公地点在选址上是否具有优势和竞争力？

4）公司选址时是否考虑到了物料限制，如今这些限制仍然存在吗？

（3）关于准入壁垒问题

准入壁垒是指高额的进入成本或者其他使新介入者进入某一行业的困难和障碍。准入壁垒并不总是产品或服务的固有特征。关于准入壁垒需要考虑的问题是：

1）公司是否为竞争对手设置更困难的准入壁垒？

2）公司是否能降低成本以便实现低成本战略？

3）公司在资源共享方面是否做得比竞争对手更好？

（4）关于替代品威胁的问题

替代品是与现有产品具有类似功能或作用，但在实质上完全不同的产品。替代品可以彻底改变一个产业的竞争规则。关于应对替代产品威胁需要考虑的问题如下：

1）替代产品如何改变公司对设施管理的需求？

2）公司选址是否能对新产品的快速开发和创新提供支持？

（5）关于行业内竞争的问题

竞争者之间的对抗是不争的事实。关于行业内竞争需要考虑的问题如下：

1）公司所在的行业里的竞争程度如何？
2）设施管理是用来传递竞争信号的吗？
3）工作场所选址为公司提供优于竞争对手的优势吗？

[案例2-2][①]

某公司位于一座建设于20世纪80年代中期，拥有独特开放式建筑内中庭的建筑物中，且该建筑物恰好位于设施整体退化区域的边缘。可以说，无论从人力、地点还是技术方面考虑，设施管理人员毫无疑问担当着极其关键的"早期决策者"的身份和责任，他们面对的问题是："我们如何在维持现状的基础上，更好地运行我们的企业？"

空间需求方面。通过与人力资源部门沟通和必要的共同工作，定义公司的空置岗位数量，完成未来员工需要和工作容量的供需配比，这一过程中人力资源及其附属设施的介入，需要依靠战略性设施规划。

投资决策方面。在2005年，该公司耗资1400万美元购置了该处建筑（使用年龄已20年），并投资1000万美元对其进行整改，对旧有设备和装置进行更新。一份工程报告还指出，该建筑在接下来的10年内，还需要耗费额外的1200万美元对建筑物和设备进行按需更换等整改活动，这种整改活动将现有建筑、设备的整体价值提升到3600万美元。对此，该公司的财务总监以及设施管理人员进行了一系列的战略性思考，并提出了相关的主要问题：

（1）我们真的位于正确的位置吗？

（2）相对于重新选择新建筑以及其他租用建筑，当前进行的投资是否真的更具价值？

（3）是否还存在其他未知开支出现的可能？

配套设施方面。设施管理人员发现当前的计算机机房空置率为70%，而现有的不间断电力供给以及应急发电机容量面对即将翻倍的公司内部计算机需求，将在7年内无法满足全部计算机的电力配额供给。对此，IT部门、首席财务官以及设施管理人员再次共同提出了如下问题："办公场所的计算机配备是否真正值得成本付出？"以及"是否有可能将公司的主服务器设置在总部？"高达1000美元/ft^2的建造费用以及电脑机房的电力成本都是设施战略财务分析中的主要部分。

通过对既有数据的分析及战略性思考，最终的决定是如果公司通过重新选址搬入既有的租用空间，则应将公司服务器外包给主机代管中心代管；如果公司购置或建造新建筑设施，则应新建服务器机房。而在设施战略规划早期阶段，停留在原有建筑位置即为最次选择。

---

① 巴里·林奇. 设施管理需要进行哪些战略规划思考 [N/OL]. 2016-03-28. http://www.gongdy.com/plus/view.php?aid=1324

2.2 设施战略规划概述

长期设施战略规划的意义重大,就其内涵的系统认知有助于设施管理行业理论和实践的发展。设施管理人员应了解设施战略规划的内涵、驱动因素和内容框架,以更好地进行设施管理运作,支持组织核心业务的发展。

2.2.1 设施战略规划相关概念

1. 设施战略规划的定义

设施战略规划与组织战略相辅相成。设施战略规划可以视为协调设施运营目标和更大组织目标的计划过程的一部分。设施战略规划具有代表性的相关定义有IFMA战略设施规划和RICS资产管理战略规划的定义。

(1) IFMA对战略设施规划的定义

根据IFMA在项目管理基准调查中的定义,战略设施规划(Strategic Facility Planning,SFP)是围绕组织所有自有和租赁资产制定的2~5年计划,是基于组织的商业战略目标制定设施管理战略目标。设施管理战略目标决定所有短期策略计划,包括设施相关项目的优先级、资金筹措等。在组织远景框架下,SFP通过定义空间的类型、数量和位置以优化设施,全力支持该组织的业务计划,满足组织、产品或服务以及设施之间的战略关系,从而促使组织战略得以实现。战略设施规划的要求,如图2-6所示。

图2-6 战略设施规划的要求

了解组织的文化和核心价值观,分析如何利用现有和新的设施,体现这种文化和核心价值观并能支持相关的变革

深入分析现有设施状况,包括位置、能力、利用情况和设施状态等

一个可实现的、可负担得起(获批准)的设施计划,以满足组织的各类设施需求

(2) RICS对资产管理战略规划的定义

根据英国皇家特许测量师学会(Royal Institution of Chartered Surveyors,RICS)在《资产管理指南》中的定义,资产管理战略规划是基于组织、业务目标,考虑组织财务状况和影响,描述资产管理在未来5~10年的发展目标、政策和方法的中长期的规划,具备如下特征:

1) 与组织业务、目标紧密相关;
2) 关注财务和非财务两方面;
3) 与物业管理相关;
4) 是系统的、需要协调的;
5) 需考虑全生命周期成本和效益;
6) 一项持续的、将设施视为组织关键战略资源的活动过程,而不仅仅是物

业、建筑和设备专业人员的范畴。

2. 设施战略规划、设施总体规划和年度设施计划的关系

设施管理涉及的规划或计划主要可分为三类：设施战略规划、设施总体规划和年度设施计划。三者很容易混淆，因为它们都回答同样或类似的问题，如需要怎样的建筑物和空间来支持战略目标？然而，三者有所区别。

（1）设施战略规划（Strategic Facility Plan）

设施战略规划确定支持业务目标所需设施的类型、最佳地理位置、预期成本和时间计划。设施战略规划的组成部分可能包括：设施投资组合分析、设施状况调查、建筑和场所使用情况、设施容量和能力分析、行业基准研究、人员和技术规划、费用预测、供上层批准的演示材料和设施发展规划等。

（2）设施总体规划（Master Plan）

设施总体规划是从功能、审美角度，为具体的设施场所描述物理环境框架，包括自然条件、基础设施系统等要素。设施总体规划的组成包括：基础设施和交通规划、便利设施和支持规划、安全战略、分阶段计划、成本预测和环境设计等。设施总体规划的内容，如图2-7所示。

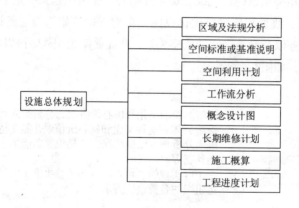

图2-7 设施总体规划的内容

（3）年度设施计划（Annual Facility Plan）

年度设施计划通常表现为设施预算或运行维护策略计划。战略设施规划、设施总体规划和年度设施计划的比较，如表2-2所示。

战略设施规划、设施总体规划和年度设施计划的比较　　表2-2

类型	战略设施规划	设施总体规划	年度设施计划
组成	设施现状分析	特定场所建筑计划	维护计划
	组织需求陈述（将设施管理与组织战略相联系）	该场所的基础设施系统	运行计划
	差距分析	建筑美学	建筑平面图，隔断设计
	建议新的空间或建筑	建设工程计划	建筑设计，配置
	设施费用预算和生命周期成本分析	施工预算	运行维护预算
	资本分析和利用建议	工程评估	平面图或占用图表

2.2.2 设施战略规划地位和目标

设施战略规划是组织整体战略规划的一部分。设施战略规划在组织战略规划框架中的地位,如图2-8所示。

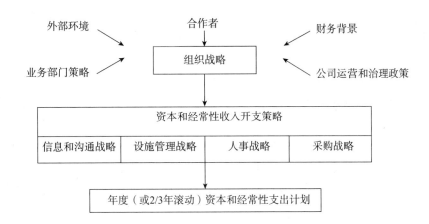

图2-8 设施战略规划在组织战略规划框架中的地位

设施战略规划的目标有:①确保设施运作与组织目标一致;②确保全面的长期有效使用资产设施;③提供系统严谨的前瞻性思考平台;④提供企业战略的发展基础;⑤明确说明组织的发展方向;⑥提供未来的决策基础;⑦确定组织设施管理的方式,包括设施管理的组织安排、设施管理流程、绩效衡量、数据管理等。

设施战略规划带动整个设施管理的过程。如果没有设施战略规划,正确回答下列问题将是困难甚至不可能的。例如,如何评估潜在的项目;如何衡量设施战略执行的成功与否;需要掌控哪些组织变化才能实现设施战略;如何组织人力以实现设施战略;需要哪些数据等。

2.2.3 设施战略规划阶段划分

战略规划是制定组织的长期目标,并将其付诸实施的过程。设施战略规划过程可分为战略制定、战略实施和战略评价三个关键阶段。设施战略规划阶段划分,如图2-9所示。

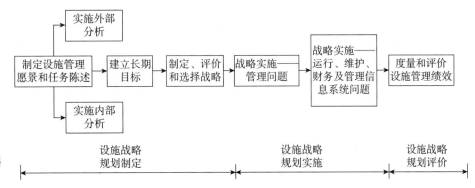

图2-9 设施战略规划阶段划分

（1）第一阶段。设施战略规划制定。首先，应充分了解组织的使命、愿景、价值观和目标；其次，确定企业在未来的发展过程中，设施管理应对变化所要满足的要求和需达到的目标；再次，当目标确定了以后，考虑达到目标所使用的方法、手段和措施，划分阶段并制定计划，对每个阶段进行风险分析，以及制定应对风险的措施；最后，将设施战略规划形成文本，以备评估、审批。如果审批未能通过的话，那可能还需要多个迭代的过程，进行反复修正。

（2）第二阶段。设施战略规划的实施或执行。首先，应建立运营管理原则，往往体现为标准管理程序和标准运作程序；其次，配置资源，保障并优化设施运行。该过程涉及具体的运行维护计划和实施、预算和成本控制、设施管理信息系统、能源管理、环境管理等诸多问题。

（3）第三阶段。设施战略规划的有效性评估。战略规划的有效性包括两个方面：一方面是战略正确与否，正确的战略应当做到组织资源和环境的良好匹配；另一方面是战略是否适用于该组织的管理过程，即和组织活动是否匹配。衡量战略的有效性，必须确定并严密监测那些能表明有效性的量化指标，如设施系统的可靠性、运行维护成本、用户满意度等。

2.2.4　设施战略规划关键驱动因素

设施经理在设立设施管理方向和目标时有其自身的价值观和抱负，但是不得不考虑外部环境和设施管理团队的整体特征。因此，最终确定的设施战略绝非个人或单一部门的愿望，而是受多因素影响，满足多方面诉求的折中。设施经理必须首先确定影响组织整体发展的关键驱动因素，特别是了解这些因素对设施及其管理可能产生的影响。

设施经理应从组织内部和外部两方面分析对设施战略规划产生重要影响的关键驱动因素。设施战略规划关键驱动因素，如图2-10所示。

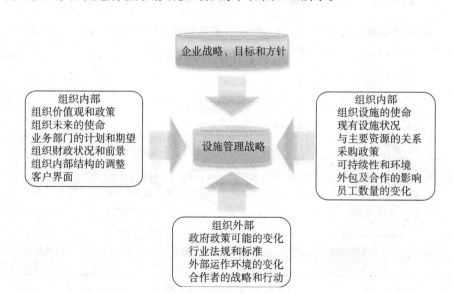

图2-10　设施战略规划关键驱动因素

1. 内部关键驱动因素

从内部环境来看，组织战略、目标和方针是设施战略规划的重要指导。组织的价值观、政策和使命是设施战略制定的框架和背景；组织其他业务部门的计划、期望是战略制定的基本条件或要求，因为设施管理的最终目标就是有效支持组织核心业务的发展。

同时，组织的财务状况决定设施管理的投入能力；组织内部结构的调整会对设施管理的灵活性提出要求；设施管理与终端用户的客户界面会影响设施管理的有效性。

此外，组织未来的使命、现有设施的状况是设施战略制定的基础；组织的采购政策决定设施管理相关的采购策略和流程；组织内部对可持续性和环境健康安全方面的承诺或规定，对设施管理提出更高的要求；与供应商合作关系的变化亦在很大程度上影响设施管理绩效。

设施经理可以通过查询组织文件如企业战略、业务部门计划、财务报表和文件等来了解内部关键驱动因素。但是，书面查询远远不够，因为这些文件往往缺乏时效性，且一般不会展望5~10年后的状况。此外，有些机密事件是不易查询的。因此，设施经理需与组织中的关键成员会面，讨论设施未来的发展方向和计划。关键成员包括高级管理人员、业务部门主管、高级财务主管、政策制定的高层人员，负责信息和通信的主管和人力资源部主管等。

2. 外部关键驱动因素

外部关键驱动因素分析的目的在于从组织外部环境中找出可能影响设施管理使命达成的战略机会和威胁。政府在环境健康和安全等方面的政策、行业法规和标准等是设施战略制定及实施过程中必须遵循的前提条件；外部运作环境中，设施管理行业的人力资源很大程度上决定设施管理团队的素质水平和稳定性；合作者如设施管理服务供应商，设备、物料等供应商的战略和行动，均会影响设施管理的成本、服务绩效等。

设施经理应充分了解外部环境，在制定设施战略时能预见性地考虑这些因素及其对设施管理的影响。

知识链接

更多设施管理战略知识，请访问设施管理门户网站FMGate——FM智库——研究报告——Corporate Real Estate 2020之设施管理功能整合案例。

2.2.5 设施战略规划内容框架

设施战略规划最终需形成文本，以备评估、审批和参照执行。设施战略规划的内容框架主要包含如下11个方面：

（1）设施战略规划的目的和期望。说明为什么要有设施战略规划；设施战略规划如何适应组织的其他规划和组织业务流程。

（2）组织的宗旨、目标和组织核心业务的驱动因素。明确组织的使命、愿景和价值观，确定组织目标，识别可能影响设施管理的业务驱动因素。

（3）组织的财务状况。识别组织整体的财务状况，预测财务前景，了解组织在设施方面的财务决策，如允许的投资额、可能的预算额度、现金流状况等。

（4）组织设施现状与期望值的差距。通过审查了解组织当前的设施性能状况，了解组织或核心业务部门对设施的需求和期望；分析设施现状与期望值或组织要求间的差距；研究缩减或消除差距的方法。

（5）设施管理的宗旨和目标（5~10年）。通过上述分析，明确表明设施管理的长期目标；设施利用和管理的总体方法；辨别设施管理过程中的关键议题；并阐述设施管理将如何有助于组织总体目标的实现。

（6）关键成功因素。基于设施战略目的、目标和愿景，分析对设施管理成功起关键作用的因素；关键成功因素将成为未来设施管理绩效衡量的基础。

（7）达到目标的方法。围绕关键成功因素来确定设施管理系统的需求，确定设施管理关键议题的优先次序，阐述达到设施管理目标的方式方法；这部分可再次进行差距分析，提出具体的缩减或消除设施现状与期望值差距的方法。

（8）实现战略目标所需的资源。预计实现战略目标或设施管理实施过程中所需的重要资源，如建设、改造投入资金，日常运行维护费用，信息系统，人员储备，总体采购战略和方法以及管理层的支持等。

（9）绩效管理。基于关键成功因素的分析，建立一套收集、处理和监控绩效数据的绩效管理流程和系统；比较分析历史趋势和当前绩效水平；绩效管理不仅强调结果导向，而且重视达成目标的过程。

（10）设施管理的组织安排。建立设施管理团队的组织架构，清晰岗位职责；梳理设施管理团队与利益相关者的关系；建设全面的设施管理流程体系；开发或购买数据管理平台即计算机辅助设施管理信息系统；整合团队个人能力，进行组织能力管理等。

（11）战略行动和里程碑。列出在下一年要采取的实现战略目标的主要行动，包括发展设施战略的行动，实现设施变化的行动，如建设、整改、替换、搬迁或其他；说明能支持组织变革的行动，如增强设施的灵活性、增强设施服务的响应性等。

设施战略规划的内容框架，如表2-3所示。

设施战略规划的内容框架　　　　表2-3

序号	主要框架	阐述内容
1	战略规划的目的和期望	为什么要有设施战略规划 如何适应其他规划和组织业务流程

续表

序号	主要框架	阐述内容
2	组织的宗旨、目标和组织核心业务的驱动因素（服务/政策执行/生产和财务）	组织使命、愿景和价值观 关键的组织目标（内部和外部） 确保可能影响设施的业务驱动因素得到识别
3	组织的财务状况	组织总体的财务状况 财政前景 设施方面的财务决策
4	组织设施现状与期望值的差距	设施方面的业务驱动因素是什么 差距分析 缩减或消除差距的方法
5	设施管理的宗旨和目标（5~10年）	明确表明设施管理的目标 设施利用的总体方法 关键议题 设施管理将如何有助于组织目标的实现
6	关键成功因素	设施战略目的、目标和愿景将成为绩效衡量的基础
7	达到目标的方法	达到组织目标的方法 差距分析，缩减或消除差距的方法
8	实现战略目标所需的资源，尤其是财务方面	资本影响 经常性（资源、收入、现金流）支出的影响 信息和交流技术的影响 人力资源的影响 资产投资和撤资战略 总体采购战略和方法
9	绩效管理	基于关键成功因素的绩效衡量指标 绩效管理系统 目前的绩效和历史趋势
10	设施管理的组织安排	组织架构和职责 与利益相关者的关系 设施管理流程 数据管理 能力管理
11	战略行动和里程碑	在下一年要采取的实现战略目标的主要行动 发展战略的行动 实现设施变化的行动 支持组织变革的行动

2.3 设施战略规划制定和实施

分析组织内外部环境并选择合适战略，通常称为战略制定。相应地，将选定的战略规划付诸行动的工作则称为战略实施。设施战略规划的制定和实施是一个持续循环的体系。

2.3.1 设施战略规划步骤

规范的战略规划制定和实施过程包含6个步骤：①选择公司使命和主要的公司目标；②分析组织的外部环境，识别机会与威胁；③分析组织的内部运营环境，发现组织的优势与劣势；④选择能够发挥组织优势、矫正劣势的战略，利用外部的机会，迎击外部威胁；⑤实施战略；⑥反馈回路。战略规划制定和实施的构成要素，如图2-11所示。

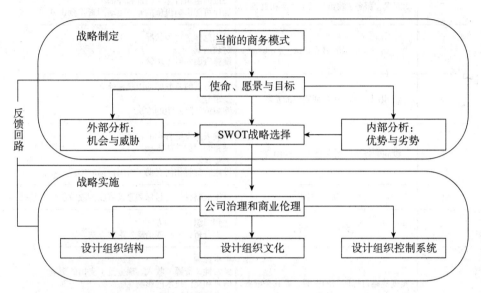

图2-11 战略规划制定和实施的构成要素

图2-11中战略规划制定的首要一环始于公司使命和主要目标的陈述，公司的使命由当前的商业模式决定，其次是外部分析、内部分析和战略选择；战略实施过程的要点是设计与战略规划相一致的组织结构、组织文化和控制系统。

1. 使命陈述

设施战略管理过程的第一步是组织使命陈述，它提供了设施战略制定的框架和背景。使命陈述包括四个主要部分：公司存在的理由，通常指公司的使命；关于某种预期状态的陈述，通常称为愿景；核心价值与行为标准，用来指导和塑造员工的行为；主要目标和目的。

组织的使命描述组织要做什么。在制定设施管理使命的过程中，第一个重要的步骤是提出设施管理业务的定义。该定义要能够回答下列问题："我们的业务是什么，它将会怎样变化，我们希望它怎样？"对这些问题的回答指导着使命陈述的制定。

设施经理应从三个维度定义自己的业务：设施管理业务满足的对象（哪些客户）、满足什么样的需求（客户需求）、如何满足（技术、知识或独特竞争力）。三个维度设施管理业务定义，如图2-12所示。

图2-12 三个维度设施管理业务定义

2. 外部分析

设施战略规划制定的第二步是组织外部的经营环境分析，其主要目的是在组织的外部环境中，找出可能影响其达成使命的战略机会和威胁。在制定战略设施规划的这一阶段，设施经理需要考虑的外部关键驱动因素包括政府政策可能的变化、行业法规和标准、外部运作环境的变化以及合作者的战略和行动等。

3. 内部分析

内部分析是战略规划制定的第三步。它的目的在于找出组织的优势和劣势，如确定公司的资源和能力的数量和质量。在这一阶段，设施经理需要考虑的内部关键驱动因素包括业务部门的计划和期望、组织财政状况、组织内部结构的调整、现有设施状况、采购政策、可持续性和环境要求等。设施经理通过内部分析，可以知道组织对设施的需求、组织对设施管理可以提供的资源以及设施系统和设施管理团队的优势和劣势。

4. SWOT分析与商业模式

设施战略规划的这一个步骤是根据组织的内部优势和劣势、外部机会和威胁找出一系列的战略选择。优势、劣势、机会与威胁的对比通常被称为SWOT分析，即优势（Strengths）、弱点（Weakness）、机会（Opportunities）与威胁（Threats）分析。它的中心目标是制定能够最好地对应和匹配公司资源和能力的战略，以适应环境的需求。

设施经理应对不同的战略进行比较，分析其中哪一个最有利于实现设施管理的主要目标和卓越绩效，最终找出能够创建和保持设施服务客户满意的战略组合。

5. 战略实施

在选择了一组相互协调、旨在实现目标和提高绩效的战略之后，下一步的工作是战略实施，包括在公司层、职能层和业务层执行战略规划。

设施战略规划实施的内容包括：发起设施服务改善项目，改变设施运作流程，向不同的客户群体提供相应服务，通过新建和购买扩大设施规模，或通过关闭和出售而缩小设施规模。设施管理战略规划实施还包括设计合适的组织结构、组织文化和控制系统，从而将战略落实为行动。

6. 反馈回路

设施战略一旦进入实施阶段，设施经理必须时刻关注它的执行情况，监督实现了哪些主要目标，以及设施管理团队在多大程度上创造并保持了绩效。图2-11中的反馈回路说明战略规划是一个持续循环的动态过程。各方面信息通过反馈回路传达到公司管理层，成为下一轮设施战略制定和实施的原始资料，高层管理者由此决定是否应当加强设施管理目标和战略，或作出相应变更。

2.3.2 设施战略规划过程模型

IFMA设施战略规划白皮书中提出了设施战略规划过程模型。设施战略规划过程模型，如图2-13所示。整个规划过程分为了理解、分析、规划和执行四大

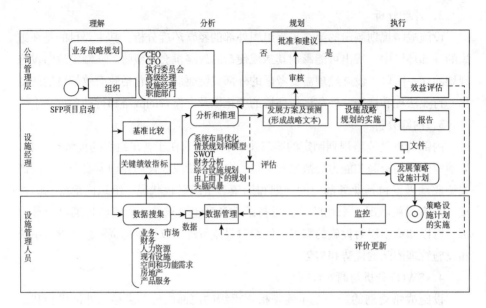

图2-13 设施战略规划过程模型

模块，包括了三个层次的参与者：公司管理层、设施经理和设施管理工作人员。每四个模块步骤中都相应建议了一些分析和管理工具，并说明了各层参与者在战略设施规划过程中的任务。

1. 理解

设施战略规划是基于组织目标和全局需要的长期规划。设施经理在战略规划前必须彻底理解组织的使命、愿景、文化和核心价值观；了解组织当前的业务状况和资产状况；了解组织的总体发展方向，组织经营可能遇到的变化，以及这些变化可能对设施管理造成的影响。

这一阶段需收集大量的数据信息，如组织财务状况、业务部门计划、空间需求、设施功能需求、现有设施状况、新建设施的规划和实施情况等。这一阶段还要求设施经理能与组织中的高级管理人员和职能部门沟通，了解他们的期望，讨论未来的发展方向和计划。

2. 分析

一旦明确了组织的状况和需求，设施经理将考虑如何平衡当前及长期的设施需求，如何解决设施方面的问题。这些需求和问题可能包括组织员工人数的变化、核心业务生产流程要求、产量变化、组织结构和文化要求、社会和政府的监管要求等。有许多分析工具可用于比较分析当前状况与未来需求之间的差距，如情景规划、系统布局规划、SWOT分析、头脑风暴、基准比较等。

3. 规划

作为分析的结果，一些建议和决策得到了有力的支持。这些建议将成为设施战略规划的实质内容。为了得到组织的正式授权，设施经理需要将这些建议提交给高级管理人员审核，这一阶段往往涉及一些谈判和计划的调整。建议的规划会获得最终批准，并获得资金，付诸实施。规划模块的主要步骤如下：

（1）阐述设施战略规划拟解决的主要问题，形成文件；
（2）评估设施空间、设施系统性能、成本、劳动力等所有关键成功因素；
（3）进行财务和风险分析，突出效益最大化；
（4）制定替代方案，包含建议和优先级设定；
（5）制定提交管理层审批的流程；
（6）获取开展行动所需的财政和其他批准。

4．执行

一份完善的战略规划必须以事实和数据为基础，并要有详细和具体的运营方案。如果缺乏事实基础和具体可行的方案，战略就有可能成为宣传口号和毫无意义的一个愿景。

经批准后，设施战略规划将准备付诸实施。设施战略规划的实施通常需要开展一个特定的项目或一系列项目，如新建设施、整改设施或重新配置空间以满足组织发展的需要。这些项目需要详细的策略性计划并付诸实施。在执行这一模块时，战略实施的效益评估和报告是必不可少的工作，评估结果将纳入数据库作为更新战略的参考。

2.3.3 设施战略规划输入输出

根据设施战略规划过程模型，可建立设施战略规划的输入输出流程。设施战略规划输入输出流程，如表2-4所示。

设施战略规划输入输出流程　　　　表2-4

输入	战略方向	规划	输出
使命和目标 政策 协议、合同 报告、审核结果 法定条件 利益相关者的需要 公众期望	组织战略 业务部门计划 服务实施战略	人力资源计划 信息技术计划 财务计划 环境管理计划 战略设施规划 资产战略 资本投资计划 运行维护计划 处置计划 非资产解决方案	服务实施 投资建设工程 基准比较和分析 关键绩效指标 运营标准 数据库 报告
监控	→	报告	→ 修正

1．**设施战略规划的输入信息**

输入信息包括组织的使命、目标、政策、战略实施的评估结果、设施服务绩效的审核结果、行业规范标准、利益相关者的需求和公众期望等。

2．**设施战略方向和规划**

公司整体战略、业务部门计划以及设施服务的总体实施战略是设施战略规划的方向。在具体的规划方案中，要有详细的人力资源计划、信息技术计划、财务计划、环境管理计划以及包含设施运行与维护、资产处置等在内的资产运作计划。

3．设施战略规划的输出

设施战略规划的输出包括具体的设施服务的实施，如预防性维护、响应性维修、空间管理、能源管理、环境健康安全管理、清洁、绿化等；包括投资建设工程，如新建项目、更新改造项目等。设施战略规划的输出还包括基准比较和分析的结果、各类服务标准、各类评估审核报告等。

2.3.4 设施战略规划实施

执行力是当前众多组织面临的最大问题。将战略、人员与运营流程三个要素有效结合起来，并得到有力执行，决定了组织设施管理最终成功的可能性。设施战略规划实施体系，如图2-14所示。该实施体系是战略、策略计划、日常服务实施、回顾和管理变革循环往复的过程。

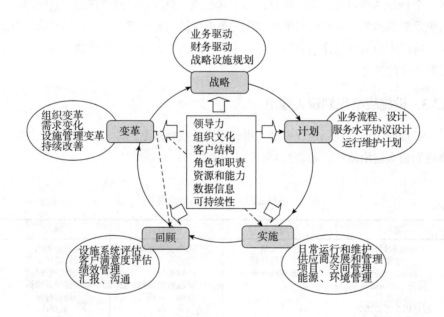

图2-14 设施战略规划实施体系

1．战略和计划

战略实施要求在公司层、业务层和职能层采取与选定战略相一致的行动。因此，在战略基础上需要发展一系列的策略计划，如设计标准的业务运作流程和作业程序，以规范操作；设计供应商的服务水平协议或服务标准，以监管其达到设施服务目标；制定具体的设施运行与维护计划，以使设施管理工作有序进行。

2．实施

在具体的设施管理实施过程中，设施管理团队要基于已制定的战略和策略计划进行日常的运行与维护，发展和管理专业设施服务供应商和设备、物料的供应商；进行新建或整改项目管理、空间管理、能源管理、环境健康安全管理等工作。

3．回顾

对设施战略规划和设施管理工作的回顾或评估是促使整个战略实施体系良性

循环的必要工作。回顾和评估的对象包括设施系统本身、客户满意度等。这一过程要求设施管理团队制定并执行绩效管理体系，且能及时汇报和有效沟通。

4. 变革

组织的目标可能不随时间而变，但它的活动范围和组织计划的形式无时无刻不在改变，这要求设施管理做出相应的变革。某阶段所制定的战略计划只是一个暂时的文件，只适用于相应的阶段。因此，应当对设施战略进行周期性的校核和评审，以使之适应变革的需要。

在整个战略实施过程中，需要通过设计恰当的组织结构、建设团队文化、在设施管理人员之间分配角色和职责、分配资源以及应用设施管理信息系统等来促使战略、人员与运营流程的有效结合。

战略规划通常展望5~10年的发展阶段，且每年进行相应的更新或递进调整。如有些组织每年会进行一次战略规划过程，多数只是对现有战略和结构的修改与肯定；在许多组织里，年度战略规划过程的结果被用于来年预算过程，以确定组织内部的资源配置。

关键术语

企业战略　设施管理战略　波特竞争战略　SWOT分析　设施战略规划　设施总体规划　年度设施计划　使命陈述　宗旨　愿景　变化管理

复习思考题

1．什么是战略，什么是设施管理战略，设施管理战略在组织中的角色是怎样的？
2．竞争战略模型主要包括哪些内容？
3．哪些因素可以影响设施管理战略？
4．设施战略规划、设施总体规划和年度设施计划之间的联系和区别是什么？
5．如何评估衡量设施战略规划的有效性？
6．如何分析设施战略规划的关键驱动因素？
7．一份完整的设施战略规划应包括哪些主要内容？
8．设施经理可以从哪几个维度定义自己的业务？
9．设施战略规划实施体系包含哪些过程？

延伸阅读

［1］Sarich Chotipanich, Veerason Lertariyanun. A study of facility management strategy: the case of commercial banks in Thailand［J］. Journal of Facilities Management, Vol.9 Iss 4 pp.282–299.

［2］Michael Pitt, Sarich Chotipanich, Ruhul Amin, Sittiporn Issarasak. Designing and managing the Optimum strategic FM supply chain［J］. Journal of Facilities Management, Vol.12 Iss 4 pp.330–336.

［3］王亚娜. 浅议五力模型的缺陷及改进［J］. 财经界（学术版），2016，（12）：94+159.

［4］NielsenS., Balslev, JensenA., et at. The strategic facilities management organisation in housing: Implications for sustainable facilities management［J］. International Journal of Facility Management，2012.

［5］（美）费雷德. R. 戴维. 战略管理（第10版）［M］. 李克宁译. 北京：经济科学出版社，2006.

设施管理组织

[本章导读]

通常情况下,"组织"一词有两方面的含义。从静态意义上理解,组织是指人的集合体,即组织是为了达到某些特定的目标,在分工合作的基础上构成的人的集合体,如企业、学校、政府部门等;从动态意义上理解,组织是指工作的组织,即用什么方法来安排和分配组织的工作给组织成员,使之能达到特定的目的。设施管理自身的特性,决定了在设施管理实施的过程中组织管理的特殊性。

[本章主要内容]

- ❖ 设施管理相关方及其组织在设施管理中的影响;
- ❖ 通过组织规模划分设施管理组织模式;
- ❖ 通过组织核心职能划分设施管理组织模式;
- ❖ 设施管理组织目标;
- ❖ 设施管理组织结构的职能整合;
- ❖ 设施管理团队建设和人员培训;
- ❖ 设施管理制度和业务流程等。

3.1 设施管理相关方

设施管理相关方是指能够影响设施管理活动或被设施管理活动所影响的群体或个人。不同的人群对设施管理的需求和作用是不同的，对设施管理的影响力是有差异的。因此，设施经理要分析该企业设施管理与设施管理相关方的关系，以及它们对企业设施管理的影响程度，把握不同的人群对设施管理组织的需求与作用。

3.1.1 设施管理相关方关系

设施管理相关方可以分为内部相关方和外部相关方。设施管理相关方可以是政府机构、企业、事业单位等设施的拥有者或使用者，可以是承担设施管理规划、设计、更新改造和运行维护的设计单位、施工方、物资供应商、专业设施管理企业及有关各类咨询单位，也包括组织的股东、高级管理层、业务部门和具体负责实施设施管理的职能部门。

1．设施管理内部相关方

设施管理内部相关方包括组织的股东、高级管理层、业务部门（包括核心业务部门和非核心业务支持部门）等。他们是组织内部的群体，与设施管理没有合同关系和根本对立的关系。因此，内部相关方与设施管理组织是支持与服务的关系。设施经理面临日益增多的挑战是为这些群体提供快速反应和优质的设施管理服务。

2．设施管理外部相关方

设施管理外部相关方包括直接参与相关方和间接利益相关方。

直接参与相关方。它包括各类咨询单位（如设计机构、设施性能评价、能源审核、第三方检测、人力资源、培训、信息系统等单位）、设施服务供应商、材料供应商、施工方等组织外部群体。他们在承接组织设施管理业务时，需与组织签订合同。因此，他们与设施管理组织有着契约的关系，是开展设施活动必不可少的参与者，能够对组织设施管理活动的绩效产生重要影响。因此，直接参与相关方与设施管理的关系除了契约关系以外，还有合作的关系，他们与设施管理组织一起共同提高组织的绩效。

间接利益相关方。它是指与组织的设施管理具有间接利益关系的社会公众、媒体以及政府机构等。社会公众、媒体、政府机构所关注的是设施的形象、安全和环境责任，保持组织具有一个良好的社会形象。设施管理的任务就是既要保证组织履行社会责任，同时又要使设施维护和运营成本最低。

设施管理部门与相关方的关系可以用设施管理相关方模型来表示。设施管理相关方模型图，如图3-1所示。该模型清晰地描绘出组织设施管理相关方之间的内部业务关系和外部合同关系，以及社会利益关系。

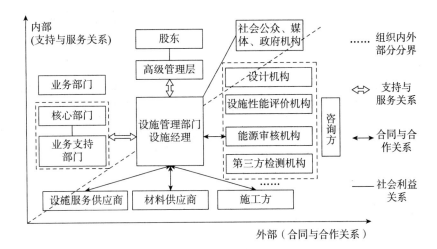

图3-1 设施管理相关方模型图

3.1.2 设施管理相关方地位和作用

设施管理相关方所处的地位不同,在设施管理过程中发挥的作用也不一样。

1. 股东、高级管理层

股东是股份制公司的出资人或叫投资人,是企业存在的基础,是企业的核心要素。股东作为出资者按其出资数额(股东另有约定的除外),享有所有者的分享收益、重大决策和选择管理者等权利,对企业承担相应的义务,并通过董事会这一业务执行机关,负责企业业务经营活动的指挥与管理。

高级管理层是指挥组织全部活动的领导者,包括组织的总经理、副总经理等人员。这些高级管理人员受聘于董事会,拥有组织事务的管理权和代理权,负责处理组织的日常经营事务。大多数组织的高层管理者都是具有一定领导水平和专业化水平的职业经理,不仅是靠职权,而且是靠自己的影响力和专业能力来发挥对组织设施管理的影响作用。

股东、高级管理层与设施管理的关系主要体现在以下几个方面:

(1)设施管理所提供的高效服务

设施管理提供的是一种增值服务,是通过保持高品质的活动空间,提高设施的整体价值,进而支持组织核心业务。股东、高级管理层可以将设施管理作为提高组织利润有效的管理方式和途径。

(2)股东、高级管理层对设施管理的支持

设施管理的正常运行离不开组织的股东、高层管理者的决策支持和指导,他们对组织设施管理战略活动起着决定性的作用。

2. 组织内部业务部门

在这里,组织内部业务部门是指除设施管理组织以外的所有组织部门。业务部门是设施管理服务的重要对象之一,但同时这些业务部门又为设施管理提供支持。例如,人力资源部门提供人员支持,财务管理部门提供资金、成本核算业务支持等。

按照组织核心业务的内容和主要利润来源,可以将业务部门分为核心业务部门和非核心业务支持部门。

(1)核心业务部门与设施管理

核心业务部门是承担组织核心业务的管理部门。该类部门是投入资源最多、高级管理层最为关注、具有关键性作用的业务部门,也是利润的主要来源部门。核心业务部门往往是开展组织擅长的、能创造高收益和高附加值、有发展潜力和市场前景的业务活动。核心业务部门所开展的核心业务具有如下特征:

1)对客户所看重的价值有重大贡献的业务;
2)对最终产品或服务的档次和质量起决定作用的业务;
3)对组织战略目标有决定性影响的业务;
4)决定组织发展前景的业务;
5)对组织的持续竞争优势有突出贡献的业务。

设施管理组织为组织核心业务部门提供针对性的服务。但是,在不同的组织中,设施管理组织对这些业务部门服务的重点是不同的。

(2)非核心业务支持部门与设施管理

非核心业务支持部门是围绕着核心业务,为核心业务提供支持性服务的部门。相对于核心业务部门来说,非核心业务支持部门在资源投入、关注程度方面较少。例如,财务部门、人力资源部门、IT部门、后勤管理部门等,设施管理部门本身也是对组织核心业务的非核心业务支持部门。

例如,某公司是全球最大的电信网络解决方案提供商,其产品主要涉及通信网络中的交换网络、传输网络、无线及有线固定接入网络和数据通信网络及无线终端产品。公司组织结构图,如图3-2所示。

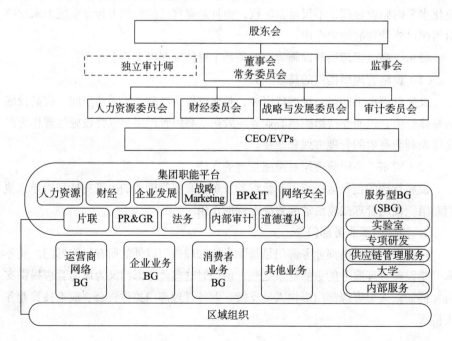

图3-2 公司组织结构图

公司领导层面有股东大会、董事会、监事会及人力资源、财经、战略和发展、审计专业委员会；集团职能管理平台下设商业事业部（BG）和服务事业部（SBG），服务事业部除了大学、实验室、专项研发、供应链管理之外，内部服务部门承担了全部设施管理业务；还有区域组织，负责全球各地产品研发、生产和销售。

设施管理部门通过对组织战略发展和业务部门的需求调查研究，提供房地产、项目规划设计、建造、运营、交易等全寿命周期管理和各项行政支持性服务。

3. 设施咨询方

设施咨询方为设施管理提供专业化的服务，满足设施管理特殊的需求。设施咨询方包括：设计机构、建筑性能评价机构、能源审核机构、第三方检测机构、人力资源服务机构、专业技术培训机构、信息系统服务机构等。

（1）设计机构

选择合格的设计单位，对设施新建或改建项目的成功有很大的影响。设计方案既要满足国家的法律法规和技术规范要求，还要受投入资源的约束。从整体规划到部件选择，从实用经济、美观高效到持续发展等各个方面把握住设施的品质和性能，包括功能性、安全性、舒适性、耐久性和经济性等，通过设计师的智慧和全局能力所体现的附加值会越来越重要。

（2）设施性能评价机构

设施性能评价是一项专业性很强的工作。它是指针对设施生命周期的每一个环节，为了满足客户需求，判断和认识设施技术性能、管理水平而开展的审核和评价活动，包括建筑物、设备、环境和设施管理现状等多项内容。设施性能评价可以由组织内部业务部门承担，也可以委托第三方机构独立进行。

（3）能源审核机构

能源审核机构是指对设施耗能设备和系统能源利用状况的分析和评估的机构。通过能源审核，掌握设施高耗能部位、能源浪费原因，从而提出节约能源、提高能效的对策。能源审核机构可审核某项耗能设备和系统的能源消耗记录，探究耗能设备和系统各个部件利用能源的方式，找出低效率之处或可减少耗能的地方，并找出改善的方法。

能源审核是一项有效的能源管理工具。通过鉴定和实施可达到能源效益和节约能源的方法，不但可成功节约能源，更可延长设备和系统的使用寿命。在设施管理领域能源审核机构的工作内容有：总能源消耗量计算；楼面面积、使用率、室内温度及照明水平检查；暖通空调装置检查；照明系统检查等。

（4）第三方检测机构

第三方检测，又称公正检验，是由处于买卖利益之外的第三方（如专职监督检验机构），以公正、权威的非当事人身份，根据有关法律、标准或合同所进行的商品检验活动。第三方检测机构是指由国家指定的、具有相关检测资质的检测机构。

设施管理中实行第三方检测是由于两种情况：第一种情况是国家强制规定该项目必须经过专业资质的检测机构进行检测；第二种情况是设施管理机构本身不具有检测该项目的资质或能力，需请具有专业资质的机构进行检测。在设施管理领域，第三方检测机构检测的内容有：生活水质检测；压力容器检测；室内空气质量检测；室内装饰质量检测；装饰材料检测；消防及中央空调系统验收检测；施工中的安全检测、质量检测等。

4．设施服务供应商

现代组织将设施管理职能全部或部分外包，集中精力发展组织的核心业务，已成为设施管理向专业化发展的趋势，并日趋完善。按照设施管理业务外包的程度，设施服务供应商可以分为设施管理服务代理（Management Agent）、设施管理服务承包（Managing Contract）和全面设施管理服务（Total Facility Management）等类型。

设施服务商服务内容包括：提供与建筑物有关的各种设备设施的运行、维护及维修服务；提供建筑物相关设备的咨询、解决方案及应急服务；增值服务；技术培训与设备管理咨询；节能产品及相关方案等。

5．材料供应商

材料供应商是指为设施管理提供原材料、设备、备品备件、日常易耗品及其他资源的企业，既可以是生产企业，也可以是流通企业。供应商是设施管理所需物资的制造中心、后勤保障中心和质量成本控制中心，同时对于组织的设施更新有着相当重要的作用。

6．施工方

施工方是按照招标文件的要求实施建筑物新建、维修和改造施工任务的承担者。在投标过程中，施工方要认真研究所有的图纸资料，进行现场考察，检查进场条件以及当地劳动力和材料的供应情况。一旦中标，有责任采取一切必要的措施，按照合同规定完成工程的施工任务。

3.1.3 设施管理相关方管理流程

设施管理相关方管理是指设施经理为综合平衡各相关方的利益要求而进行的战略性管理活动。设施管理相关方管理流程，如图3-3所示。

设施管理相关方管理包括以下步骤：

（1）识别设施管理活动中的相关方，对设施管理相关方进行界定；

（2）收集设施管理相关方的信息，明确各自在设施管理中的利益、权利和要求，以及设施管理对这些利益会造成的潜在影响；

（3）评价设施管理相关方的重要性，区分主要相关方和利益相关方，综合分析设施管理相关方所拥有的核心资源及能力、优势和劣势；

（4）拟订设施管理相关方管理战略，根据不同类型的相关方，制定不同的管理策略；

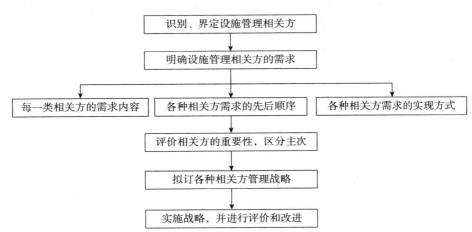

图3-3 设施管理相关方管理流程

（5）实施制定的设施管理相关方管理战略，并对其进行评价和持续改进。

设施管理相关方管理是一个动态的螺旋上升式的过程。既定的设施管理相关方管理战略在实施过程中，可以根据设施管理的实际情况，以及组织所处环境的变化，进行动态的调整、补充和修正。经过这样不断地反馈、改进，设施管理相关方管理的效果会得到持续的改善，进而使得设施管理质量和水平不断提高。

3.2 基于规模的设施管理组织模式

每个组织都是独一无二的，而且会随着环境的改变有所变化。各个组织设施管理所需的资源不一样，在设施决策、购置和资源效率方面优劣程度有着显著的差异。按照组织规模，设施管理可以分为单一地点、多地点和跨地区的组织模式。

知识链接

更多设施管理组织知识，请访问设施管理门户网站FMGate——FM智库——研究报告——带你GET不同的FM组织结构。

3.2.1 单一地点设施管理组织模式

单一地点设施管理组织模式，也称为"一地区，一地点"设施管理组织模式（One-location, One-site Model），适合大型组织，该类组织在一个地区集中在一处的建筑物中办公。在该模式中，组织拥有建筑物的所有权或者是租赁办公楼，但是由于组织规模比较大，相比单纯的办公室兼管模式，组织要花费更多的时间和预算用于设施管理，需要成立一个独立的部门来管理单一地点的设施。

由于只有单一的工作地点，设施管理部门倾向于使用较少的员工，实行一人多责，但却涉及全部设施管理职能。设施管理部门的工作内容包括设施运营与维护管理、财务管理、建筑项目管理、供应商管理、采购管理、能源管理等业务领域。单一地点模式，如图3-4所示。

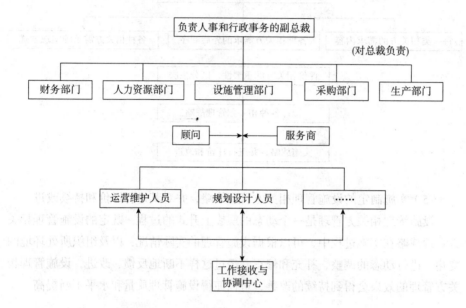

图3-4 单一地点模式

单一地点模式的设施管理部门的组织原则如下：
（1）存在一个组织机构来接收与协调设施管理工作，即工作接收与协调中心（Work Reception and Coordination Center，WRC）。
（2）有利于相互的交流。
（3）充分地考虑设施的设计。
（4）规划、设计、运作和维护的平衡调节。

在这一模式中，组织会综合运用自管与外包设施服务来管理设施，自管与外包的程度会因企业而异。例如，在一所建校100多年的学校中，有的建筑已经建造五六十年了，而有的仅仅建造了几年时间，这些建筑都坐落在同一个校区中，对这些设施的管理很复杂，需要专业部门对这些设施分门别类进行管理。

例如，某跨国公司大中华区总部园区总建筑面积达55000m²，可容纳超过2000多名员工。园区的主体建筑为会议中心大楼和办公楼，兼有大型活动与新品发布场所、独立的会议中心、餐厅、足球场、篮球场等室内外健身场所等。该公司的设施管理组织架构有三个层次。

第一层，业主单位设施管理团队共计5人，负责公司设备运行和维护、项目管理、软性服务（如餐厅、清洁、健身、复印、班车等）、会议和大型活动、室内外广告设施等工作；

第二层，业主聘请国际化设施管理综合供应商的现场管理团队约30人，承担公司现场设施管理范围内的各项专业管理业务；

第三层，专业服务供应商，包括设备维护、餐厅、清洁、健身、复印、班车、邮件、保安等专项业务，约计200多人。

某跨国公司设施管理组织架构，如图3-5所示。

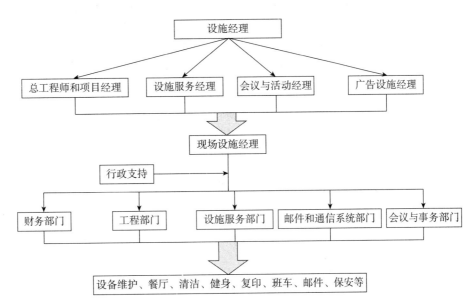

图3-5 某跨国公司设施管理组织架构

3.2.2 单一地区设施管理组织模式

单一地区设施管理组织模式，也称为"一地区多地点"的设施管理组织模式（One-location, Multiple-sites Model），适合在多个地点拥有建筑物（办公场所），但是这些建筑物都在同一个地区，非常典型的例子是一个学校有几个校区。一地区多地点的设施管理组织模式，如图3-6所示。

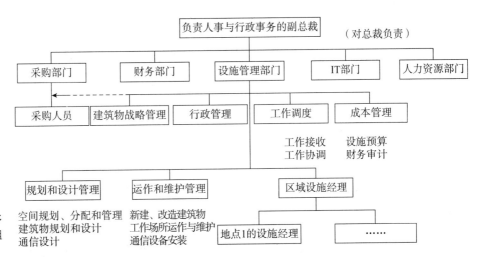

图3-6 一地区多地点设施管理组织模式

在这一模式中，需要进行设施管理权力分配、不同地点资源的分配和需求评估等工作，这些工作需要在组织总部中进行。不同地点的设施管理运作方式有以下两类：

（1）设立一个设施经理。该设施经理统一安排组织的设施管理业务，负责制定设施战略规划；在不同的地点设立设施经理助理，负责日常的设施管理业务。

（2）在每一地点都设置一个设施经理。在使用咨询顾问和设施服务供应商的数目上，一地区多地点的设施管理组织模式介于办公室管理模式和单一地点模式之间。然而，在使用这一模式时，需要有其他的资源来弥补组织分散带来的不利因素。机构越是分散，使用咨询顾问和供应商的频率越高。

不同地点的设施业务需要依赖组织总部来运作，这样会更加经济可行。在一地区多地点的设施管理组织模式中，组织总部提供组织政策、监督、预算控制以及技术上的支持；组织自有员工、咨询顾问、供应商结合起来，为各地点提供设施服务。在这一模式下，组织必须加强租赁管理、财务管理、项目管理以及工作的接收和协作管理能力。

3.2.3 多地区设施管理组织模式

多地区设施管理组织模式（Multiple-location Model）适合分散在广大地域范围内，可能是在全国或全球范围内，组织规模很大，一般以分公司的形式存在的大型组织。它们的下属地区或分公司具有与办公室管理模式或一地区一地点模式相似的设施管理部门。组织总部的主要职能是分配资源、战略上和战术上的规划、房地产获得和处置、政策和标准的制定、技术支持、宏观的空置物业规划、管理和监督。多地区设施管理组织模式，如图3-7所示。

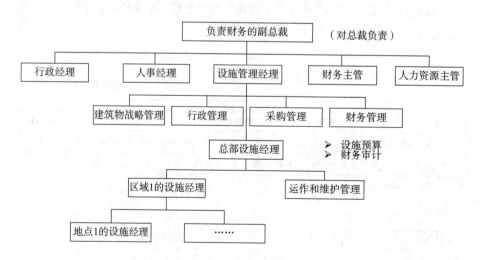

图3-7 多地区设施管理组织模式

在这种模式下，设施经理对一般的行政管理服务没有直接的责任，所有的专业员工并非由设施经理所领导，主要的专业员工在所负责的专门技术范围内具有直接领导权力，地区设施管理部门通过总部的联络负责人与组织保持联系。

同时，组织会大量使用外部的咨询顾问和服务供应商。随着组织规模的扩大，使用的人数会更多，这些咨询主要集中在房地产、规划、设计和建造方面；法律咨询会成为组织总部日常事务，组织可以聘请一个精通设施事务的法律事务所或者律师作为组织的一员，直接在其职权范围内工作。

例如，某跨国集团公司总部设立企业服务部门，负责全球房地产开发、项目建设和设施运行和维护，下属欧洲、美洲、亚洲等区域服务部门。区域服务部门领导地区工厂、研发、办公等工作场所。某跨国公司企业服务部门组织结构，如图3-8所示。

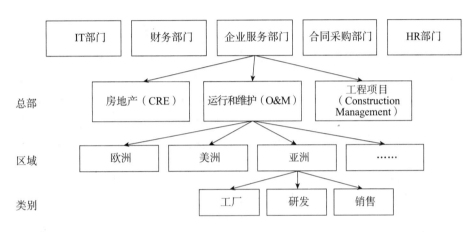

图3-8 某跨国公司企业服务部门组织结构

在设施管理实践中，大多数设施从业者依然定位在各自组织的运作层面，而没有发挥从战略高度思考设施管理的作用。在我国内地大多数组织的部门设置中，没有专门设立设施管理部门。因此，设施管理业务分散在其他各类业务部门中，没有汇集起来，导致了诸如设施规划、空间规划以至于战略规划这样的核心职能没有得到充分的发挥。

例如，设施购置的职责分配给基建、采购、后勤等部门；空间规划、分配和管理大多由行政部或人事部负责；租约管理一般属于资产管理、生产科、房产科、行政办公室等部门的职权范围；预算、汇总及经济评价由企划部或财务部承担；安全保卫工作通常外包给保安公司；电信、数据交换、电路和网络管理，通常由信息科技部、信息科等独立部门负责。

可喜的是有些外向型企业逐渐意识到了设施管理的战略意义，从组织结构上首先突破，建立了以首席运行官或首席财务官等为首的设施管理组织体系，下设设施经理和专业设施管理部门。在设施经理的领导下，安排设施战略计划、空间管理、职业健康和环境卫生、运行、维护等专业工作岗位。例如，某大型集团公司成立了资产和投资管理有限公司，将原先的物业资产管理部、工程部、租赁部、各地物业管理公司、职场管理部、物控中心（固定资产的采购部门，原先在财务部）等与建筑物有关的部门都汇集在一起，实行集约化统一管理。

设施管理的决策、实施和工作成效需要通过多渠道、多环节和多部门的协同工作，因此，需要更大程度的权力集中和统一领导。如果工作职责割裂，相互沟通不畅，必然会影响设施管理的总体性、综合性效益。

知识链接

更多设施管理组织知识，请访问设施管理门户网站FMGate——FM智库——研究报告——与核心业务相关的设施管理组织。

3.3 设施管理组织变革

组织所赖以存在的政策、经济、文化等环境始终处在不断变化和发展中，而组织一旦产生和确立又具有相对的稳定性。当环境发生重大变化时，组织的理念、结构、功能、工作方式及方法等在与环境的互动中就会产生矛盾，从而显现出不适应的现象。此外，组织及其制度存在的时间太长，就会产生某些弊端，如机构臃肿、效率低下等。面对这种情况，设施管理团队要想实现自己的职能，提高设施管理服务绩效，必须适应内外环境的变化，及时地调整自己的战略、组织结构、管理方式、文化等，以实现自己的职能，取得更好的服务绩效。

3.3.1 设施管理组织目标的战略导向

随着经济发展和产业结构的调整，企业发展战略和组织结构的变化引发了企业房地产和设施物理状态的变化，扩张、兼并、重组，要求设施管理团队提供新的或者调整原有的工作场所以适应新的发展目标和组织架构。为满足变动的办公面积和办公位要求，设施管理部门要增强空间布局和配置的灵活性。如改变集中的办公区，增加灵活办公位；利用共享资源，使得员工在需要的时间和地点利用多种工作资源；发展工作场所网络，实现即时沟通等。

企业组织机构重组和人员裁减、供应商的变动等，使得设施管理工作处于动荡和不断变化的环境中，要求设施管理具备相应的灵活性和适应能力，设施管理必须改变自己的事理、人理运行模式，即优化工作流程和组织结构并加强团队建设。组织战略变革与设施管理的关系，如图3-9所示。

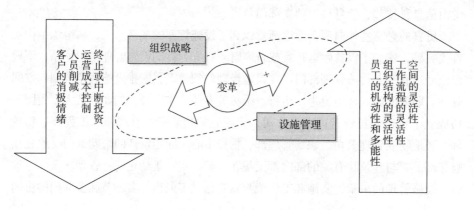

图3-9 组织战略变革与设施管理的关系

组织的变革不仅发生于企业自身，也发生在外包设施服务供应商和专业服务提供商。可能的情况有：现场服务团队突然流失技术娴熟的人员，人手不足或新的人员不熟悉现场状况和流程；由于强调降低成本，现场服务水平明显降低等。设施管理团队应增强其组织结构和工作流程的灵活性、提高现场服务员工的机动性和多能性，从而具备对新情况迅速做出反应的能力。

3.3.2 设施管理组织职能的整合

传统的设施管理团队（不含外部专业维保单位），往往以作业工种分组设置。传统作业工种分组设置，如图3-10所示。其中，行政经理负责包括清洁、保安、绿化等软性服务的管理；工程经理下设空间管理、项目管理和运行与维护工作团队，运行与维护团队根据电气、暖通空调、弱电、管道给水排水以及建筑一般维护等业务形成以专业工程师为领导、维护和运行技术员为支撑的工作模式。该模式设施管理团队分工细致、专业性较强，但组织结构庞大、人力成本高，且组织内部沟通较为复杂。

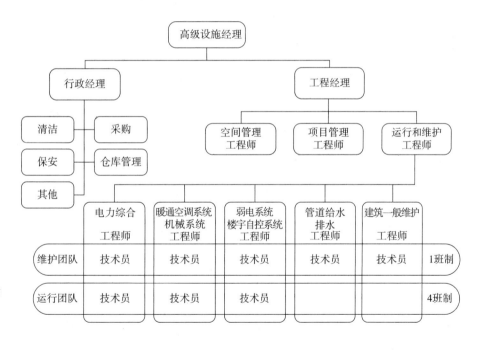

图3-10 传统作业工种分组设置

为精简团队，可从人员职能角度优化组织结构，即按照"结构服从功能"的原则，以业务目标来进行团队分组。以工作职能进行分组设置，如图3-11所示。其中，行政支持服务将清洁、保安、绿化等工作外包以减少人员，提高服务专业水平；工程团队则以运行、维护、项目管理等业务职能划分，运行维护团队以班组长为小组领导，工程师提供策略和进行监管。以该模式组建的团队，精简高效，能降低人员成本和管理费用，但对从业人员素质要求高，要求其一专多能，

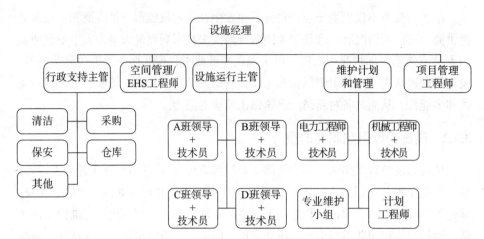

图3-11 以工作职能进行分组设置

责任心强。

越来越多的企业以及专业设施管理公司开始基于职能或业务目标来组建设施管理团队。该模式团队人员精简，运行管理成本较低，组织灵活，服务响应性强，符合当前各类企业对成本效益的高要求。

知识链接

更多设施管理组织知识，请访问设施管理门户网站FMGate——FM智库——研究报告——三种企业不动产组织机构简述。

3.3.3 设施管理团队建设和培训

目前，训练有素的专业人才十分短缺，成为紧缺性资源。在设施管理团队的建设过程中，培训可使团队成员具备高质量完成工作的能力，是发展团队的有效方法。培训可分为新员工入职培训和在岗的技能培训两类。

1. **新员工入职培训**

新员工入职培训的目的是使员工对公司有全方位的了解，认识并认同公司的事业及企业文化，坚定自己的职业选择，理解并接受公司的价值观、目标和行为规范。明确自己的岗位职责、工作任务和工作目标，掌握工作要领、工作程序和方法，尽快进入岗位角色。

2. **在岗的技能培训**

在岗的技能培训可包括理论基础知识、方法论（比如解决问题的方法）培训或者行为训练（比如小组内部的交流和合作）等，促进在岗员工持续提高自身的业务水平和技能，全面提升自身素质和服务水平。设施管理团队培训的具体内容，如表3-1所示。

设施管理团队培训内容 　　　　　　　　　　表3-1

类别	培训主题	主要内容	培训方式
入职培训	企业概况	公司历史和现状、公司价值观 组织机构、部门功能和业务范围、人员结构 薪资福利政策等新员工关心的各类问题解答等	脱产集中授课及讨论
	项目概况	项目背景 项目服务目标等	脱产集中授课、讨论及参观
	员工守则	规章制度、奖惩条例、行为规范等	脱产集中授课及讨论
	管理程序	各项业务的标准管理流程和程序,如工作单管理、采购、仓管、供应商管理等 各岗位职责和作业指导等	脱产集中授课及讨论 在岗培训
	EHS规定	信息安全培训 安全施工管理程序 室内环境管理程序 消防安全、设备安全等 突发事件紧急处理程序 锁定标记等	脱产集中授课及讨论 在岗培训
技能培训	专业设备操作和维护	专业设备的正确操作和维护 事故处理方法 案例介绍	脱产集中授课、讨论及参观 在岗培训
	工程师专业系统知识	供配电系统培训 空调系统维护与节能管理培训 智能楼宇管理系统知识培训 消防系统培训 给水排水系统培训 能源管理培训	在岗培训 到其他项目参观学习
	技术员/操作工专业基础知识	供配电系统基础知识与维护培训 电动机维修与保养培训 空调系统基础知识与维护培训 水泵维修与保养培训 锅炉维修与保养培训 消防系统基础知识与维护培训 给水排水系统培训 机电设备运行巡检要点与操作要点培训 智能楼宇管理系统基础知识培训 服务意识和技巧培训 能源管理和节能知识培训等	在岗培训

为提高培训的有效性,设施管理者应为团队制定完备的培训计划,并在制定之前考虑如下几方面问题:

(1)对核心职能的反思。团队以及个人的特长是什么?

(2)员工们需要哪些能力?

(3)为达到所需要的绩效水平,哪些员工还应学习哪些技能和知识?

(4)为了能独立自主和卓有成效地完成任务,员工们需要哪些信息、手段和支持?

通过上述分析,有的放矢地制定持续的培训计划或方案,才能有效培养有能力的团队。

3.3.4 设施管理团队文化认同

团队文化是指团队成员在长期协作的工作实践过程中，形成的共同的团队价值意识。团队文化的核心是团队价值意识，是团队成员对团队工作价值实践活动的主观反映，是在长期合作过程中不断磨合、积淀形成的产物。它包含价值观、行为准则、行为目标、管理制度等内容，其目的在于最大限度地统一团队成员的意志、规范成员行为、凝聚成员力量，为实现团队总体目标服务。

团队文化的认同对于企业的发展具有积极意义，它涉及员工和领导者是否认同企业，是否能为共同成功承担义务，或是否是"为挣钱而工作"，一旦有机会便跳槽另谋出路等一系列问题。团队文化建设是引进和保持技术专长或训练有素的专门人才至关重要的影响因素，也是迅速、果断地落实企业管理决策和推动组织变革的主要力量。

在国际市场竞争和环境变化不定的情况下，文化建设对于设施管理团队具有重要作用。设施管理团队文化主要表现在如下方面：

1．企业认同感

企业认同感又称"组织认同感"，是指员工对企业各种目标的信任、赞同以及愿意为之奋斗的程度，认同感即归属感和参与感，是建立在坦率、信任和容忍基础之上的集体精神。企业认同感包括：情感认同（Affective Commitment），主要指员工对企业的支持和参与程度强弱；依存认同（Continuance Commitment），主要指员工在感觉上认为留在企业的必要程度；规范认同（Normative Commitment），主要指员工对企业战略及其各种目标的责任感。潜藏在人内心深处的力量是无穷的，团队文化建设所要做的就是去启动这个力量的源泉。

认同感能大大降低企业的监督成本。员工不是看上级的眼色去做事，而是听从自己内心的声音和指引，然后这些指引被同样的价值观统一起来，就能实现较高的工作效率，这就是认同感所带给企业的直接好处。

2．工作的意义

给员工的工作赋予意义是一种领导艺术。团队文化建设要使基层的每一个员工都理解企业的哲学和目标，为客户和社会服务的意义，以及个人对全局所作贡献的意义。每一个员工越是清楚自己每天工作的意义，便越乐于为企业承担个人义务，必要时还乐于承担额外的负担。

工作在第一线的员工如果仅仅着眼于设施运行维护无故障，则往往不能克服厌倦、灰心丧气和内心空虚的情绪。只有纵观工作环境的大局，并了解自己任务所处的过程链，才能发挥工作积极性。此外，如果员工能够认识到自己的贡献是重要的、宝贵的，甚至是必不可少的，就会从大处着想，为团队共同的成功全力以赴。

3．活跃信息交流

有成效地利用正式或非正式的交流机会，以相互交谈代替文书往来，可以有效地提高设施管理团队的凝聚力。在重大项目启动前,应制定独特的交流方案;在项目实施过程中,应不断通报工作进展。为此,创办一份生机勃勃的、反映设施管理现状的简报大有裨益。

4. 深入基层管理

深入基层管理是在业务活动充满复杂性的情况下,保证组织运行方向和确保总体调控能力行之有效的途径。各级设施管理负责人定期与第一线或基层员工接触、交谈,回答问题,体察情绪,并做必要的说服工作。

5. 学习型组织

创建学习型组织,制定持续的培训计划和针对个人的学习发展计划,不断使团队成员的思想、行为、运作措施,以及相应的组织结构和流程适应不断变化的环境的要求。倡导从实际中学习,培养事后总结的习惯,并以例会或培训课程的方式分享经验。

3.4 设施管理组织制度体系

设施管理组织制度是指设施管理部门内部各系统、各要素之间相互作用、相互联系、相互制约的形式,及其内在的工作方式。在设施管理组织内部,组织制度是设施经理必须予以关注的重要环节,通过建立和创新组织制度,能够有效地实现组织目标。

3.4.1 设施管理制度

制度是约束人们行为及其相互关系的一套行为规则,是指一个系统或组织制定的要求下属全体成员共同遵守的办事规程或行动准则,包括组织机构的各种章程、条例、守则、规程、程序、办法、标准等。没有规矩,不成方圆。设施管理组织需要制定各种规章制度以及管理流程,规范组织行为,明确组织内部的任务分工、权限、职责、沟通方式和行动规范,保持设施运行有序,提高工作效率。

高效优质、专业化的设施管理有其标准化的流程设计、规范化的作业程序和定量化的测评标准。一套完善的质量管理体系文件涵盖战略规划、日常运行和绩效考评的各项工作。流程文件主要为各类标准管理流程、标准作业程序或运营指导,以及各类日常运行点检记录、表单等。

1. 基本管理制度

设施管理组织的基本管理制度是组织其他制度的依据和基础。它是规定设施管理组织形成和组织方式,决定组织性质的基本制度。它主要包括诸如规定组织法律地位、组织章程等方面的制度,以及组织的领导制度和民主管理制度等。

(1)备忘录

备忘录意指任何一种能够帮助记忆,简单说明主题与相关事件的图片、文字或语音资料等组成的非正式的记事录。它源自于拉丁语,原意为:"这是应该被记住的。"在设施客户服务中,以及筹划具体项目时,应首先将最重要的设施管理问题以备忘录的形式列出来,并且对每个方面提出具体的指导性意见。做到这一点,在具体行动时,每一步工作才可能水到渠成。

(2)信息沟通

在设施管理过程中,一方面需要不断地从外部搜集一切必要的信息,以便及时了解客户需求、需求动向和设施管理团队被认可的程度;另一方面不断有效地将自己的成绩和远大目标推向整个企业组织。内外部信息沟通最重要的手段和方法有:询问客户,可根据不同标准灵活地将客户分类;分析客户需求、需求动向;建立客户服务与客户信息系统(例如客户服务热线、客户来信、客户杂志等);形象宣传和舆论工作;系统掌握和评估所有成员在与客户直接接触中获悉的信息(包括技术服务、接受工单、处理投诉等)。

为了保证外来信息在设施管理团队内部得到传递和真实处理,必须做好下述两项工作:①有关客户需求与需求动向的信息必须直接、及时地传达到设施管理团队有关业务小组,要求拿出解决问题的相应措施;②企业内部其他部门的意见和利益,要协调一致,使得处理客户请求工作的每个过程和环节都获得支持,而不是干扰或者阻碍。

(3)专题研讨会

专题研讨会专门处理一个具体问题,其复杂程度远远超过一般性讨论,比较适用于研究战略性与规划性的问题。在中长期改革和发展过程中,专题研讨会不属于例行公事的一般性讨论活动,而是探讨革新过程中的关键活动,取得具体可行的结果。

在设施管理过程中,专题研讨会成为必要的沟通手段,如空间配置的专题会议、零星工程整改的专题会议、搬迁专题会议等。专题会议的研究结果一般以会议纪要的形式记录下来,并传达给与会者和相关方,可作为有效工作方案的实施依据。

2. 岗位责任制度

岗位责任制度是规定组织内部各级部门、各类人员应承担的工作任务、应负的责任以及相应职权的制度。责任制度要明确规定岗位责任、权力、利益三方面的关系。

责任制度是建立完整的专业管理制度体系的出发点。管理制度的建立,要以责任制为中心。责任制度可以按不同组织层次和工作岗位分别设立,如领导人员责任制、职能部门和专业人员责任制、工人岗位责任制等。例如,设施管理组织责任制度有:设施经理职责;各专业工程主管岗位职责;各专业工程师岗位职责;各设施管理员岗位职责;员工考核及奖惩制度等。

3. 业务管理制度

设施管理涉及设施各参与方、内部管理部门和每一个员工,需要制定系统的、规范化的组织制度,来统一规划设施管理标准和要求。设施业务管理制度包括：设备系统运行管理制度；财务管理制度；客户服务制度；采购管理制度；环境健康安全管理制度；供应商管理制度；室内环境管理制度；能源管理制度；消防制度；应急事件处理制度；安全保卫制度；员工培训制度；日常运行和点检管理制度；项目管理制度；信息系统管理制度等。某企业工程设备方面的规章制度，如表3-2所示。

某企业工程设备方面的规章制度 表3-2

序号	制度名称
1	工程维修保养制度
2	工程维修安全规范
3	高低压变配电房安全管理制度
4	变配电房交接班制度
5	变配电房值班制度
6	设备安全生产制度
7	设备交接保修制度
8	设备部门人员安全上岗制度
9	设备预防性维护工作制度
10	设备日常运行工作制度
11	维修组日常工作交接班制度
12	锅炉房安全管理制度
13	锅炉房交接班制度
14	锅炉房巡回检查制度
15	压力容器安全管理制度
16	受限制区域进入制度
17	中央空调机房管理制度
18	中央空调机房值班人员岗位制度
19	移动工具安全使用制度
20	柴油发电机房安全管理制度
21	装饰装修管理制度
22	给水排水设备管理制度
23	污水管理制度

3.4.2 设施管理业务流程

业务流程是一些有组织的活动，一些相互联系的为客户创造价值的活动。国际标准化组织在ISO9000中指出，业务流程是一组将输入转化为输出的相互关联或相互作用的活动。设施管理主要业务流程有：工单管理流程；采购管理流程；环境审核流程；外包管理流程；文件管理流程；建筑能源审核流程；绩效考核管理流程；租赁管理流程；搬迁管理流程；设施运营流程；保洁工作流程；绿化工作流程；预防性维护管理流程；日常运行流程；点检管理流程；客户服务流程等。事故应急处理流程，如图3-12所示；CM工单标准管理流程，如图3-13所示。

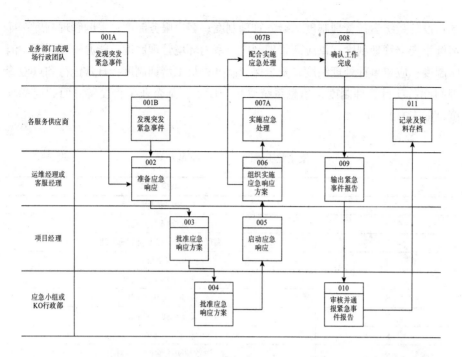

图3-12 事故应急处理流程

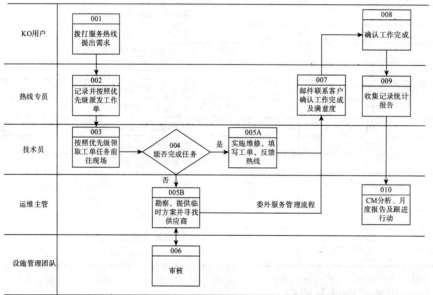

图3-13 CM工单标准管理流程

设施业务流程有其历史和组织文化背景，因而任何流程都有其时效性，需要根据周围环境的变化而变化，进行动态的调整。一般情况下，人们习惯于已有的工作程序或为了保持稳定而不主动进行流程再造。在需要充分提高工作效率，挖掘降低成本的机会，甚至更换设施管理服务供应商时，进行流程回顾和更新成为一项必要工作。这就要求流程的制定者不断监控和评估流程的执行情况，观察流程制定时的依据是否还存在，预先设定定期审核的时间和触发值。这些都对流程制定者的素质和能力提出了很高的要求。

关键术语

设施管理相关方　核心业务　非核心业务　设施管理组织模式　设施服务供应商　组织变革　职能整合　团队建设　组织认同感　备忘录　岗位责任制度　业务流程

复习思考题

1. 设施管理相关方可以分为哪些部分，具体包含哪些组织和部门？
2. 设施管理相关方模型中，相关方之间主要存在哪几种关系，其地位和作用如何？
3. 设施咨询方的职能是什么？请简要举例说明。
4. 根据组织规模，设施管理组织模式可分为哪几种，它们的组织结构各有什么特点？
5. 设施管理组织如何进行职能整合？
6. 设施管理团队培训的内容有哪些？
7. 为提高设施管理员工培训的有效性，应考虑哪些方面的问题？
8. 什么是企业认同感，如何提高员工的企业认同感？
9. 什么是业务流程，设施管理的业务流程主要有哪些方面？

延伸阅读

[1]（美）达夫特. 组织理论与设计（第10版）[M]. 北京：清华大学出版社，2010.

[2] 徐晨. 运营持续管理在设施管理组织中应用研究[J]. 北方经济，2012，(16)：102-103.

[3] 朱倩，徐晨. 基于社会网络的设施管理组织网络结构特性研究[J]. 管理观察，2013，(13)：113-115.

[4] 毛文静. 职能机构综合化：企业组织结构设计新趋势[J]. 未来与发展，2013，(6)：87-90.

[5] Kuda, František, Berankova, Eva. Integration of Facility Management and Project Management as an Effective Management Tool for Development Projects[J]. Applied Mechanics & Materials，2014，501-504：2676-2681.

工作空间管理

[本章导读]

　　高效的工作空间管理可以发挥设施的最大效用，为客户提供舒适、安全、高效率的工作环境。工作空间管理效果的考核最终都要归结到空间成本上，空间成本通常是组织运作的第二大成本。有关研究表明，通过有效的空间管理可以给组织带来一定的收益。此外，考虑到组织未来的发展、办公场所的搬迁以及新工作类型的出现等因素，表明工作空间管理是一项持续性的管理过程。本章讨论的主要内容有工作空间需求分析、配置、现代工作空间以及搬迁管理。

[本章主要内容]

❖ 工作空间需求分析，包括空间需求的类型、内容、预测方法以及空间面积需求计算方法；
❖ 工作空间配置的相关标准、工作空间关系分析的方法和步骤；
❖ 标识的分类与功能、标识系统的设计与信息分级；
❖ 工作空间发生的变革以及促使工作空间变革的因素；
❖ 现代工作空间类型及特点，并举例说明；
❖ 搬迁的类型和评价指标、搬迁管理的流程以及搬迁的风险与相关保险。

4.1 工作空间需求分析

工作空间需求分析是空间管理工作的重要组成部分。本节主要介绍了空间需求的类型、内容、预测方法以及空间面积需求计算方法，并以高等院校为例提出空间需求面积计算模型。

4.1.1 工作空间需求类型及其内容

工作空间管理应该顺应组织的目标和使用者的需求，了解使用者需求是设施规划的首要课题。针对不同空间场所的外部环境，从情感和行为的角度去发掘用户的多层次需求，涵盖商业层面、技术层面、艺术层面和文化层面，包括用户自己都没有意识到的需求，并将这种深入的研究发现作为空间规划和设计的前提条件。

1. 业务变化的空间需求

根据组织内部的业务变化情况，空间需求可分为组织内部的需求、跨组织的空间需求、场地借用需求、新增的空间需求等类型。

（1）组织内部的需求。它是指在现有的工作空间条件下，满足组织内部生产或经营要求的空间。例如，内部员工的空间位置调整、安排新员工的空间需求等。

（2）跨组织的空间需求。它是指当组织内部的工作空间不能满足员工的空间需求时，需要从其他组织获取空间来满足本组织的空间需求。

（3）场地借用需求。它是指个人、团队或者组织发生了临时空间需求，需要从其他组织或者组织总部租借空间来满足这种临时的、短暂的空间需求。

（4）新增的空间需求。它是指组织内发生的新空间需求超出了现有的空间规模，需要从外界租借或投资建设新空间，来满足组织内部生产或经营的空间需求。

2. 使用功能的空间需求

按使用功能分，工作空间可分为可支配空间（Assignable Space）和不可支配空间（Unassignable Space）两大类需求。

可支配空间是指直接针对组织生产或经营的使用要求，而加以规划设计的空间；不可支配空间是指配合组织生产或经营的使用要求，而加以规划设计的空间，此部分的空间通常以不超过整体建筑面积的百分之二十五为限。例如，对图书馆空间而言，前者包括阅览空间、典藏空间、工作空间、特殊用途使用空间与会议室；后者是指非针对图书馆服务使用的空间，如储藏室、楼梯、走道、厕所与机电等支持系统所使用的空间。

不可支配空间因属建筑实体，在设计、施工和使用后即无法变更。而可支配空间因使用习惯、管理需要或信息技术、环境需求与配合未来发展，有必要于一段使用时间后适当调整重置，以保持工作空间规划不仅符合管理与使用需求，也能适应外在环境的变化，维持良好服务质量。

例如，图书馆属于功能性建筑物，历来以展藏空间、阅览及研究空间、馆员作业空间（事务空间）三者为空间需求主要考虑对象。图书馆工作空间需求，如图4-1所示。

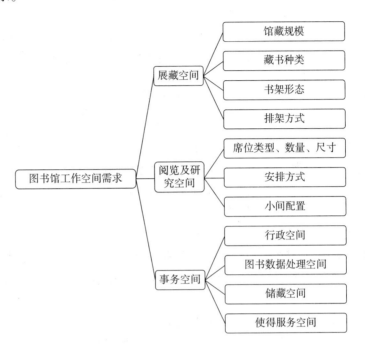

图4-1　图书馆工作空间需求

4.1.2　空间需求预测方法

对于空间重置、配置需求的预测是非常重要的一项工作。组织空间需求预测方法主要有分类加总法、对比分析法、指标换算法等。

1．分类加总法

它是由组织各个部门统计的空间需求分类加总，得到组织的空间需求的方法。可以根据组织的现有空间状况，来预测组织的未来空间需求。

2．对比分析法

它是根据与本组织业务相近、发展经历相似的其他组织的空间布局，测算组织自己的空间需求，推测未来空间需求的方法。

3．指标推算法

它是结合组织战略目标以及组织空间配置标准，按业务量和组织规模来测算组织未来空间需求的方法。例如，根据企业营业收入和人均产值得出未来几年的员工数量，再结合空间配置标准计算出工作空间需求。

不同行业组织的空间需求预测方法是不同的。以高等院校为例，其教学和科研房屋面积需求分为教学面积需求、办公面积需求和辅助面积需求三个方面。教学和科研房屋面积需求分析模型，如图4-2所示。

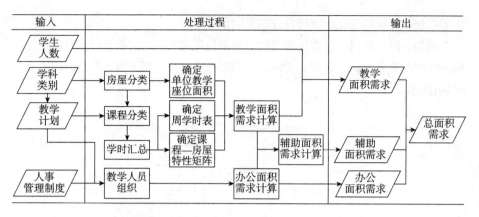

图4-2 教学和科研房屋面积需求分析模型

高等院校教学面积需求分析的步骤如下：①根据特定的学科类别进行房屋分类；②根据房屋分类，确定每一类房屋的单位教学座位面积；③根据教学计划安排的课程分类，进行学时汇总；④确定周学时表和课程—房屋特性矩阵；⑤根据周学时表、课程—房屋特性矩阵和单位教学座位面积，进行教学需求面积计算；再结合学生人数，确定教学面积总需求。

同理，高等院校教学办公面积需求分析的步骤如下：①根据教学计划和人事管理制度，确定教学人员组织；②根据教学人员组织进行办公面积需求计算，确定办公面积需求。

在教学面积和办公面积需求计算基础上，进行辅助面积需求计算，确定辅助面积需求。最后，根据教学面积、办公面积和辅助面积之和，确定高等院校教学和科研总面积需求。

知识链接

更多空间需求分析方法，请访问设施管理门户网站FMGate——FM智库——研究报告——基于WSR方法论的空间管理三维模型。

4.1.3 空间需求分析案例

空间需求是一个持续变化的过程，组织需要持续调整其空间策略来满足由于市场或经济环境的变化而带来的空间需求的变化。由于现代办公和电子办公等方式的出现，导致了组织工作空间的实际使用率下降。

[案例4-1]

某企业租用一幢6层的办公楼，员工750人，租期为18个月。由于业务变化，需要重新调整空间策略。在决定空间调整方案前，必须对组织员工的空间面积需求进行深入的分析和调研，首先明确现有空间实际使用状况，然后制定可行方案，进行科学分析和决策。

经调查,企业为每个办公座位花费的空间费用大概为每年8000~14000美元,工作空间的每天实际使用情况低于50%。工作空间的实际使用情况,如图4-3所示。因此,该组织每年将为每个座位浪费4000~7000美元。如果一个组织中安排1000个办公座位,则每年将浪费约400万~700万美元。

现在组织面临三种空间策略选择:①续约租赁整栋办公楼;②通过合并,仅租赁5个楼层作为办公场所;③通过搬迁,重新租赁一个新办公楼。组织空间需求分析与方案选择的程序,如图4-4所示。

根据对过去十二月的员工安保卡出入数据的研究,可以把员工上班时间分为三类:固定上班时间、变化上班时间、灵活上班时间。50名固定上班时间员工可采用固定办公方式,因此需要配置固定的办公位置;450名变化上班时间员工使用办公桌的时间超过了50%;但250名灵活上班时间员工使用办公桌仅为30%。因此,组织每天都有很多办公桌空置。

通过空间需求分析,组织决定配置一个集中的办公区域,为250名灵活上班时间员工设置85张共享办公桌,可节省165张办公桌的空间面积。最后,组织决定租赁办公楼的一至五层。这个措施为组织每年节约了200万美元。

研究发现,组织变化上班时间员工的办公桌使用率大概为75%,这意味着平均每天有112张办公桌是闲置的,也可以供灵活上班时间员工临时使用。

图4-3 工作空间的实际使用情况

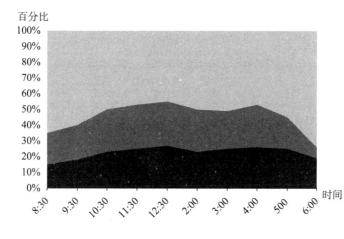

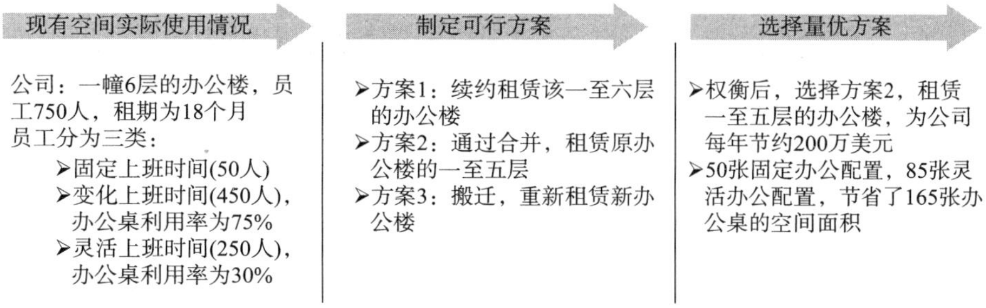

图4-4 组织空间需求分析与方案选择的程序

4.2 工作空间配置

空间管理中较为复杂、专业的工作就是对工作空间进行配置，它包括确定空间配置标准、面积分配和空间关系以及选择不同的空间类型（包括办公类型）。发达国家和地区都有各自的空间标准，也有一套逐渐成熟的空间关系分析方法值得借鉴。此外，为了满足不同组织的生产或经营需求，空间类型也是多样的，既有传统的空间布局，也有现代工作空间等安排。

4.2.1 工作空间面积分类

工作空间面积的分类与计算是计算各部门空间成本的基础数据。下面介绍两种比较常见的空间分类标准——国际建筑业主与管理者协会（Building Owners and Managers Association International，BOMA）空间分类和美国建筑师学会（American Institute of Architects，AIA）空间分类。BOMA空间分类，如表4-1所示。AIA空间分类，如表4-2所示。

BOMA 空间分类　　　　　　　　　表4-1

中文名称	英文名称	解释
总建筑面积	gross building area	所有的建筑面积之和，即建筑物外表面所包围的面积
总测算面积	gross measured area	由建筑主体部分所包围而成的建筑面积。这不包括停车区域和建筑线外的装卸码头
主垂直渗透区域	major vertical penetration	定义为楼梯、电梯的电梯井、烟囱、管道井、竖直通风管道、中庭、顶楼上方中庭空间、天井以及顶楼上方的类似穿透空间。不包括租用多个楼层办公区域的租户的特殊用途而构建的竖直穿透空间、结构柱，为桥架或管道的预留洞不包括在内
楼层可租用面积	floor rentable area	等于总测算面积减去主垂直渗透区域
可使用面积	usable area	办公区域、储藏区域和楼层公共区域
办公区域	office area	租户个人或家具所入住的地方
储藏区域	store area	存放物品物件的地方
建筑公共区域	building common area	为租户提供服务但不包括在任何一个租户的办公区域或储藏区域内。包括但不限于大厅、顶楼的中庭空间、礼宾区或保安区、会议室、洗衣房和售货区、就餐配套设备、保健健身中心、托儿所、淋浴设施、收发室、火险监控室、外墙外部完全闭合的庭院、建筑核心和服务区等
楼层可用区域	floor usable area	某一层办公区域、储藏区域和建筑公共区域的总和
楼层公共区域	floor common area	供一层的租户所使用的区域，包括洗手间、值班室、电力室、电话室、机械室、电梯间和公共走廊

AIA 空间分类   表4-2

中文名称	英文名称	解释
租户区域	tenant area	包括建筑边界内区域和内部贯穿如立柱等，但是不包括垂直贯穿如楼梯、电梯和大型机械或排水设施。次级通道包括在内，它们可能会随着租户区域的重新设置而改变，这些是连接建筑和服务区域或便利区域的空间
服务区域	service area	是建筑或楼层的一部分，包括机械房、电力房、主机房和辅机房、电梯设备房间、公共洗手间、一层大厅等。服务区域可以包括垂直贯穿如楼梯和电梯。这些区域都是规定必需的
便利服务区域	amenity area	为租户区域提供附加服务的空间，但不是独立分配给特定的租户区域的。这些可以包括公共会议室、公共休息室、贩卖区、门卫室、收发室等。这些空间不一定是必需的
主要流通区域	primary circulation	是连接建筑主体成分内的走廊。主要流通区域的配置和大小通常是不变的，往往是规定的连接服务区域、电梯和应急通道等的最低要求

除此之外，空间的分类还可以按照空间的使用功能进行划分。某办公楼空间面积分类，如图4-5所示。

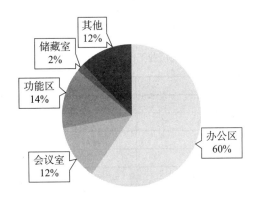

图4-5 某办公楼空间面积分类

4.2.2 工作空间配置标准

空间配置标准提供了一个计算各组织对空间面积需求以及评价空间布局的基准，可以用来确定新空间的设计规模、判断是否重置、调整空间用途等。它的作用主要体现在：可以保持平衡和公正，如根据职位来配置工作空间；根据特定的用途配置空间；记录和监测设施要素的特点和质量；基于成本效益考虑满足由于员工的变动和技术的变革所带来的空间需求，并适当地预测和规划未来的空间需求。制定空间配置标准通常是进行空间配置的基础，是相当繁琐和耗费时间的工作。

根据IFMA的调查显示，63%的组织使用空间配置标准，其中31%的组织使用统一的空间配置标准来管理办公室配置；另外，有28%的组织没有空间配置标准，但是遵循着以往空间配置的做法；只有9%的组织根据每一次空间需求进行空间配置。

1．空间配置标准的类型

常用的空间配置标准类型有很多，可以从成本和面积两个方面进行分类。

（1）面积类

主要有：人均建筑面积或使用面积、平均每个座位所占的建筑面积或使用面积、平均每个座位的员工数、空间空置率、空间使用率等指标。其计算公式分别如下。

1）人均建筑面积或使用面积：总建筑面积或使用面积/总员工数

2）平均每个座位所占的建筑面积或使用面积：总建筑面积或使用面积/总座位数

3）平均每个座位的员工数：员工人数/总座位数

4）空间空置率：空置建筑面积/总建筑面积

5）空间使用率：（$\sum$实际使用的空间面积×使用时间）/（总的可用的空间面积×工作时间）

IFMA调查报告中，北美地区不同行业工作空间空置率平均值是8%。北美地区不同行业工作空间空置率详细数据，如表4-3所示。

北美地区不同行业工作空间空置率详细数据　　　　表4-3

	行业类型	调研数量	空间空置率（%）
服务业	银行	22	6
	投资服务	17	12
	保险	25	11
	信息服务	20	11
	能源公用事业	16	10
	媒体	15	6
	医疗	17	5
	专业服务	25	10
	通信	9	5
	贸易	21	6
	运输	6	2
制造业	飞机或航天器	13	3
	建筑	5	6
	化学制品	20	9
	消费品	22	6
	计算机：软件、硬件	19	15
	电子工业	27	12
	能源与矿业	6	8
	医疗设备	12	3

续表

	行业类型	调研数量	空间空置率（%）
公共机构	教育	12	2
	联邦政府	10	4
	州或省政府	9	6
	市或郡政府	22	5
	特别区或准政府	10	4
	研究	9	6
	协会	9	3
	宗教	7	8

（2）成本类

主要有：人均总摊销费用、平均每个座位的摊销费用等指标。其计算公式分别如下：

1）人均总摊销费用：总摊销费用/总员工数
2）平均每个座位的摊销费用：总摊销费用/总座位数

北美地区不同行业工作空间维护费用详细数据，如表4-4所示。

北美地区不同行业工作空间维护费用详细数据（美元/ft²） 表4-4

设备运用	所有养护	建筑外部	内部系统	道路场地	公共或中心系统	环境系统
政府大楼	1.91	0.13	1.17	0.13	0.64	—
研究中心	3.19	0.31	2.38	0.39	0.74	0.13
教育	2.15	0.41	1.3	0.3	0.15	0.23
图书馆	2.15	0.1	1.2	0.8	—	—
工厂	2.18	0.18	1.05	0.22	0.41	0.38
多用途	2.51	0.13	1.68	0.26	0.34	0.16
邮局	1.78	—	—	—	—	—
医院	3.12	0.32	2.03	0.35	0.57	0.13
数据中心	2.05	0.01	2.01	0.28	—	—
通信中心	2.01	0.13	1.87	0.52	—	—
博物馆	2.57	0.19	1.89	0.78	—	—
零售店	2.45	0.39	1.25	0.55	—	—
改造所	2.11	0.18	1.66	0.22	—	0.55
交通	3.96	—	—	—	—	—
宗教	1.59	0.06	1.17	0.13	—	—

2. 世界各地空间面积标准

（1）欧洲国家部分城市空间面积标准

欧洲国家空间配置方面的法规以及工会组织制定的空间标准都比较注重员工的权益。例如，欧洲的员工有权在采光通风良好的窗边办公。欧洲国家部分城市空间配置标准，如表4-5所示。

欧洲国家部分城市空间配置标准　　　　表4-5

城市	员工人均空间面积	
	英制单位（ft²）	国际单位（m²）
伦敦中区	181	16.8
法兰克福	274	25.5
阿姆斯特丹	258	24.0
布鲁塞尔	258	24.0

英国的空间配置标准比欧洲其他各国要低。英国健康与安全法规定了最小的工作空间面积为11m²/人。这不仅仅包括员工的工作区域，也包括了所有的支持和辅助性的办公区域，如内部交通和餐饮等区域。英国不同等级员工的空间配置标准，如表4-6所示。

英国不同等级员工的空间配置标准　　　　表4-6

功能	空间类型	典型尺寸	
		英制单位（ft²）	国际单位（m²）
高级经理或主管	私人空间	215~323	20~30
经理或组织领导	私人空间	161~215	15~20
经理或专业人员	私人空间	108~161	10~15
专业人员	集体空间、开放型空间	97	9
秘书或行政人员	开放型空间	97	9
职员	开放型空间	75~97	7~9
销售人员	集体空间、开放型空间	65~97	6~9

（2）美国空间配置标准

根据IFMA调查报告显示，美国管理岗位、专业技能岗位的空间配置面积比其他岗位小。独立办公室主要配置给具有高级管理职位的员工，而具有专业知识、技术以及从事文秘工作的员工则主要采用开敞式办公室。北美地区不同行业的办公面积统计数据，如表4-7所示。

北美地区不同行业的办公面积统计数据（ft^2）　　　表4-7

	行业类型	调研数量	执行董事	高层管理	中层管理	高级专家	技术专家	高级职员	普通职员	客户服务中心
服务业	银行	26	253	177	128	93	77	81	73	46
	投资服务	24	236	180	121	74	64	57	52	42
	保险	37	239	142	103	80	65	70	59	43
	信息服务	21	201	169	110	78	81	70	57	48
	公用事业	17	267	190	133	106	86	83	78	59
	媒体	19	246	173	123	96	85	77	64	51
	医疗	13	218	161	125	99	89	81	69	49
	旅店与酒店	6	248	149	88	58	59	61	58	41
	专业服务	31	205	155	111	93	72	76	71	52
	通信	11	270	177	103	76	63	67	57	38
	贸易	29	262	156	113	93	62	66	60	38
	运输	7	242	188	84	66	52	61	54	32
制造业	飞机或航天器	18	296	193	151	115	76	85	68	62
	建筑	4	335	234	149	130	69	73	69	52
	机动车	5	234	135	114	87	82	64	61	48
	化学制品	29	215	146	110	96	67	80	66	58
	消费品	25	223	149	105	89	69	68	64	56
	计算机软件硬件	22	212	163	122	98	74	82	77	58
	电子工业	27	240	172	117	99	79	75	70	58
	能源相关	5	337	255	192	154	123	111	94	72
	医疗设备	14	224	154	104	72	64	68	67	56
事业单位	教育	18	210	175	138	124	97	92	88	71
	联邦政府	7	325	214	139	120	95	99	75	44
	州或省政府	8	253	194	152	132	97	84	75	63
	市或郡政府	21	273	224	138	139	114	104	87	57
	特别区或准政府	133	309	196	145	127	91	98	82	57
	研究	9	238	178	151	138	112	100	94	67
	协会	13	235	162	117	99	107	79	66	52
	宗教、慈善	9	225	181	137	108	93	99	72	
	其他	6	204	143	105	107	123	106	105	

（3）我国空间配置标准

根据我国《办公建筑设计规范》JGJ 67—2006的规定，普通办公室每人使用面积不应小于3m^2，单间办公室净面积不宜小于10m^2。小会议室使用面积宜为30m^{2}左右，中会议室使用面积宜为60m^{2}左右；中、小会议室每人使用面积：有会议桌的不应小于1.80m^2，无会议桌的不应小于0.80m^2。大会议室应根据使用人数和桌椅设置情况确定使用面积。工作空间可用面积参考标准，如表4-8所示；工作空间功能参考标准，如表4-9所示。

工作空间可用面积参考标准　　　　　表 4-8

工作空间名称	每单位面积	
	单位	面积（m²）
一般单间办公室	间	9.29~23.22
领导办公室	人	13.93~20.90
办公室最小工作台	人	3.73
办公间有 VDT 的工作台	人	5.10
办公间有来访者的工作台	人	6.04
办公间的管理人员工作台	人	9.29
高级领导层会议室	座位	3.73~6.04
中层领导会议室	座位	2.32~2.79
员工会议室	座位	1.39
贵宾接待室	座位	3.73~6.04
普通接待室	座位	2.32~2.79

工作空间功能参考标准　　　　　表 4-9

项目	空间使用面积	备注	项目	空间使用面积	备注
传统单间式办公空间	入口	—	全开放式办公空间	入口	—
	接待处（前厅）	可与入口大门设计为一个整体		接待处（前厅）	可与入口大门设计为一个整体
	等候区	可设置在接待处		等候区	兼来访者休息区
	收发室	可与接待处合并		收发室	兼职员签到打卡
	部门办公室	按办公职能划分若干间		衣帽间	含私人物品存放
	主管办公室	1~5 间		开敞式办公区	按办公流程设置
	会议室	1~3 间		员工休息区	工间休息兼接待
	多功能会议室	员工大会、活动		主管办公室	1~2 个单间
	接待、会客室	可与高档会议室合并使用		会议室	1~2 个单间
	图书、资料室	可兼做会议室		图书、资料室	1 个单间，可兼做会议室
	档案室	可分解到各职能部门办公室		档案室	1 个单间，可兼做会议室
	计算机网络机房	各大型文印设备		计算机网络机房	1 个单间
	杂物间	根据需要设置		卫生间	每 10~16 个男女各 1 个大便器位
	设备间	根据需要设置			
	库房	根据需要设置			

4.2.3　工作空间关系分析

工作空间关系是指两个功能组织或功能区域之间的联系紧密度或者接近程度，可以采用关系密切、关系一般或没有关系等表示工作空间的关系程度，并进一步分析人员关系、信息交流、生产工艺、工作流程、共用资源等各种影响因素。

工作空间之间的关系可以采用作业相关图法的方法进行分析。作业相关图法是由理查德·缪瑟（Richard Muther）提出的一种系统性平面布置方法

（Systematic Layout Planning，SLP）。它首先通过图解关系矩阵，判别各组织之间的关系，然后根据关系密切程度布置各单位的位置，并将各单位实际占地面积与位置关系结合起来，形成作业单位面积相关图；通过进一步的修正和调整，得到可行的布置方案，最后采用加权评价等方法对得到的方案进行优选评估。该方法适用于对功能组织或功能区域进行平面布置。

采用作业相关图法分析工作空间关系，通常有如下五个步骤：

1. 定义空间规划标识符

通过调查或估计各组织的工作流程和功能设置，划分功能区域，定义空间规划标识符。例如，某企业分为采购部、技术部、质检部、销售部、生产部、财务部、研发部和办公室8个职能部门，根据其功能可用不同的空间规划标识符表示。

一个空间规划标识符代表一个区域功能、组织或者其他特性。空间规划标识符含义，如表4-10所示。

空间规划标识符含义　　　　　　　　　　　　　　表4-10

符号	含义
○	圆圈，运营符号，代表一项操作。如产品组装
⇨	向右的箭头，流通符号，代表了一项物质流动的活动
□	方块，检查符号，表示一项测试或者调查操作
▽	倒三角，存储活动的符号
D	D形，暂时存储符号，表示正在进行中、搁置的、停止的工作
⇧	向上的箭头，代表一个办公室
⌒	转了90°的D形，代表一项服务
⬠	雨滴形，代表操作与物流的结合，意味着处理

2. 定义分析空间关系密切程度等级及其原因

作业相关图是一种反映各种功能组织或功能区域之间空间关系及其紧密程度的矩阵图，图中用事先规定的字符表示相关的紧密程度，用数字表示紧密程度的原因。

通常，作业相关图中英文字母表示各种功能组织或功能区域之间空间关系密切程度，分六个等级，用字母代码A、E、I、O、U、X来表示。空间关系密切程度及代码，如表4-11所示；为了进一步分析，也可将各种功能组织或功能区域之间空间关系密切程度的原因列出，用数字代码1~9代表。空间关系密切程度原因及代码，如表4-12所示。

空间关系密切程度及代码　　　　　　　　表 4-11

等级	关系密切程度	代码
1	绝对密切	A
2	特别密切	E
3	密切	I
4	一般	O
5	不密切	U
6	不希望靠近	X

空间关系密切程度原因及代码　　　　　　表 4-12

序号	密切程度原因	代码
1	共同信息	1
2	共用人员	2
3	共用场地	3
4	人员接触	4
5	文件往来	5
6	工艺流程连续	6
7	做类似工作	7
8	共用设备	8
9	其他	9

3. 分析空间关系密切程度

根据作业相关图原理，可以采用关系矩阵表示某企业8个生产和管理组织之间的空间关系。作业相关图，如图4-6所示。在图4-6中，左侧是8个组织的名称，右侧的大三角形被分成许多菱形小方格。在每个方格上方，用字母A、E、I、O、U分别表示两两相交单位间的紧密程度，X表示不希望靠近；每个方格下方的数字1、2、3、4、5、6、7、8、9表示关系密切程度原因。

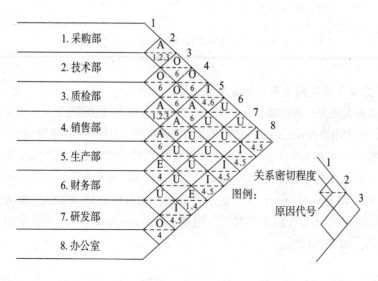

图4-6　作业相关图

4. 绘制初步空间位置图

根据各生产和管理组织关联程度信息，排列卡片的空间位置，初步整理出组织空间位置图。

排列原则：必须按相关程度的紧密性从大到小的顺序依次排列卡片的位置。先布置"A"关系数量最多的一块卡片（如有两块卡片"A"关系同样多，则取其中"E"关系数量多者，依此类推）；A布置完之后，再布置剩下卡片中，关系"E"最多的卡片，依此类推。经过分析和排列，确定最终空间位置。最终空间位置图，如图4-7所示。

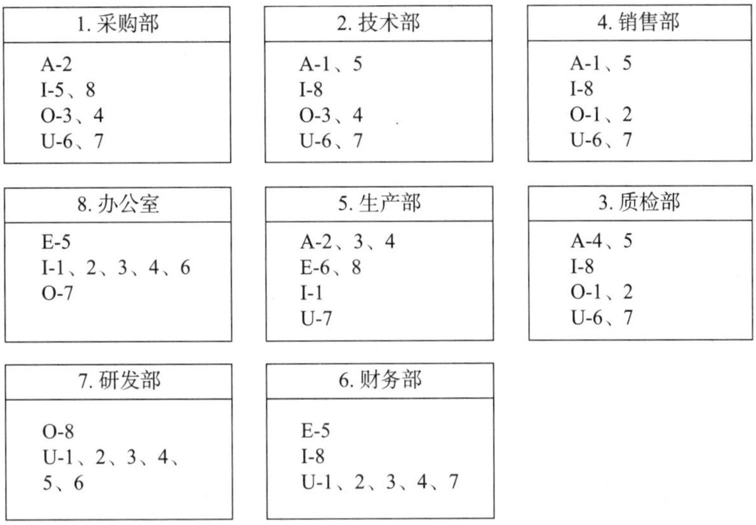

1. 采购部	2. 技术部	4. 销售部
A-2 I-5、8 O-3、4 U-6、7	A-1、5 I-8 O-3、4 U-6、7	A-1、5 I-8 O-1、2 U-6、7
8. 办公室	5. 生产部	3. 质检部
E-5 I-1、2、3、4、6 O-7	A-2、3、4 E-6、8 I-1 U-7	A-4、5 I-8 O-1、2 U-6、7
7. 研发部	6. 财务部	
O-8 U-1、2、3、4、5、6	E-5 I-8 U-1、2、3、4、7	

图4-7 最终空间位置图

5. 空间平面布置图

根据空间面积需求和空间标准，确定各组织的场地面积，按一定比例制作反映各组织面积大小的卡片，并适当调整相对位置，形成空间平面布置。空间平面布置图，如图4-8所示。

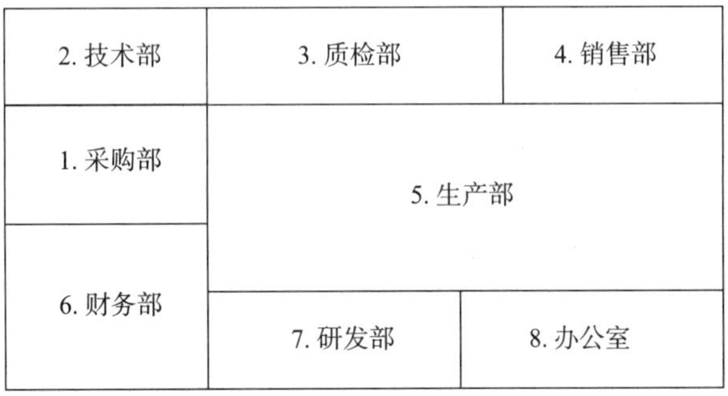

2. 技术部	3. 质检部	4. 销售部
1. 采购部	5. 生产部	
6. 财务部	7. 研发部	8. 办公室

图4-8 空间平面布置图

在实际工程的设计中需要针对各种细节进行深入的分析，才能得出符合实际要求的空间布置方案。此外，在得到可行的空间布置方案之后，还应采用优缺点比较、加权比较和成本分析比较等方法进行方案评估，以选择出最优方案。

4.2.4 工作空间标识系统

标识系统是（Signage或Signage System）以系统化设计为导向，综合解决信息传递、识别、辨别和形象传递等功能的整体解决方案，在一些复杂的建筑设施中用来确认、指示和通知某些信息的工具。标识研究协会（Institute of Signage Research）则称它们是"一种沟通用的媒介，而用来传达一种视觉信息，其本身具有相当的感受性和对环境气氛的制造性"。

1. 标识的分类

根据各标识的功能，可以划分为定位标识、导向标识、形象标识、公益标识四类。

（1）定位标识

它是帮助使用者在环境中及时定位的标识，通常采用地图、分解图、平面图等形式。常见的楼层牌、科室牌、桌面台牌、楼层平面图标识牌等都是定位标识。

（2）导向标识

它是明晰的导航工具。一般列出目的地，并伴有指向箭头或与目标地点间的距离，有助于人们对位置作出选择，并随时量度行进的过程。通常这类标识以连贯的措辞和统一的细部为特征，并作为一个有序的系统而存在，如分流标识牌、楼层索引牌等。

（3）形象标识

主要有形象标识牌、宣传栏等。

（4）公益标识

主要有温馨提示标语牌，公共安全标识牌，火灾/危险警告标识牌，开水间、洗手间指示牌，天气预报、出入口和日期提示标牌等。

根据建造方式，标识又可划分为立式、卧式、悬挂式、立面镶嵌、立面半挑、移动立牌、桌面立牌等。

2. 标识系统的设计

标识系统是寻路设计中的重要内容。空间标识系统的对象定为初次来访者，初次来访者对建筑内空间没有任何的感观认识，如果能利用标识系统来满足这类人群的寻路需求，就能满足各类人员的寻路、识别要求。

人在不同的位置都有着不同的信息需求。要满足这些信息需求，就必须设置不同内容的标识。某办公楼动线概括起来主要为：确定主入口→经过门厅→进入电梯厅→找到办公室。由此，可制定该工作空间内人的行为模式的细分图，作为标识系统设计的参考依据。某工作空间内人的行为模式细分图，如图4-9所示。

3. 标识系统的信息分级

在建筑物各个空间位置上，来访者对于标识的信息需求量和各个位置所需的

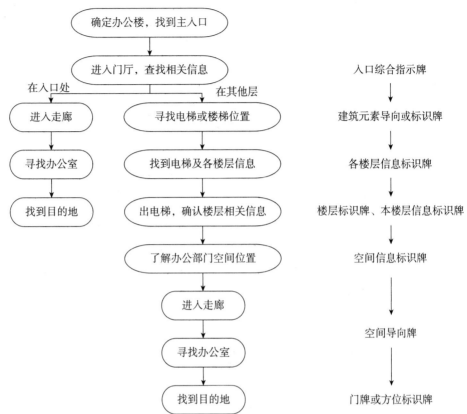

图4-9 某工作空间内人的行为模式细分图

信息量是有差异的。因此，需对空间的标识系统进行信息分级，依次分为1~4级标识信息，以保障寻路过程的逻辑连贯性。

(1) 工作空间标识系统的信息分级

初访者进入工作空间的一个主要流程为：门厅→电梯、楼梯→走廊→办公地点。依据寻路空间顺序以及空间所需信息含量的逐级差异，对工作空间内的标识信息进行分级。工作空间标识系统信息分级，如表4-13所示。

工作空间标识系统信息分级　　　　　表4-13

构成	一级标识	二级标识	三级标识	四级标识
设置位置	入口、大厅到电梯、楼梯或功能室等	电梯、楼梯等垂直交通空间	走廊	办公区域
标识牌类型	分流标识牌，宣传栏，楼层平面图标识牌，迎宾牌	楼层牌，楼层索引牌，温馨提示标语牌，公共安全标识牌，火灾/危险警告标识牌，出入口	楼层平面图标识牌，开水间，洗手间指示牌，温馨提示标语牌，公共安全标识牌，火灾/危险警告标识牌	形象标识，桌面台牌，科室牌

（2）医院标识系统的信息分级

医院标识系统具有定位、指引、服务、管理等功能，也是医院形象设计的一部分，可综合采用标牌、专用符号、专用色彩、多媒体技术等方式体现设计。《综合医院建筑设计规范》GB 51039—2014规定了医院标识系统的信息分级标准。医院标识系统信息分级，如表4-14所示。

医院标识系统信息分级　　　　　表4-14

构成	一级标识	二级标识	三级标识	四级标识
设置位置	户外、楼宇标牌	楼层、通道标牌	各功能单元标牌	门牌、窗口牌
标识牌类型	建筑单体标识，建筑出入口标识，道路指引标识，服务设施标识，总体平面图，户外形象标识	楼层索引，楼层索引及平面图，厅、通道标识，公共服务设施标识，出入口索引	各功能单元标识，各行政、会议单元标识，各后勤保障单位标识	各房间门牌，各窗口牌，公共服务设施门牌

4.3　现代工作空间

工作空间是组织从事生产或经营活动的场所，是组织存在的物质空间。其本质是为员工提供一个通过劳动进行信息处理、交换，从而创造价值的群体工作场所。随着社会与经济的发展，工作空间也随之变化，出现了现代工作空间。

4.3.1　工作空间的变革

自20世纪80年代至今，办公场所发生了很大变化。从传统的方格式布局到"复合型"办公室、"酒店式"灵活办公以至现代以工作效率为中心的"工作场所网络"。工作空间的变革历程，如图4-10所示。

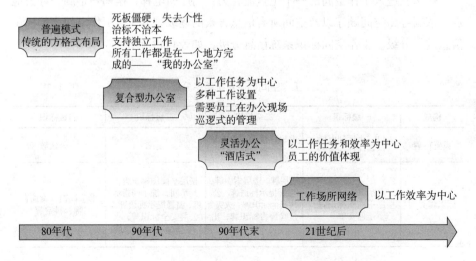

图4-10　工作空间的变革历程

促使工作空间变革的因素如下。

1. **客户、竞争者和雇员的全球化**

市场是无国界的；人才是全球化的，并且以知识为导向。商业活动的全球化已经促使公司在全球范围内寻找成本优势和质量优势，并且重新思考他们的办公空间的定位。

2. **计算机和通信技术的变革性发展**

信息与技术的发展，使人们想在任意地点工作的梦想变成了现实，工作团队随处可见，工作地点灵活多样，涌现出了许多新型的工作方式，几乎全世界的企业办公设施都在经历着一场变革。

3. **生活方式与人口变化**

年轻员工的生活方式增加了他们对工作环境的期望，他们变得更加自我和挑剔，需求也日益增加，他们期望在办公空间的选择、设计和日常管理中能够更多地表达自己的需要，在工作中花费更多的时间意味着更好的工作条件、更强的舒适度和更多的娱乐设施。

4. **公司组织形式的变化**

工作活动更多地以团队为核心。多种多样的组织形式与组织类型使得公司对办公设施的管理更加复杂，供应商可能需要在公司中设置办公场所，而公司也可能把自己的员工派驻到客户的公司中去。不同组织类型的工作空间特点，如表4-15所示。

不同组织类型的工作空间特点　　　　表4-15

组织类型	工作空间特点
学术机构	每一个人要有自己的独立空间 等级非常重要 空间的控制非常重要 网络通信要求非常高 公共档案柜不能太多 永远不能实行"清洁办公桌"的制度
大型零售企业	较大的来客接待区域 高层管理人员的宽大办公室 采购部门开放式办公的小办公桌 办公区内分散的空间用于放置各种小物品
新型技术、电子商务公司	因为公司相当年轻化，所以他们很少显示出管理高层和绝大多数初级员工之间的差别 在公司内部使用新技术很普遍 大都倾向于留出工作场所的一部分作为客户展示区和培训区 销售团队的流动性相当普遍 资料储存方式都是电子的 材料、颜色、各种装饰效果使人轻松愉悦，并具有探索性 从事软件开发的空间经常是充满活力的，包括一些针对个人、团队的休闲场所，外加一些娱乐场所
银行、保险及其他金融机构	地理位置要求非常高，往往位于一线城市的中央商务区或繁华地区 经营绝对要依赖计算机，导致许多工作空间为信息技术部门占有 有大量的文员级的初级员工 呼叫中心一般远离昂贵的市中心，或外包 办公环境的设计让人联想到"可靠"、"财富"和"历史" 会议室豪华典雅，挂有众多艺术品

续表

组织类型	工作空间特点
大型会计师事务所或咨询公司	初级员工共享办公桌 在合伙人的空间需求（理想的大区域办公室）与空间效率（合用式的办公室，因为合伙人经常不在办公室）之间确定平衡 传统惯例是伴随着个人职业升迁，工作空间会有明显的增加
大型制造企业	这些公司办公室往往是公司整个建筑中的一小部门，大部分是由厂房、研发实验室和物流仓库等组成 总部和销售中心通常位于城市的中央金融区 频繁的收购或兼并迫使企业花费很大的努力来整合原本位于不同建筑物内的两种不同的企业形象和工作流程 企业的历史特别值得骄傲，因而需要一定的空间展示其历史的实物和照片资料

4.3.2 现代工作空间类型

随着科学技术的发展，工作、家庭以及休闲之间的界限越来越模糊。经济的全球化也意味着24/7的工作方式已经在很大程度上替代了9/5的工作制，并出现了许多新型的办公模式。工作空间从固定的办公场所转移到其他各类场所，如家、餐厅、地铁、候车厅或者咖啡店等，并且员工之间的合作越来越频繁，从而导致空间规划倾向于配置更多的共享空间，比如团队空间、会议室、俱乐部等，减少私人工作空间的配置。在现代办公方式的演变下，出现了如下形式的现代工作空间。

1. 宾馆式工作空间（Hotel Space）

员工没有永久固定的桌子或者办公室，可打电话或者使用组织提供的软件预约临时工作空间中的一间办公室，并在其中工作。员工可以在临时工作空间工作几个小时到几天，员工私人物品放置于专用的储藏空间。宾馆式工作空间的特点是加快了办公室的轮换速度。当员工的工作性质需要经常出差或外出时，利用该方式可以节约很多空间。

2. 咖啡厅式工作空间（Cafe Areas）

这类工作空间给员工们提供一个非正式聚集的地方，可以是一个咖啡厅、咖啡吧。其必备的要素是中心式的吧台、就座的区域以及其他工作设施。可以放置工具用来辅助工作，如公告牌、复印机、传真机、邮政区域、书柜和储藏柜。咖啡厅式的工作空间可以培养员工之间的沟通能力和拉近彼此之间的距离，并使员工在交流中产生更多的创意。咖啡厅式的空间布局灵活多变，可以供多种用途使用，整个空间可以作为展示的空间，可以配备带书架的阅览桌作为学习的空间，甚至可以供聚会和非正式的会议使用。

荷兰Vision Web公司是一家500多人的IT咨询公司，其工作场所实际上就是一个"大型的咖啡厅"，使用互联网作为员工的主要沟通方法，树立了与众不同的经营模式、企业形象和公司文化。Vision Web公司工作空间，如图4-11所示。

图4-11 Vision Web公司工作空间

3. 自由式工作空间（Free Space）

自由式工作空间是指在工作空间内配备非专用的办公桌和设施，一个办公桌可能被几个员工在不同时间使用，可以在没有事先预定的情况下由任何人在任何时间使用。自由式的空间最大限度地使用了办公场所和设施，有利于员工的互动和交流，可以在较小的空间内完成较多的办公任务。但是需要提供给员工个人存储的空间和阅览空间。自由式工作空间适用在所有的员工基本上不会同时都需要工作空间的组织。其最原始的动机是通过减少空间而节约成本，在有些实践案例中可节省30%的工作空间。

惠普新加坡公司的员工如果需要使用办公室，可以随时去公司的公共办公区。那里有空办公桌供流动职员使用，桌上装有电源插座，另外还有红外线无线网络，完全满足工作要求。

4. 电子办公系统

20世纪90年代，以信息技术为代表的高科技的突飞猛进、互联网的广泛应用、移动通信的发展，使人类的办公效率在不断提高，办公自动化程度继续加深，新型的电子办公模式不断涌现出来。国际远程办公协会委员会（International Telework Association and Council，ITAC）的一份研究报告显示，2001年近1/5或者2800万的员工采取电子办公的方式，包括在家办公、电子办公中心或者卫星工作站、交通途中方式等。相对于非电子办公人员，电子办公人员一般拥有更高的教育背景和收入，多为专业或管理人士。

某公司提供的iWork电子办公服务系统，不受时间和空间的限制，随时可提供工作资源（空间、数据和文件、应用程序、信息、协作、培训、电话），并且费用低廉。iWork服务方法既为降低成本和复杂性提供了统一的标准，也为提高工作效率和满意度提供了个性化的选择。该服务系统体现了提高设施的利用率、降低设施的总成本、提高安全性、可"随时随地"提供服务等优势。iWork电子办公系统构架，如图4-12所示；iWork工作网，如图4-13所示。

iWork的实现技术是通过建立电子社区、个性化的信息中心、虚拟工作台以及灵活的办公室等措施将企业团队的工作网联系起来，最终实现办公方式的数字化、自助化、社区化以及移动化。

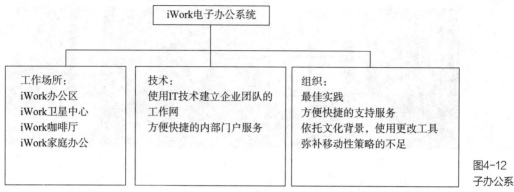

图4-12 iWork电子办公系统构架

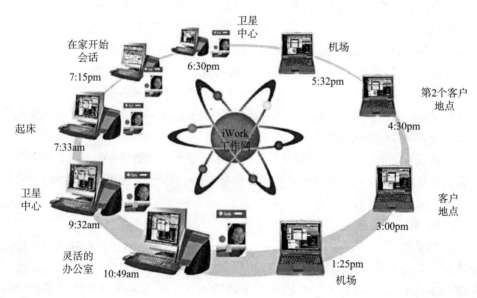

图4-13 iWork工作网

iWork采取最佳实践策略、建立强大的IT支持团队应对迅速的管理变更等。其中，支持措施包含有全天候提供技术支持与服务的工作台或解决方案中心、内部监管小组、通过内部的iWork门户提供基于Web的服务以及培训等。

5. 共用工作空间（Co-working Space）

共用工作空间（Co-working Space），也称为共同工作空间，即提供共同工作的空间，广义的说法为"共同工作"。共用工作空间在开源软件以及互联网热潮的影响下产生。由于个人业务数量大幅度增长，独立完成任务会面临很多挑战，不仅需要网络，而且在独立支撑公司成本（例如设备、办公桌等）的过程中也会有经济方面的困难。与此同时，这些人特别是创业者、艺术家、学生、自由职业者，需要在良好的、创新的环境中获得启示与帮助。在这种情况下，共用工作空间在美国创建，现在已经在很多国家存在。

共用工作空间让需要较小空间开展业务的公司或人员，可以通过共享同一工作空间、设施和服务，从而降低成本，增加业务运作的灵活性。共用工作空间，同时也是共同工作者社群平台，"共同工作"是一种工作形态，其4个共同价值为合作、开放、社区与持续。在共用工作空间或社群平台中，具有不同专业背景的共同工作者，彼此间自然合作，互相交流，为共同的项目贡献才能，改进成果。

共用工作空间主要针对高科技起步公司、自由职业者和经常到其他城市办公的人群打造，为其提供了一系列的服务与帮助，例如各种设备的租用，包括办公桌椅、沙发、会议室、WIFI、会客室、打印室，甚至零食和休闲设备等。但是这种工作形态也包含很多不便之处，通过SWOT分析可以识别其优势、劣势、机会以及威胁。共用工作空间的SWOT分析，如图4-14所示。

优势（S）	劣势（W）
低成本：租用办公桌要比运营自己的办公室或公司便宜； **灵活性**：例如租用时间，办公桌可以租一天或几个月等； **服务齐全**：提供员工期望从公司工作中得到的良好服务，甚至更多，共同工作者不需要担心支持服务； 良好的社交经验，避免孤单以及在家工作的低效； 与其他共同工作者的交流与合作，并从中获益； 可能参加多种社交活动、会议等； 加入社群，有存在感，可体现自己的重要性； **有利的创新环境**：设计、休息室、事件，所有有助于创新元素的存在； **共同工作者**：具有不同专业背景的人才，互相帮助，提供设备和支持	**缺少隐私**：可能听到共同工作者的谈话或者获得还未启动的网站的理念； **知识产权**：讨论是公开的且介入多人的想法，一些企业家通过签署非披露协议保护他们的创新成果，但这在一些公共工作空间是被禁止的； **公共/私有边界的协商**：项目暴露得越多，收到的反馈越多，但同时项目的脆弱性将增加； **缺少合作**：一些共同工作者更喜欢独立工作，不想分享共同办公空间的价值，让每个人感到受益、支持并采取行动是困难的； **配置不足的空间**：有时候空间的配置不符合共同工作者的期望，依据业务的性质，可能需要特定的工具，例如设计师需要画板，大部分的共同工作空间致力于服务仅需要一台笔记本电脑的网络工作者； **缺少常访**：由于不是办公室，去工作的动力很小，然而，如果人数过少，共用工作空间的优势就失去了
提供扩展服务：秘书、设计、推广… 共用工作致力于为特定的部门提供特定需求的空间，例如：为设计人员提供足够工具的工作室； 理念起源于美国，但是引入欧洲以及全世界不同的国家； 创建一个全球化的共同工作者社群平台，以分享更多的想法，与不同国家的人交流； 可以在一些想要为创新者提供增加效率环境的公司实施	**黑客问题**：共同工作者对安全和机密性非常敏感，考虑空间的使用人员大部分为电脑专家，共用工作空间容易受到黑客攻击，共同工作者担心他们的想法被偷，一些空间发展了无线安全密码，但黑客们也越来越强； 共用工作空间可能遭受来自买咖啡享受免费WIFI的咖啡馆的竞争，咖啡的消费低于共用工作空间的租赁费，咖啡馆通过多样化服务来适应新的趋势； **3G/4G技术的发展**：全世界都可以访问，使得可以以更好的价格在不同的地方工作； 创业和合资企业受到金融危机的影响，信贷紧缩使得创业放缓，一些创业者的士气下降，这将导致潜在用户的减少
机会（O）	威胁（T）

图4-14 共用工作空间的SWOT分析

知识链接

更多现代工作空间类型介绍，请访问设施管理门户网站FMGate——FM智库——研究报告——联合办公信息化建设设计。

4.3.3 现代工作空间案例

现代工作空间表现出了自然、放松、科技、多样、灵动、开放等特点。现代工作空间的特点，如图4-15所示。从Google公司、Interpolis保险公司、VisionWeb公司到国内的腾讯公司、阿里巴巴等，越来越多的公司依据新的办公需求对其工作空间进行了新建或改造。下面介绍两个典型的现代工作空间。

图4-15 现代工作空间的特点

[案例4-2]

德国某信贷公司新总部是由著名的瑞士建筑工作室Evolution Design设计的。该工作室室内设计概念的重要性是表达德国信贷公司的核心价值观和哲学。设计师运用创新的工作空间来表达员工对工作环境的需求，形成了一个多样化的、开放式的集会议、办公、娱乐和工作于一体的办公环境。

在设计及实现的过程中，最大的挑战是将传统的工作空间以一个全新的工作方式呈现和转变，打造最具创新的工作空间和像家一样的办公环境。室内设计转变了传统办公桌式的工作方式，开放式的展台进入了一个新的模式，也体现和突出了公司的文化和愿景。该总部的工作空间由不同类型混合组成，公司员工可以根据不同的日常活动或不同需求选择不同的办公区域，而且三个楼层展示了一系列的联合办公、合作伙伴与团队之间的环境。德国某信贷公司新总部工作空间示意，如图4-16所示。

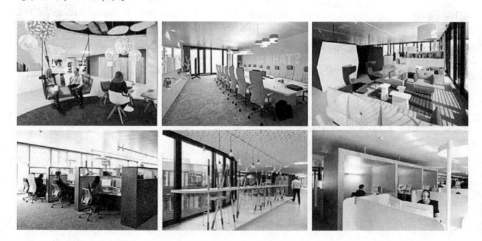

图4-16 德国某信贷公司新总部工作空间示意

[案例4-3]

荷兰Interpolis保险公司拥有3500名员工,摒弃按区域划分的工作场所布局方式,以开放而透明的观念,通过高度灵活的设施(无线上网、笔记本电脑、家庭办公)对工作空间进行转型。工作环境能够充分满足他们的业务和文化变动,采用10个员工会所代替了传统意义上的餐厅。Interpolis的员工不再拥有自己固定的工作空间。上至组织董事,下至联络中心接线员、高级金融顾问,都可以选择任何空闲的区域。工作时间,员工来到前台,领一部无线电话、一台手提电脑,在像电影院购票系统的指示屏上预约一个自己喜欢的座位,就可以开始一天的工作。原本需要80000m²容纳所有员工的办公区域,现在只需要45000m²,节省了9000万美元的项目支出,每年还可以省出800万美元的运营成本。另外,办公用具、相关清洁人员的劳务费用也都大规模减少。荷兰Interpolis公司工作空间示意,如图4-17所示。

图4-17 荷兰Interpolis公司工作空间示意

知识链接

更多现代工作空间案例,请访问设施管理门户网站FMGate——FM服务——解决方案——熬夜不再痛苦,未来办公室全解析。

4.4 搬迁管理

搬迁是组织将业务活动所在地从一个地方搬移到另一个地方的行动。在高速发展的经济环境中,搬迁日益普遍。对于搬迁管理的评价指标较多,搬迁率是较为常用的指标之一。每一次搬迁活动,从规划、采购到包括物品打包、标签等,都需要按照一定的流程和规则进行。由于存在一些不可避免的因素会造成搬迁物品的损耗,而专业搬迁组织对于这些损失或损耗只承担有限责任。所以,常常需要给全部物品投保,以避免这些不可预见的风险。

4.4.1 搬迁类型和评价指标

1. 搬迁的动因和分类

大型组织最佳设施管理实践研究表明,导致搬迁活动的三个主要动因是:

①组织的合并、组织规模的扩张或缩小、基于组织的战略整合等所引起的搬迁；②在组织内部、组织之间或经营管理中持续不断的员工迁移；③设施管理团队的组成和运作所引起的搬迁。

从搬迁的主观动机来看，常见的组织搬迁有两大类：①主动性搬迁。它是组织根据自身的发展目标与发展战略所进行的主动性调整，通常是组织为了寻找更广泛的发展空间而进行的扩张性搬迁。②被动性搬迁。它包括组织受到成本压力、环保压力而进行的生存性搬迁，以及组织因兼并、分拆等原因进行的搬迁。

按照搬迁强度的大小划分，组织搬迁有公文包（盒子）搬迁、家具搬迁和结构搬迁三种类型，其搬迁费用和搬迁频率存在较大的差异。

（1）公文包搬迁

它只涉及办公资料、辅助物品的搬迁，而不需要搬迁家具、电源、数据电缆或者移动隔断和建筑物，费用较低，频率较高。

（2）家具搬迁

它是一个比较复杂的搬迁活动，是在电缆结构最小变动下，对现有家具的重新布局，或者增加新的家具，搬迁费用较高，频率一般。

（3）结构搬迁

它是搬迁中最复杂、最昂贵的一类，包括墙体的变动、电源线和电缆线的调整以及家具的重新布局等，费用昂贵，频率较低。

国际设施管理协会（IFMA）报告显示，所有行业企业平均搬迁率为41%。历史数据显示，某些行业由于其业务特性，很难发生搬迁，如教育、政府、宗教等组织的平均搬迁率为25%；相比之下，金融、能源、电信等服务行业平均搬迁率为44%。搬迁率也随着空间的用途而改变，如总部办公室的搬迁率为45%，而教育和培训场所的搬迁率为11%。

IFMA的相关报告显示，公文包搬迁的平均费用大概为160美元，而家具搬迁（包括电源和电缆的变动）则要729美元。一个早期的研究发现，组织移动独立家具最频繁，独立家具的搬迁也比整体家具的搬迁简单，费用也低。而整体家具的变动平均为4~5次/年。整体隔断的变动则大概为1~2次/年。更重要的是一些搬迁"软成本"，这些"软成本"可能包括停工造成的损失或者加班所造成的额外成本。

2．搬迁的评价指标

在搬迁管理中，设施经理最关注的是降低搬迁活动对组织业务的破坏性以及搬迁费用。搬迁管理的目标是在一定的成本效益下，安全地、高效地、细心地以及最小中断业务地实现客户搬迁需求，并超出其期望值。调查显示，搬迁作为组织业务的一个方面，被越来越多的组织列为考核绩效的重要因素。有55%的组织把搬迁活动作为企业的业务活动之一，而43%的组织认为搬迁活动的重要性被严重低估。

评价组织搬迁的指标包括：人员搬迁率、资产搬迁率、搬迁成本、搬迁费用率等。

（1）人员搬迁率

它是指组织在一个年度内，涉及搬迁的员工人次占整个组织员工人数的百分比。搬迁率计算公式为：

人员搬迁率=某个特定组织在某个特定时期内搬迁的人次/某个特定组织在某个特定时期内的总人数×100%

例如，某企业有1000名员工，其中有150名员工在一年内搬迁过一次，那么其人员搬迁率为15%；如果有100名员工在一年内搬迁一次，50名员工在一年内搬迁过两次，则其人员搬迁率为20%。一般20%的人员搬迁率是比较令人满意的水平。

（2）资产搬迁率

资产搬迁率表明组织在一个年度内，涉及搬迁的资产额占总资产额的百分比，计算公式为：

资产搬迁率=某个特定组织在某个特定时期内涉及搬迁的资产额/某个特定组织在某个特定时期内的资产总额×100%

（3）搬迁成本。搬迁成本是指组织在一个年度内，平均每人分摊的搬迁费用或者平均每平方米建筑面积的搬迁费用。

（4）搬迁费用率。搬迁费用率是指组织在一个年度内，搬迁的总成本占设施管理总预算费用的百分比。

搬迁率对一个灵活的、成长性的组织是一个积极的信号。事实上，有效的搬迁管理可以节约成本，并为组织增值。有效的搬迁管理主要体现在：

可以提高员工的士气和工作效率；

最佳的空间配置，从而节省租金成本；

为组织短暂空间需求或空间重组提供灵活性；

较低的搬迁成本、费用和搬迁率，即以最小的搬迁率把员工安置在最合适的位置上；

保持员工的满意度，从而增加组织的稳定性；

设置适当的设施预算，预测未来的空间需求。

4.4.2 搬迁管理流程

针对组织的人员变动、业务外包、装修、重新布局等造成组织内部空间局部的变动或者由于组织合并、扩张等引起的组织整体的搬迁，具体的搬迁流程如下。

1. 搬迁前准备工作

搬迁前准备工作主要有搬迁新址的决策、提出和批准搬迁申请等环节。

（1）搬迁新址的决策

成功的搬迁能够提升企业的竞争力。据穆马（Mumma）调查，70%的企业能够通过搬迁得到收益。但是，搬迁成本高昂，而搬迁决策失误带来的损失则更难以预料。组织搬迁新址可能使得交通更加便利，吸引更多的人才，或者能够与同行业聚集，形成行业规模，有益于组织的长远发展。但是，搬迁也会带来组织成本的增加。在搬迁过程中，组织的业务收入将缩减，组织正常的开支仍需支付。除此以外，组织还增加了搬迁成本。因此，搬迁前，组织需根据自身的财务状况、行业特点，对搬迁的新址进行评估，确定是否有必要搬迁。

《洛杉矶商业杂志》的约翰·R·弗雷泽弗提出应当关注新址的三个指标：具体的位置属性、物理属性以及成本参数。具体位置属性涉及运输条件，如与道路、铁路的距离，以及与其他基础设施的配备等情况；物理属性涉及新址的形式和功能，包括现场地形特点、现有的布局、结构、层高和承重要求等；成本参数取决于组织计划购置还是租赁新址工作空间。

（2）提出和批准搬迁申请

客户可以通过邮件或者会议等形式向设施管理团队或者企业的相关部门提出搬迁请求，并负责取得有关搬迁成本和工作的组织批准。设施管理团队根据搬迁申请，审查并修改空间的平面布局，报企业的相关部门批准。新的空间平面布局被批准后，设施管理团队应向客户提供一份详细的搬迁计划，负责收集来自搬迁承包商、家具供应商、机电设备（Electric& Machine）供应商的报价，并通过商业谈判以达成一个合理的价格。

2．搬迁的实施

在搬迁活动获得批准之后，设施管理团队负责协调客户、搬迁承包商、家具供应商等相关方关系，设计搬迁流程，并通过搬迁清单来检查搬迁工作落实情况。在搬迁之前，需要勘察一下搬迁现场，确保计划与现场的实际布局和条件相符；在搬迁中，设施管理团队应该派人旁站，以监督搬迁承包商、家具供应商的搬迁质量和进度。

对于组织整体的搬迁，涉及事项很多，具体注意事项如下：

（1）通过招标或直接委托的方式确定搬迁企业，签订搬迁合同。

（2）设计单位提供最新的平面图纸，由设施管理组织（或人事组织）编排搬迁后的座位标号及平面布置，将平面图及标号提供给搬迁企业。

（3）确定具体的搬迁时间，编制搬迁计划。

（4）确定搬迁负责人、联络人，并事先联系，确保有足够的搬运电梯和停车位。

（5）对全体员工进行搬迁培训（包括搬迁的流程、打包的技巧、标签的方法等）。

（6）对贵重物品进行投保。

（7）在搬迁前，准备所需的包装盒与标签，完成打包并贴标签（电脑及大型设备等由专业搬迁企业打包）。

（8）迁出和迁入，搬迁负责人和联络人到场，统计所有的搬出数量并记录，按照搬迁计划的顺序、对应图纸标号统计所有的搬入物品数量并记录，由负责人签字确认。

（9）核对搬迁记录，检查物品是否齐全，拆包及清理现场。

例如，某跨国公司总部办公楼搬迁项目服务水平协议包括正文和附件两部分，其中正文具有下述内容：

（1）协议的主体。跨国公司与包装运输有限公司。

（2）协议有效期。协议于××年××月××日签订，并生效至××年××月××日止。

（3）搬迁费用。明确价款金额及支付时间和方式。

（4）服务范围。协议中服务供应商所提供服务的范围。

（5）服务等级目标。跨国公司和服务供应商达成共识的服务等级，通常包括了一系列具体的服务等级目标，如服务可用性、系统可靠性等。

（6）关键绩效指标。用于测试和评价服务供应商服务水平及质量等级目标的具体可量化的指标。

（7）赔偿条款。当服务供应商在搬迁过程中导致办公物品丢失、设备损坏等情况发生时相应赔偿方式。

（8）保密条款。服务供应商不得将机密信息用于任何其他目的。包括所有与公司业务有关的任何形式和存于任何介质的信息和资料，不论是以视觉还是知觉方式、口头还是书面方式。

（9）变更管理条款。变更的内容包括服务或成果、功能或技术要求、验收标准的变更或其他与范围有关的增添、删减或修改。只要不实质性地改变项目的性质或超出服务供应商的履行能力，服务供应商应及时与公司合作拟订和签署变更令。

除此之外，正文部分还包括测试与验收、知识产权所有权、履行标准、禁止分包以及反贿赂等条款。附件中包括搬迁服务供应商评价指标——KPI、再利用的家具清单、人员配备以及搬迁保护计划共4个部分。

例如，某跨国公司办公楼××年××月××日搬迁进度计划，如表4-16所示。

某跨国公司办公楼 ×× 年 ×× 月 ×× 日搬迁进度计划　　表4-16

时间	工作安排	设施管理	IT	安保	协调员	员工
8:00	检查需要保护的区域并拍摄现场照片	√				
09:00~17:30	公司员工协助打包	√			√	√
9:00	设施管理搬迁团队协调打包事宜	√				
13:30~15:00	查看电梯是否可用	√				

续表

时间	工作安排	设施管理	IT	安保	协调员	员工
12:00~16:00	IT部门核对设备数量、最终使用者并打包		√			√
16:00~21:00	保护材料并采取保护措施	√				
13:00~16:00	公司员工打包个人物品				√	√
13:30~16:00	搬迁协调员检查公司员工箱子编号				√	√
16:00	**员工关闭电脑并离开公司**					√
16:00~20:00	清点箱子数目并签署清单	√			√	
16:00~20:00	IT部门打包主机、显示器等		√		√	
21:00	IT部门打包完成		√			
21:00~21:30	签署记录IT箱子的清单		√			
17:30	开始装箱子及物品					
18:30	**第一辆运输车离开原办公地**					
20:00	**第一辆运输车到达新办公地**					

注：字体加粗部分为关键时间点。

3. 搬迁后评估

搬迁结束之后，设施管理团队应该进行最后的搬迁核查，清点物品数量，查看设施运行情况，帮助和处理如钥匙的重新排列、家具的维修以及错放盒子等搬迁之后所产生的问题，完成搬迁后核查表，并更新设施管理信息系统中有关家具布局和位置设计的信息。搬迁后核查表，如表4-17所示。

必要的话，可聘请第三方中介组织对搬迁实施过程、搬迁效果进行评估，向组织高层领导提出报告。

搬迁后核查表　　　　　表4-17

设施地址			核查人		
核查日期			搬迁项目编号		
编号	核查内容	是	否	标注	完成时间
1	箱子搬到正确的位置				
2	柜子搬到正确的位置				
3	电脑和电话安装完毕				
4	电脑连线正确				
5	桌子整洁、干净				
6	每一个位置是否有座椅				

续表

设施地址			核查人		
核查日期			搬迁项目编号		
编号	核查内容	是	否	标注	完成时间
7	会议室椅子数目正确				
8	工作区的使用人姓名				
9	办公桌的编号和使用人姓名				
10	会议室的标识				
11	门闩已安装,可以使用				
12	柜子的钥匙				
13	壁橱是否正确的安装				
14	柜子钥匙是否已更换(如需要)				
15	空的箱子是否已全部搬走				
16	是否更新位子布局和 CAD 平面图				
……	……				

4.4.3 搬迁风险与保险

虽然搬迁是由专业搬迁承包商实施,但是由于存在一些不可避免的因素会造成搬迁物品的损耗,而专业搬迁承包商对于这些损失或损耗只承担有限责任,因此,常常会给全部物品投保综合险,以避免这些不可预见的风险。保险不仅可以补偿搬迁风险损失,而且还带来一种心理上的保障。

1. 搬迁的风险分级和对策

搬迁面临的风险有运输过程中遇到的各种自然灾害和意外事故造成的损失,为减少损失而采取的某些救助或施救措施而发生的额外费用,某些非故意的人为因素引起的损失。对可能发生的搬迁风险发生概率和可能造成的损失进行分析后,可以将搬迁风险分为四个等级。搬迁风险等级分类,如图4-18所示。

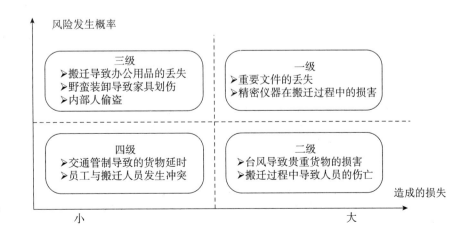

图4-18 搬迁风险等级分类

（1）一级风险

应采取管理加保险的方法，即通过有效的管理降低风险发生的概率或减小风险发生所造成的损失。另外，通过保险可以转嫁风险。

（2）二级风险

这种风险发生的概率很低，一旦发生便会遭受极大损失。这时可以采取风险转移策略，包括非保险转移和保险转移。例如，通过分包合同将风险转移给分包商；又如，运输途中遇到的自然灾害事故是保险企业可以承保的风险类型，采用保险的方式可有效地分散风险。

（3）三级风险

由于风险发生概率很高，购买保险则是不经济的。这种类型风险的应对策略除自留外，还需要进行风险预防和风险控制，即在采取风险自留的方法后，通过一系列有效的管理措施降低风险发生的概率和减轻风险发生后造成的损失程度，如提高员工素质和技术水平、建立有效的防盗报警系统等。

（4）四级风险

一般会选择风险自留的方式，也可以采取风险转移策略。

2．国内有关搬迁的保险类别

国内现有针对搬迁的保险主要有货物运输险、财产险、责任和信用保险、物流综合保险等。

（1）货物运输险

货物运输保险是传统货物财产保险体系中最主要的内容。其中，公路货物运输的主要保险条款有：陆运险、陆运一切险、陆上运输冷藏货物险（涉及特殊的冷藏货物运输时使用）、陆上运输货物战争险和罢工险。此外，还有铁路运输保险、航空货物运输保险和水路运输保险等。

（2）财产险

我国财产保险分为基本险和综合险，其保险费率分为工业险、仓储险和普通险。每一类别又按照财产的种类、占用性质和危险程度，分为不同的档次。每一投保单位原则上适用一个费率。

（3）责任和信用保险

责任和信用保险主要有雇主责任保险、雇员忠诚保险和机动车辆保险。①雇主责任保险。它是以雇主责任为保险标的的一种保险，承保雇主对其雇员在受雇期间工作时，因发生意外或职业病而造成人身伤残或死亡时应负的经济赔偿责任。②雇员忠诚保险。通常承保雇主因其雇员的不诚实和欺诈行为而遭受的损失。雇主为权利人，雇员为被保证人。③机动车辆保险。主要承保因保险事故造成的车辆本身的损失，以及他人的人身伤亡和财产损失。

（4）物流综合保险

物流综合保险，包括物流货物保险和物流责任保险两个物流保险条款。①物流货物保险。主要针对货物的所有者，它的保险标的是物流过程中的实体货物。

②物流责任保险。它是专门针对搬迁企业开发的物流保险产品,保险标的是第三方物流组织的民事损害赔偿责任。赔偿责任虽然可以具体化为一定数量的财产性利益,但其本身并不是基于货物的价值而产生的。

关键术语

工作空间 空间成本 空间需求 空间配置 空间空置率 空间使用率 工作空间关系 作业相关图法 标识系统 灵活办公 共用工作空间 搬迁 搬迁成本

复习思考题

1．为什么要进行工作空间管理,其目标和作用是什么?
2．如何进行空间需求分析,空间需求预测的方法有哪些,如何进行应用?
3．工作空间配置包括的内容有哪些?
4．什么是作业相关图,采用作业相关图法分析工作空间关系的步骤是怎样的?
5．标识系统的作用是什么,标识的分类有哪几种?
6．举例说明现代的工作空间类型以及特点。
7．有效的搬迁管理体现在哪些方面,搬迁的评价指标有哪些?
8．阐述搬迁管理的流程以及注意事项。

延伸阅读

[1] Office of Real Property Management, Performance Measurement Division. Workspace utilization and allocation benchmark [R]. GSA, 2012.
[2] 陈光. 现代企业空间管理 [M]. 上海:同济大学出版社,2014.
[3] 克里斯·胡德. 办公场所和员工体验 [J]. 现代物业·设施管理,2015,(5):29-33.
[4] Sally Augustin. Applying what scientists know about WHERE and HOW people work best [R]. IFMA Foundation, 2015.

设施成本与价值管理

[本章导读]

　　价值管理(Value Management, VM)是从价值分析（Value Analysis, VA）和价值工程(Value Engineering, VE)发展而来的系统化应用技术，是用于提高产品或服务价值、降低成本的一种现代管理方法。在激烈的市场竞争中，越来越多的组织开始关心设施的成本管理以及资产的保值、增值，并探索利用价值管理的手段和方法降低设施的全生命周期成本，实现资产价值最大化。

[本章主要内容]

- ❖ 设施全生命周期成本定义和成本分析；
- ❖ 设施全生命周期中的财务评价指标；
- ❖ 设施经济寿命管理的定义和影响因素；
- ❖ 设施更新方案的选择；
- ❖ 价值工程的基本原理、功能分析和评价；
- ❖ 价值工程在设施管理中的应用案例等。

5.1 设施全生命周期成本管理

设施的全生命周期成本是指设施从购入开始,经历安装、运转、维修直至报废的整个生命过程所发生的成本的总和。组织应当追求整体的投资效益,对设施全生命周期成本进行管理,不仅要满足自身的需要,更要能够提高设施投入使用后的运行效率,为节约运行与维护成本打下良好基础。

5.1.1 全生命周期成本概述

欧美国家对于全生命周期成本(Life Cycle Cost,LCC)的研究比较深入,很多机构从不同的角度对全生命周期成本进行了阐述和归纳。

1. 全生命周期成本定义

全生命周期成本分析(Life Cycle Costing Analysis,LCCA)是一种重要的投资评估和经济分析技术,有着十分重要的应用价值和广泛的应用范围。它从设施的全生命周期出发,综合考虑设施的建造成本和运营维护成本,从多个可行性方案中,按照全生命周期成本最小化的原则,选择最佳的投资方案,从而实现更为科学合理的投资决策。

不同的设计和采购方案将会形成不同的设施性能曲线。在设施的全生命周期内,首先发生的是采购、安装和试运转成本,刚投入使用的设施性能处于最佳状态,维修费用和动力、运营等年度经常性费用也相对较低。在设施的使用过程中,随着设施折旧的计提和价值递减,设施年平均成本逐渐降低。同时,设施的性能也逐渐劣化,导致设施维修和年度经常性成本增加。设施全生命周期成本曲线,如图5-1所示。

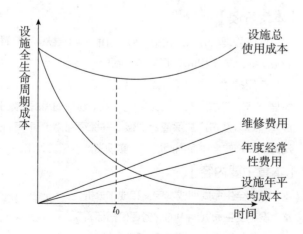

图5-1 设施全生命周期成本曲线

不同的设施性能要求,将会形成不同的设施生命周期成本,年平均总成本曲线最低点所对应的时间坐标点为设施经济寿命(t_0)。设计师和工程师应当通过对不同方案全生命周期的成本分析,确定设施经济寿命点的年平均总成本,以此进行设施的经济比较和筛选。

此外,在满足规定效能的前提下,以全生命周期成本最小为准则,可以对设施的使用方案、维修方案、更新改造方案、环保方案、延寿方案、报废处置方案以及其他与费用有关的备选方案等进行比较,选择最优方案。

2. 全生命周期成本构成

全生命周期成本主要由初始化建设成本、运营成本、维护成本以及残值组成。每一项成本在进行具体估算时需要进一步分解。

(1) 初始化建设成本 (C_0)

初始化成本按照费用性质可以分为硬性成本和软性成本,例如,人、机、料成本属硬性成本,而设计费、行政许可费用等属软性成本;按照费用发生的时间可以分为前期工程成本和建设期工程成本。我国一般采用后者的分类方法。

1) 前期工程成本 (C_1)

前期工程成本包括决策立项、土地购置、工程咨询、城市道路占用、现场"七通一平"等内容。一般来说,前期工程成本中各项具体费用的计算方法都有国家标准可以参考,套用具体取费系数便可以计算出前期各项工程费用。

2) 建设期工程费 (C_2)

建设期工程费用的计算,根据不同阶段,分别采用估算、概算、预算和结算等费用计算方法。在投资决策阶段(包括机会研究和可行性研究阶段),可采用投资估算方法;在初步设计阶段或扩大初步设计阶段,可采用设计概算方法;在施工图设计阶段,可采用施工图预算方法;在建设期间或建设完成后,可按照实际建设费用结算价格计算。关于各阶段估算、概算、预算和结算计算方法已有大量书籍文献介绍,故在此不再赘述。

(2) 运营成本 (O)

运营成本主要包括以下内容:

1) 能源消耗和净化成本,具体可以分为加热、冷却、动力和照明能源费用,水消耗费用,污水处理费用等 (O_1)。

2) 日常管理费,如物业管理费用,洁净费用,保安费用,健康安全管理费用,废物管理费用等 (O_2)。

3) 年度监管费,如防火检查等 (O_3)。

总运营成本计算公式为:

$$O = O_1 + O_2 + O_3 \tag{5-1}$$

一般能耗费用的估算是由设施团队的机械工程或者电气工程师负责的,可以利用计算机对建筑运行状态进行模拟,然后确定建筑的能耗。

(3) 维护成本 (M)

维护成本是指为了使设施系统正常运行所发生的费用,它主要包括预防性维护费用、响应性维修费用、计划性维护费用以及递延维护费用。

1) 预防性维护费用 (M_1)

预防性维护是常规的计划性的维护行为,目的是为了让系统保持最优运行状态，防止故障的发生。不管系统是否出现问题，预防性维护都需要进行。替换过滤器、给轴承添加润滑剂等都属于预防性维护的活动。与设备和系统有关的预防性维护费用都应计入全生命周期成本。

2）响应性维修费用（M_2）

响应性维修是在问题发生时，才进行的维修活动，例如，风机皮带断裂，技术人员就需要签发替换皮带的工单，并对相关的损坏进行修复，从而使系统重新运行。

响应性维修是不可预见的。理论上，如果系统运行状态良好，而且所有需要的预防性维护都及时实施，那么响应性维修发生的概率将减降到最低。但实际上，不可预见的故障总是会发生，从而需要进行响应性维修。

由于预防性维护成本发生的频率相对较高，而响应性维修成本的发生是不可预见的，所以预见它什么时候发生是不可能的。为了简单起见，预防性维护和响应性维修成本应该被当作年度成本来对待。

3）计划性维护费用（M_3）

计划性维护是指不包含在预防性维护范围之内的大型维护活动。计划性维护主要指对于接近使用寿命终点的子系统和设备的替换。例如，如果一个机械系统（热泵）的一个部件在研究期内（例如30年），需要每10年替换一次，那么这些费用应当计入全生命周期成本。

4）递延维护费用（M_4）

递延维护是指在计划维护中由于资金等问题，而被积压延后的维护。一般来说，应当将该类维护活动的发生减少至最低水平，但是在实际中，递延维护往往是存在的。递延维护发生的费用也应计入全生命周期成本。

综上所述，维护成本计算表达式为。

$$M = M_1 + M_2 + M_3 + M_4 \tag{5-2}$$

（4）残值（S）

残值是指设施在研究周期末的价值，它可以为正值，也可以为负值。对设施的全生命周期成本进行估算时的残值，实际为预计净残值。预计净残值是指假定固定资产预计使用寿命已满，并处于使用寿命终了时的预期状态，组织从该项资产处置中获得的扣除预计处置费用后的金额。预计净残值是在增加固定资产时确定的预计净残值率与原值的乘积。

3. 全生命周期成本计算公式

计算设施全生命周期成本时，通常需要先把每种成本（分为一次性和经常性）转化为净现值进行加和运算，然后减去设施研究期结束时的残值的现值。根据美国国家标准与技术研究院有关手册的定义，全生命周期成本可用以下公式表示：

$$LCC = C_0 + \sum_{n=0}^{N} O \times PV^n + \sum_{n=0}^{N} M \times PV^n - S \times PV^N \tag{5-3}$$

式中　LCC——全生命周期成本；

C_0——初始化建设成本，如建设投资、设计及前期运行成本等；

O——运营成本，如日常管理和能源消耗、空气净化和日常管理等；

M——维护成本，如日常维修和替换、大修等；

S——残值；

N——全生命周期；

n——时间变量；

i——折现率（%）；

PV^n——折现系数。

$$PV^n = \frac{1}{(1+i)^n}$$

在设施全生命周期成本中，各类成本按发生时间可以分为初始化成本和未来成本。初始化成本是在设施获得之前将要发生的成本，包括资本投资成本、购买和安装成本。未来成本是指从设施开始运营到建筑物被拆除这一期间所发生的成本，包括运营成本、维护和修理成本、剩余值（任何转售、抢救或处置成本）。

5.1.2　全生命周期成本分析流程

全生命周期成本分析（LCCA）的流程包括目标陈述、确定分析内容和方法、建立备选方案、处理成本和性能数据、方案评价和形成报告等步骤。LCCA流程图，如图5-2所示。

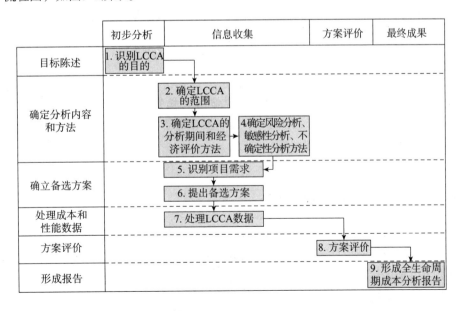

图5-2　LCCA流程图

1. 目标陈述

在进行全生命周期成本分析时，应当首先对问题进行定义，详细说明全生命周期成本分析目标和分析的约束条件。

2. 确定分析内容和方法

识别分析要求和参数时，首先应当识别全生命周期成本的分析内容。全生命周期成本分析分为三个层次：战略层次、系统层次和项目层次。不同的分析层次对应不同的成本分解深度；其次，应当确定项目所处生命周期阶段，并明确研究期间；最后，应当确定相关的经济评价、风险分析、敏感性分析等分析方法。

3. 确立备选方案

在开始全生命周期成本分析之前，应当确立备选方案。这些备选方案应该能够相互区别，并且都能实现客户的目的，满足客户需求。在进行全生命周期成本分析时，最少应该有两个可供比较的项目方案。

4. 处理成本和性能数据

设施的全生命周期成本包括初始化建设成本、运营成本、维护成本和残值。在估算全生命周期成本时，应当根据同类设施的成本及构成情况，对以上成本项目和发生时间依次进行估算。为了简化计算，一般将初始化建设成本直接计入全生命周期成本，而未来运营成本、维护成本和残值则需要经过折现后，计入全生命周期成本。

5. 方案评价

方案评价主要是对估算出的设施初始化建设成本、运营成本、维护成本和残值进行加总，计算各类静态和动态财务评价指标，并进行比较。

6. 形成全生命周期成本报告

方案评价完毕后，全生命周期成本分析咨询商应当按照客户的要求，形成全生命周期成本评价报告，并将各方案的财务指标比较结果做出容易理解的结论，以便客户做出抉择。

知识链接

更多设施全生命周期成本知识，请访问设施管理门户网站FMGate——FM智库——研究报告——如何整体考量"办公楼生命周期"成本，做出明智管理决策？

5.1.3 全生命周期财务评价指标

为了进行全生命周期设施方案财务指标的动态分析，必须将每个方案现在的成本和未来成本都折算至同一时点。折算方法有两种：用现值法将所有成本折算至现在，或者用年金法将所有成本折算为年金的形式。这两种折算方法都可以对不同设施方案进行比较。

设施全生命周期评价的财务指标有净现值、净节约或净收益、投资回收期、内部收益率等。需要注意的是：在设施管理过程中，设施的日常运营通常只有现金流出，而很少发生现金的流入。在进行方案评价时，使用财务评价指标，要注意设施管理投资方案的这一特性。

1. 净现值（NPV）

净现值是指设施管理投资方案所引起的未来各年现金净流量的折现和。具体地说，就是某设施投资项目所引起的未来各年现金流入量的折现和与未来各年现金流出量的折现和的差额。净现值是反映设施投资方案在建设和生产服务年限内获利能力的一个动态指标。

一般来说，当投资方案净现值大于零时，说明该投资方案具有经济可行性。但在对设施管理投资方案进行评价时，由于其投资方案的特性，方案成本净现值越小，投资方案越优。

2. 净节约（Net Savings，NS）或净收益（Net Benefits，NB）

净节约或净收益是指设施管理新方案与现有方案的全生命周期成本或收益现值的差值，代表了成本节约或收益的程度。当某方案的净节约或净收益为正值时，表示该方案比原有方案经济效益好，可以采用；否则，应该拒绝该新方案。在对设施管理投资方案进行评价时，有时也把净节约当作方案收益，进行计算。净节约或净收益计算公式为：

$$NS = NPV_A - NPV_B \tag{5-4}$$

式中　NPV_A——A方案的节约或收益净现值；

　　　NPV_B——B方案的节约或收益净现值。

3. 投资回收期（PB）

投资回收期（Payback Period，PB）是指设施投资方案所引起的资金流入量累计到与投资额相等时所需要的时间，亦即收回投资所需要的期限。在设施投资方案比较时，可以将运营和处置阶段的成本差值，即节约的成本作为方案收入，将两个方案的投资差额作为方案投资额，计算投资回收期。

当投资项目方案的投资回收期短于其生命周期，就能够说明设施的投资方案在其生命周期内能够收回，即该项目投资方案是可行的，投资回收期越短的方案越优。

4. 内部收益率（IRR）

内部收益率（Internal Rate of Return，IRR）就是设施投资方案资金流入现值总额与资金流出现值总额相等、净现值等于零时的折现率。如果不使用专业软件，内部收益率要用若干个折现率进行试算，直至找到净现值等于零或接近于零的那个折现率。

内部收益率法的优点是能够把设施投资方案全生命周期内的收益与其投资总额联系起来，指出这个方案的收益率，便于将它与同行业基准投资收益率对比，确定这个方案是否值得投资。同时，投资方可以通过内部收益率的比较，从多个设施投资方案中进行选择。但内部收益率表现的是比率，必须将内部收益率与净现值结合起来考虑。

知识链接

更多设施管理财务知识，请访问设施管理门户网站FMGate——FM资讯——高端访谈——高端访谈第八期：企业不动产战略及财务管理。

5.2 设施的经济寿命管理

设施的经济寿命是指设施以全新状态投入生产开始，经过有形损耗和无形损耗，直到年平均总费用最低，经济上不宜继续使用，需要进行更新所经历的时间。对设施经济寿命的管理是制定设施规划的前提条件，并为组织的设施更新提供决策依据。

5.2.1 设施寿命影响因素和定义

1. 设施损耗及其补偿方式

设施损耗是指由于使用、自然力作用或技术进步，而使设施逐渐丧失使用价值或发生贬值的过程，分为有形损耗和无形损耗。

（1）设施的有形损耗

设施的有形损耗（Tangible Loss），又称物质损耗或物质磨损，是可见或可测量出来的物理性损失或消耗。它是指设施由于使用发生的物质磨损或自然力的影响，受到物理、化学或自然力等因素的作用而逐渐发生的一定程度的损耗或磨损。

有形损耗包括使用损耗和自然损耗两个方面，是计提折旧最为主要的依据。第一种有形损耗与使用时间和使用强度有关；第二种有形损耗与闲置时间的长短和保养条件有关。在设施的有形损耗中，可以通过修理消除的，属于可消除的有形损耗，而不能通过修理消除的，属于不可消除的有形损耗。

（2）设施的无形损耗

设施的无形损耗（Intangible Loss），又称为经济损耗或精神损耗，它是设施在有效使用年限内由于科学技术的进步而引起的资本价值上的贬值，是在商品货币关系存在的条件下技术不断发展而产生的一种经济现象。

设施的贬值，是两种无形损耗的共同经济本质，也是比较新旧设施的价值关系和确定贬值程度的根据。在实际生活中，两种无形损耗往往交错发生。对于有形损耗来说，可消除性有形损耗可以通过修理对设施损耗进行补偿，不可消除性有形损耗则需要通过设施的更换、改造或者更新对其损耗进行补偿。对于无形损耗来说，第一种无形损耗并不影响设施的使用，所以无需补偿；而当产生第二种无形损耗导致现有设施的使用不经济时，就需要对设施进行改造或者更新。设施磨损形式及其补偿方式，如图5-3所示。

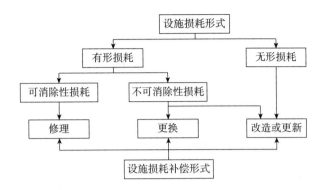

图5-3 设施磨损形式及其补偿方式

2. 设施寿命定义

常见的设施寿命一般分为自然寿命、技术寿命、折旧寿命和经济寿命四种，它们的含义如下：

（1）自然寿命

自然寿命又称物理寿命，是指设施以全新状态投入生产开始，经过有形磨损，直到在技术上不能按原有用途继续使用为止的时间。自然寿命和设施维修保养的状态有关，并可通过恢复性修理，延长设施的自然寿命。

例如，建筑物中的中央空调，如果发生故障，而且不能通过维修恢复正常工作，即不能达到原有的使用状态，此时设备退出。那么，在这种情况下，中央空调从开始投入使用到退出的时间就是其自然寿命。

（2）技术寿命

技术寿命是指设施以全新状态投入生产后，由于新技术的出现，使原有设施丧失其使用价值所经历的时间。技术寿命和技术进步的速度有关，技术进步越快，技术寿命也越短。

例如，建筑物中的门禁刷卡系统，由于建筑的功能需求发生变化，需要更换为使用新技术的人脸识别和指纹门禁系统。那么，门禁刷卡系统从开始投入使用到被更换为新系统的时间就是其技术寿命。

（3）折旧寿命

折旧寿命是指按国家有关规定或企业自行规定的折旧率，将设施总值扣除残值后的余额，折旧到接近于零时所经历的时间。折旧寿命的长短取决于国家和企业所采取的技术政策和方针。

例如，一台设备的原值是10万元，残值是10000元，年折旧率是10%，采用直线法对设备进行折旧，则每年的折旧费是$100000 \times 10\% = 10000$元，折旧到残值10000元的时间：折旧年限 $= \dfrac{设备总值 - 设备残值}{年折旧费} = \dfrac{100000 - 10000}{10000} = 9$年。所以该设备的折旧寿命为9年。

（4）经济寿命

经济寿命是指设施以全新状态投入生产开始，经过有形损耗和无形损耗，直到年平均使用成本最低，经济上不宜继续使用，需要进行更新所经历的时间。其中，设施年平均使用成本指的是设施在使用年限内，每年平均的折旧费用与使用该设施所发生的经营费用之和。超过经济寿命的年限时，设施在技术上虽然仍可继续使用，但是年平均总成本上升，在经济上不宜再继续使用。因此，这个年限称为设施的经济寿命。

5.2.2 设施经济寿命的确定方法

设施经济寿命的确定主要有以下方法。

1. 低劣化值法

设施性能低劣化是指设施在使用过程中，由于零部件磨损、疲劳或环境造成的变形、腐蚀、老化等原因，使原有性能逐渐降低的现象。设施性能的低劣化会导致设施运营和维修费用的增高。因此，将每年维持设施性能的费用称为低劣化值。

在设施的全生命周期中，总使用成本主要由其平均每年低劣化值和年度摊销额组成，表现为先下降后上升的一条曲线。设施年平均使用成本，如图5-4所示。设施的经济寿命就是年平均使用成本的最低点对应的年限。因此，要计算设施经济寿命就需要分别计算平均每年低劣化值和年度摊销额。

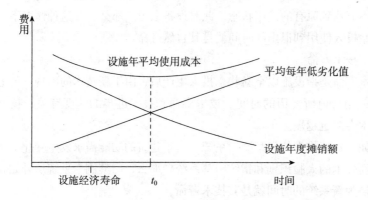

图5-4 设施年平均使用成本

（1）平均每年低劣化值

假设设施每年低劣化值的增加额为定值λ，则第t年设施的低劣化值应为$t\lambda$，T年中每年平均的低劣化值应为$\frac{(t+1)\lambda}{2}$。

（2）设施年度摊销额

假设设施经过使用后的残值为零，并以K_0代表设施的原值，t代表已使用的年数，则设施的年度摊销额为$\frac{K_0}{t}$。

年平均使用成本可表达为：

$$Y = \frac{\lambda}{2}(t+1) + \frac{K_0}{t} \quad (5-5)$$

式中 Y——设施年平均使用成本；

λ——年低劣化增加值；

t——设施使用年数；

K_0——设施原值。

由式（5-5）可见，设施年平均使用成本 Y 是设施使用年数 t 的函数。为了求得设施年平均使用成本最低时的使用年限，可对式（5-5）求导数，并令其结果等于零，可求出设施的经济寿命 t_0。

$$t_0 = \sqrt{\frac{2K_0}{\lambda}} \qquad (5-6)$$

例如，某设备部件的原值为8000元，每年低劣化增加值为320元，按照式（5-6）计算，其经济寿命为7年。每年依次逐项计算该设施年平均总成本 Y。某设施年平均使用成本，如表5-1所示。

某设施年平均使用成本（元）　　　　　　　　表5-1

t	1	2	3	4	5	6	7	8	9
K_0/t	8000	4000	2666	2000	1600	1333	1147	1000	888
$t\lambda/2$	160	320	480	640	800	960	1120	1280	1440
Y	8160	4320	3146	2640	2400	2293	2267	2280	2328

从表5-1可以发现，该设施第7年时设施年平均使用成本（$Y=2267$元）为最小；还可以看出在第6~8年的 Y 值相差较小。因此，这一段时间可以视为经济寿命区域。

采用式（5-6）计算设施经济寿命时，未考虑资金的时间价值。若考虑资金的时间价值时，设施年度摊销额应为设施原值乘以当年的资金回收系数，即 $K(A/P, i, n)$；而每年平均的低劣化值应为各年低劣化值的现值累计，再乘以当年的资金回收系数。设施年平均成本与年平均低劣化值之和，即为考虑资金时间价值后设施年平均使用成本。

在上例中，如果考虑资金的时间价值，假设年折现率为10%，考虑资金时间价值的设施年平均使用成本，如表5-2所示。

考虑资金时间价值的设施年平均使用成本（元）　　　　　　　　表5-2

使用年数	当年低劣化值 ①	现值系数（$i=10\%$）②	当年低劣化值的现值 ③=②×①	低劣化值累计现值 ④=Σ③	设施原值与低劣化值累计现值之和 ⑤=K_0+④	资金回收系数（$i=10\%$）⑥	设施年平均总费用 ⑦=⑤×⑥
1	160	0.909	145.455	145.455	8145.455	1.100	8960.000
2	320	0.826	264.463	409.917	8409.917	0.576	4845.714
3	480	0.751	360.631	770.548	8770.548	0.402	3526.767

续表

使用年数	当年低劣化值 ①	现值系数 (i=10%) ②	当年低劣化值的现值 ③=②×①	低劣化值累计现值 ④=Σ③	设施原值与低劣化值累计现值之和 ⑤=K_0+④	资金回收系数 (i=10%) ⑥	设施年平均总费用 ⑦=⑤×⑥
4	640	0.683	437.129	1207.677	9207.677	0.315	2904.753
5	800	0.621	496.737	1704.414	9704.414	0.264	2560.000
6	960	0.564	541.895	2246.309	10246.309	0.230	2352.628
7	1120	0.513	574.737	2821.046	10821.046	0.205	2222.702
8	1280	0.467	597.129	3418.176	11418.176	0.187	2140.269
9	1440	0.424	610.701	4028.876	12028.876	0.174	2088.701
10	1600	0.386	616.869	4645.745	12645.745	0.163	2058.037
11	1760	0.350	616.869	5262.615	13262.615	0.154	2041.954
12	1920	0.319	611.771	5874.386	13874.386	0.147	2036.251 *
13	2080	0.290	602.502	6476.888	14476.888	0.141	2038.035
14	2240	0.263	589.862	7066.750	15066.750	0.136	2045.254
15	2400	0.239	574.541	7641.291	15641.291	0.131	2056.420

由表5-2可知，考虑资金时间价值后，设施的经济寿命变为12年。第10~15年的设施年平均总使用成本变化幅度不大，可以视为经济寿命区域。

2．面值法

面值法是一种以账面数据作为基础的经济分析方法。它通过分析和计算同类设施的统计资料，比较设施每年平均总使用成本（Y），设施每年平均总使用成本最低的年限即为经济寿命。具体计算公式为：

$$第n年使用费 = \frac{设施原值 - 第n年残值 + 各年运行成本}{使用年限} \quad (5-7)$$

例如，某单位购入原值K_0=30000元的设施，预计使用10年，其价值将随着使用年限的增加而降低，而运行成本则增加。根据以往统计的每年运行成本数据，可列表计算出设施总使用成本和年平均使用成本。某设施年平均使用成本计算，如表5-3所示。

某设施年平均使用成本计算（元） 表5-3

使用年限 ①	设备残值 ②	年平均折旧 ③=(K_0-②)/①	累计折旧 ④=③×①	运行成本 ⑤	累计运行成本 ⑥=Σ⑤	设施总使用成本 ⑦=④+⑥	设施年平均使用成本 ⑧=⑦/①
1	24000	6000	6000	3200	3200	9200	9200
2	19000	5500	11000	3850	7050	18050	9025
3	15000	5000	15000	4300	11350	26350	8783
4	11000	4700	19000	4700	16050	35050	8763

续表

使用年限①	设备残值②	年平均折旧③=(K_0-②)/①	累计折旧④=③×①	运行成本⑤	累计运行成本⑥=Σ⑤	设施总使用成本⑦=④+⑥	设施年平均使用成本⑧=⑦/①
5	9500	4100	20500	5100	21150	41650	8330
6	7000	3833	23000	5600	26750	49750	8292
7	4000	3714	26000	6100	32850	58850	8407
8	3000	3375	27000	6800	39650	66650	8331
9	2000	3111	28000	7300	46950	74950	8328
10	1000	2900	29000	7500	54450	83450	8345

由表5-3可以看出，该设施第6年的年平均使用成本最低，即经济寿命为6年。

5.2.3 设施更新方案选择

设施更新方案的选择可以分为两种不同的情况：第一种是新设施与旧设施的对比；第二种是一种新设施与另一种新设施之间的对比。在进行方案对比时，要特别注意以下三点：

（1）更新方案对比的共同尺度是设施年度使用成本。即使用该设施一年，需要花费的资金。

（2）对于采用新设施与继续使用旧设施两个方案进行分析时，只应考虑今后发生的现金流量。以前的现金流量及沉没成本，属于不可恢复的费用，与更新决策无关，都不应再参与计算。

（3）对保留旧设施的分析，要站在第三者立场。第三者不拥有任何设施，故要保留旧设施就得先付出旧设施当时的市场价值，才能取得旧设施的使用权。

设施的更新动因主要包括不可维修型、技术改进型、性能劣化型和能力不足型。设施的更新方式大致可以分为四种：用同类型号的新设施代替老设施；用高效专用设施替换通用设施；用技术性能更高级的新设施替换老设施；对一部分老旧设施进行技术改造。

1．不可维修型

有些物件的寿命既不由其是否陈旧来确定，也不以其维修费用的多少来决定。如电灯泡、日光灯管等一些消耗性产品的经济寿命是简单的自然寿命。当这些物件不能正常发挥功效时，更新的发生是必然的。

2．技术改进型

有些设施的使用时间并没有达到经济寿命期限，但是由于新型、高效设施的出现，而形成了潜在的不经济性，产生了更新需求。如地下车库的车牌识别管理系统，以前使用的是人工管理的停车卡系统。由于新技术能够节约停车管理的成本和时间，所以采用了自动车牌识别管理系统，实现了无卡式停车。

3. 性能劣化型

有些设施因为使用情况劣化，导致维修费用不断增加。因此，产生了设施的更新需求。显然，这类设施不是因为有新型设施出现而被取代，而仅仅是因其维修费用增高。因性能劣化而产生的设施更新一般有两种基本方案：大修和更新。如建筑的空调设备，随着运行的时间增加，一些核心的零部件需要维修或更换，其运营的成本随着时间增加而增加。此时，就应该思考是继续维修还是直接更换。

4. 能力不足型

有些设施的无形损耗和有形损耗并不严重，但是随着组织规模的扩大、人员的增加，导致设施影响能力不足，因此，产生更新的需求。如建筑的供暖系统，由于建筑的使用率或人员规模大幅增长，供暖系统不能满足使用需求，所以就需要更换为功率更大的设备。

例如，某设施市场价为1000元，年运行费为4000元，预计尚可使用5年，无残值。随着组织规模的扩大，该设施逐渐不能满足需要，因此需对该设施进行更新。更新方案有：①用一台大型设施，替换现有的小型设施；②仍用原有设施，补充一台小型设施，并且仍用原有设施。

一台大型设施的能力等于两台小型设施能力的总和，购价为7000元，年运行费为6000元，经济寿命均为10年，残值均为零；一台有同样能力的小型设施购价4000元，年运行费3000元。方案1和方案2的现金流图，如图5-5和图5-6所示。

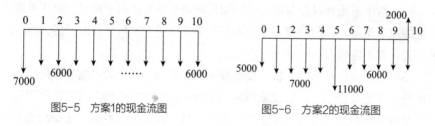

图5-5　方案1的现金流图　　　图5-6　方案2的现金流图

假设研究期为10年，利率为10%，则选择哪个方案更划算？

方案1费用的净现值为：

$$NPV_1 = 7000 + 6000(P/A, 10\%, 10) = 43867元$$

在方案2中，研究期的前5年原有设施和新购设施共同投入使用，在第5年年末时，原有设施退役，残值为0。同时，再购入一台小型设施，满足设施的需求。后购入的小型设施投入使用5年后，研究期末，按直线折旧法，该设施第5年末的残值为2000元。

因此，方案2费用的净现值为：

$$\begin{aligned} NPV_2 =\ & 1000 + 4000(P/A, 10\%, 5) + 4000 + \\ & 3000(P/A, 10\%, 10) + [4000 + 3000(P/A, 10\%, 5) - \\ & 2000(P/F, 10\%, 5)](P/F, 10\%, 5) \\ =\ & 46388元 \end{aligned}$$

方案1比方案2节约了2520元，应选择方案1进行设施更新。

知识链接

更多设施全生命周期知识，请访问设施管理门户网站FMGate——FM智库——案例分析——设备设施寿命周期风险维护。

5.3 价值工程在设施管理中的应用

价值工程（Value Engineering，VE）起源于美国，是20世纪40年代以后发展起来的一种研究方案创新与选优的管理技术和思想方法。它在提高工程价值，合理、有效地配置资源，优化技术方案等方面都具有重要的作用。随着设施管理理论的普及和科学技术的发展，价值工程在设施管理领域中的理论研究和实际应用方面，都取得了较大发展。

5.3.1 价值工程基本原理

1. 价值工程的相关概念

价值工程创始人麦尔斯（L.D.Miles）认为"价值工程是一个完整的系统，用来鉴别和处理在产品、工序或服务工作中那些不起作用却增加成本或工作量的因素。这个系统运用各种现有的技术、知识和技能，有效地鉴别对客户的需要和要求并无贡献的成本，来帮助改进产品、工序或服务"。

我国国家标准《价值工程 第1部分：基本术语》（GB/T8223.1—2009）中，对价值工程的定义为：价值工程是通过各相关领域的协作，对所研究对象的功能与费用进行系统分析，持续创新，旨在提高研究对象价值的一种管理思想和管理技术。其目的是以研究对象的最低全生命周期成本可靠地实现使用者所需功能，以获取最佳的综合效益。

价值工程的方法是从研究对象的功能与成本两方面考虑，使两者比值提高，以实现价值工程提高产品价值的目的。价值工程中的"价值"反映功能与费用之间的比例，计算公式为：

$$V = F/C \tag{5-8}$$

式中　V——价值（Value）；

　　　F——研究对象的功能（Function）；

　　　C——成本（Cost），即全生命周期总成本。

这个价值定义公式表明，价值是功能与成本的比值；价值随功能的增加而增加，随成本的减少而增加。

（1）功能

按照不同的分类方法，可以分为必要功能和不必要功能、使用功能和品位功能、不足功能与过剩功能、基本功能和辅助功能等。价值工程通过功能分析，可以排除不必要的功能，可靠地实现必要功能。

（2）成本

价值工程中成本指的是全生命周期成本（LCC），即产品从产生到报废整个期间的费用总和。在设施管理中，全生命周期成本为一个设施系统投资、建设、运行、维护和拆除经折现后的总货币成本。

价值工程十分重视创新，麦尔斯提出的价值工程的十三条原则，其中有五条原则是属于创新性原则。如果没有创新，价值工程各阶段工作就没有突破，没有创意，就不能构思出理想的改进方案。

2. 价值工程工作流程

价值工程是一项有目的、有步骤的活动，有完整的步骤和严密的组织，一般可按四个阶段十五个步骤开展活动。价值工程工作流程，如表5-4所示。

价值工程工作流程　　　　　　　　　　表5-4

价值工程工作阶段	程序	工作步骤		价值工程对应问题
		基本步骤	详细步骤	
准备阶段	制定工作计划	确定目标	对象选择	这是什么？
			信息收集	
分析阶段	规定评价标准	功能分析	功能定义	这是干什么用的？
			功能整理	
		功能评价	功能成本分析	它的成本是多少？
			功能评价	它的价值是多少？
			确定改进范围	
创新阶段	初步设计（提出各种设计方案）	制定改进方案	方案创造	有其他方法实现这一功能吗？
	评价各设计方案，对方案进行改进、优选		概略评价	
			调整完善	新方案的成本是多少？
			详细评价	
	书面化		提出提案	新方案能满足功能要求吗？
实施阶段	检查实施情况，并评价活动成果	实施评价成果	审批	偏离目标了吗？
			实施与检查	
			成果鉴定	

在价值工程工作流程的基础上，美国价值工程师协会（Society of American Value Engineers, SAVE）提出了40小时工作法。40小时工作法工作步骤，如图5-7所示。

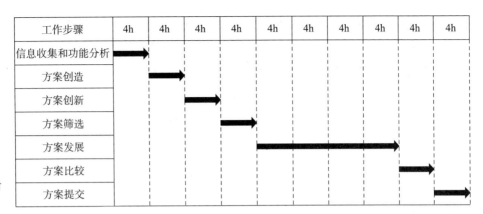

图5-7 40小时工作法工作步骤

按照价值工程的40小时工作法,价值工程小组集中研究的持续时间约在一周左右。但是,参与人员长时间离开自己的工作岗位,集中开展研究是一件十分困难的事情。为了解决这一矛盾,不得不大幅度压缩时间,有的已经缩短到了两天左右。美国和英国等也不再强调40小时的传统做法,而是根据实际工作情况灵活处理。

5.3.2 价值工程的功能分析

功能分析是价值工程活动的核心和基本内容。它通过分析信息资料,用动词及名称组合的方式简明、正确地表达各对象的功能,明确功能特征要求,并绘制功能系统图,从而弄清楚设施各功能之间的关系,以便于去掉不合理的功能,调整功能间的比重,使设施的功能结构更合理。

1. 功能分类

设施的功能按照不同的分类原则,可以进行以下分类:

(1) 使用功能和品位功能

使用功能就是具有物质使用意义的功能,它通常带有客观性;品位功能是与使用者的精神感觉、主观意识有关的功能,如美学功能、外观功能、欣赏功能等。

(2) 必要功能和不必要功能

必要功能是指为满足使用者的需求而必须具备的功能;不必要功能是指对象所具有的、与满足使用者的需求无关的功能。

(3) 不足功能与过剩功能

不足功能是指对象尚未满足使用者需求的必要功能,即现有的产品和服务让使用者感到不满足的功能特性,发现不足功能是价值工程的一个重要环节;过剩功能是指对象所具有的、超过使用者需求的必要功能。

(4) 基本功能和辅助功能。

基本功能是与对象的主要目的直接有关的功能,是对象存在的主要理由;辅助功能是为更好实现基本功能服务的功能。

2. 功能定义

功能定义是对价值工程分析对象及其组成部分的功能所作的明确表述,它透过分析对象实物形象，运用简明扼要的语言将隐藏在其背后的本质——功能揭示出来，从而从定性的角度解决"对象有哪些功能？"这一问题。常采用"两词法"（即动宾词组法）来简明扼要地表述。功能定义过程，如图5-8所示。

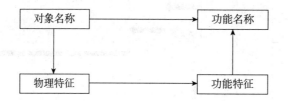

图5-8 功能定义过程

3. 功能整理

功能整理是对定义的功能进行系统分析、整理，明确功能之间的关系，从大量的功能中找出各局部功能相互之间的逻辑关系，区分出局部功能之间的层次，并用功能系统图明确对象的功能系统，为功能评价和构思方案提供依据。其步骤包括：①分析对象的基本功能和辅助功能；②明确功能的上下位和并列关系；③建立功能系统图。平屋顶功能系统示意图，如图5-9所示。

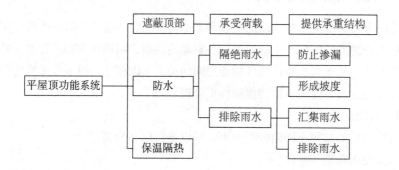

图5-9 平屋顶功能系统示意图

5.3.3 价值工程功能评价

经过功能系统分析明确了对象所具有的功能后，接着要定量地确定功能的目前成本、目标成本，计算功能的价值、成本改进目标和降低幅度等。

1. 功能评价的内容和步骤

功能评价包括相互关联的价值评价和成本评价两个方面。

（1）价值评价。它是通过计算和分析对象的价值，分析成本功能的合理匹配程度。

（2）成本评价。它是通过核算和确定对象的实际成本和功能评价值，分析、测算成本降低期望值，从而排列出改进对象的优先次序。功能评价值一般又称为目标成本。因此，成本评价的计算公式为：

$$\Delta C = C - C_0 \qquad (5-9)$$

式中 ΔC——成本改进期望值；

C——功能的实际成本；

C_0——功能的目标成本。

功能评价的步骤包括：

（1）确定对象的功能评价值F；

（2）计算对象功能的目前成本C；

（3）计算和分析对象的价值V；

（4）计算成本改进期望值ΔC；

（5）根据对象价值的高低及成本降低期望值的大小，确定改进的重点对象及优先次序。

功能评价的步骤，如图5-10所示。

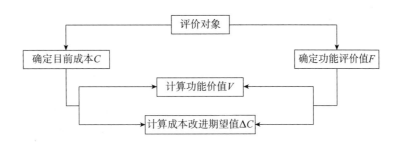

图5-10 功能评价的步骤

2．功能评价的方法

功能评价的方法有功能成本法和功能指数法，其中又包括了多种具体的计算方法。

（1）功能成本法

又称为绝对值法，是通过一定的测算方法，测定实现应有功能所必须消耗的最低成本，同时计算为实现应有功能所耗费的目前成本。经过分析、对比，求得对象的价值系数和成本降低期望值，确定价值工程的改进对象。其计算公式如下：

$$价值系数（V）=功能评价值（F）/目前成本（C） \quad (5-10)$$

功能成本法主要包括两个内容，即功能评价值和目前成本的计算，其中关键的是功能评价值的计算。

功能评价值的计算方法：

1）方案估算法。由有关专家，根据预先收集到的技术、经济情报，初步构想出几种方案，以其中最低成本作为功能评价值。

2）实际价值标准法。根据对同类产品的调查结果，选取成本最低者作为制定功能评价值的基准，称为实际价值标准，以此推算出不同功能程度产品的功能评价值。

3）实际统计值评价法。依靠大量的统计资料，算出历史上同类产品功能成本结构的一般比例关系，利用该比例关系，预测产品的功能评价值。

（2）功能指数法

又称为相对值法，是通过评定各对象功能的重要程度，用功能指数来表示其功能程度的大小，然后将评价对象的功能指数与相对应的成本指数进行比较，得出该评价对象的价值指数，从而确定改进对象，并求出该对象的成本改进期望值。其计算公式为：

$$价值指数(VI)=功能指数(FI)/成本指数(CI) \quad (5-11)$$

功能指数法也包括两大工作内容，即成本指数的计算和功能指数的推算。

5.3.4 价值工程在设施管理中的应用案例

某工业园区因业务需要欲建造锅炉房，锅炉配置方案如下。

方案一：燃煤锅炉。锅炉房1座，3台燃煤锅炉，储煤场1个，灰渣场1个，锅炉房总造价为211.25万元。

方案二：燃气锅炉。锅炉房1座，3台天然气锅炉，储气罐1台，锅炉房总造价为166.11万元。

经过市场调查，电价为1.08元/kW·h，煤价500.00元/t，天然气价格3.79元/m^3。该锅炉设备运行时间为24h/d，全年运行360d。假设两个方案的经济寿命年限均为20年，经济寿命终了时系统残值的折现值为系统总造价的15%。

在案例中通过功能指数法对两个方案进行评价。根据不同锅炉方案的资源消耗情况，计算其成本指数。某工业园区锅炉配置方案的成本指数，如表5-5所示。

某工业园区锅炉配置方案的成本指数　　　表5-5

方案	建造费用（万元）	年耗煤量（t）	年耗气量（m^3）	年耗电量（kW·h）	年运行费用（万元）	总运行费用（百万元）	残值（万元）	总费用（百万元）	成本指数
燃煤锅炉	211.25	8000	0	233.28×10^4	651.94	130.39	31.69	132.19	0.45
燃气锅炉	166.11	0	200×10^4	46.66×10^4	808.39	161.68	24.92	163.09	0.55

由于锅炉房的设计和运行不仅要满足供热和生产工艺要求，而且要考虑其对环境的舒适性、健康性的影响。因此，方案评价主要功能指标包括：适用性、环保、技术参数、运行管理、布局、安全。锅炉房方案的功能评价主要依靠专家打分法进行，即邀请4位相关专家对各功能指标的重要性以及每个方案各功能指标进行评分。

使用多比例评分法，请各专家对功能指标的权重进行评分。对专家权重评分结果由相关人员进行统计，得到功能权重统计结果。功能权重统计结果，如表5-6所示。

功能权重统计结果　　　　　　　　　　表 5-6

功能	专家 1	专家 2	专家 3	专家 4	功能权重
适用性	0.19	0.18	0.20	0.15	0.18
环保	0.15	0.19	0.17	0.18	0.17
技术参数	0.17	0.16	0.17	0.17	0.17
运行管理	0.18	0.17	0.16	0.15	0.16
布局	0.12	0.13	0.11	0.16	0.13
安全	0.20	0.17	0.19	0.20	0.19

得到各功能权重后，邀请专家对两个方案在各功能的表现进行评分。评分使用评价集 $V = (1, 3, 5, 7, 9)$，1 分表示很不满意，3 分表示较不满意，5 分表示可以接受，7 分表示较满意，9 分表示满意。根据各功能权重以及方案功能的评分结果，可以得到方案的功能指数。方案的功能指数，如表 5-7 所示。

方案的功能指数　　　　　　　　　　表 5-7

效益指标	权重值	燃煤锅炉方案评分值	燃气锅炉方案评分值
适用	0.18	7.5	7.0
环保	0.17	3.0	7.5
技术参数	0.17	5.0	6.0
运行管理	0.16	5.0	7.0
布局	0.13	6.0	6.0
安全	0.19	5.0	6.0
总体功能	—	5.24	6.60

最后，通过价值指数的计算对两个方案进行评价和选择，可以求出两个不同方案的价值指数。方案的价值指数，如表 5-8 所示。

方案的价值指数　　　　　　　　　　表 5-8

方案	功能指数	成本指数	价值指数
方案一：燃煤锅炉	5.43	0.45	11.64
方案二：燃气锅炉	6.44	0.55	11.99

通过价值指数可以看出，燃气锅炉虽然全生命周期成本比燃煤锅炉高，但是由于其在环保、技术参数和运行管理方面都比燃煤锅炉具有明显优势，整体的价值较大。因此，建议选择燃气锅炉。

> **关键术语**
>
> 全生命周期成本曲线　初始化建设成本　运营成本　维护成本　净现值　净收益　投资回收期　有形损耗　无形损耗　自然寿命　技术寿命　折旧寿命　经济寿命　40小时工作法　价值工程　功能指数

> **复习思考题**
>
> 1. 全生命周期成本是如何组成的，其计算公式是什么？
> 2. 全生命周期成本分析的具体流程是什么？
> 3. 影响设施寿命的因素有哪些？
> 4. 设施寿命有哪几种，如何区分？
> 5. 设施更新方案选择的注意事项是什么？
> 6. 什么是价值工程，其计算公式是什么？
> 7. 分析价值工程的工作流程。
> 8. 简述价值工程功能评价的步骤和方法。

延伸阅读

[1] John R. Selman, Rich Schneider. The impact of life-cycle cost management on portfolio strategies[J]. Journal of Facilities Management, 2005.

[2] Christian Coenen, Keith Alexander, Herman Kok. Facility management value dimensions from a demand perspective[J]. Journal of Facilities Management, 2013.

[3] Per Anker Jensen. The Facilities Management Value Map: a conceptual framework[J]. Facilities, 2010.

[4] Anurag Shankar Kshirsagar, Mohamed A. El-Gafy, Tariq Sami Abdelhamid. Suitability of life cycle cost analysis(LCCA) as asset management tools for institutional buildings[J]. Journal of Facilities Management, 2010.

[5] 白玉婷. 价值工程在项目成本控制中的应用[J]. 价值工程, 2012, (3): 3-4.

设施管理外包

[本章导读]

随着社会分工越来越细和专业化服务机构的出现,越来越多的组织为实现总成本节约、增强竞争力和专注于核心业务,将非核心业务进行服务外包。设施管理领域中存在大量的业务外包现象,越来越多的组织将设施管理外包作为其重要的发展战略,利用外部最优秀的专业化资源,降低成本,提高服务质量,增强组织对复杂环境的应变能力。

设施管理外包流程通常包括设施管理业务评估、设施管理外包决策、发展外包合同、设施管理业务交付、合同管理五个过程,外包企业和外包服务供应商之间的关系正在从交易型转换为基于不同的相互依赖程度的合作关系。

[本章主要内容]

- ❖ 设施管理外包的概念与动因;
- ❖ 设施管理外包的伙伴关系;
- ❖ 设施管理外包的发展历程;
- ❖ 设施管理外包流程;
- ❖ 设施管理外包需求方案说明书。

6.1 设施管理外包概述

"外包"是分工整合模式下的一种有效组织方式。近年来,为实现总成本节约、增强核心能力,组织将非核心业务外包已逐渐成为一种趋势。目前,设施管理领域中存在大量的业务外包现象,越来越多的组织将设施管理外包作为其重要的发展战略。

6.1.1 设施管理外包的概念与动因

1. 设施管理外包的概念

外包(Outsourcing)最初产生于制造业行业。20世纪80年代以来,随着国际分工的日益发展,一些发达国家大型制造业企业不再包揽生产的所有阶段,而是逐渐把产业链中劳动密集型、技术含量低、附加值低的部分转移到发展中国家和地区。目前,外包的范围已经从传统的劳动密集型产品扩大到技术密集型产品,从最终产品发展到中间产品。近年来,服务行业逐渐成为外包的重要行业之一。服务外包(Service Outsourcing)指组织将一些非核心支持性服务活动转移给外部组织,利用外部最优秀的专业化资源,降低成本、提高服务质量,增强组织对复杂环境的应变能力。

2. 设施管理外包的分类

一般而言,设施管理的服务外包分为两类。

第一类,是以甲方企业为发包方、以综合性设施管理企业为承包方,服务总包内容为整体性、综合性的设施管理服务,其目的在于帮助甲方企业专注于其最具竞争优势的领域,并获得更大的灵活性,对企业的发展具有重要的战略意义。

第二类,是以综合性设施管理公司为发包方、以专业性服务公司为承包方,其目的在于将设施管理中非核心业务或服务转移给外部组织,利用外部优秀的专业化资源,降低成本,提高设施服务质量,也使设施经理更专注于战略层面的思考,为组织战略发展提供更有力的支持,增强组织战略的响应能力。设施管理外包方结构图,如图6-1所示。

图6-1 设施管理外包方结构图

3. 设施管理外包的动因

设施管理外包的动因大致可以分为降低成本、提升核心能力和提升服务质量等几个方面。悉尼科技大学、澳大利亚与东南亚最大的设施管理外包服务供应商之一特兰斯菲尔德(Transfield)服务公司以及波士顿咨询集团合作进行了外包研究。该研究的调查对象是特兰斯菲尔德服务公司前50%的客户,而这些客户创造了该公司75%的年营业额;调查内容是设施管理外包的14项动因,按重要性程度1~14进行排序。

设施管理外包动因重要性排序，如图6-2所示。其中，降低成本、增强服务可靠性、提高服务质量、获取最佳实践方式位于排序的前四名。不同组织的服务外包动因是复杂的，在整体外包服务战略之下，针对具体业务的外包动因可能具有较大差异，因此，需要具体项目具体分析。但是就组织整体而言，服务外包的战略性价值越来越突出。

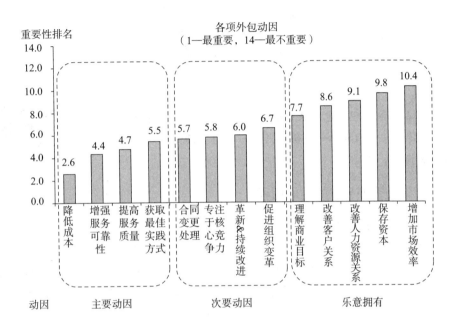

图6-2 设施管理外包动因重要性排序

6.1.2 设施管理外包的伙伴关系

组织在逐步外包的关系中将与外包伙伴建立较为紧密的关系，根据外包服务特性、供应商选择原则、设施服务供应商数量等因素，可以将设施管理外包伙伴关系划分为三类模式：相互独立关系（Arm's Length Relation）、业务伙伴关系（Operational Partnering）和战略伙伴关系（Strategic Partnering）。这三类关系模式不同特点体现在八个方面。设施管理外包关系及差异，如表6-1所示。

设施管理外包关系及差异　　　表6-1

序号	关系类型＼关系特点	相互独立关系	业务伙伴关系	战略伙伴关系
1	外包业务特性	针对非战略地位且标准化的业务	针对战略地位适中的业务（包括一定量的技术性服务）	针对具有较高战略地位的业务
2	设施服务供应商选择原则	低价中标原则	多重定标准则	通过密切的商谈确定设施服务供应商
3	合同中设施服务供应商数量	多个设施服务供应商	3~5个设施服务供应商	1~2个设施服务供应商

续表

序号	关系类型 关系特点	相互独立关系	业务伙伴关系	战略伙伴关系
4	服务水平要求	服务要求简单明确	服务要求具有一定专业化水平	制定书面服务管理规范,其中包括服务水平协议(SLA)、关键绩效指标(KPI)等
5	双方目标关联度	无共同的组织目标	具有共同的组织目标	具有共同的远见及战略目标
6	信息沟通	仅在出现问题的业务层面进行交流	在不同的组织层面均存在沟通	共享大量的信息(包括战略信息)
7	合同周期	较短(通常1年)	持续性发展	长期稳定的诚信合作
8	服务供应市场状况	大量可选设施服务供应商	几个可选设施服务供应商	少量可选设施服务供应商

知识链接

更多设施管理外包模式的详细资料,请访问设施管理门户网站FMGate——FM智库——研究报告——企业设施管理外包关系的模式选择。

6.1.3 设施管理外包的发展历程

1. 国外设施管理外包业务范围和模式的演变

设施管理外包所涵盖的范围可以是设施管理中的某一项业务、几项业务甚至是所有的设施管理业务。20世纪70年代之前,设施管理的保洁、电梯维护和消防等业务采取内部管理的方式;80年代之后,组织逐步开始将保洁、电梯维护、消防、日常维护、保安等业务外包;从90年代和进入21世纪之后,外包范围扩大到设施管理的环保、绿化、设备维护及房地产支持、财务管理、信息技术、人力资源等方面。

从全球设施管理服务外包的发展趋势来看,达拉尔预测,外包对于企业自身和战略伙伴之间变得更具战略意义。外包企业和外包服务供应商之间的关系正在从交易型转换为基于不同的相互依赖程度的合作关系。设施管理外包范围演变,如图6-3所示。

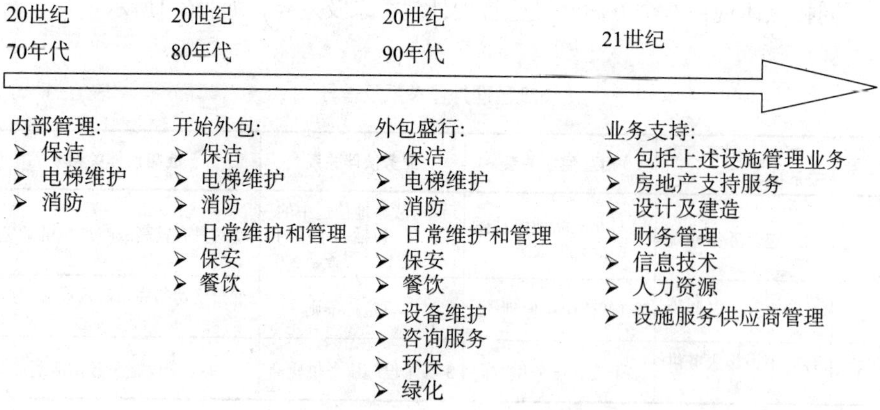

```
20世纪        20世纪        20世纪
70年代        80年代        90年代         21世纪
──────────────────────────────────────────►

内部管理:     开始外包:     外包盛行:     业务支持:
➢ 保洁       ➢ 保洁        ➢ 保洁        ➢ 包括上述设施管理业务
➢ 电梯维护   ➢ 电梯维护    ➢ 电梯维护    ➢ 房地产支持服务
➢ 消防       ➢ 消防        ➢ 消防        ➢ 设计及建造
             ➢ 日常维护和管理 ➢ 日常维护和管理 ➢ 财务管理
             ➢ 保安        ➢ 保安        ➢ 信息技术
             ➢ 餐饮        ➢ 餐饮        ➢ 人力资源
                           ➢ 设备维护    ➢ 设施服务供应商管理
                           ➢ 咨询服务
                           ➢ 环保
                           ➢ 绿化
```

图6-3 设施管理外包范围演变

知识链接

更多设施管理外包的详细资料，请访问设施管理门户网站FMGate——FM智库——研究报告——设施管理外包的未来和展望。

2. 我国设施管理外包的现状

同济大学复杂工程管理研究院设施管理中心曾开展过"我国设施管理模式应用及发展趋势"课题研究，在我国几大城市开展设施管理现状的调研，调查对象主要包括非营利性机构、工业生产机构和服务业机构三大类型。从总体上看，所有的工业生产和非营利机构中都存在不同程度的设施管理外包现象，在服务业机构中，大部分组织也选择将设施管理业务外包出去，没有采取业务外包的组织仅占1.37%。组织设施管理外包业务构成比例，如图6-4所示。

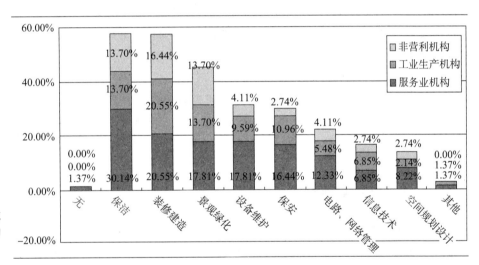

图6-4 组织设施管理外包业务构成比例

在外包的业务构成中，外包比例最高的为保洁（57.53%）、装修建造（57.53%），由于社会可供资源丰富和市场条件较成熟，比例超过50%；其次为景观绿化（45.21%）、设备维护（31.51%）、保安（30.14%）；而对于信息技术（16.44%）、空间规划设计（13.74%）等专业性比较强的业务，考虑到风险控制和特殊需求，大多数组织选择由内部团队管理，其外包比例最低。外包作为一种资源整合的模式，已逐渐成为提升组织核心竞争力和经济效益的重要手段，设施管理外包为组织带来包括改善绩效、降低风险、节约成本等在内的各项收益，是组织选择外包的主要原因。

根据调查统计数据分析，某一因素优先考虑的比值系数分别为：外包服务价格为0.16、外包服务质量为0.50、已有的长期合作关系为0.19、设施服务供应商声誉为0.14。选择设施服务供应商的优先考虑因素比值系数，如图6-5所示。

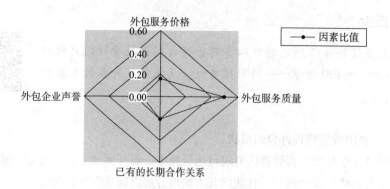

图6-5 选择设施服务供应商的优先考虑因素比值系数

调查结果显示，一些外资及港台房地产企业如戴德梁行、世邦魏理仕、仲量联行等五大行企业利用其人才、技术、信息等社会资源以及专业经验优势，承担了相当一部分的外资企事业机构设施管理的外包业务，提供前期可行性研究、融资、规划设计、建造、日常运行管理等一系列的设施管理专业服务。此外，少数内地物业系统的大型专业化管理企业如均豪物业、万科、卓越物业等企业凭借其熟悉政策法规和市场需求的优势，也开始涉足设施管理的专业服务领域。

知识链接

更多设施管理外包的详细资料，请访问设施管理门户网站FMGate——FM资讯——新闻动态——数字化金融给服务外包带来五大趋势。

6.2 设施管理外包流程

设施管理外包流程通常由设施管理业务评估、设施管理外包决策、发展外包合同、设施管理业务交付、合同管理五个过程组成，每个过程又包括若干个支持性环节。设施管理外包流程图，如图6-6所示。该设施管理外包流程描述了存在于业务流程中的各个活动，定义了需要执行的任务以及在各个任务间的信息交流。

6.2.1 设施管理业务评估

在设施管理业务评估（节点P）环节需要分析组织内的所有设施业务，这个进程可分为以下若干部分。

（1）确定核心和非核心业务活动

每一个组织都有自己的核心能力，并逐渐形成组织自身的核心业务。因此，需要根据组织的战略和业务目标来识别核心和非核心设施管理业务活动；可将组织的业务活动划分为：组织核心业务活动（这些业务必须和组织的核心能力密切相关）、组织辅助性业务活动（这些业务与核心业务活动密切相关）、外围性业务

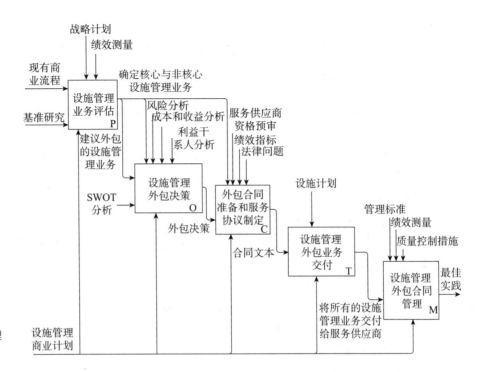

图6-6 设施管理外包流程图

活动（组织支持性业务活动）和市场化业务活动（只具有一般价值或一次性业务）。依据核心能力的渗透程度，建立外包业务识别模型。设施管理核心业务分类图，如图6-7所示。一般而言，业务外包顺序为市场化业务活动→外围性业务活动→辅助性业务活动，而核心业务活动应保留在组织内部。

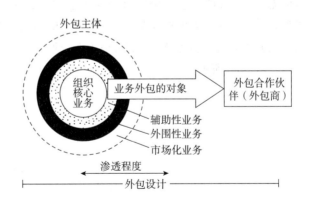

图6-7 设施管理核心业务分类图

（2）评估内部服务

这一环节涉及判定内部服务的质量等级及其是否符合标准，还涉及评估内部服务的效率及其是否能在合理的时间框架内交付，了解服务的成本（包括直接和间接成本）和可能带来的风险。

（3）评估组织的外包准备

评估组织结构及其合同管理的能力，以及应对变更的准备。

(4) 评估外包的替代选择

研究外包的可替代选择，并检查其业务是否可以由组织内部人员执行。

6.2.2 设施管理外包决策

在设施管理外包决策（节点O）阶段，组织需要进行设施管理的外包决策。在战略层，外包决策的核心问题是决定是否外包；在业务层，外包决策的核心问题是确定怎样外包。外包决策不是偶尔或者长期的决策，而是阶段性地重复出现并且与市场变化紧密联系。

1. 外包决策过程

外包决策过程包括SWOT分析、风险分析、成本和收益分析、利益干系人分析等，以前一个过程（节点P）得出的外包可行性结论作为前提，输出的是业务外包决策。具体内容如下。

(1) 确定外包目标

设施管理外包目标可以是降低成本，或者提升设施管理水平等，很有可能有些业务外包的目标是多重的。例如，某一个公司可能同时出于节约成本和降低风险的考虑，将某些设施管理进行外包。

(2) 设施外包SWOT评估

为了正确全面地反映设施管理外包对组织可能产生的影响，有必要识别和评估每项设施管理业务中的外包风险（劣势）和收益（优势）。可以利用战略决策模型SWOT分析，结合设施管理业务自身特点，将决策的影响因素分为优势因素、劣势因素、机会因素和威胁因素，形成了一个较为完整的设施管理外包影响因素SWOT分析系统。设施管理外包影响因素SWOT分析系统，如图6-8所示。

通过对设施管理外包影响因素的SWOT分析，也就相应形成了设施管理外包决策的指标，可以得到设施管理服务外包SWOT决策四边形。设施管理服务外包SWOT决策四边形，如图6-9所示。

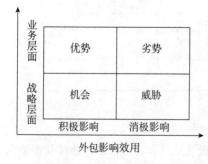
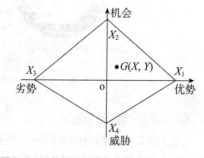

图6-8　设施管理外包影响因素SWOT分析系统　　图6-9　设施管理服务外包SWOT决策四边形

(3) 成本和收益分析

详细分析此项业务由公司内部承担和外包所需要的成本差异，尤其要从长期的角度来考察成本与收益的变化,因为一旦决定外包,这一决策将在较长期限内执行,很少有组织在某项业务外包一段时间后再回收自行提供服务,除非是外包过程出现了问题。

(4)利益干系人分析

综合考虑利益干系人包括最终用户、供应商、组织内部管理者和员工的意见,尤其如果在此之前,该业务是由组织内部人员完成的,需要提前对组织内部管理者和员工进行合理的安排。此外,最终用户的接受程度也非常关键,例如一些甲方业主因为知识产权保护的考虑,在总包合同中要求安保服务不能外包,那么设施管理企业则不能将此项服务外包。

(5)确定外包业务

在衡量以上各种因素之后,可以初步识别可供外包的设施管理业务,并做出外包决策。

2. 外包决策考虑因素

设施管理在进行外包决策时受到一些特定因素的影响,站在合同买方的角度,可以将这些因素划分为内部因素和外部因素。设施管理外包决策的影响因素,如图6-10所示。

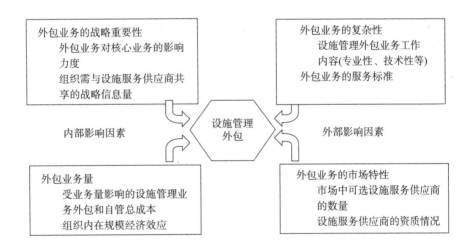

图6-10 设施管理外包决策的影响因素

(1)外包业务战略重要性

外包业务战略重要性的评价依据包括外包业务对核心业务的影响力度、外包过程中组织需与设施服务供应商共享的战略信息量。例如,某大型计算机硬盘生产商拥有3.2万m^2的产业园区,计划聘用一家国际能源顾问企业提供全面的能源审计和咨询服务,其中,需对组织的能源系统性能、设备操作维修及营运成本记录等资料进行技术经济评价,涉及该设施战略性信息和资源,这样的决策具有较高的战略重要性。

(2)外包业务规模

设施管理外包和自管总成本曲线,如图6-11所示。根据规模经济原理,业务规模的扩大能促进组织内部的专业化分工和技术投入，并能更充分地利用资源和加强管理，从而使业务成本随着规模扩大而降低。当业务量超过A_0时，组织自管设施管理业务可以实现内在规模经济效应，自管总成本逐渐低于外包总成本，设施管理外包模式将被自管模式取代。

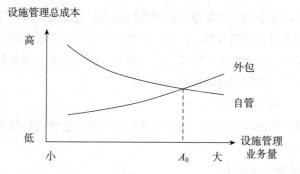

图6-11 设施管理外包和自管总成本曲线

（3）外包业务的复杂性

复杂性的评价依据包括外包业务的内容及其服务标准，通常专业性和技术性强的业务复杂性也较高。以某医院大型医疗设施管理为例，其服务对象为CT、核磁共振、直线加速器等大型医疗设施，这些设施单台价值上千万元，不存在备机，都是集光、电、机、磁、传感技术、计算机技术为一体的现代化设备，维护管理难度大，对设施的完好率要求更高。要保证这些医疗设施的良好运行状态，需要一支由具备高专业技术素质的人员组成的管理团队，并制定较高的绩效标准，以保障服务质量。

（4）外包业务的市场特性

外包业务的市场特性是指外包业务是垄断性市场还是竞争性市场。处于垄断性市场的设施服务供应商凭借市场势力可获得垄断利润，组织无法以物质报酬刺激设施服务供应商，合同报酬的显性激励效应减弱。此时，组织会选择与设施服务供应商建立战略伙伴关系，通过组织之间充分的沟通、尊重，达成一致的目标，并在此基础上建立信任感，通过隐性激励的方式来提高设施服务供应商的业务绩效，维持组织对设施管理外包业务的控制力，同时通过制定较高的绩效标准来保障设施服务供应商的服务质量。

外包业务的市场特性反映了市场中可选设施服务供应商的数量及其资质情况对外包伙伴关系选择的限制条件。以某全球移动通信产业制造商为例，其在大中华地区拥有4处厂址和60多个办事处，需要为无中断持续性作业提供可靠的设施管理支持，但是，当市场上设施管理服务的专业供应商稀缺，或者专业资质无法满足服务水平要求时，这些限制条件会影响制造商的外包决策。

6.2.3 合同准备和服务协议制定

在外包合同准备和服务协议制定（节点C）中，招标单位将成立一个专门的小组，对供应商进行评估和采购，在此基础上进行合同准备和服务协议的制定。采购过程一般可分为招标采购和非招标采购，其中招标采购为主要的方式。非招标采购又可分为询价采购、直接采购等方式。设施管理外包招标采购程序，如图6-12所示。

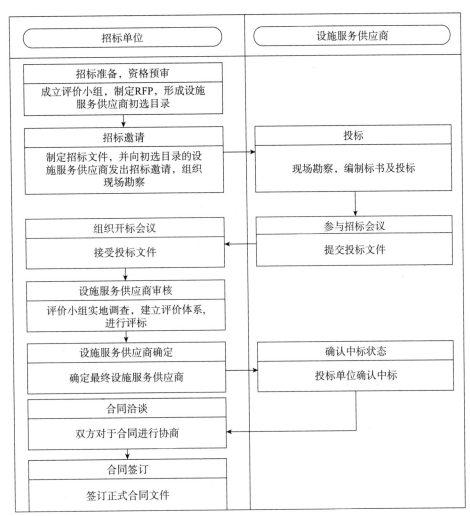

图6-12 设施管理外包招标采购程序

（1）服务需求方案准备

组织需要制定一份详细正式的设施管理需求方案说明书（RFP），包括对外包服务和设施的说明、服务范围的界定、相关设施列表、设施服务供应商的选择标准、分包的相关要求、移交程序、外包服务绩效评价指标等。

（2）供应商资格预审

按照RFP上的要求进行初步筛选，对设施服务供应商进行资格预审，形成设施服务供应商初选目录。组织应制定招标文件，编制标底，并且向初选目录中的设施服务供应商发出招标邀请。

（3）开标和设施服务供应商评价

参与投标的设施服务供应商应提交投标文件以及外包服务负责人的相关信息。此外，招标单位应组织设施服务供应商进入现场勘察并答疑。

（4）服务供应商评审

开标过程涉及对投标文件和设施服务供应商的评审，其中，设施服务供应商的评审是重中之重。这一过程涉及多方面因素，需要从多角度、多方面进行综合评判。

层次分析法（AHP）是一种定性、定量相结合的层次化分析方法，其核心是将一个复杂问题分为若干有序的层次，然后通过对一定客观现实的判断，就每一层次各元素的相对重要性给出定量数字，构造判断矩阵，计算出每一层次元素相对重要性的权值，进而对决策方案优劣进行排序。在指标设置和权重分布时应关注如服务质量、合作关系的长期性以及设施服务供应商与业主组织的适应性等的战略价值，而不是单纯看价格的高低来判断。设施服务供应商评价指标示例，如图6-13所示。

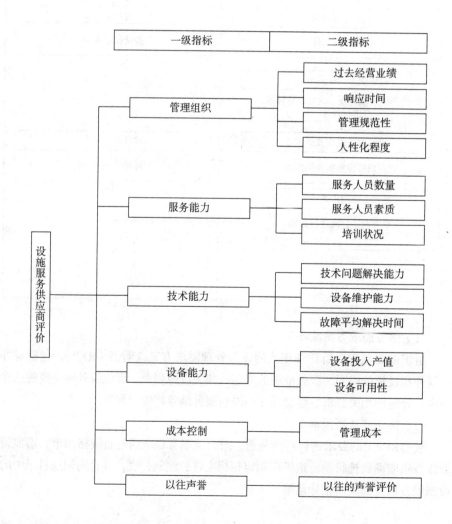

图6-13 设施服务供应商评价指标示例

评价小组应根据组织的战略目标，结合组织自身特点对每个指标的重要性程度进行评价，构造判断矩阵，最终得出各个评价指标的权重值，形成设施服务供应商评价体系权重表，并依此对每个设施服务供应商进行评分。在得出每个候选的设施服务供应商的评价结果后，应进行全面的比较。针对三家设施服务供应商各项评价指标的得分，可采用雷达图直观表示，便于共同进行比较。设施服务供应商评价结果雷达图，如图6-14所示。

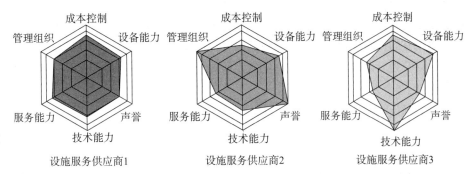

图6-14 设施服务供应商评价结果雷达图

（5）编制设施管理服务水平协议（Service Level Agreement，SLA）

该协议是设施服务供应商和组织共同协商后达成的正式约定，包括了合同相关方对服务品质、优先权和责任的共同理解，以及对服务质量等级的协定，关键绩效指标，违约的处罚，出现争议的处理方案和仲裁机构，合同相关方的权利、责任和义务等。其目的是让合同相关方在合同执行之前达成一个清晰的共同愿景，同时建立一定的机制限制各方的违规行为，鼓励双方努力达到或超过事先约定的目标。双方对服务水平协议达成一致后，形成正式的设施管理外包合同文件。签订合同后，应将合同分类编号，妥善保管，以备追溯。

6.2.4 设施管理外包业务交付

在设施管理外包业务交付（节点T）环节，组织需要对设施服务供应商业务交付进行准备，其基础是确定的合同协议和条款，输出的是将所有设施管理外包业务交付给设施服务供应商。这个过程分为：

（1）任命一名合同执行人

任命一名负责交付程序和管理合同的负责人，组织一个核心团队，负责交付工作的平稳过渡。

（2）交付计划安排

交付计划是对各项交付工作的时间安排和责任分工，预测可能出现的困难和问题，并经设施管理部门和设施服务供应商共同批准，让每个参与者都清楚对于这个关键过程的预期要求。

（3）执行计划

根据确定的时间表实施。

(4)审查计划

对该计划进行审查,以评估目前的进展,评估各种风险与挑战,并尽快确定移交的解决方案,使过程顺利进行。

6.2.5 设施管理外包合同管理

在设施管理外包合同管理(节点M)环节,组织需要对设施管理服务质量、响应速度以及所有已达成协议的条款进行管理,确保设施服务供应商根据商定的服务水平协议提供服务,并采用适当的奖惩措施(罚款或奖金)。这一进程的前提是将所有的设施管理业务交付给设施服务供应商,输出的是合同期满后的全面评价,以及为后期设施管理外包合同制定所提供的学习要点和最佳实践。这个过程分为以下6个方面。

(1)履行职能

设施服务供应商在这个阶段履行全面职能,并提供相应的服务。

(2)监测绩效

监测设施服务供应商的设施管理绩效,包括质量和成本,并监测是否达到服务水平协议标准。

对于设施管理外包服务交付的管理,主要就是对服务质量和绩效进行KPI履行情况的监管及审核。设施管理KPI履行情况的监管及审核系统,如图6-15所示。

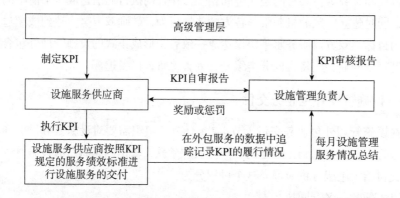

图6-15 KPI履行情况的监管及审核系统

组织在设施服务供应商提供设施管理服务的过程中进行监控,并在设施管理外包服务的数据库中随时追踪、记录KPI的履行情况;设施服务供应商每月还要向组织的设施管理负责人提交KPI自审报告;该负责人每月会根据监控记录中的KPI履行情况,结合设施服务供应商的自审报告,对设施管理服务情况进行总结,并根据组织高级管理层对于KPI履行情况的审核报告,对设施服务供应商的服务交付进行奖励或者惩罚。

(3)定期进行合同审查

这一阶段的任务是对设施服务供应商进行定期的审查,并列出应该改进的地方。外包合同履行情况的评估，常用的指标有：①费用和成本监控中的人工费用效率、物资耗费效率；②采购、付款及预算程序的合理性；③资产管理情况；④合同变更控制情况等。

（4）评价合同

合同评价的结果供以后的外包合同参考，其实践经验也给以后的设施服务供应商提供指导。

（5）合同关系管理与沟通

设施管理外包合同关系管理成功的三个关键因素是信任、沟通和对共同目标的认可。常用的评价指标有：①设施服务供应商服务团队组织机构的完整性；②组织的满意度；③组织员工的工作空间满意度等。

在合同实施开始就应建立好信息流和沟通层次，并在整个生命周期中经常进行维护和改进。合同管理的三个主要沟通层次是操作层、业务层和战略层，分别以组织的最终服务用户、合同管理负责人、高级管理层和设施服务供应商的技术人员、关系管理负责人、区域董事会为代表。

设施管理外包合同关系沟通模型，如图6-16所示。该模型明确了各沟通层次的工作任务，对应于预先设定的提出问题和处理问题的工作程序，可以在双方组织中最合适的沟通层次尽快解决出现的问题。

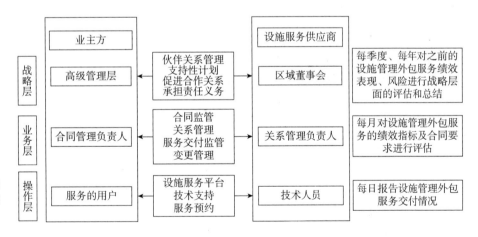

图6-16 设施管理外包合同关系沟通模型

（6）外包合同争议等级处理

由于各种各样的原因，既有合同当事人主观的原因，也有情势变迁方面的客观原因，导致合同在签订之后的履行过程中并不是一帆风顺的，往往会出现各种各样，或大或小的争议，有必要根据不同的等级进行管理和调整。外包合同争议处理的等级和不同等级中不同设施管理部门负责人的参与情况均不相同。外包合同争议处理等级，如图6-17所示。

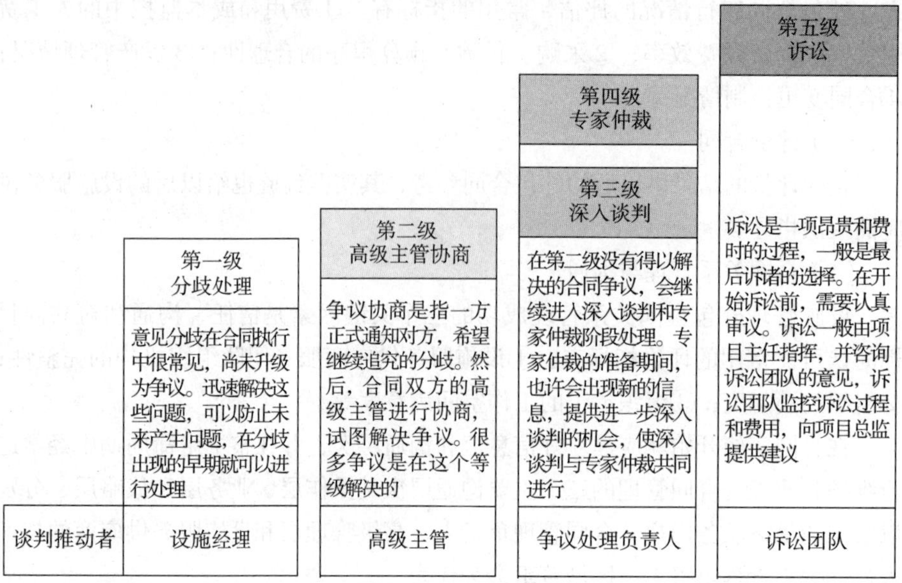

第一级 分歧处理	第二级 高级主管协商	第三级 深入谈判	第四级 专家仲裁	第五级 诉讼
意见分歧在合同执行中很常见，尚未升级为争议。迅速解决这些问题，可以防止未来产生问题，在分歧出现的早期就可以进行处理	争议协商是指一方正式通知对方，希望继续追究的分歧。然后，合同双方的高级主管进行协商，试图解决争议。很多争议是在这个等级解决的	在第二级没有得以解决的合同争议，会继续进入深入谈判和专家仲裁阶段处理。专家仲裁的准备期间，也许会出现新的信息，提供进一步深入谈判的机会，使深入谈判与专家仲裁共同进行		诉讼是一项昂贵和费时的过程，一般是最后诉者的选择。在开始诉讼前，需要认真审议。诉讼一般由项目主任指挥，并咨询诉讼团队的意见，诉讼团队监控诉讼过程和费用，向项目总监提供建议
谈判推动者 设施经理	高级主管	争议处理负责人		诉讼团队

图6-17 外包合同争议处理等级

6.3 设施管理需求方案说明书

6.3.1 需求方案说明书内容

需求方案说明书（Request For Proposal，RFP），也称为提案企划书或建议书邀请函，是由发包方提供的服务外包需求说明文件。它提供外包服务的各种要求和标准，是设施管理外包合同的组成部分，也是设施服务供应商提供投标方案和评定设施服务供应商的依据。

需求方案说明书要明确组织设施管理外包的技术要求、质量标准和经济指标，同时要求设施服务供应商在投标文件中阐明满足这些需求的服务能力和保证措施。需求方案说明书是设施管理外包合同的组成部分，是外包合同管理成功的基本保证。

设施管理需求方案说明书一般包括如下内容。

（1）服务和设施的描述

即说明组织要外包哪些服务，帮助设施服务供应商在投标文件中提出有高度针对性的建议。

（2）业务范围的全面界定

具体包括业务范围的描述、支持性要求、提供指导方针、技术规格及质量指标等内容。对业务范围的界定和要求越详细、越具体越好。

组织在外包需求方案中需要详细界定服务范围和标准，为了更好地理解和掌握外包需求界定的撰写要求，在此以某大厦的清洁业务范围界定为例进行说明。业务范围界定示例，如表6-2所示。

业务范围界定示例 表6-2

项目	范围	操作描述	服务质量标准
擦洗或清除	大厦1~23楼楼面	包括通过湿擦的方法去除地板涂层的顶层。湿擦方法使用得偏少，只需要在使用密封剂或抛光剂前使用中和剂冲洗地板两次。踢脚板需在每次操作后清洁，以去除污迹和斑点。擦洗频率每天3次	擦洗后无明显的表面灰尘或污渍。地板表面无积累的涂层。墙壁、踢脚板和其他表面无水印、溅出的水或设备的刮痕
电梯清洁	大厦的12部电梯	包括清扫、除尘、拖地和清洁墙壁、光亮的扶手、门把手等金属表面。包括抛光内饰金属制品，清除门、门框和墙壁（包括控制台）的指痕、污迹和污渍。挂出并使用真空吸尘器洗出轿厢和各层门槛或轨道槽的灰尘。清扫、拖洗、喷补蜡、清除和重新整饰未铺地毯的地板。对铺设地毯的地板进行吸尘、清除污迹和使用洗涤剂清洁。清洁频率每天3次	地板（包括弯道、门槛、门板和门轨）均清洁和光亮。踩踏垫（如有）清洁和干燥。踩踏垫下的地板清洁并干燥，地板的地毯上无灰尘、污垢和杂物。墙壁无灰尘、指痕或溅出物的痕迹、条纹和水印。扶手和踢脚板清洁并被抛光。门及门框无指痕、污渍
清洁卫生间装置	分布在大厦1~23层的52间卫生间	包括使用杀菌洗涤剂清洁洗涤盆、水龙头、外露的管道、冲水水箱、马桶盖、抽水马桶和小便池等所有表面并进行消毒，去除灰尘、污垢、斑点和污渍。不得使用强力清洁剂清洁洗涤盆、抽水马桶或便池。仅可使用超细纤维系统。清洁频率每小时2次	洗涤盆、水龙头、外露的管道、冲水水箱、马桶盖、抽水马桶和小便池的所有表面都需进行消毒。所有的管道固件无污渍和皂垢

资料来源：《BOMA中国商业地产保洁标准——建筑业主与管理者指南》90-91页。

（3）设施服务供应商评价标准

包括对供应商的评价标准和评价模型，对于设施服务供应商的要求应明确提出。如果可能的话，在需求方案说明书中，可以给出对设施服务供应商的评价指标以及相应评价指标所占的权重。

（4）时间轴信息

包括需求方案说明书的发送日期，投标文件递交、答疑及现场考察时间，开标时间，中标通知书的发送日期等重要时间的具体安排。

（5）费用明细表

为了进行设施管理外包成本比较，可以要求设施服务供应商提交详细的费用明细表，并提供费用项目的划分标准和计算口径，以确保进行成本比较。

（6）关键绩效指标（KPI）

这是通过对设施管理服务的关键参数进行设置、取样、计算、分析，来衡量设施管理绩效的一种目标式量化管理指标，可以形象地表述设施管理服务质量，从而使组织合理地评价设施服务供应商的绩效，同时也可以使设施服务供应商通过对关键绩效指标的分析，找到自身不足之处，实现持续改进。

（7）投标书及各种保证文件格式

一个标准、规范、统一的文本格式，有利于组织的评标。对于篇幅的限制，有利于反映关键内容，重点突出，减少评标所需的审查时间，也体现出公平、公正原则。

6.3.2 需求方案说明书编制

需求方案说明书的制作是一个耗时和注重细节的过程，不符合标准、不详细的说明书将会给外包工作带来非常大的风险和管理难度。因此，在准备之前，组织要搜集大量信息。

例如，某软性服务业务外包项目具体内容包括如下：

（1）建筑总体信息、服务区域、面积、租户信息、服务频率、节假日情况等。

（2）每日最佳服务时间。

（3）服务需求评估，包括与使用者、设施服务供应商面谈，以获得设施服务项目的具体数据。需要说明的是，制定说明书方案的往往是一个组织的设施管理部门，但是使用者可能是该组织的主营业务方。因此，需要详细了解实际使用者的服务需求，如果能够邀请使用人的代表参与说明书的编制，将大大提高说明书的有效性。

（4）基于绩效的规范。

（5）服务基准与现状评估。

（6）组织的合同范本。

（7）关键业绩指标。

（8）需求方案说明书的时间安排。

负责设施管理的部门搜集以上信息后，开始制作需求方案说明书，这个过程可能需要反复与使用人、服务供应商进行沟通。在完成说明书制作后，在规定的期限内（一般在服务供应商的现场勘察前）将RFP文件发给服务供应商，并且准备在截止期限内回答供应商的问题。

6.3.3 需求方案说明书中的关键绩效指标

为了详细说明设施外包服务KPI指标包含的内容，本节选择了一个高层建筑的清洁外包KPI指标进行举例。关键绩效指标示例，如表6-3所示。从表中可以看到关键绩效表包含多方面的内容，如沟通、安全、培训、健康与安全等。

关键绩效指标示例　　　　　　　　　　表6-3

	项目	标准	结果	最高分值	分数
沟通	联络信息	现有信息及时更新	通过或失败	50	50
	电话座机	所有电话及时人工接听，2小时内或至少隔天回复	大于80%	70	70
	未接电话		小于20%	70	70

续表

	项目	标准	结果	最高分值	分数
安全	信息状态及更新	所有安全信息公开、知晓和及时更新	通过或失败	25	25
	紧急状态下的联系	及时更新	通过或失败	25	未通过
培训	记录更新	指示日期、主题和参与者签名的记录	通过或失败	25	未通过
健康与安全	工具盒系列	指示日期、主题和参与者签名的记录	通过或未通过	50	未通过
	问题审查	指示常见问题的现场检查记录	通过或未通过	50	未通过
	WHMIS	指示日期、参与者签名的记录		50	50
	紧急事件准备	指示日期、参与者签名的记录	通过或未通过	25	未通过
一般性服务可交付性	清洁任务	所有阶段性的清洁任务在要求的期限内完成	通过或未通过	80	未通过
	可消费性	所有可消费的服务维护较好，供给充足	90%	40	40
顾客投诉	响应时间	所有的投诉在1h内或者2h内回复	大于80%	30	30
顾客要求	顾客要求	根据服务基准响应顾客要求	大于80%	45	45
质量保证	检查	所有的清洁服务工作每月完全检查	通过或未通过	90	70
	结果	所有的检查得分80%不低于社会安全标准	通过或未通过	100	86.7
	报告	每月定期提交报告	通过或未通过	50	25
	季度回顾	所有的季度回顾会议依循KPI指标进行	通过或未通过	50	未通过
设备	预防性维护	所有必需的设施管理项目定期执行	大于80%	25	20
发票	准确	所有的发票完整准确	大于90%	25	25
	及时	所有的发票提交及时	大于90%	25	25
		合计		1000	631.7

关键术语

设施管理外包　设施管理伙伴关系　外包业务评估　外包决策　合同准备　服务供应商评价　争议处理　服务水平协议（SLA）　外包业务交付　合同管理　需求方案说明书（RFP）　关键绩效指标（KPI）

复习思考题

1. 设施管理外包可以分为哪两种类型?
2. 设施管理发包方与供应商可形成什么样的关系,这些关系的差异何在?
3. 设施管理外包的流程包括哪几个环节?
4. 设施管理业务评估主要包括哪些内容?
5. 设施管理外包决策的过程包括哪些内容?
6. 设施管理外包合同争议处理方法有哪些?
7. 设施管理外包需求方案说明书包含哪些内容?
8. 设施管理外包需求方案说明书编制流程包括哪些环节?
9. 试选择某个特定外包服务项目,完成一个业务外包的KPI指标设置。

延伸阅读

[1] McLennan P.. Service operations management as a conceptual framework for facility management [J]. Facilities, 2004, 22(13/14): 344-348.

[2] Burdon S., Bhalla A.. Lessons from the Untold Success Story: Outsourcing Engineering and Facilities Management [J]. European Management Journal, 2005, 23(5): 576-582.

[3] Ikediashi D. I., Ogunlana S. O., Boateng P., et al. Analysis of risks associated with facilities management outsourcing: a multivariate approach [J]. Journal of Facilities Management, 2012, 10(4): 301-316.

[4] Natukunda C. M., Pitt M., Nabil A.. Understanding the outsourcing of facilities management services in Uganda [J]. Journal of Corporate Real Estate, 2013, 15(2): 150-158.

[5] I. Ikediashi D., O.. Ogunlana S., Boateng P.. Determinants of outsourcing decision for facilities management (FM) services provision [J]. Facilities, 2014, 32(9/10): 472-489.

设施运营和维护管理

[本章导读]

　　设施运维管理是设施管理最重要的职能之一,是设施管理的基础性工作。大量设施运维实践表明,运维管理不单纯是一项技术性工作,同时也包含了大量的管理、服务和经济活动。随着设施运维的复杂程度和技术含量不断增加,传统的管理方法和手段已不能完全适应新的管理环境。现代设施管理的运维应该从设施全生命周期的角度,以系统化的管理思路分析问题,以科学的手段和方法解决问题,最终实现设施的安全、高效与经济运行。

[本章主要内容]

- ❖ 运维管理的基本概念、对象及其特点;
- ❖ 设施运营维护的发展历程;
- ❖ 设施运行的需求分析;
- ❖ 设施的运行手册、运行实践和运行评价;
- ❖ 设施故障分类、特点及如何进行设施维护决策;
- ❖ 设施维护策略的选择、维护周期和工单的管理等。

7.1 设施运维管理概述

7.1.1 设施运维的概念

运维管理是设施管理最重要的职能之一，是设施管理的基础性工作。运维管理为设施功能的正常发挥提供了广泛的支持性活动，确保了设施系统的正常运作和持续优化。大量的运维管理实践表明，运维管理不单纯是一项技术性工作，同时也包含了大量的管理、服务和经济活动。因此，设施管理者必须从多角度统一考虑设施的运维管理工作。

1. 运维管理的功能

美国能源信息署发布的Operations & Maintenance Best Practices—A Guide to Achieving Operational Efficiency对运维管理做出了如下定义：

运维管理是针对设施、资产及其相关设备所进行的一系列与控制和检修有关的决策与活动。这些决策和活动包括但不局限于如下内容：

（1）活动主要集中于计划、程序、工作或系统的控制与最优化等方面；

（2）通过执行日常的、预防性的、预测性的、计划的和非计划的活动以维持设施的正常使用，阻止设施失效或减缓使用寿命缩短，从而达到提高效率、增加可靠性和安全性的目的。

运行与维护管理是设施管理的重要组成部分，它需要将不同部分组合成有机的整体。按照经验，可将运维管理分为五个不同的功能模块：规划（Planning）、运营（Operation）、维护（Maintenance）、工程支持（Engineering Support）和培训（Training）。运维管理的五大功能模块，如图7-1所示。

图7-1 运维管理的五大功能模块

运维管理的具体职能包括：

（1）规划（Planning）

建立和确保政策、计划和设施控制的有效实施和执行。制定正式的管理目标,有效实施,以提高设施的性能和效率;建立监测和评估体系,提高设施各方面的表现和性能;人事计划和资质考核,保证所有岗位拥有合适和高资质的员工;严格保证人员安全和公共安全的措施。

（2）运营（Operation）

确保运营活动的有效控制和执行;高效、有效、可靠的方式开展运营活动;掌握所有设施的工作状态;通过提升运营人员的知识技能和业绩,以支持设施的安全可靠的运行。

（3）维护（Maintenance）

确保运维活动的有效控制和执行;保证维护工作有效和安全进行,从而保证运营活动能经济、安全、可靠进行;确保安全、有效的方式开展维护活动;通过预防性维护,促使设施和系统达到最佳的工作状态,确保其工作的可靠性;维护工作的程序和文档管理,为维护工作提供依据,确保维护工作高效和安全进行。

（4）工程支持（Engineering Support）

确保技术支持活动的有效控制和执行;确保设计变更时,设施能及时适当地完成设计、审查、控制、实施和文档管理,实时监控设施功能,优化设施的可靠性和高效率;工程支持活动的程序和文档管理,为工程支持工作提供依据,能有效支持设施高效和安全运行。

（5）培训（Training）

确保工厂人员能了解自己的职责和安全工作要求,有足够的知识和技能来保证工厂有效运营;确保培训的材料能够有效支持培训活动;为有效完成制定运营工作职能,需要制定有效和完善的知识技能培训。

除了上述管理模块之外,运维管理人员还需要与其他部门管理人员相协调,协助他们缩减预算开支,其他职能还包括保证项目的正常执行、维持项目的持续运行和促使项目的目标达成。

2. 运维管理的目标

设施运维的目标是确保提供安全、可靠、经济的设施系统运维服务,能按预期使用、甚至延长设施的使用寿命,提升设施价值。具体目标表述如下:

（1）保证建筑和设施的正常运行,满足用户的使用需求。

（2）安排恰当的运维措施,保障运行,防止建筑及其设施系统和部件过早出现问题。

（3）在提供必要的可靠度的基础上,按最经济的方式维护和使用设施。

（4）合理安排维护周期和流程,减少和缩小总运维费用。

（5）预测和指派所需人员,满足正常运行和突发事件的需要。

（6）采用可行的工程解决方案来处理维修问题。

（7）通过运维,为整个资产的保值与增值提供支持。

（8）通过精益思想在运营和维护的运用,为运营维护整体消除浪费,降低运营维护成本,达到精益运营维护管理的目的。

3. 运维的对象

设施管理的服务对象包括硬性服务、软性服务和其他等多个方面的内容，而本章节中所涉及的运维对象包含建筑物本体、设施系统、办公设施及家具、外部基础设施等硬性服务和软性服务。运维管理的对象，如表7-1所示。

运维管理的对象　　　　　　　　　　　表7-1

对象类型	对象分类	分类描述	分类内容
硬性服务	建筑物本体	建筑物本体是形成设施空间的主要载体，一般分为主要系统与次要系统两部分	主要系统包括地基、结构系统、外墙及屋顶系统；次要系统主要指内部工程，如顶板、地板、内墙、隔板和专用件等
	设备系统	设备系统主要是指一系列提供功能服务的机械、电子设备系统	包括HAVC（供暖、通风及空调系统）、管道系统、电力系统、照明系统、安保系统、网络系统及传送系统等
	办公设备及家具	办公设备及家具是支持组织核心业务开展的物质保障，也是设施运维的对象之一	包括电脑设备、网络、打印设备、复印设备、传真设备及各类办公家具等
	外部基础设施	支持设施运作的外部基础设施	包括公用工程分布系统、排水供水系统、道路、停车区、绿化等其他结构和场所。
软性服务	行政事务	直接支持员工的核心业务活动	包括餐饮、保洁、保安、收发室、前台、班车、绿化以及健康和安全等

4. 运维管理的特点

设施运维管理的特点主要概括为六化，即专业化、精细化、集约化、智能化、信息化和定制化，设施管理人员通过这六个方面提高运维管理的效率，增强设施全生命周期的管理。具体内容概括如下：

（1）专业化

提供策略性运维规划、财务与预算管理等多方面内容，需要专业的知识和大量专业人才参与。

（2）精细化

以精细化流程控制为手段，运用科学的方法对客户的业务流程进行研究分析，寻找控制重点并进行有效的优化、重组和控制，实现质量、成本、进度、服务总体最优的精细化管理目标。

（3）集约化

致力于资源能源的集约利用，通过流程优化、组织整合、界面控制等服务对客户的资源能源实现集约化的经营和管理，以降低客户的运营成本、提高收益。

（4）智能化

充分利用现代技术，如大数据、物联网、云计算和BIM等技术，实现智能化服务与管理。具体体现有智能停车系统、智能安防系统、智能能源管理系统、智能巡检系统等。

（5）信息化

以信息化为基础和平台，坚持与高新技术应用同步发展，大量采用信息化技术与手段，实现业务操作信息化，提升信息利用和开发的价值。在降低成本提升效率的同时，信息化保证了管理与技术数据分析处理的准确，有利于科学控制和决策。

（6）定制化

专业的设施管理供应商根据客户的业务流程、工作模式、经营目标以及存在的问题和需求，为客户量身定做设施管理方案。

7.1.2 设施运维的发展历程

伴随着现代工业和科学技术的发展，工业系统的运维经历了一个从"被动管理"到"主动管理"的发展历程，工业维护管理（Industrial Maintenance Management，IMM）是伴随着工业革命而发展起来的。关于IMM的发展历程，一般的观点将其划分为五个阶段。工业运维管理发展历程，如图7-2所示。

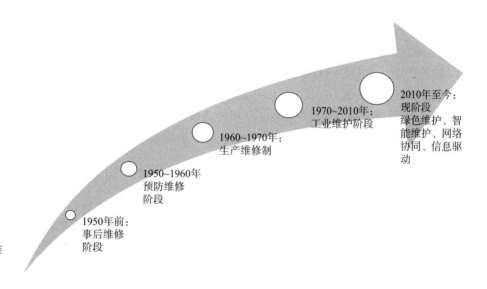

图7-2 工业运维管理发展历程

（1）1950年以前，事后维修阶段

其特点是认为机械设备在使用中发生故障是不可预知的，只有等出了故障后再去维修它，不坏不修。

（2）1950~1960年，预防维修阶段

这一阶段的特点是强调预防为主。该阶段维修有两大分支：苏联形成了以固定保养期为特征的计划预防维修制，在英、美等国则形成了以定期检查为特征的预防维修制。

（3）1960~1970年，生产维修制

生产维修制是指对重点机械设备实行预防维修，对一般机械设备实行事后维

修。在这一阶段,以预防维修为中心,开始考虑机械设备生产、设计等环节的可靠性,出现了可靠性、无维修性设计的思想。

(4) 1970~2010年,工业维护阶段

主要的代表性理论有美国的后勤学(Logistics)、英国的设备综合工程学(Terotechnology)和日本的全员生产维修(Total Productive Maintenance,TPM)。这三种典型的现代设备管理都是以机械设备的生命周期为研究对象,追求生命周期费用最优化。同时,这三者都涉及可靠性问题。三者的区别是:后勤学的范围最广,不仅针对设备,而且还谋求降低产品、系统、程序全生命周期费用;设备综合工程学虽然是仅针对设备,但也涉及从制造到设备维修的全过程;而全员生产维修制则是以主动、积极的态度进行设备的保养和维修,管理的范围主要是企业内部微观的设备管理和具体的管理方法。这一阶段总的特点是不仅局限于技术方面的考虑,而且涉及经济、管理等多方面。

(5) 2010年至今,现阶段

运营维护方式经历了上面四个发展阶段,目前正不断朝着智能化、网络化的方向发展,信息正在成为维护资源的主体。同时,维护管理更注重环境保护和可持续发展。其特点有:

1) 绿色维护。近三十多年来,人类极为重视防止环境污染与资源的平衡问题。在维护中,人们注意到很多故障不仅危及生产安全、影响使用,还可能污染环境、破坏生态平衡、违反公认的环境标准。1988年,J. 莫布雷(John Moubray)在故障后果的新分类法中加入了环境性后果。这是维护指导思想的一次飞跃。其中,以产品全生命周期为中心的绿色再制造技术是极有前途的绿色维护技术。

2) 智能维护。随着现代化生产设备的广泛使用以及生产过程的不断复杂化,即使是行业专家也难以把握维护过程。近几十年来,人工智能技术得到了长足的发展。目前,将智能技术与维护技术相融合,以辅助专家解决纷繁复杂的维护问题已成为研究热点。智能维护的高效性、可靠性及其解决复杂维护问题的能力不但能提高维护质量和效率,而且还能有效地降低现代化生产系统的维护成本。智能维护还很不成熟,目前其应用的广度和深度还非常有限。

3) 网络化协同维护。网络技术与生产过程的结合产生了网络生产模式,网络生产模式具有资源的分散性。在网络制造环境下的维护过程必须通过网络实现维护资源的整合,维护过程必须采用计算机支持的协同工作(Computer Supported Cooperative Working,CSCW)方式才能达到高效率、高质量。网络化协同维护是面向网络制造的一种新型维护模式,它将随着网络制造技术的发展而发展。

4) 基于信息驱动的维护。基于信息驱动的维护是信息技术、视情维护与维护资源调度相结合的产物。维护资源由人力资源和维护的工具、备品备件、时间、资金以及信息等组成。维护信息在现代化生产设施维护中的地位日益凸显。

通过对监测系统所获信息的分析，预测并安排维护计划可以有效地提高设施的可用度，从而使停机损失降到最小，这对于影响面很大的并行生产过程非常适用。将信息作为维护系统的运作动力，可使生产与维护的联系更加密切。基于信息驱动的维护是未来维护管理系统的发展方向。

知识链接

更多设施运维管理知识，请访问设施管理门户网站FMGate——FM智库——研究报告——价值驱动维修（VDM）。

7.2 设施运行管理

传统的运维管理，对设施的运行管理通常关注于"物"的运行状态，认为只要设施系统无故障、能运转便是运行管理的全部工作内容。而现代设施管理是一种提供服务的活动，其服务对象是人，以为用户提供各种高效率的服务，为用户营造一个健康、舒适、高效的工作和生活环境为目标。因此，在设施运行管理的过程中，不仅要重视"物"的运行状态，更要重视"人"的使用需求。

7.2.1 设施运行需求分析

1. 需求分析的内容及相互关系

设施运行的需求分析主要包括三方面的内容，即"物"的运行状态、"人"的使用需求和管理需求。设施需求分析的内容及其相互关系，如图7-3所示。

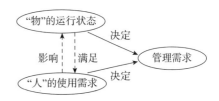

图7-3 设施需求分析的内容及其相互关系

（1）"物"的运行状态

设施运行过程中，"物"的运行状态是指各类设施系统的功能实现程度，通常以设施系统的设计指标来反映。"物"的运行状态满足"人"的使用需求，决定着管理需求。例如，建筑给水系统提供生活、生产和消防用水，必须满足一定的水质、水量和水压要求。

（2）"人"的使用需求

在设施运行过程中，"人"的使用需求既包括自然人的使用需求，也包括组织的使用需求。"人"的使用需求影响着"物"的运行状态，同时决定着管理需求。

（3）管理需求

根据"物"的运行状态和"人"的使用需求而决定的管理需求是设施运行需求分析的最终目标。"物"的运行状态和"人"的使用需求共同决定着管理需求。设施运行需求分析的最终目的是形成正确的管理需求，以指导具体的设施运维工作。

2. 需求分析的基本方法

运用4M1E法可以有效地对管理需求进行分析。4M1E法是考虑Man（人）、Machine（机器）、Material（材料）、Method（方法）和Environment（环境）五大因素的一种系统分析方法，它要求人们在工作中系统考虑人、机、料、法和环境五个方面的因素，也给设施管理的需求分析提供了一种重要分析手段。

根据4M1E法对设施运行需求进行分析，并给出设施运行需求分析相关项目和具体的调查内容。设施运行管理需求分析表，如表7-2所示。

设施运行管理需求分析表　　　　　　　　表7-2

方面	序号	分析项目	调查内容
人	1	设施使用者	使用人数、使用水平、使用时间、使用频率、使用要求
	2	运维人员	操作、技术和管理人员的类型、数量及能力要求
机	3	设施系统	设计指标、构成状况、技术标准、分布地点及安装位置等
材料	4	能源供应	能源供应的类型、数量、采购方式、供应商等
	5	备品配件	备品配件的类型、数量、采购方式、供应商、库存周期等
方法	6	操作规程	操作人员必须遵守执行的各类规章制度
	7	使用须知	使用者必须遵守执行的各类规章制度
	8	管理制度	设施运维人员必须遵守执行的各类管理方法和管理规章
环境	9	法律环境	相关政策、法规、条例、规程、标准等强制性文件
	10	工作环境	设施运行的自然环境，如照明、通风、温度、湿度及清洁状况等条件
	11	经济环境	设施运维的财务预算数额及要求
	12	外包管理	外包工作的范围、类型、模式、数量和外包标准等

7.2.2 设施运行手册

运行手册是指导设施运行管理的重要工作文件。设计良好的运行手册应该是结构清晰、易于阅读的，有助于工作的标准化和规范化，对于减少设施管理者和操作者的工作失误、提高工作效率具有重要作用。

不同类型的设施系统的运行手册各不相同，但一些基本内容是一样的。运行手册的基本内容，如图7-4所示。

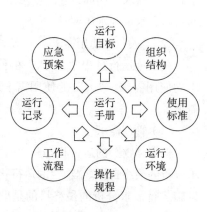

图7-4　运行手册的基本内容

1. 运行目标

设施的运行目标通常包括安全、可靠、舒适、经济、节能和环保六个方面。

（1）安全

设施运行管理的安全目标，主要包括三个方面：①设施系统的运行安全，包括建筑物及基础设施本体、管线结构、机电驱动转换设施、终端设施的运行安全；②用户的使用安全，如热水器温度的控制、电器接地保护等；③操作、维护人员的生产安全。

（2）可靠

设施运行的可靠性是体现设施服务质量的重要指标之一。设施运行的可靠性主要包括设施运行对组织需求的保障能力和设施运行过程中应付突发事件的及时性两个方面。

（3）舒适

舒适性目标是最能体现设施管理特点的一项目标，舒适性的满足程度往往是用户满意度的直接体现。舒适性指标主要包括两个方面：①指标满足性，即功能满足程度。这是一项硬性指标，主要依靠设施参数的调节来实现。②感官满足性，即感觉满足程度。这一要求除了考虑服务对象的共性之外，还要考虑服务对象之间的差异，"因人而异"，提供高质量的服务。

（4）经济

经济性目标是设施运维过程中必须考虑的目标之一。与以上三个目标相比，它往往是一个限制性目标。现代设施管理要求从全生命周期成本的角度考虑设施运维过程的经济目标。

（5）节能

运行时要合理地停用设备系统，避免无间断的工作；将设备调整至最能充分利用能源的状态，并利用高效率能源来减少能源损耗；将设备调整至最佳状态，具体表现为功效、行程、速率等均达到最佳，达到容量的优化组合。

（6）环保

注意设备的噪声，控制噪声在保护人体健康的卫生标准范围之内；不得使设备排放出有害物质（废气、废水、废渣），正确认识各类泄漏对环境的污染和影响程度。

2. 组织结构

在运行手册中必须构建运行管理的组织结构，明确相应岗位的操作、技术和管理人员，其内容包括类型、数量和职责要求等。完善的组织结构和合理的人员配备是确保设施系统正常运行的组织措施。

3. 使用标准

针对不同的设施系统，应根据设施的实际需求状况制定合理的使用标准。这些标准应包括设施的开关时间、维护保养时间、使用的条件和要求等方面的内容，如电梯的运行时间、台数和停靠楼层，中央空调机组的开关机时间和制冷量、供应范围和温度、路灯或喷泉的开关时间等。这些内容会根据实际情况和季节、环境等因素的变化而有所区别，以满足安全、使用、维护和经济运行方面的需要。

4．运行环境

在设施系统的运行手册中，必须对系统的运行环境做出具体规定。良好的运行环境不仅有利于设施系统的正常运行，也有利于运维人员的健康和安全。设施系统运行环境要求和内容，如表7-3所示。

设施系统运行环境要求和内容　　　　　　　　表7-3

要求	内容
工作环境整洁有序	根据不同设施系统的工作环境要求，制定相应的工作环境标准，并定期进行工作环境的检查、清扫和整洁工作
系统标识清楚明白	设施系统标识对于设施的操作者和使用者有着极大帮助，它是可视化管理方法的重要应用，在运行手册中应对系统标识的相关内容做出具体规定
设备保养状况良好	设施系统中的关键设备必须进行日常保养工作，常见的保养包括清洁、紧固、润滑、调整、防腐、防冻及外观表面检查

5．操作规程

操作规程是规范设施的操作规定和标准，确保操作人员正确、安全地操作设施。对设施系统中的关键设备，应当制定科学、严密且切实可行的操作规程。

6．工作流程

工作流程设计是确保运行管理标准化的重要措施，应根据组织的实际情况对各项工作的具体流程做出明确要求。在运行手册中，工作流程通常以流程图的形式表现。

7．运行记录

运行记录是反映设施运行状况的第一手资料，在运行手册中必须对设施系统运行记录的内容和要求做出明确规定。设施系统的运行记录包括运行技术参数记录、运行状态记录、巡检记录、点检记录、维修记录、运行数据统计和交接班记录等，这些记录一般会以表格的形式表现。

8．应急预案

设施系统在运行过程中会出现一些突发的异常情况，必须有相应的应急预案，这在运行手册中应该予以明确。例如，水泵房发生浸水。如果是少量漏水，水泵房值班人员采取堵漏措施；若是浸水严重，应关掉机房内运行的设备并拉下电源开关，通知工程部门，同时尽力阻滞进水，协助维修人员堵住漏水源，立即排水。排干水后，对浸水设备进行除湿处理，如用干布擦拭、热风吹干、自然通风、更换相关管线等。确定浸水已经消除后，试开机运行，如无异常情况，即可投入运行。

7.2.3 设施运行实践

1. 精益运营

精益管理源自日本，由丰田汽车的制造方式演变而成。这种管理方法最初在汽车行业广泛推行，目前发展成为应用于各行业的领先生产方式。采用精益管理的企业通常都是所属行业盈利能力最强、增长速度最快的公司。

精益管理在制造业中很常见，并且处于持续发展中。该管理模式与企业文化和员工参与度紧密相连。精益管理关注提升生产现场的运营情况、员工在生产现场的劳动以及客户价值得以创造出来的地方。简单来说，精益管理的目标就是从客户的角度出发开展目的明确、合理、精确的活动。

精益运营的五项基本原则是实施精益管理的基础。它们分别是：从客户端确定价值（Value）、确定价值流（Value Stream）、建立流动（Flow）、从客户端来拉动（Pull）、持续改善流程直至完美（Perfection）。精益思想五项基本原则，如图7-5所示。

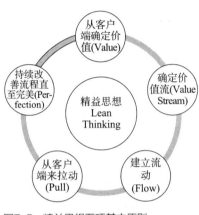

图7-5 精益思想五项基本原则

（1）从客户端确定价值（Value）

一切过程都要考虑到顾客的需求，一切从顾客的角度出发，根据市场而不是根据自己的主观臆断来做出决策。

（2）确定价值流（Value Stream）

对产品服务的全过程进行准确的分析和判断，包括产品的设计和服务过程，服务组织信息流动过程，人力资源的组织过程。

（3）建立流动（Flow）

在明确的价值流过程中消除存在的浪费。如等待、价值流回流和因服务的返工返修的浪费，提高服务过程的效率等。

（4）从客户端来拉动（Pull）

所有的过程都要紧紧围绕顾客的需求来进行，根据顾客需求的品种、数量和需求时间等来组织企业的服务过程。

（5）持续改善流程直至完美（Perfection）

根据顾客和市场要求的不断变化，确定对价值的理解，同时根据不同期间的不同情况来确定价值流的状态，不断消除浪费，提高价值流的流动水平，满足顾客要求。因此，精益管理是一个不断完善自己的过程。

2. 定期检查

在设施的运行管理中，为保证其处于最佳的运行状况，具有最佳的输出性能,需要通过相应的技术手段,识别设施的潜在故障和风险,保障设施拥有安全健康舒适的工作环境。

设施的定期检查分为巡检制和点检制。巡检,即巡回检查的意思,是指系统检查人员在规定的区域,按照规定的路线、规定的时间,使用规定的工具进行预先定好内容的检查。巡检主要巡查系统是否正常运行,检查有无异常现象。主要以观察为主。

点检制则是一种科学的设施管理方法,它利用人的感官或用仪表、工具,按照标准、定点、定人、定期地对设施进行检查。点检是指发现设施的异常、隐患,掌握故障的前兆信息,及时采取对策,将故障消灭在发生之前的一种管理方法,是预防性维护工作的基础。巡检制与点检制对比,如表7-4所示。

巡检制与点检制对比　　　　　　　　　　表7-4

序号	项目	点检制	巡检制
1	实施目的	定量把握设施状态,测定劣化,制定有效的、经济的维修计划	将了解的设施运行信息提供给设施管理部门,编制维修计划参考
2	职能性质	现场设施的基层管理者	巡检人员无管理职能
3	实施人员	三种人(操作人员、专职点检人员和技术人员)	值班维修工当班检查
4	检查方法	按计划、工作规范、标准化作业	无具体计划和工作规范,实行定性检查
5	标准体系	以维修标准为根据开展点检管理	以值班维修工的经验,并不规定标准
6	设定部位(点)	工作机件的全部劣化因素为对象	设备、装置或其他运维部分为对象
7	检查周期	部位(点)的周期规定明细化和对应化	以设施为对象的班检查
8	体制结构	点检作业区与检修部门分开的管理体制	以维修工为主巡视、检查、修检合一的体制

3. 5S管理

5S管理法起源于日本,是指在生产现场中对人员、机器、材料、方法等生产要素进行有效的管理,这是日本企业独特的一种管理办法,现在作为现代企业的管理模式被广泛运用,企业通过持续执行5S管理,达到创建一个安全、高效、整洁、绿色的工作环境的目的。5S具体指的是整理(SEIRI)、整顿(SEITON)、清扫(SEISOU)、清洁(SEIKETSU)、素养(SHITSUKE)五个要点。

(1)整理

整理是指将需要与不需要物品区别开,撤除不需要的物品,保证工作场所只放置需要物品。需要物品中,还要将现在需要的物品与现在不需要的物品区别开,现在需要的物品放置在近处,现在不需要的物品暂时放置别处保管。通过整理,可以节省出工作空间,防止误用和积压,创造出清洁的工作场所。

（2）整顿

整顿指的是把需要的物品加以定位放置，并保持在需要时能立即取出的状态。以此可以缩短前置作业时间，压缩库存量，防止误用和误送，进而提高工作效率和产品质量，保障生产安全。把需要的人、事、物加以定量、定位，通过科学合理的布置和摆放，以便用最快的速度取得所需之物，在最有效的规章、制度和最简洁的流程下完成作业。

（3）清扫

清扫主要是将不需要的东西加以清除、丢弃，以保持工作场所无垃圾、无污秽的状态，同时，勤于清扫机器设备，勤于维护工作场所。通过清扫，可以达到减少工伤，保证产品品质，保证机器设备正常运转，创造高效工作场所的目的。

（4）清洁

清洁指的是维持工作场所整洁美观，使员工觉得干净、卫生而产生优越的自豪感及工作动力，维持之前整洁、整顿、清扫的效果。通过清洁的步骤，可以提高服务品质，塑造洁净的工作场所，维护公司形象，提高客户满意度，使得工作环境更为舒适和愉悦。

（5）素养

素养指的是通过执行前面所述的4S管理方法，养成遵守纪律、规则的良好习惯，提升每一位员工的素质。由此，营造守纪的工作氛围，创造良好的工作环境，让员工能通过实践5S获得人生境界的提升，与企业共同进步，是5S活动的核心。

5S管理的要诀，如表7-5所示。

5S 管理的要诀　　　　　　　　　　　　表7-5

序号	5S 内容	要诀
1	整理 （SEIRI）	整理定位。能将文件档案标签归档，工作结束后能将桌面资料和用品整齐摆放
		废物丢弃。对于不需要的文件、档案、试验品以及厂房中的废料、废渣、废油等进行无公害处理
2	整顿 （SEITON）	定位。仓库库房内的物料、成品放置位置明确，设施运行状态和功能区域有明确标识，重要文件资料、纸质材料装订成册，归入档案室
		定时。做好时效管理，将工作按轻重缓急的顺序，合理安排工作时间，有计划、有时效地进行工作
3	清扫 （SEISOU）	扫污。对工作区域的桌面地面、设施设备进行清扫，扫除污染源
		扫漏。对于饮水机、水龙头的漏水，用电设备的漏电，机械设备的漏油等安全隐患需要及时处理，定期检查，设备内各类管道也应清洁干净
4	清洁 （SEIKETSU）	环境。做到工作环境清洁干净，设备环境保洁整齐，工作空间不喧哗游走、影响他人
		员工。做到仪容仪表的整洁，代表公司整体形象和精神风貌

序号	5S 内容	要诀
5	素养 （SHITSUKE）	守法。遵守作业标准和检验标准规定，保证工作按期按质按量完成
		守纪。遵守公司管理制度和项目团队管理规定，凡事依照制度执行操作
		守岗。做好自主管理，尽到岗位职责，合理使用方法，圆满完成工作

7.2.4 设施运行评价

结合设施运行的详细情况进行设施运行评价，是评价设施运行可靠性及进行后续改进优化的一个重要参考依据。设施运行评价是一个周期性的活动，不同设施的评价周期和评价指标各不相同，设施管理者应根据具体情况予以确定。

1. 设施运行情况分析报告

设施运行情况分析报告是由各专业系统工程师根据设施系统的运行情况定期提交的技术经济分析文件，它是评价设施系统运行状况的重要依据。设施系统运行情况分析报告内容，如图7-6所示。

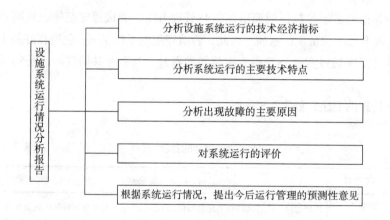

图7-6 设施系统运行情况分析报告内容

例如，某中央空调系统运行情况分析报告内容如下：

（1）能源统计分析。空调主机（条件许可时，按空调系统进行统计）的日、月、年的用电、用水情况统计并与往年同期（含气温、使用率等约束条件）进行比较。

（2）运行指标分析。主要是单位能耗成本计算，为成本核算提供基本数据。

（3）系统故障、事故统计分析。对系统运行故障的类别、次数进行统计，为后续运维管理提供指导和依据。

（4）温度、湿度统计（室内、外）。对本年度的日、月、年的温度、湿度进行统计，为能源统计分析、运行指标分析提供基础依据。

（5）负荷运行统计与预测分析。根据各年度的能源统计、运行指标、温湿度统计、使用率等基础数据，提出今后空调系统运行方式和运行曲线。

(6)系统运行综合评价。

2. 关键设施运行可靠性分析

在设施系统的构成中，关键设施的运行状况起着举足轻重的作用，应该做出具体的可靠性评价。关键设施运行可靠性评价的具体指标包括如下内容：

(1)设施基本概况。包括设施的名称、型号、规格、编号以及安装地点、安装日期、投入使用日期等基本信息。

(2)周期总时间。根据日历显示的整个运行周期内的总时间，其单位一般为小时。

(3)设施运行时间。根据设施运行记录，统计整个周期内的正常运行时间，其单位一般为小时。

(4)设施运转率。设施运转率是体现设施利用程度的指标。一般来讲，该指标越高，表明设施的利用效率越高。从设施折旧的角度考虑，应尽可能提高运转率。设施运转率的计算公式为：

$$设施运转率 = 运行时间 \div 周期总时间 \times 100\% \quad (7-1)$$

(5)总停机时间。它是指整个周期内设施的停机时间，这种停机包括计划停机和非计划停机。需要注意的是，总停机时间并不一定是计划停机时间和故障停机时间之和，因为非计划停机的原因除了设施故障原因外，可能还有第三方原因。总停机时间的计算公式为：

$$总停机时间 = 周期总时间 - 设施运行时间 \quad (7-2)$$

(6)计划停机时间。它是指设施按计划执行的停机时间。

(7)故障停机时间。它是指设施因故障而导致的停机时间，该指标可根据设施运行记录予以统计。

(8)故障停机频次。它是整个周期内设施因故障原因而产生的停机次数，该指标可根据设施运行记录予以统计。

(9)平均停机时间（Mean Down Time，MDT）。平均停机时间是衡量设施维修效率的指标。其计算公式为：

$$平均停机时间 = 故障停机时间 \div 故障停机频次 \quad (7-3)$$

当故障停机频次为零时，取平均停机时间为零。

(10)平均无故障时间（Mean Time Between Failure，MTBF）。它是衡量设施可靠性的指标，单位为小时。它反映了设施的时间质量，是体现设施在规定时间内保持功能的一种能力。具体来说，它是指相邻两次故障之间的平均工作时间，也称为平均故障间隔。其计算公式为：

$$平均无故障时间 = 运行时间 \div 故障停机频次 \quad (7-4)$$

当故障停机频次为零时，平均无故障时间取周期总时间。

(11)设施运行可靠性。它是反映设施运行可靠程度的指标，其计算公式为：

$$运行可靠性 = 运行时间 \div (运行时间 + 故障停机时间) \times 100\% \quad (7-5)$$

某关键设施月度运行可靠性分析表，如表7-6所示。

关键设施月度运行可靠性分析表　　　　　表 7-6

序号	系统名称	设施名称	安装地点	月总时间(h)	运行时间(h)	设施运转率(%)	总停机时间(h)	计划停机时间(h)	故障停机时间(h)	故障停机频次(次)	平均停机时间(h)	平均无故障时间(h)	运行可靠性(%)	备注
	①			②	③	④	⑤	⑥	⑦	⑧	⑨	⑩	⑪	
1														
2														
3														
4														
5		小计												
…		……												
…														
…														
…														
…		小计												
…		合计												

7.3　设施维护管理

按照英国标准的定义，维护（Maintenance）是为设施能履行其期望功能或是恢复其期望功能所进行的所有活动。期望功能包括设施用户对设施能力及其程度的要求。设施维护是延缓设施劣化和避免设施故障的关键技术手段，它能够从设施质量、采购及使用成本、响应速度和服务四个方面对客户满意度产生重要影响。因而，是组织竞争力的构成要素之一，也是企业经营过程中的重要增值过程，而不是传统维护价值观所认为的"不可避免的损失（Necessary evil）"。

知识链接

更多设施管理设备维护计划知识，请访问设施管理门户网站FMGate——FM专区——运行维护——让云运维变得简单。

7.3.1　设施故障机理和特征

设施系统在使用过程中，因某种原因丧失了规定功能或降低了效能，或出现危害安全的状态，称为故障。故障的产生，受多种因素的影响，如设计制造的质量、安装调试水平、使用的环境条件、维护保养水平、操作人员的素质，以及设施的老化、腐蚀和磨损等。

1. 故障的类型

不同分类标准下，设施故障可以分为多种类型。设施故障类型，如表7-7所示。

设施故障类型　　　　　　表7-7

分类标准	故障类型
故障发生状态	突发性故障 渐发性故障
故障发生原因	固有的薄弱性故障 操作维护不良性故障 磨损老化性故障
故障结果	功能性故障 参数性故障
故障危险程度	安全性故障 危险性故障
功能丧失程度	完全性故障 部分性故障

根据不同的变化规律，故障可分为三种类型：①常数型。故障率基本保持不变，是一个常数，它不随时间而变化。②负指数型。又称渐减型。设施投入运转的初期故障率很高，即有一个早期故障期。随着时间的推移，经过运转、磨合、调整，故障逐个暴露，并一个个排除后，故障率由高到低逐渐降低，并趋于稳定。③正指数型。又称渐增型。设施随着时间的增长，逐渐发生磨损、腐蚀、疲劳等，故障急剧增多。设施发生故障，包括前述的三种类型，由三条曲线叠加而成一条浴盆形曲线。浴盆形故障曲线，如图7-7所示。

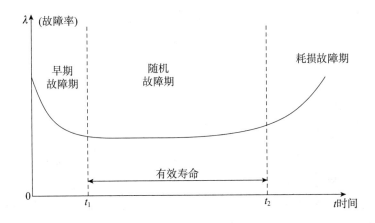

图7-7　浴盆形故障曲线

浴盆形故障曲线是最常见的一种故障类型。曲线划分成早期故障（初始故障）、随机故障（偶发故障）、耗损故障（衰老故障）三个阶段。

（1）早期故障期（$0 \leqslant t \leqslant t_1$）

在设施开始使用的阶段，一般故障率较高，但随着设施使用时间的延续，故障率将明显降低，此阶段称初期故障期，又称磨合期。这个期间的长短随设施系统的设计、制造质量以及建设、安装质量而异。

（2）随机故障期（$t_1 \leqslant t \leqslant t_2$）

设施使用进入性能平稳阶段，故障率大致趋于稳定状态，趋于一个较低的定值，表明设备进入稳定的使用阶段。在此期间，故障发生一般是随机突发的，并无一定规律，故称此阶段为随机故障期。

（3）耗损故障期（$t_2 \leqslant t \leqslant t_i$）

大多数的设施经长期运转，磨损严重，增加了产生故障的机率。因此，应在这一时期出现前进行预防维修，或在这一时期刚出现时就进行小修，防止故障大量出现，降低故障率和减少维修工作量。

不同阶段产生的故障将对设施的性能产生影响，从而导致运维策略的变化。设施功能状态曲线，如图7-8所示。早期磨合阶段，设施逐渐适应环境，性能逐渐提升；隐藏故障阶段，是设施性能最佳的时期；随着使用时间增长，设施性能逐渐下降，潜在故障逐渐产生，直到最后功能故障产生；设施性能低于规定的限值，设施停止使用。

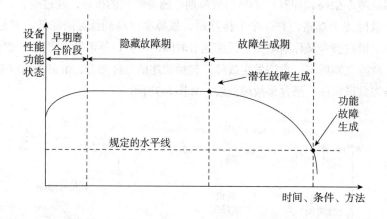

图7-8 设施功能状态曲线

2. 故障特征量

（1）故障概率

设施的使用寿命是有限的，其技术状况随时间的延长而逐渐恶化，发生故障的可能性也随时间的推迟而增大，它是时间的函数。但是，故障的发生又具有随机性，无论哪一种故障都很难预料它的确切发生时间，因而故障可用概率表示。

由概率理论可知，发生概率的分布是其密度函数$f(t)$的积累函数，即故障发生的时间比率，或单位时间内发生故障的概率。它是单调增函数，故障概率公式表示为：

$$F(t) = \int_0^t f(t) \, dt \tag{7-6}$$

式中 $F(t)$——故障概率;

　　　$f(t)$——故障概率分布密度函数;

　　　t——时间。

当 $t=\infty$ 时,$F(\infty) = \int_0^\infty f(t) \, dt = 1$。

设施在规定的条件下和规定的时间内不发生故障的概率称为无故障率,用 $R(t)$ 表示。显然,故障概率与无故障概率构成一个完整事件组,即 $F(t) + R(t) = 1$,或 $R(t) = 1 - F(t)$。

（2）故障率

故障率是指在每一个时间增量里产生故障的次数,或在时间 t 之前尚未发生故障,而在随后的 dt 时间内可能发生故障的条件概率,用 $\lambda(t)$ 表示,其数学关系式为:

$$\lambda(t) = \frac{f(t)}{R(t)} \tag{7-7}$$

该式说明故障率为某一瞬时可能发生的故障相对于该瞬时无故障概率之比。

（3）平均故障间隔时间（$MTBF$）

它是指可修复的设施在相邻两次故障间隔内正常工作时的平均时间。例如,某设施第一次工作了1000h后发生故障,第二次工作了2000h后发生故障,第三次工作到2400h之后又发生了故障,则该设施的平均故障间隔时间为:

（1000+2000+2400）÷3=1800h

平均故障间隔时间愈长,说明设施愈可靠。平均故障间隔时间计算公式为:

$$MTBF = \theta = \frac{\sum_{i=1}^{n} \Delta t_i}{n} \tag{7-8}$$

式中 θ——平均故障间隔时间;

　　　Δt_i——第 i 次故障前的无故障工作时间,也可用两次大修间的正常工作时间 t_i 代替;

　　　n——发生故障的总次数。

7.3.2 设施维护的决策程序

不同的组织、不同的设施类型决定了不同的维护策略。一个完整的设施维护决策程序是由维护目标的确立、分析判断设施重要性、技术经济可行性分析、合理选择维护策略,然后到维护方案和维护计划的编制、维护实施和效果评估等一系列步骤组成的。它将事后维护、定期维护、状态维护等几种维护策略集成,通过统一规划设计,不断改进和优化维护计划,将原来独立的方法组成一个协同工作的、功能更强的新体系。设施维护的决策程序,如图7-9所示。

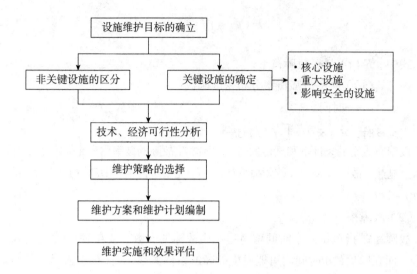

图7-9 设施维护的决策程序

1. 设施维护目标的确立

设施维护的直接目标是保证其安全性和可用性,更深层次的目标是为了实现企业的战略目标,即降低设施影响成本、提高工作效益。一般而言,企业合理的设施维护费用约占企业总产值的1%~3%。设施维护费用越高,说明设施故障停机时间越长,对企业的效益就影响越大。一个综合的设施维护目标可以划分为若干个子目标,如运行质量、可用性、寿命、安全性、灵活性等。在对设施进行维护决策的最初阶段,首先应该确立目标,然后才能开展下一步的工作。

2. 关键设施与非关键设施的区分

关键设施指的是对生产或经营活动有决定性影响的核心设施、重大设施,维护费用较高的设施以及影响安全的设施,可根据设施故障对于安全的影响、对于环境的影响、发生的难易、对于生产或经营活动的损失影响程度、对于其他设施间接的损坏程度、系统的复杂程度等进行判断。分析和鉴别关键设施的目的,是因为这些设施发生故障后,会影响和危及系统的运行或是对使用人员和环境造成危害。

非关键设施指的是运行状态不会直接影响企业整体生产或经营活动的设施,可以将非关键设施区分为主要设施和次要设施。主要设施的失效最多只会造成部分生产或经营过程的终止或负荷减少;次要设施的失效对整个生产或经营过程的影响甚微。

3. 技术、经济可行性分析

在对设施分类之后,选择正确的维护策略之前,要进行技术可行性分析,尤其是状态维护对状态监测技术和故障诊断技术要求很高,主要是分析这些技术是否有效、准确和可靠。此外,由于设施状态维护涉及日常监测、实时数据判定、故障诊断、维护方式,因此,管理技术水平、人员技术水平等也决定了设施是否具有状态维护的潜力。如果一个维护策略在技术上可行,那么还要进行经济可行性分析，考虑费用最小化，追求收益最大化。

4. 维护策略的选择

在技术、经济等条件允许的范围内，分析事后维护策略的利弊，还需要确定在设施损坏后，采取紧急维护还是一般维护；如果判断事后维护策略不可行，考虑定期维护策略的可行性，定期维护的基本内容就是"日常维护、定期检查、清洗换油、计划修理"；如果定期维护策略造成"维护过剩"或"维护不足"的现象比较严重，而状态维护策略可以将故障和重大事故消灭在萌芽状态，也可控制维护费用，即可实施状态维护策略，状态维护通过设施劣化分析、状态预测后，可采取例行维护、计划性矫正或紧急性抢修等措施。设施维护策略的分类，如图7-10所示。

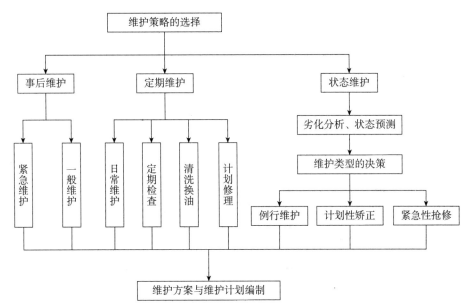

图7-10 设施维护策略的分类

5. 维护方案和维护计划编制

在维护实施前，考虑设施的特点和实际使用、负荷情况，要对维护工艺进行编排，并制定设施维护方案和维护计划。维护计划考虑的优先目标可归纳为高安全性、低环境危险性、高使用规范性和低维护费用。维护计划应该是动态的，需要在维护实践中不断完善。

6. 维护实施和效果评估

维护活动按照维护计划具体实施。设施维护效果评估的主要目的是对各项维护活动效果做出评价，检验维护方案和维护计划的合理性，发现维护工作中的问题和缺陷，采取更有效的措施。维护效果的评定对于进一步改进维护方案和维护计划起着非常重要的作用。因为按照维护方案和维护计划实施的维护活动，很可能出现理论上可行，但在实际工作中却行不通的情况。

知识链接

更多设施管理设备维护计划知识，请访问设施管理门户网站FMGate——FM智库——研究报告——智能工厂如何运用可视化进行设备管理。

7.3.3 设施维护策略的选择

设施维护策略的选择，应根据不同的工作要求和设施类型、不同的行业、不同的组织规模、不同的设施生命周期、不同的故障特征和原因等因素采用不同的维护策略。

1. 设施维护策略的类型

常见的设施维护策略分为反应性维护、预防性维护、预测性维护和前瞻性维护四种类型。设施维护策略的发展历程，如图7-11所示。

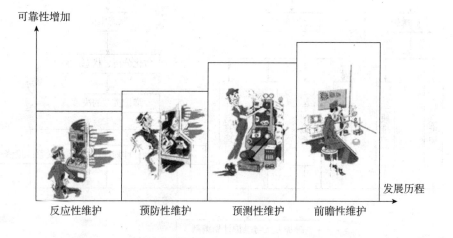

图7-11 设施维护策略的发展历程

（1）反应性维护（Reactive Maintenance）

反应性维护，是一种被动的维护方式，其基本思想是"故障修理"，当设施出现故障时才进行检查和修理。

虽然新的维护策略和维护方式不断出现，但反应性维护作为最基本的一种维护方式，目前仍在大多数组织中广泛应用。据相关研究资料显示，在美国仍有超过55%的维护工作采取反应性维护方式，当然这一比例随着新的维护方式的应用有逐渐降低的趋势。

由于维护作业突发，在事前难以制定维护计划，难以高效地配备人员、材料和维修器具，因此事后维护多用于准备简捷便当、平均故障间隔时间（MTBF）不固定、平均修复时间（MTTR）短、定期更换部件费用高昂的场合。

（2）预防性维护（Preventive Maintenance）

预防性维护是指为了防止设施的功能、精度降低到规定的临界值或降低故障率，按事先制定的计划和技术要求所进行的维护活动。预防性维护的基本思想是以"预防为主"，通过有计划的预防修理制来保障设施的正常运行，其理论依据是设施组成单元的磨损规律。

在设施的维护管理中，预防性维护占有重要地位。预防性维护较故障后修复的维护模式更可以优化资产，降低非计划的停机时间，减少故障影响范围。预防性维护不但是目前主流的设施维护形式，同时也是进行持续改进、开展预测性维护和可靠性维护的基础。预防性维护的类型，如图7-12所示。

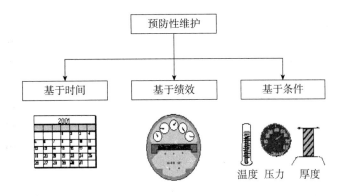

图7-12 预防性维护的类型

1）基于时间的预防性维护

在特定周期中执行基于时间的维护计划。例如，每隔两个月或每隔六个月。根据不同的法律要求、行业标准或制造商的建议，某些设施将包含一些复杂的维护周期，不同的周期需要不同的维护操作（任务清单）。

2）基于绩效的预防性维护

根据各个设施功能位置的测量点安装的计数器读数来执行基于绩效的维护计划。某些设施要根据许多参数或状态来进行操作，这些参数或状态信息可能由测量点提供。设施上的计数器到达一定读数时，系统就需要进行维护。例如，每隔100 h的运行时间，每隔500个铸造周期等。

3）基于条件的预防性维护

部分设施将通过实时状态或操作参数如温度等来执行基于条件的维护计划。这些参数为实时读数，需要实时对其进行监控，可通过创建计量点来对设备瞬时读数进行评估。按照法律要求、行业标准或制造商的建议，若读数不在许可范围内，外部系统将收集该计量点数据，维护系统将创建计量凭证来记录读数信息，并创建维护申请。

国内外普遍采用的定期维修制度就是一种以设备运行时间为基础的预防性维护方式。我国一些企业实行的设备"三级保养、大修制"也是一种预防性维护方式。

（3）预测性维护（Predictive Maintenance）

预测性维护，又称基于状态的维护，是通过定期监测设备的振动、温度、润滑、钝化等各种运行参数，或观察不良趋势的发生，预测故障可能出现的情况和出现的时间而进行的维护。

预测性维护是一种运转状况驱动的预防性维护程序。设备预测性维护利用红外热像仪、振动分析仪等检测设备，通过检测设备的温度和振动等运行参数，并将测得的参数与设备标准运行状态参数进行比较，从而判断是否需要进行维护，以及有针对性地安排维护工作。

预测性维护技术是在状态监测及故障分析基础上发展起来的一种维护技术，是对以时间为基础的预防性维护的细化延伸。

美国联邦能源管理计划（FEMP）进行的研究估计，一个正常发挥作用的预测性维护计划与反应性维护相比，可提供30%~40%的节约量。其他独立调查表明，平均来看，开展一项预测性维护计划可带来以下几方面优势：

1）投资回报增加10倍；
2）维护成本降低25%~30%；
3）故障消除70%~75%；
4）停产时间缩短35%~45%；
5）产量增加20%~25%。

（4）前瞻性维护（Proactive Maintenance）

20世纪70年代以后，国内外的研究与维护实践证明，预防性维护策略有严重的缺陷：它不能预防任何设施和系统都存在的随机故障；一刀切地更换元器件、零部件会浪费其使用寿命，造成不必要的经济损失；频繁地定期维修拆装，有时反而引入了新的缺陷而造成故障。由此，人们逐渐提出了前瞻性维护策略的思想。其中，比较有代表性的是可靠性导向维护（Reliability Centered Maintenance，RCM）。

RCM是目前国际上通用的、用以确定设施预防性维修需求、优化维修制度的一种系统工程方法。RCM的基本思路是：对系统进行功能与故障分析，明确系统内各故障的后果；用规范化的逻辑决断方法，确定出各故障后果的预防性对策；通过现场故障数据统计、专家评估、定量化建模等手段，在保证安全性和完好性的前提下，以维修停机损失最小为目标优化系统的维修策略。

在现代设施的维护管理中，运用RCM思想采取的维护策略，是根据设施的不同特点和需要，采取不同的维修方式，即定时、视情及状态监控相结合的维护方式。据美国能源信息署提供的资料显示，不同维护方式的比例大致是：小于10%反应性维护、25%~35%预防性维护和45%~55%预测性维护。

2. 设施维护策略的比选

通过对设施进行分类和可靠性评价，判断哪些设施适合状态维修。可靠性评价的目标是从成本、效益、安全等角度系统评价不同设施在整个生产过程的重要性，可确定设施的薄弱环节、关键部位和重要程度，以及各种可能的潜在故障及应采取的措施，揭示各种故障模式及其内部的联系，指导故障诊断和维修方案的制定，确定系统检测装置的最佳配备等。

设施维护策略选择的主要任务是根据设施对系统可靠性以及对维修费用的影响，合理选择设施的维修策略。不管采用哪种维修策略，目的都是为了降低维护成本，提高设施运行效益。不同设施维护策略的优缺点比较，如表7-8所示。

不同设施维护策略的优缺点比较   表7-8

维护策略	优点	缺点
反应性维护	维护投入成本低 维护投入人员少	设施停机导致成本增加 增加人力成本 修理和置换成本高 设施故障可能造成附属设施或程序损坏 人力资源的低效利用
预防性维护	维护周期可灵活调整 延长组件生命周期 节省能源 减少设施和流程故障	仍然可能发生灾难性故障 劳动力集中 可能进行不必要的维护 在进行不必要的维护时可能造成组件意外损坏
预测性维护	延长组件运营时间 考虑优先纠正措施 减少设施和流程故障 减少零件和人力成本 提高生产质量 提高工作和环境安全 提高工作人员士气 节省能源	增加诊断设施投入 增加人员培训投入 管理层不易看到其节约潜力
可靠性导向维护	最有效的维护规划 较少不必要的维护和检查，从而降低成本 最小化检查频率 减少突发设施故障可能性 将维护集中于关键组件 增加组件可靠性 集成故障根源分析	启动成本大：培训、设施等 管理层不易看到其节约潜力

知识链接

更多设施管理设备维护计划知识，请访问设施管理门户网站FMGate——FM智库——研究报告——BIM如何在建筑维修计划中大展拳脚？

7.3.4　设施维护工单管理

1．工单类别

工单（Work Order）是指导设施维护单位实施维修操作工作的文件。具体内容包括：①具体的维修任务请求；②劳动力、材料和设施的估计、协调和指示；③行政和财务信息。

创建工单的方法有三种，它们的差别仅仅在于创建的方法上，而不在于它们的结构形式和使用上。工单类型，如图7-13所示。

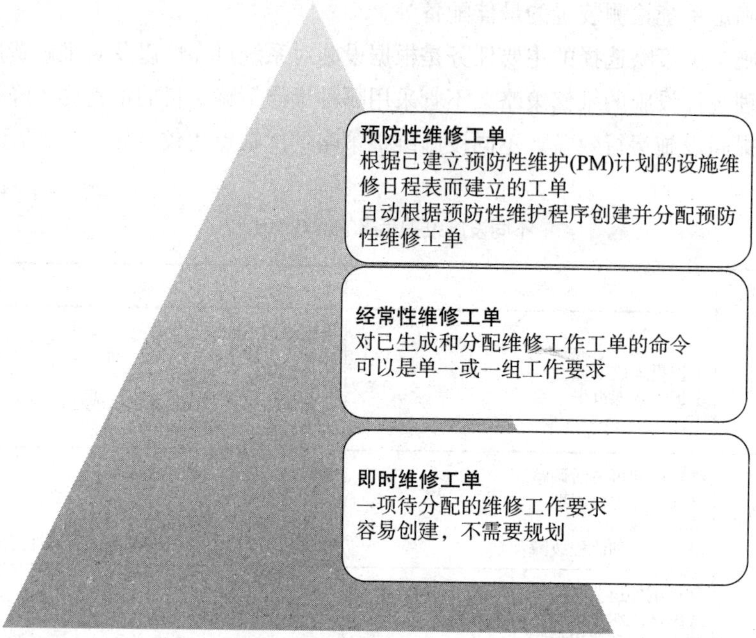

预防性维修工单
根据已建立预防性维护(PM)计划的设施维修日程表而建立的工单
自动根据预防性维护程序创建并分配预防性维修工单

经常性维修工单
对已生成和分配维修工作工单的命令
可以是单一或一组工作要求

即时维修工单
一项待分配的维修工作要求
容易创建，不需要规划

图7-13　工单类型

随着市场竞争的日趋激烈，设施管理部门为了保持竞争优势，需要不断提高其服务水平，满足客户的个性化需求，确保客户满意。因而，建立相应的工单管理系统是非常有必要的。所谓的工单管理是指企业设施管理部门对不同类型的工单进行派发、接受、处理、回复等操作过程，并设置相应的处理部门、处理人员和相应的权限，规定处理流程。

2．工单流程

设施管理中对每一项具体维护工作的指派都应有相应的工单，工单流程会直接影响工作效率。因而，设计标准、有效的工单流程十分必要。以某设施维修工作为例，维修工单流程由相关人员分成若干阶段完成。维修工单流程表，如表7-9所示。

维修工单流程表　　　　　　　　　　　　　　　表7-9

工作序号	工作注释	主要负责人员	工作内容
1	维修请求产生（现场）	设施用户（技术人员）	提出维修申请
2	维修工作审核	审核人员	判断申请的合理性 保证没有重复的申请 把申请列入计划
3	任务分配和安排	计划人员	分解维修任务 安排需要的维修技术和人力数 为任务指定工具 为任务指定备件 把请求列入日程计划

续表

工作序号	工作注释	主要负责人员	工作内容
4	维修日程安排	计划人员	为任务安排维修人员 核实任务工具 核实任务备件 安排维修时间 打印维修活动细则
5	维修工作实施	维修人员	领取工作和备件 到现场进行维修 完成工作后归还工具及备件记录
6	记录维修时间	维修人员	录入维修人员维修时间
7	任务完成核实	审核人员	检查完成的内容 确认任务完成

在表7-9中，维修工单流程从提出申请到完成任务分为七个阶段，分别为客户提出申请、审核人员审核过程、计划人员安排任务和安排维修日程、维修人员进行维修和记录维修时间、审核人员最后确认维修任务完成。整个维修过程分工精细、目标明确，并规定了具体实施步骤，维修工作制度化和规范化，从而有效提高工作效率。

目前，市场上已开发了很多用于工单系统管理的计算机软件。一般说来，计算机辅助工单系统问题处理流程如下：客户在自助中心或通过客服部门都可以提交工单，提交的工单进入工单队列，在客服部门等待处理，客服部门能够直接回答和处理的工单，直接处理完毕，并完成对客户的回访；客服在处理的过程中，遇到困难，可以寻求支撑部门的技术支持，将工单转移到支撑部门，支撑部门完成处理以后转到客服部门，由客服部门负责问题处理的回访，并评定客户对本次问题处理的满意程度；客户可以登录到客户自助中心，对所提交的问题，查看处理进度，并对完成的工单进行评价。计算机辅助工单管理系统流程，如图7-14所示。

7.3.5 设施维护周期

在设施的维护管理中，定期预防维护仍是普遍采用的维护方式，而在定期预防维护中，维护周期是一个重要的工作指标。如何制定一个合理的维护周期和维修级别，是设施管理者需要考虑的问题。设施维护周期和维修级别的选择直接影响着设施使用的经济性。

实际维护周期的确定与设施系统的结构性能、使用状况、故障规律、经济效果等多因素有关。为了制定一个合理频次的维护周期，除了参考理论数据以外，更要结合设施的自身状况和实际经验数据，从技术、经济和管理等方面予以综合考虑。常见设施系统维护周期表（示例），如表7-10所示；香港地区的楼宇设施维护周期，如表7-11所示；香港地区关于电力装置的维护要求周期，如图7-15所示；香港地区关于电梯系统的维护要求和周期，如表7-12所示。

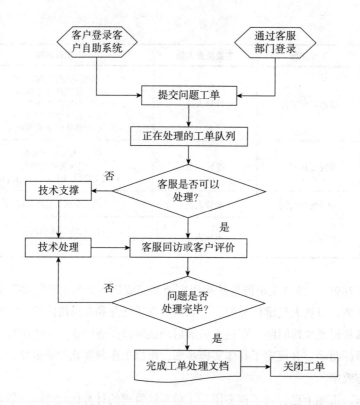

图7-14 计算机辅助工单管理系统流程

常见设施系统维护周期表（示例）　　　　　表 7-10

序号	设备名称	每日	每周	半月	每月	两月	季度	半年	每年
1	低压配电室	否	否	否	是	否	否	是	是
2	发电机	否	否	否	是	否	否	是	是
3	电梯	否	是	否	是	否	否	否	是
4	热水系统	否	否	否	否	否	否	是	是
5	给水排水系统	否	否	否	否	否	否	否	是
6	供暖系统（非/供暖期）	否/否	否	否	否/是	否	否	否	是
7	防雷接地	否	否	否	否	否	否	否	是

香港地区的楼宇设施维护周期　　　　　表 7-11

序号	设施	维护项目	维护周期
1	外墙油漆	重新粉饰	4~5 年

续表

序号	设施	维护项目	维护周期
2	外墙饰面	定期检查	每年
		详细检查	5~6年
3	内部隔墙	重新粉饰或修补	3年
		结构性修葺	当有需要时
4	食水供应系统	检查及润滑水泵和阀门	每月
		清洗水缸和检查阀门	3个月
5	冲厕水供应系统	检查及润滑水泵和阀门	每月
		清洗水缸	6个月
6	窗户、外部栏杆及金属部分	检查状况和重新安装	每年
		重新油漆（钢和铁）	2~3年
7	天台排水系统	检查和清洗排水渠和排水明渠	每2个星期或飓风吹袭或暴雨前后
8	地面排水系统	检查表面有没有损毁或植物生长	每年
9	地下排水系统	检查和清理砂井	2个月
		用闭路电视勘测地下排水渠（如预计地下泥土会有频密的移动或沉降）	2年
10	电梯	抹油和保养	每个月
		大修	每年
11	消防装置	由管理人员检查和重新安装	每星期
		进行大修和向消防处报告	每年
		检查防火门	1~2天
12	游乐设施	由管理人员检查	1~2天
		由机械技工或专业人员检查	每年
13	斜坡及挡土墙	由管理人员检查地面排水渠道和保护表层	在每年的雨季来临前最少一次及暴雨、飓风之后
		由具备资格的土力工程师检查	最少每5年一次
14	其他	警钟、公共天线系统、保安系统等	6个月~1年
		天台、楼板及饰面	每年

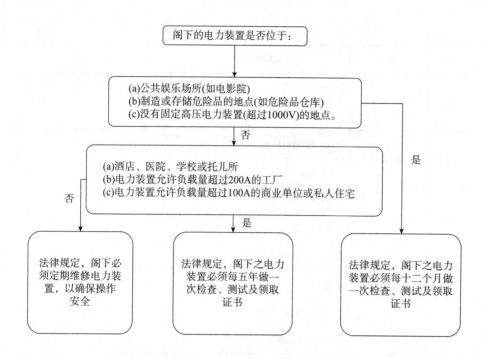

图7-15 香港地区关于电力装置的维护要求周期

香港地区关于电梯系统的维护要求和周期　　　表7-12

序号	维修保养及检查	扶手电梯	电梯
1	检查、清洁、抹油及调校	每月一次	每月一次
2	定期检验	每半年一次	每年一次
3	定期安全设备测试	每年一次	每年一次
4	安全设备满载、超载感应器和制动器的测试	—	每五年一次

设施维护是确保设施实现其设计功能的状态的行为。当设施状态偏离其设计功能时，就必须对其进行状态补偿，即维修。根据设施状态偏离其设计功能的距离大小和严重程度，确定相应的维修程度。通常分为小修、中修和大修三个维修级别。

（1）小修

主要是清洗、更换和修复少量易损件，并作适当的调整、紧固和润滑工作。小修一般由维修人员负责，操作人员协助。

（2）中修

除包括小修内容之外，对设施的主要零部件进行局部修复和更换。

（3）大修

它是对设施进行局部或全部的解体，修复或更换磨损或锈蚀的零部件，力求恢复到原有的技术特性。中修、大修应由专业检修人员负责，操作人员只能做一些辅助性的协助工作。

> **关键术语**
>
> 设施运维　硬性服务　软性服务　运行需求分析　运行手册　精益运营　5S管理　平均停机时间　运行可靠性　工单管理　浴盆形故障曲线　故障特征量　反应性维护　预防性维护　维护周期

复习思考题

1. 设施运行维护具体分为几个方面，它们的功能分别是什么？
2. 为什么要在运行工作开始之前进行需求分析？
3. 4M1E指的是什么方法，它的运用范围是什么，如何更好地使用4M1E法？
4. 设施日常检查分为哪些类别，它们各自有什么特点？
5. 如何理解精益运营，怎样将其运用在设施管理运行维护阶段？
6. 什么是5S管理，如何在日常运维中体现5S管理？
7. 设施故障一般何时出现，将如何影响设施的功能？
8. 什么是浴盆形故障曲线，它分为哪几个阶段？
9. 设施维护策略一般分为几种，各自有何特点？
10. 工单一般分为哪几类，工单管理的具体流程是什么？

延伸阅读

[1] U. S. Department of Energy. Operation & Maintenance Best Practice Guide: Release 3.0 [M]. August 2010.

[2] 冯国会. 暖通空调系统运行维护 [M]. 北京：人民交通出版社，2013.

[3] 过俊，张颖. 基于BIM的建筑空间与设备运维管理系统研究 [J]. 土木建筑工程信息技术，2013，(03)：41-49+62.

[4] 徐海长. 运维管理系统在智能建筑中的应用 [J]. 智能建筑与城市信息，2012，(05)：15-18.

[5] LíviaRóka, Madarász, Mályusz Levente, Tuczai, Péter. Benchmarking Facilities Operation and Maintenance Management using CAFM data base: data analysis andnew results [J]. Journalof Building Engineering, 2016.

[6] Giulio Mangano, Alberto De Marco. The role of maintenance and facility management in logistics: a literature review [J]. Facilities, 2014, 325.

设施环境管理

[本章导读]

　　环境是一个极其复杂、互相影响、互相制约的自然综合体，是人类赖以生存和发展的基础。它通常是指以人类社会为主体的外部世界的总体。环境包括已经为人类所认识的、直接或间接影响人类生存和发展的物理世界的所有事物。

　　所谓设施环境，是指在满足人类使用功能的前提下，设施空间服务范围内所提供的舒适和健康情况或条件。设施环境具有以人为主体的空间的基本属性和特性，它所产生的形式特性与其主题的象征性、文化内涵有着必然的联系，给人们带来归宿感、安全感、舒适感，这也是设施环境管理所追求的理想境界。

[本章主要内容]

- ❖ 设施环境管理的背景和现状；
- ❖ 设施环境管理中的新方法；
- ❖ 环境管理有关的热点问题；
- ❖ 环境管理要素和环境管理体系；
- ❖ 室内空气、声、光、热等环境要素评价的方法；
- ❖ 国内外有关环境评价标准和体系。

8.1 设施环境管理概述

设施环境管理面对全球自然环境的不断变化也面临着新的挑战,与此相对的是新建筑运营理念的产生和现代科技产品的涌现。如何利用新方式新技术让工作环境更符合当前工作人员的要求,帮助保证甚至提高工作效率,从而利于组织整体目标的实现是工作环境管理的发展方向。

8.1.1 面临的难题

近200年来,工业社会给人类带来了巨大财富,人类的生活方式发生了全方位的变化,但也极大地改变了人类赖以生存的自然环境——森林、生物物种、清洁的淡水和空气以及可耕种的土地,这些人类赖以生存的基本物质保障在急剧减少。气候变暖、空气污染、能源枯竭、垃圾遍地等,人们与生存和发展空间的矛盾日益突出,工作环境受到自然环境的负面影响也越来越多。

1. 第三次污染时代

室内空气污染被公认为人类健康最危险的杀手之一,已经成为全世界各国共同关注的问题。美国专家研究表明,室内空气的污染程度要比室外空气严重2~5倍,在特殊情况下可达到100倍。在对室内空气的检测中,共发现300多种挥发性有机物,某些有害气体浓度比户外高出十倍甚至几十倍,其中致癌物质就有20多种,致病病毒200多种。国际上一些专家研究指出,人们在经历了"煤烟污染"和"光化学烟雾污染"对人们健康的危害之后,正在面临着以"室内空气污染"为代表的第三次污染时代的到来。三次污染时代示意图,如图8-1所示。

图8-1 三次污染时代示意图

据美国环保机构估计,美国每年直接用在由IAQ(Indoor Air Quality)引起的疾病的医疗费用高达10亿美元,由此而产生的直接或间接损失达600亿美元。世界银行的研究资料表明,我国目前每年由于室内空气污染造成的损失,如果按支付意愿价值估计,约为106亿美元。另据北京市化学物质检测中心报道,北京市每年发生有毒建筑装饰材料引起的急性中毒事件为400多起,中毒人数达10000人以上,死亡约350人,慢性中毒的范围更加广泛。全球每年因室内空气污染死亡人数达280万。

由美国国家职业安全卫生研究所(NIOSH)发表的对484所办公建筑物以及加拿大卫生和福利机构(HWC)发表的对1362座办公建筑物的室内空气污染

原因的调查结果展示了室内空气污染的主要原因，室内空气污染原因，如图8-2所示。

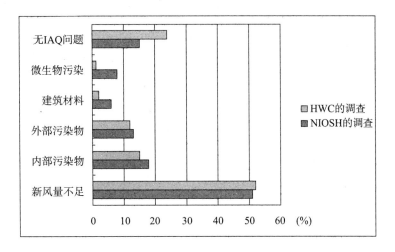

图8-2 室内空气污染原因

随着环境时代的到来，人类在觉醒，环境意识在增强，对自身健康的关注也逐渐增强。许多国家已经初步建立了空气质量标准、检测标准和分析标准，发明了一些专用的气体检测器和分析仪器。设施环境健康咨询、设施环境监测等相关产业也悄然兴起，设施环境污染已经得到了一定程度的控制。

2. 病态建筑综合症

20世纪70年代以后，在发达国家的某些办公室工作人员中，出现了一些非特异的人体病态症状。由于这些症状大多与建筑物或写字楼有关，世界卫生组织将此种现象称为病态建筑综合症（Sick Building Syndrome，SBS）。病态建筑综合症产生机理是建筑物内人群长期接触纤维、细菌、真菌、烟雾气体和其他室内空气污染物（积攒于某一结构内）而产生反应的综合症状。这些症状主要表现为眼、鼻、咽喉干燥，全身无力、不适，容易疲劳，经常发生神经性头疼、记忆力减退等。除此之外，还有不适宜的照明，不舒适的热环境或过分的噪声。病态建筑综合症产生机理，如图8-3所示。

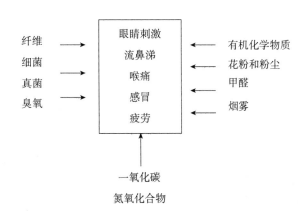

图8-3 病态建筑综合症产生机理

由于出现病态建筑综合症的人数急剧增加，西方发达国家的政府与民间组织、大公司等众多机构都投入了大量的人力和财力来从事设施环境问题的研究和开发工作。由于室内污染物的多样性、微量性和累积性，许多研究机构投巨资建立了专门用于室内环境研究的受控环境舱（Controlled Environment Chamber, CEC），如美国劳伦斯·伯克利实验室的室内环境系、丹麦理工大学的室内环境和能源国际中心等。目前，国外在设施环境领域的研究开发工作主要集中在病态建筑物综合症的成因及预防、氡（Rn）辐射的控制、室内环境污染与人类健康等方面。

3．雾霾天气

雾霾天气是一种大气严重污染状态，是对大气中各种悬浮颗粒物含量超标的笼统表述，PM2.5（细颗粒物）即空气动力学当量直径不大于2.5μm的颗粒物，被认为是造成雾霾天气的"元凶"。各种工业及生活用燃料燃烧、汽车尾气和土壤扬尘都是造成PM2.5含量增长，加重雾霾天气的原因。

1952年12月5日，英国伦敦爆发著名的伦敦烟雾事件，整个伦敦城被笼罩在雾霾中，而由于天气原因，雾霾被控制在大气层之下，久久无法散去，人们走在大街上都没有办法看到自己的脚，感到呼吸困难，伦敦一片死寂。事后统计，这场雾霾灾难中大约死去了一万两千人，数百万人受到不同程度的影响。

2013年，"雾霾"成为我国的年度关键词。这一年的1月，大规模雾霾四次笼罩在30个省（区、市）上，而北京仅有5天不是雾霾天。有报告显示，中国最大的500个城市中，只有不到1%的城市达到世界卫生组织（WHO）推荐的空气质量标准（年均值10μg/m³，日均值25μg/m³），与此同时，世界上污染最严重的10个城市有7个在中国。全国五大城市PM2.5值（2015.8~2016.6），如图8-4所示。

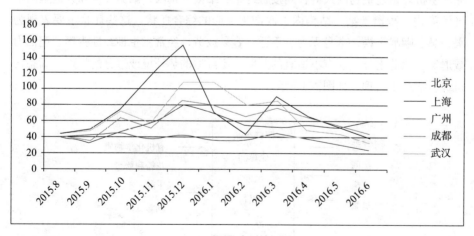

图8-4 全国五大城市月平均PM2.5（2015.8~2016.6）

长期暴露于雾霾中可能引发心血管病和呼吸道疾病以及肺癌，当空气中PM2.5的浓度长期高于10μg/m³，就会带来死亡风险的上升。浓度每增加10μg/m³，总死亡风险上升4%，心肺疾病带来的死亡风险上升6%，肺癌带来的死亡风险上升8%。此外，PM2.5极易吸附多环芳烃等有机污染物和重金属，使致癌、致畸、致突变的机率明显升高。

人们在户外受到的雾霾侵扰难以避免，但通过空气过滤设备、绿植净化措施等方式，工作环境有能力也有义务给予员工最大的保护。

经济发展带来的严峻环境问题和现代工作模式的特点，让工作环境成为员工健康和安全的重要条件。设施环境可以给人们创造一个良好和合理的生活和工作环境，并且越来越受到重视。设施环境管理的本质是指人们为进行各种生存活动而对环境进行改造，创造出物质、精神特性上与人相通的环境，以支持人类生产、工作和生活。设施环境应当满足人们在生理上、心理上的各方面要求，应有舒适的功能设施、良好的空间视觉形象、合理的温度与湿度、必要的风速、新鲜的空气、充足的光线和不受周围环境的热光辐射与噪声的干扰。

8.1.2 可持续建筑

发达国家高于发展中国家5~10倍的人均能源消耗和CO_2排放、发展中国家高于发达国家3~9倍的每单位GDP耗能，使得全球资源与环境在这样的双重压力下不堪重负。在这样的背景下，人们已经意识到经济发展并非唯一目标，资源、环境、社会与文化的可持续性正不断地体现成为一种新的价值，生活、工作环境品质和性能的提升正逐渐成为焦点问题。

作为人们居住、工作和活动的空间，建筑直接影响着人们的生存状态和发展状况，所以可持续建筑是可持续发展的重要内容。而建筑物高能耗、高排放的特点也使可持续建筑成为可持续发展的必要内容。以我国为例，2014年我国能源消耗总量为42.6亿t标准煤，建筑能耗总量在我国能源消耗总量中的份额已超30%，即12.7亿t标准煤，预计到2030年将上升到40%。

基于这样的背景，查尔斯·吉伯特（Charles Kibert）博士于1993年提出"可持续建筑"的概念。可持续建筑概念模型，如图8-5所示。

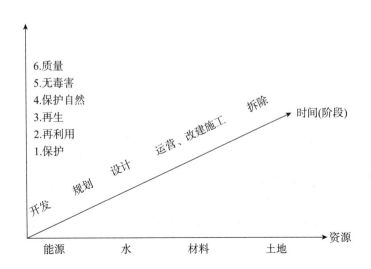

图8-5 可持续建筑概念模型

1994年11月，第一届可持续建筑国际会议在美国举行，会议对可持续建筑作了全面探讨，指出可持续建筑的主要问题是资源、环境、设计和对自然环境的影响及它们之间的相互协调关系。

可持续建筑概念模型把可持续建筑的许多问题联系了起来，将广泛而复杂的问题提炼出一个简单、全面又易于理解的模型。图中，原则、资源和时间的交点是在使资源消耗最少和防止环境损坏方面的决策点。例如，在设计阶段，应当按照上述6条原则力求用最少的材料；尽可能利用旧料和再生材料；确保所用材料的生产不会危害环境，不会产生有毒物质，也不会对室内环境产生潜在影响；以及确保材料高效利用。

可持续建筑的理念是追求降低环境负荷，与环境相结合，且有利于居住者健康。而建设可持续建筑的目的，则在于减少能耗、减少污染、保护环境、保护生态、保护健康、提高生产力。

可持续建筑实际上不是指一种建筑类型，而是建筑设计和建造为之努力的目标，综合了多种理念和技术。完美的可持续建筑还并不存在，在设计和建造可持续建筑时，可以有不同侧重。不同类型的可持续建筑举例，如图8-6所示。

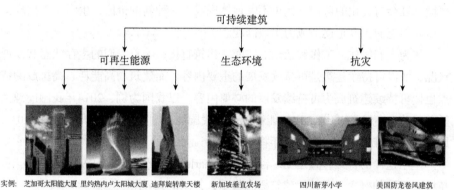

图8-6　不同类型的可持续建筑举例

8.1.3　环境管理方针和目标

1. 环境方针

环境方针由最高管理者确定，代表了组织环境管理的最高准则，其内容应该包括对持续改进和污染预防的承诺、对遵守法律法规和其他要求的承诺、提供建立和评审环境目标和指标的框架，并形成文件予以传达。例如，某著名五百强电器公司的环境方针。

本公司将最大限度地减少对环境的负面影响，并不断改善自身环境行为。本公司承诺：

（1）遵守各项有关环境保护的成文法规和规章制度的要求，并在此基础上有所提高。

（2）最高管理者每年组织环境管理相关高层管理人员评审本系统的环境目标和指标，并使其不断提高。

（3）对员工进行环境保护知识培训，提高其环境意识，建立环境职责，自觉改进、预防对环境的负面影响。

（4）在产品的全过程中努力节能降耗，实现资源消耗最小化。

（5）对产生环境影响的活动做出及时反应，并对可能产生环境负面影响的活动作出预防。

（6）为全球臭氧层的改善继续做出贡献。

（7）该环境方针可公开获得，并保证传达到全体员工。

2．环境目标

设施环境管理目标是指在设施全生命周期内，通过设施管理所有相关者的共同努力，采取各种管理措施及技术措施，在实现设施功能、安全、可靠、耐久、高效等目标的基础上，减少设施全生命周期内的能源消耗、原材料消耗，减少污染，减少对自然生态环境的影响，提供舒适的环境，最终实现设施管理的可持续发展。设施环境管理的目标体系，如图8-7所示。

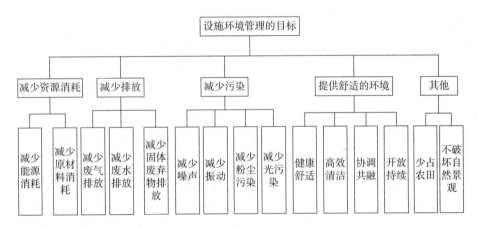

图8-7 设施环境管理的目标体系

设施环境管理目标内容包括：

（1）减少设施全生命周期的资源消耗。主要包括减少能源消耗和原材料消耗。

（2）减少设施全生命周期内的排放。主要包括减少废气排放、废水排放及固体废弃物排放等。

（3）减少设施污染。如减少噪声、振动、粉尘污染及光污染等。

（4）提供舒适环境。可分为健康舒适、高效清洁、协调共融、开放持续等四个方面。

环境管理指标是在环境方针的指导下，根据环境目标作出的可行、可量化的规定，也是具体环境管理体系方案制定的直接标准。环境管理指标，如图8-8所示。

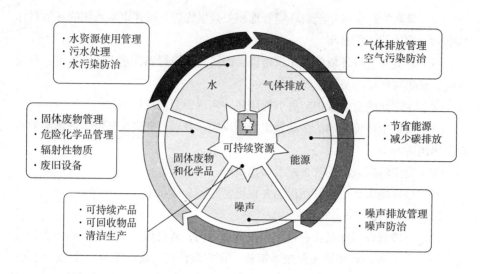

图8-8 环境管理指标

8.1.4 环境因素评审

环境因素评审是在明确组织适用的与环境相关的法律、法规和其他要求的前提下，通过一系列信息收集工作，调查组织当前的活动、产品、服务过程中的环境问题、环境因素、环境影响、环境行为及有关管理活动，进行初始综合分析，识别出环境因素，通过环境管理小组和专家咨询评价出重大环境因素的过程。环境评审是企业建立环境管理体系的基础。

1．明确法律、法规和其他要求

组织所适用的法律、法规和其他要求是评价本组织的环境行为、识别环境因素的标准和依据。

环境管理体系需要遵守的主要法律、法规有国家或国际法律法规、省部级的法规和条例、地方性法规和条例，其他要求包括和政府机构的协定、行业协会的要求、非法规性指南、资源性原则或业务规范、资源类环境标志、和社区团体或非政府组织的协议、组织或其上级组织的承诺、组织对公众的承诺、本单位的要求等。

组织应当确定这些要求如何应用于其环境因素，并建立起能及时获取这些要求的最新版本的渠道，以保证及时更新管理体系，确保其规范性。

2．识别环境因素

环境因素是指一个组织的活动、产品或服务中能与环境发生相互作用的要素。确定环境因素在建立环境管理体系中是一个极为重要的环节。组织的设施活动，包括准备、运行、维护、物资、运输储存、管理等有许多会对环境产生影响的因素，在建立环境管理体系之前，应当将这些因素分析出来，确定它们可能会产生的影响。环境因素识别的视角，如表8-1所示。

环境因素识别的视角　　　　　　　　　　表 8-1

视角	说明
三种状态	正常状态，异常状态，紧急状态
三种时态	过去已经产生的环境影响，现在正在产生的环境影响，将来可能产生的环境影响
七种类型	大气排放，水体排放，土地排放，固体废物，原材料和自然资源的使用，能源使用，能量释放（如热、辐射、振动等）
环境因素	化学品管理，原材料的自然资源的获取和分配，设备的使用和报废过程，超出企业管理范围的相关方即供应商和承包商的活动中的重要环境因素

3．评审重大环境因素

在汇总全部的环境因素后，环境管理小组可以和专家咨询组，根据环境因素产生的环境影响的规模大小、严重程度、发生频次，或持续时间长短以及涉及有关法律、法规与其他要求等，共同确定重大环境因素。

鉴于组织活动的复杂性和相关规定的广泛性，判别重大环境因素不存在一个唯一方法，原则是所采用的方法应当能提供一致的结果，包括建立和应用评价准则，列入有关环境事务、法律法规问题以及内、外部相关方的关注等方面的准则。

8.1.5　环境体系文件

设施环境管理体系是组织内部环境管理的一项工具，旨在帮助组织实现自身设定的环境方针、目标和指标水平，落实组织设施环境管理活动的组织机构、管理规范、工作职责、任务分工、运作程序、过程和资源分配，并不断地改进环境行为，不断达到更新更佳的高度。

组织在建立环境管理体系时，可以参照 ISO 14000 系列标准。ISO 14001 是国际标准化组织制定的环境管理体系标准，是目前世界上应用最广泛、申请企业最多、认可程度也最高的环境管理体系认证标准。

环境管理体系文件的详尽程度，应当足以描述环境管理体系及其各部分协同运作的情况，并指示获取环境管理体系某一部分运行的更详细信息的途径。可将环境文件纳入场所实施的其他体系的文件，不一定要采取手册的形式。对于不同组织，环境管理体系文件的规模可能由于它们在组织及活动、产品、服务的规模和类型，工作场所的复杂程度，人员能力等方面的差异而有所不同。

设施环境管理方面的文件一般分为 4 类：原始记录；岗位操作指导书；环境管理程序规定；环境管理手册。环境管理文件分类，如图 8-9 所示。

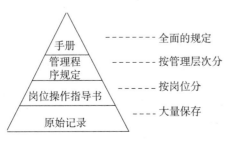

图 8-9　环境管理文件分类

设施环境文件管理与控制的重要意义在于：可以将环境管理体系的所有程序和规定在文件中固定下来；有助于组织活动的长期一致性和连贯性；有助于员工对全部体系的了解并明确自己的职责。

针对环境管理体系的文件，组织应建立并实施工作程序，在文件发布前进行审批，以确保其适宜性；必要时对文件进行评审和修订，并重新审批；确保对文件的修改和先行修订状态做出标识；确保使用文件的有关版本发放到需要它们的岗位上；确保文件字迹清晰，标识明确；确保对策划和运行环境管理体系所需的外部文件做出标识，并对其发予以控制；防止对过期文件的误用，如出于某种目的将其保留，要做出适当的标识。

原始记录是一种特殊的文件，组织应根据需要做必要的记录，用来证实符合其环境管理体系的要求。组织应建立、实施并保持一个或多个程序，用于记录的标识、存放、保护、检索、留存和处置。环境记录应字迹清楚，标识明确，并具有可追溯性。环境记录信息，如表8-2所示。

环境记录信息　　　　　　　　　　表8-2

记录内容	记录信息
工作人员	抱怨记录，培训记录
环境因素	检测记录，检查、维护和校准记录，重要的环境因素记录
第三方	有关的供方与承包方记录、与外包供应商的交流
应急响应	偶发事件报告，应急准备试验记录
环境管理体系	审核结果、环境会议记录，环境绩效信息
法律法规	使用的环境法律法规要求记录，对法律法规符合性的记录

8.2　设施环境要素的检测与控制

按环境要素，环境管理的对象主要可以分为室内空气环境、热环境、声环境和光环境等，对这些环境要素进行检测、控制是环境管理的主要内容。

8.2.1　室内空气环境

空气是人们无法避开的首要环境要素，空气质量对人的影响是潜移默化的、容易被人忽视却又广泛的，所以在环境管理中，空气质量是首要控制要素。

1. 室内空气环境影响因素

影响室内空气品质的主要因素有三大类：一是室外环境污染的影响；二是室内空气各种污染物作用；三是在室人员。室内空气环境的影响因素，如图8-10所示。

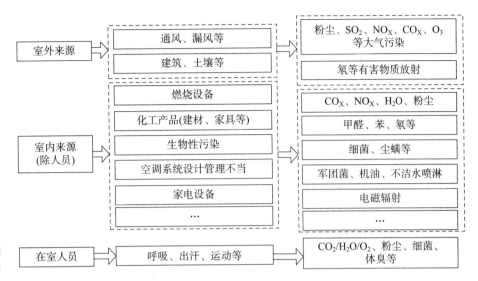

图8-10 室内空气环境的影响因素

室外环境空气是室内空气的来源。通风和换气等方式，建筑物的密闭性以及土壤的品质，都会对室内空气污染物起到一定的作用。但如果室外环境空气受到污染，比如粉尘、SO_2、NO_X、CO_X等大气污染，对室内空气起不到稀释和扩散作用，甚至会进一步加重室内空气的污染。

造成室内空气污染的因素主要有室内装饰材料及家具的污染、无机建筑材料的污染以及空调系统设计和管理不当产生的污染物。家电设备会产生军团菌、机油、苯等污染物，同时会有电磁辐射，对人体造成生理和心理的影响。室内装饰材料挥发甲醛、苯、甲苯、氯仿等有毒气体，具有相当的致癌性。室内装饰材料的有毒气体以及对人体的毒害，如表8-3所示。

室内装饰材料的有毒气体以及对人体的毒害　　　　表8-3

有害物质	室内装饰材料	对人体的毒害
苯	透明或彩色聚氨酯涂料、过氯乙烯、苯乙烯防潮内墙涂料，密封填料	抑制人体造血功能，造成白细胞、红细胞或血小板减少，对神经系统产生危害
酯	聚醋酸乙烯胶胶粘剂（白乳胶），水性10号塑料地板胶，水乳性PAA地板胶	对人体黏膜有刺激性，能引起结膜炎、咽喉炎等疾病
醛	硬质纤维板、木屑纤维板、胶合板、801胶、尿甲醛树脂与木制顶板、人造纤维板	对皮肤和黏膜有强烈刺激，会引起皮肤黏膜炎症，引起头痛、乏力、心悸、失眠，对神经系统不利
丙烯酯	丙烯酸系列合成地毯、窗帘	引起结肠癌、肺癌
聚氯乙烯（PVC）	塑料墙纸、塑料地板、地板块，塑料制品，工程塑料护墙板、百叶窗	致癌
聚苯乙烯（PS）		
五氯苯酚	木制品（防虫剂）	头昏
呋喃	塑料制品，地板，地毯（阻燃剂柔软剂）	致癌

在室人员自身的新陈代谢及各种生活废弃物的挥发成分也是造成室内空气污染的一个原因。人在室内活动（如呼吸、运动、出汗）可消耗大量H_2O、O_2，排出大量粉尘、细菌和体臭等污染物；其他日常生活（如化妆、洗涤、灭虫等）也会造成空气污染。另外，人在室内活动时会增加室内温度，促使细菌等微生物大量繁殖。

2. 室内空气质量标准

目前，世界各国制定的室内空气质量（IAQ）相关标准的目的不同，内容不统一，而且多为推荐标准，总体上可以归纳为职业安全标准、公共场所IAQ标准、居民住宅IAQ指导标准、暖通空调（HVAC）的行业标准等4类。部分国家和地区IAQ标准，如表8-4所示。

部分国家和地区 IAQ 标准　　　　　　表8-4

国家/地区	标准名称	主要内容
加拿大	居民室内质量指引	规定 CO、CO_2、PM、Rn、NO_2、SO_2、O_3、T、RH、甲醛、空气流速11项物理和化学指标限值
	办公楼空气质量技术指南	
日本	楼房卫生条例	规定 CO、CO_2、NO、O_3、RH、T、空气流速等标准
	办公楼卫生条例	规定员工所需要开窗的面积，其余如 CO、RH 等指标与楼房卫生条例相同
新加坡	办公楼良好室内空气质量指引	规定 CO、CO_2、O_3、TVOC、RH、甲醛、温度、总微生物、空气流速标准值
美国	可接受的 IAQ 通风标准	规定甲醛、乙醛、CO、石棉、铅、氮氧化物、颗粒物等12种污染物的浓度标准以及暖通标准
中国香港	办公室及公共场所室内空气质量管理指引	规定包括温湿度、甲醛、PM、细菌总数等在内的物理、化学、生物指标限值
中国	室内空气质量、木制板材中甲醛和室内用涂料卫生规范	规定室内空气中包括15种物理、化学、生物控制指标，以及通风和净化等要求
	民用建筑工程室内环境污染控制规范 GB50325—2010	根据使用功能和人们的停留时间，将民用建筑分为两类并分别提出控制要求，规定放射性氡、甲醛、氨、苯、TVOC 五种人们普遍关注的室内典型污染物限值
	室内空气质量标准 GB/T18883—2002	适用于住宅和办公楼，规定了化学、物理、生物和放射性19种控制指标，还增加了室内空气应无毒、无害、无异常嗅味的要求

20世纪90年代以来，由于室内装饰装修导致的室内空气污染问题受到人们的广泛关注，我国IAQ标准和建筑装饰装修材料中有害物质限量标准陆续颁布，有《民用建筑工程室内环境污染控制规范》GB 50325—2010、室内装饰装修材料有害物质限量系列标准GB 18580—2001、GB 18581-2009、GB 18582~3-2008、GB 18584~18587-2001、《建筑材料放射性核素限量》GB 6566-2010、《室内空气质量标准》GB/T 18883-2002。室内空气主要参数的标准值，如表8-5所示。

室内空气主要参数的标准值　　　　表 8-5

序号	参数类别	参数	单位	标准值	备注
1	物理性	温度	℃	22~28	夏季空调
				16~24	冬季供暖
2		相对湿度	%	40~80	夏季空调
				30~60	冬季供暖
3		空气流速	m/s	0.3	夏季空调
				0.2	冬季供暖
4		新风量	m³/(h·人)	300	
5	化学性	二氧化硫 SO_2	mg/m³	0.50	1h 均值
6		二氧化氮 NO_2	mg/m³	0.24	1h 均值
7		一氧化碳 CO	mg/m³	10	1h 均值
8		二氧化碳 CO_2	%	0.10	日平均值
9		氨 NH_3	mg/m³	0.20	1h 均值
10		臭氧 O_3	mg/m³	0.16	1h 均值
11		甲醛 HCHO	mg/m³	0.10	1h 均值
12		苯 C_6H_6	mg/m³	0.11	1h 均值
13		甲苯 C_7H_8	mg/m³	0.20	1h 均值
14		二甲苯 C_8H_{10}	mg/m³	0.20	1h 均值
15		苯并（a）芘 B(a)P	mg/m³	1.0	日平均值
16		可吸入颗粒 PM_{10}	mg/m³	0.15	日平均值
17		总挥发性有机物 TVOC	mg/m³	0.60	8h 均值
18	生物性	氡 222Rn	Bq/m³	2500	依据仪器定
19	放射性	菌落总数	cfu/m³	400	年平均值

3. 室内空气检测

由于室内空气中存在的污染物十分繁杂，按照设施环境的实际情况选择必要的测试项目是开展室内环境监测的关键。《室内空气质量标准》GB/T 18883—2002 和《民用建筑工程室内环境污染控制规范》GB 50325—2010 中列出了二十项指标作为应测项目，另外增加了《室内装饰装修材料地毯、地毯衬垫及地毯胶粘剂有害物质释放限量》GB 18587—2001 等室内装饰装修材料标准中严格控制的污染物，作为其他项目。

目前，国内的检测技术条件可以基本上满足一些常见的污染物，如 SO_2、CO_2、NOx、HCHO、细菌总数等的检测要求，大部分都已经有了成熟的方法。室内空气参数的检验方法，如表 8-6 所示。

室内空气参数的检验方法　　　　　表 8-6

序号	参数	检验方法	来源
1	温度	玻璃液体温度计法 数显式温度计法	GB/T 18204.1—2013
2	相对湿度	通风干湿表法 氯化锂湿度计法 电容式数字湿度计法	GB/T 18204.1—2013
3	空气流速	热球式电风速记法 数字式风速表法	GB/T 18204.1—2013
4	新风量	示踪气体法	GB/T 18204.1—2013
5	二氧化硫	甲醛溶液吸收—盐酸副玫瑰苯胺分光光度法	GB/T 16128—1995
		紫外荧光法	—
6	二氧化氮	改进的 Saltzaman 法	GB 12372—1990
		化学发光法	GB/T 15435—1995
7	一氧化碳	非分散红外法	GB 9801—1988
		不分光红外线气体分析法	GB/T 18204.2—2014
		电化学法	—
8	二氧化碳	不分光红外线气体分析法 气相色谱法 容量滴定法	GB/T 18204.2—2014
9	氨	靛酚蓝分光光度法，纳氏试剂分光光度法	GB/T 18204.2—2014 HJ 533—2009
		离子选择电极法	GB/T 14669—1993
		次氯酸钠—水杨酸分光光度法	HJ 534—2009
		光离子化法	—
10	臭氧	紫外光度法	HJ 590—2010
		靛蓝二硫酸钠分光光度法	GB/T 18204.2—2014 HJ 504—2009
		化学发光法	—
11	甲醛	AHMT 分光光度法	GB/T 16129—1995
		酚试剂分光光度法	GB/T 18204.2—2014
		乙酰丙酮分光光度法	GB/T 15516—1995
		电化学传感器法	—
12	苯	气象色谱法	GB/T 18883—2002 GB/T 11737—1989
		光离子化气相色谱法	—

续表

序号	参数	检验方法	来源
13	甲苯 二甲苯	气象色谱法	GB/T 11737—1989 HJ 583—2010
		光离子化气相色谱法	—
14	可吸入颗粒物	撞式法—称重法	GB/T 17095—1997
15	总挥发性有机化合物	气象色谱法	GB/T 18883—2002
		光离子化气相色谱法 光离子化总量直接检测法（非仲裁用）	—
16	苯并(a)芘	高效液相色谱法	GB/T 15439—1995
17	菌落总数	撞击法	GB/T 18883—2002
18	氡	两步测量法	—

《室内环境空气质量监测技术规范》HJ/T167—2004中规定，采样点位的数量根据室内面积大小和现场情况确定，要能正确反映室内空气污染物的污染程度。原则上，小于50m²的房间应设1~3个点；50~100m²设3~5个点；100m²以上至少设5个点。多点采样时应按对角线或梅花式均匀布点，应避开通风口，离墙壁距离应大于0.5m，离门窗距离应大于1m。采样点的高度原则上与人的呼吸带高度一致，一般相对高度0.5~1.5m之间。

知识链接

更多设施环境管理知识，请访问设施管理门户网站FMGate——FM服务——解决方案——TSI Inc. 空气检测方案。

4．室内空气环境控制措施

《民用建筑供暖通风与空气调节设计规范》GB50736—2012对公共建筑主要房间每人所需最小新风量做出了规定。公共建筑主要房间每人所需最小新风量，如表8-7所示。

公共建筑主要房间每人所需最小新风量　　表8-7

建筑房间类型	新风量
办公室	30m³/(h·人)
客房	30m³/(h·人)
大堂、四季厅	10m³/(h·人)

对于人群密度高的建筑，每人所需最小新风量应按人员密度确定。高密人群建筑每人所需最小新风量指标，如表8-8所示。

高密人群建筑每人所需最小新风量指标 [m³/(h·人)]　　表8-8

建筑类型	人员密度 P_F（人/m²）		
	$P_F \leq 0.4$	$0.4 < P_F \leq 1.0$	$P_F > 1.0$
影剧院、音乐厅、大会厅、多功能厅、会议室	14	12	11
商场、超市	19	16	15
博物馆、展览厅	19	16	15
公共交通等候室	19	16	15
歌厅	23	20	19
酒吧、咖啡厅、宴会厅、餐厅	30	25	23
游艺厅、保龄球房	30	25	23
体育馆	19	16	15
健身房	40	38	37
教室	28	24	22
图书馆	20	17	16
幼儿园	30	25	23

绝大多数的室内空气质量问题可以通过三个方面解决：足够的洁净新风、合适的温湿度和效率足够高的空气过滤器。

（1）集中新风系统净化

集中新风系统是指在相对封闭的室内环境中，由新风系统对外界空气进行过滤后与室内空气进行交换，净化对象主要是PM2.5。

集中新风系统是目前性价比最高的净化手段，能够同时满足室内对空气净化和新风量的需求，且方便管理，运行成本较低，并且可以使室内气流合理分布，集成处理净化与空调二者的负荷，但需要专业的团队进行维护管理。集中新风系统三种主流净化技术，如表8-9所示。

集中新风系统三种主流净化技术　　表8-9

净化技术	静电除尘	介质过滤	电袋合一
原理	高压静电吸附	直接拦截，惯性碰撞，布朗扩散机理	综合前两者
过滤PM2.5效率	85%	85%	>95%
初阻力	20~30Pa	100~120Pa	120~150Pa
饱和周期	2~3个月	2~3个月	5~6个月
维护方式	清洗	更换	清洗+更换
弊端	微量臭氧	细菌繁殖	微量臭氧

（2）室内循环净化或空调末端净化

这种净化方式对密封性要求不高，主要循环净化室内空气，净化对象是PM2.5、甲醛、VOC等气态污染物、细菌、病毒、微生物。

其优点是可以和回风口或风盘进行组合，不需要增加独立的设备或风机，分散布置，气流分布较好，无需占用室内空间，经济性适中。缺点是对阻力要求严格，一般要求小于30Pa，且维护保养需要登高作业。空调末端净化三种主流净化技术，如表8-10所示。

空调末端净化三种主流净化技术　　表8-10

净化技术	传统静电除尘复合除臭氧	静电凝并复合除臭氧	介质过滤
原理	高压静电吸附	静电凝并、静电吸附	直接拦截，惯性碰撞，布朗扩散机理
过滤PM2.5效率	＞95%	＞95%	85%
初阻力	＜17Pa	＜17Pa	30
饱和周期	12个月	12个月	12个月
维护方式	清洗+更换	清洗+更换	更换
弊端	微量臭氧，偶有噼啪声	无	细菌繁殖、风量抑制

（3）独立循环净化

独立循环净化即在室内放置独立的空气净化装置，与空调系统独立。净化对象是PM2.5、甲醛、VOC等气态污染物、细菌、病毒、微生物。其优点是安装、使用、维护方便，净化效率在三种方式中最高，缺点是成本较高。独立循环净化三种主流净化形式，如表8-11所示。

独立循环净化三种主流净化形式　　表8-11

项目	吸顶式净化机	暗装管道式净化机	落地式净化机
工作方式	依靠风机从中间吸入空气，经过滤后从四周送出	安装于吊顶内空间，顶棚设回风口和出风口自带动力循环净化	多从一面吸入空气，经过滤从另一面送出
安装方式	吊顶式安装，面板外露	吊顶完全暗装	落地放置，可移动
安装难易	超薄，安装便利，封闭吊顶对修复工艺要求较高	改造安全风险系数高	无需安装，插电即用
过滤效率	F9-H10	F9-H10	F9-H13
气流组织	很好	很好	一般
灵活性	模块化，易升级	较差	很好
特点	气流组织好，不占用地面空间	气流组织好，不占用地面空间，对装饰风格影响最小	灵活方便

8.2.2 热环境

热环境是指一切热物理量的总称,分为室内热环境和室外热环境。室外热环境参数主要包括日辐射、室外气温、空气湿度、室外风速和风向等。本节主要研究设施的室内热环境。

1. 热环境的基本参数

适宜的热环境不仅能保持人体正常的热平衡,保持主观的舒适感,而且能确保人的健康和正常的工效。人们对设施环境的实际感受不只取决于空气温度,还包括空气湿度、相对湿度、太阳能辐射及气流速度(风速)等诸多因素的综合作用。热环境基本参数,如表8-12所示。

热环境基本参数　　　　　　　　　　　　表8-12

基本参数	含义和影响
空气温度	温度直接影响人体和空气之间通过对流和辐射的热交换,是影响人体热舒适感最重要的指标
辐射温度	除与空气对流热交换外,人体还与周围墙面、顶板、地面、窗面进行热辐射交换。平均辐射温度对人体的热损失和舒适状态影响相当大,外围护结构内表面特别是窗口的温度对人体产生的热辐射直接影响人体的热舒适感。
相对湿度	相对湿度可以表示为实际空气的湿度与在同一温度下达到饱和状态时的湿度之比值。室内空气绝对湿度直接影响人体的蒸发散热,相对湿度则对人们主观产生凉热感觉有影响
空气流速	空气运动是影响人体舒适的重要因素,同时也影响室内的空气更新。室内气流状态影响人体的对流换热。良好的气流组织不仅可以满足人体对舒适环境的要求,而且可以节约能源,提高空调系统运行的经济性

室内热环境的各因素之间经常是相互耦合的,某一因素变化对人体造成的影响常可由另一因素的相应变化所补偿。例如,人体经辐射所获得的热量可以改由气温升高来获得,湿度增高所造成的影响可为风速增大所抵消。当气温低于21℃时,人一般不出汗。随着气温的增高,出汗量逐渐增加,这时湿度的影响也愈来愈大。在气温低于皮肤温度(35℃)时,空气的流动能增加人体的散热。当气温高于皮肤温度时,一方面空气的流动能加速人体散热,但另一方面通过对流的方式,又使人体吸热增加。所以,热环境因素对人体的影响要作综合的分析。

2. 室内温度测定

室内温度测定过程,如表8-13所示。

室内温度测定过程　　　　　　　　　　　表8-13

序号	步骤	描述
1	选择测量仪器	测量仪器应为数字显示温度计,最小分辨率为0.1℃;测量范围为-40℃~+90℃;测量精度±0.5℃

续表

序号	步骤	描述
2	确定测量点（距离地面高度 0.8~1.6 m，离开墙壁和热源不小于 0.5m）	室内面积不足 16m²，测室内中央 1 点
		16m² 以上但不足 30 m² 测 2 点（居室对角线 3 等分，其 2 个等分点作为测点）
		30 m² 以上但不足 60 m² 测 3 点（居室对角线 4 等分，其 3 个等分点作为测点）
		60 m² 以上测 5 点（2 个对角线上梅花设点）
3	实施测量	测量前应关闭户门和外窗；测量时，应将温度测量器具放置在确定的测量点上，使温度测量器具处于正常工作状态，仪表显示值在 10min 内变化不大于 0.2℃时开始读数，每个测量点依次读数 1 次，间隔 1min 再依次读数，共计 3 次。测量时，传感器应避免阳光直射或其他冷、热源干扰；读数时应避免人员走动

3．热环境的控制措施

影响热环境的主要因素是保温性和太阳辐射，这是环境抗寒暑的基本性能。设施热环境的控制主要是在建筑围护结构保温、遮阳等方面进行。

（1）围护结构保温

设施围护结构保温有将保温材料贴在墙内或墙外两种方法。考虑供暖时，暖和的范围处于有保温材料的地方。外保温的情况下，热容量大的墙体部分也包含在暖和的范围内；而内保温的范围仅是处于墙体内侧的装饰材料，墙体部分与室内的热空气处于分离状态。

窗是围护结构中散热量最大的构件。单层木框玻璃窗的传热量要比相同单位面积的砖墙高 3~5 倍。窗的传热有三个途径：①通过玻璃的传热和对流；②通过窗缝的对流；③通过保温性能差的窗框的传热。针对上述情况，通常从构造上采取措施加以改进。例如，设置双层窗、双层密封玻璃、软百叶帘，设置防止空气渗透的密封条，改善窗框构造等。

（2）遮阳

炎热的夏季，太阳辐射透过窗户、屋面和墙面直接进入室内的热量是造成室内过热或增加空调制冷负荷的重要原因。因此，建筑遮阳是夏季隔热最有效的措施。建筑遮阳的种类有：窗口遮阳、屋面遮阳、墙面遮阳等形式。在这几组遮阳措施中，窗口遮阳是最重要的。窗口遮阳板形式分为水平遮阳、垂直遮阳和混合式遮阳等。

选择何种形式的遮阳需根据地区气候特点、太阳高度角、纬度、遮阳日期、遮阳时间以及朝向不同来综合考虑。

（3）建筑表面绿化

建筑表面绿化主要有绿色屋顶和垂直绿化两种形式。绿化后的建筑表面依靠绿色植物本身的蒸腾作用和光合作用的消耗转化以及绿化介质的蓄水功能，可以实现对环境温度的调节作用。绿色屋顶可以直接在屋顶种植绿色植物或埋放盆栽，建筑表面垂直绿化一般选取在地面种植有攀爬能力的植物如爬山虎等。多项研究显示,对建筑表面进行绿化可以有效降低墙体内外表面温度,进而影响室内温度,具体效果视当地气候、昼夜、具体天气有所不同。

知识链接

更多设施环境管理知识,请访问设施管理门户网站FMGate——FM服务——解决方案——首尔的绿色屋顶。

8.2.3 声环境

声环境就是通过人耳所感知的周围声音活动的状况。建立良好的设施声环境的目的,是创造符合人们听闻要求的舒适环境。我国现行国家标准《民用建筑隔声设计规范》GB 50118—2010中对办公室室内噪声的要求是不大于50 dB(A)。

噪声是指由于发声体不规则地振动而产生的音高和音强变化混乱、听起来不和谐的声音。从生理角度讲,噪声是一切不需要的、使人烦恼的声音,泛指嘈杂、刺耳的声音。随着人类文明的进步与发展,现代工业发展给人类带来了前所未有的噪声干扰。噪声已经和水污染、空气污染、垃圾并列为现代世界的四大公害。

1. 噪声的分类

(1)室外噪声

室外噪声又可分为交通噪声、工业噪声、施工噪声、生活噪声、其他噪声五类。噪声分类及比例,如表8-14所示。

噪声分类及比例　　　　　　　表8-14

噪声分类	内容	所占比例(%)	平均声级[dB(A)]
交通噪声	机动车辆、飞机、火车、轮船等交通工具所产生的噪声	20.2	56.4
工业噪声	生产和各种工作过程中的机械振动、摩擦、撞击以及气流扰动而产生的声音	13.5	55.3
施工噪声	建筑物、构筑物新建、改造或拆除等施工过程中产生的噪声	4.4	55.8
生活噪声	从事文化娱乐、商业经营以及其他人为活动所产生的干扰周围环境的声音	60.9	54.0
其他噪声	除上述四类噪声之外的其他声音	1.0	54.9

注:数据来自2013年主要城市区域环境噪声声源构成情况调查。

可见,社会生活噪声所占比例最大、影响范围最广;其次是交通噪声。交通噪声也是平均声级最高的。

(2)室内噪声

室内噪声主要是工作人员自身产生的噪声和建筑设备噪声。

工作噪声。指通信设备和人员活动等产生的噪声。一般键盘按键时会有52 dB(A)左右的声音,快速有力的打字者则会发出更大的声音;复印机和打印机工作时噪声可以达到45~55 dB(A);碎纸机的噪声可以达到165 dB(A)以上;

电话铃声作为突发噪声也会对工作人员产生影响。

建筑设备噪声。建筑设备在运转时会产生空气声，还会将自身振动传递给建筑结构产生固体声。电梯、变压器、水泵、冷却塔等是设施环境中主要的低频噪声源，它们通常都包括主体设备集中的机房或分散在整个建筑中的功能单元。前者噪声较大，但是因为噪声源集中，容易采取措施治理；后者噪声较低，但也会造成干扰，同样需要治理。

暖通空调系统和排水系统是设施系统中最严重的噪声源。

暖通空调系统噪声的来源：①系统中的通风机、电机、压缩机等，在运转时产生大量气流噪声和机械噪声；②通风管道内的气流在运动中产生噪声，同时还利用管道把机房的噪声传播到建筑物各处；③接近人群的送、回风口，气流声会造成干扰，同时各房间内的声音还可能通过风口交叉传播，导致"串音"。

排水系统噪声的来源：①卫生器具排水噪声（与水路设计的合理性及冲水压力有关）；②排水管道系统噪声（受排水流量、水流形态、排水管材质等多方面因素影响）。

2. 噪声排放标准

所谓噪声排放标准，是指为实现声环境质量标准，根据一定的经济、技术条件，对环境噪声源向周围生活环境辐射噪声所作出的最高允许数值规定。环境噪声排放标准是整个环境标准的重要组成部分，是所有单位或者个人在从事生活、生产活动过程中排放环境噪声污染时必须遵守的规范。

目前，国务院有关部门已经就环境噪声排放发布了一些标准，如《声环境质量标准》GB 3096-2008、《工业企业厂界环境噪声排放标准》GB 12348—2008、《社会生活环境噪声排放标准》GB 22337—2008、《建筑施工场界环境噪声排放标准》GB12523—2011等。五类声环境功能区的环境噪声限值，如表8-15所示。

五类声环境功能区的环境噪声限值　　　表8-15

声环境功能区类别		时段 昼间[dB(A)]	夜间[dB(A)]	说明
0类		50	40	指康复疗养区等特别需要安静的区域
1类		55	45	指以居民住宅、医疗卫生、文化教育、科研设计、行政办公为主要功能，需要保持安静的区域
2类		60	50	指以商业金融、集市贸易为主要功能，或者居住、商业、工业混杂，需要维护住宅安静的区域
3类		65	55	指以工业生产、仓储物流为主要功能，需要防止工业噪声对周围环境产生严重影响的区域
4类	4a类	70	55	指交通干线两侧一定距离之内，需要防止交通噪声对周围环境产生严重影响的区域，包括4a类和4b类两种类型。其中：4a类为高速公路、一级公路、二级公路、城市快速路、城市主干路、城市次干路、城市轨道交通（地面段）、内河航道两侧区域；4b类为铁路干线两侧区域
	4b类	70	60	

3. 噪声测量

根据《声环境质量标准》GB 3096—2008，噪声的测量要点如下：

（1）测量仪器

测量仪器为积分平均声级计或环境噪声自动监测仪。测量仪器和校准器应定期检定合格，并在有效使用期内使用；每次测量前、后必须在测量现场进行声学校准，其前、后校准值偏差不得大于0.5dB，否则测量结果无效。测量时传声器加防风罩。

（2）测点位置

室内噪声测量时，室内测量点位设在距任一反射面至少0.5m以上、距地面1.2m高度处，在受噪声影响方向的窗户开启状态下测量。被测房间内的其他可能干扰测量的声源（如电视机、空调机、排气扇以及镇流器较响的日光灯、运转时出声的时钟等）应关闭。

（3）测量时段

分别在昼间、夜间两个时段测量。

4. 声环境的控制措施

噪声不仅会对人们的生活和工作造成影响，也会影响人们的心理和生理健康。噪声控制的宗旨是保护接受者免遭噪声的侵害，创造一个安静的生活环境和不影响健康的工作条件。噪声控制的措施可以根据噪声的分类从控制室外噪声和控制室内噪声两个层面上进行。

（1）室外噪声的控制

对于有条件且对声环境要求较高的组织，可以将地理位置选在远离噪声源密集的地方，如郊外。如果周围室外噪声问题较为严重，应建立隔声屏障或利用隔声材料和隔声结构来阻挡噪声的传播，门窗往往是整个建筑最不隔声的地方，应该选择隔声门、隔声窗。

（2）室内噪声的控制

降低声源噪声辐射是控制噪声的最根本和最有效的措施。通常采取吸声、隔声、减振等技术措施，以及安装消声器等控制声源的噪声辐射。例如，在室内吊顶或墙面上布置吸声材料；机器设备运转时，在设备上安装隔振器或减振结构，使设备与基础之间的刚性连接变成弹性连接，从而避免振动造成的危害。

（3）噪声源的位置

例如，将高噪声的空调机房、冷热源机房和卫生间、厨房等产生排水噪声的房间尽量与办公室、会议室、客房保持一定的距离。高噪声的设备尽可能集中布置，便于采取局部隔离措施。

暖通空调系统的噪声控制措施：①在气流的主要出入口附近安装消声器，减弱传入风道的噪声。②使用柔性管道，或在管道内壁铺贴吸声材料，吸收沿管道传播的噪声。③在管道外部位置使用弹性连接装置，防止声音通过结构传播。暖通空调系统噪声控制示意图，如图8-11所示。

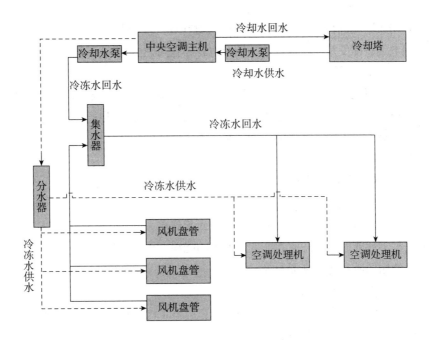

图8-11 暖通空调系统噪声控制示意图

排水系统的噪声控制措施如下：①系统层面。选择设置专用排气管道的双立管排水系统。②卫生洁具层面。选择低噪声卫生器具，在浴盆、淋雨池底部设置弹性垫，以降低对下层空间的声辐射。③管路层面。排水横直管与立管处选用偏心三通；加大立管与横管连接弯头曲率半径；安装排水特制配件；管道与管件连接处设置橡胶密封垫，固定管道用的管卡、吊架与管道连接处设置橡胶弹性垫，管道穿越楼板或隔墙处用弹性材料封堵；选用低噪声的排水管材，如铸铁管；PVC-U管道可以结合室内装修采用隔声板吸声降低排水噪声。

8.2.4 光环境

人们只有在良好的光环境下，才能进行正常的工作、学习和生活。创造良好的光环境可以减少视觉疲劳，保证视觉健康和身心健康，提高劳动生产率，降低能耗。

1. 光环境的分类

对建筑物来说，光环境是由光照射于其内、外空间所形成的环境，包括天然采光和人工照明两方面。它的功能是要满足物理、生理（视觉）、心理、人体功效学及美学等方面的要求。

（1）天然采光

天然采光就是通过不同形式的窗户以及建筑构件利用天然光线，使室内形成一个合理舒适的光环境。窗户的大小、玻璃颜色、反射和折射镜等不同构件的组合可产生丰富多彩的室内光环境。太阳光具有亮度高、光色全和显色性优等一系列优点，同时又是一种完全清洁、零耗能的光源，还具有强大的化学作用，如杀灭细菌、促进人的体内产生维生素D等。

利用太阳光进行照明的节能前景好，可在办公空间节省最多70%工作时间的照明用电量，即使是比较保守的预期节电比率也可达到20%~35%。

（2）人工照明

人工照明就是利用各种人造光源，通过灯具造型和布置设计，造成合理的人工光环境。人工照明不仅局限于满足照度的需要，而且向环境照明、艺术照明发展，以满足人对不同光环境的心理需要。人工照明的综合性能，包括亮度、光色和显色性方面有较大的不足，但是不受时间、环境甚至空间的影响。

2．光环境的影响因素

（1）天然采光的影响因素

太阳光可以在供暖、发电和加热等方面起到重大的作用。最重要的是，太阳光是一种零耗能的、生态的和可持续发展的能源。天然光环境的影响因素有天气条件、使用场所和建筑物形式等。

（2）人工照明的影响因素

由于天然光受到时间和地点的限制，在许多工作场所，人工照明无论昼夜都需运行。人工照明的影响因素有如下几点：

1）光源类型。应根据照明要求、使用场所环境条件和光源特点合理选用，在选用光源时，应考虑光谱特性、光色质量、光源启动特性等因素。

2）照明方式。可分为一般照明、特殊照明和重点照明。一般照明是在工作场所不考虑特殊的局部需要，为整体被照面而设置的照明装置；特殊照明是为了完成某项特定的任务；重点照明是为了增加特殊的氛围和强烈的效果。

3）灯具的布置形式。布置形式取决于合理的照明设计方案。布置方式多种多样，比如集中式、分布式、重点式、衬托式、单一式、组合式、固定式、移动式等。在布置时，首先要满足照明功能，其次才是满足装饰效果，真正体现实用与装饰相结合。

3．照明标准

根据视觉工作的需要规定的各类环境中必需的照度标准，是照明设计和照明维护管理的依据。合理制定照明标准对提高劳动生产率、改善工作条件和保证安全生产起到很大作用。许多技术先进的国家均制定照明标准，如美国的IEEE PAR1789、欧盟的DIN EN12464、澳大利亚的AS1680等。

我国的《建筑照明设计标准》GB 50034—2013总结了居住、公共和工业建筑照明经验，通过普查和重点实测调查，并参考了国内外建筑照明标准和照明节能标准，适用于新建、改建和扩建的居住、公共和工业建筑的照明设计，规定了居住建筑、公共建筑、工业建筑和公用场所各自参考平面及其高度上识别对象所需的最低照度值，即照度标准值。商业建筑和办公建筑照明标准值，分别如表8-16和表8-17所示。

商业建筑照明标准值　　　　　　　表8-16

房间或场所	参考平面及其高度	照度标准值(lx)	UGR	U_0	Ra
一般商店营业厅	0.75m水平面	300	22	0.6	80
一般室内商业街	地面	200	22	0.6	80
高档商店营业厅	0.75m水平面	500	22	0.6	80
高档室内商业街	地面	300	22	0.6	80
一般超市营业厅	0.75m水平面	300	22	0.6	80
高档超市营业厅	0.75m水平面	500	22	0.6	80
收款台	台面	500	—	0.6	80

办公建筑照明标准值　　　　　　　表8-17

房间或场所	参考平面及其高度	照度标准值(lx)	UGR	U_0	Ra
普通办公室	0.75m水平面	300	19	0.6	80
高档办公室	0.75m水平面	500	19	0.6	80
会议室	0.75m水平面	300	19	0.6	80
视频会议室	0.75m水平面	750	19	0.6	80
接待室、前台	0.75m水平面	200	—	0.4	80
服务大厅、营业厅	0.75m水平面	300	22	0.4	80
设计室	实际工作面	500	19	0.6	80
文件整理、复印、发行室	0.75m水平面	300	—	0.4	80
资料、档案存放室	0.75m水平面	200	—	0.4	80

注：UGR—眩光值，U_0—照度均匀度，Ra—显色指数。

4．光环境的控制措施

光环境直接影响到生活气氛和工作效率。舒适健康的光环境应该满足易于观看、安全美观的亮度分布、眩光控制和照度均匀控制等要求。

（1）天然采光

天然采光可对人的情绪产生影响，使室内的静止空间具有活力。为充分利用天然光，国外已开发成功一些新的材料或装置，使室内天然光照度的均匀度大大提高。

1）智能调光玻璃，又称为电致变色玻璃。它通过改变电压的大小调节玻璃的透光率，是调节外界光线进入室内很好的措施。通过电压变换可控制玻璃变色和颜色深浅度，从而控制及调节阳光照入室内的强度，使室内光线满足人们的需求。智能调光玻璃在断电和通电后分别呈现不透明和透明状态，如图8-12所示。

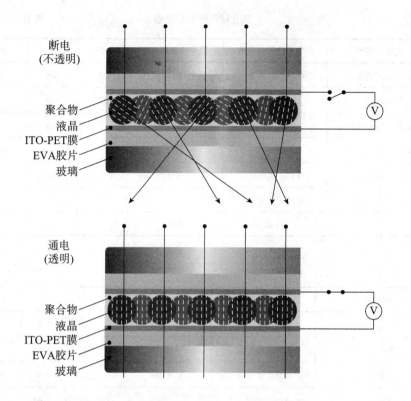

图8-12 智能调光玻璃在断电和通电后分别呈现不透明和透明状态

2）天然光采光系统装置（Daylighting Systems）。它能够收集来自天空的直射和漫射光线，并通过装置内部的两组反射面对收集到的天然光完成一次或两次反射，使光线到达房间深处的顶棚或墙面，大大改善了房间的采光水平。目前应用广泛的管道式日光照明装置，又称光导照明，就是利用太阳光的一种绿色照明技术。管道式日光照明装置示意图，如图8-13所示。

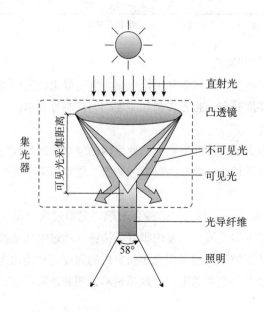

图8-13 管道式日光照明装置示意图

3）日光收集与导光装置。日本开发的称为SO-LIGHT的活动日光照明系统装置，其收集日光的性能非常出色。一天中太阳位置持续变化，当日光照射角度很低时（早晨与黄昏），普通天窗很难采集到光线，而SO-LIGHT使用光电元件驱动平板棱镜，并可根据计算机设计好的程序自动跟踪太阳的位置。

（2）照明系统

照明系统是光源、灯具和相关部件的组合，其相互作用以满足多种多样的照明应用需求，如人体舒适性、安全、环境友好和节能。照明系统可以包括物理元器件、元器件之间的通信、用户界面、软件，以及提供中央控制和监控功能的网络。

人工照明环境需要满足人们视觉工作的要求以及美观和艺术上的要求。从光环境需要来看，不仅要求光线均匀，还应避免过强、过弱、反差过大的眩光。

LED照明是人类照明技术的第三次革命，LED灯具以其寿命长、节能省电、应用便捷、无有毒化学物质等特点已经承担了越来越多的照明任务，在建筑领域得到了广泛的应用。市场上常见的灯具有荧光灯、普通灯泡、高压钠灯、LED灯等。灯具效率对照表，如表8-18所示。

灯具效率对照表　　　　　　表8-18

光源	荧光灯	普通灯泡	高压钠灯	LED
光源光效（lm/W）	80	20	100	90
有效光照效率（%）	60	60	60	90
灯具（取光）效率（%）	60	60	60	90
寿命（h）	2000	2000	10000	50000
显色指数	80~95	100	29~25	60~95
实际效率（lm/W）	24.5	7.21	32.4	65.6

注：实际功率=光源光效×有效光照效率×灯具效率×平均显色指数/100。

由表中数据可见，LED灯具的实际效率是一般荧光灯的2.6倍，是普通白炽灯泡的9倍，是高压钠灯的2.02倍。

LED灯实际上是一种固态半导体器件，即发光二极管。它把电子与空穴结合时所产生的过剩能量以光的形式释放出去，从而达到发光效果，电子与空穴之间的能带大小决定了发出的光的颜色，电流的大小决定了光的强弱。这一发光特点让LED灯有了巨大的提升空间。早在2014年，科锐就宣布白光功率型LED实验室光效达到303 lm/W，接近白光LED的理论最大光效355 lm/W。

据统计，全球LED照明灯具市场规模由2008年的约24亿美元增长到2014年的约382亿美元，年复合增长率接近60%。随着全球能源危机加剧、居民环保意识增强以及LED照明技术进步和成本下降，预计未来LED照明行业仍将保持持续较快增长速度。

未来LED的发展方向，大致可以分为两个方面：一是替代传统光源，利用LED的特点设计出能弥补传统光源不足的灯具，如景观照明常用的埋地灯和水池灯已逐步采用LED光源来取代传统光源；二是结合利用各项信息技术及节能控制等技术组成的分布式照明控制系统，实现对照明设备的智能化控制，如灯光亮度的强弱调节、灯光软启动、定时控制、场景设置等功能。目前，国内外有很多厂家已推出可以借助手机APP调光、调色的智能灯具。未来，智能灯具可以连入无线网络，与互联网或社交网站相连，提供天气预报、会议提醒、唤醒等服务。

知识链接

更多设施环境管理知识，请访问设施管理门户网站FMGate——FM服务——解决方案——光创建无限可能——飞利浦照明解决方案。

8.3 与设施管理相关的环境评价体系

近年来，国内外发展了一些与设施环境相关的评估预测体系，并有相应的标准和模拟软件来评价。英国建筑研究院环境评估法（BREEAM）、美国绿色建筑评估体系（LEED）、日本建筑物综合环境性能评价（CASBEE）、澳大利亚的建筑环境评价体系（NABERS）等绿色建筑评价体系，以及中国的《绿色建筑评价标准》GB/T50378—2014和《绿色奥运建筑评估体系》。这些评价体系基本上都制定了定量的评分标准，对评估内容尽可能采用模拟预测的方法得到定量指标，再根据定量指标进行分级评分。

8.3.1 英国建筑研究院环境评估法

1. 英国建筑研究院环境评估法介绍

英国建筑研究院环境评估法（Building Research Establishment Environmental Assessment Methodology，BREEAM）最初是由英国建筑研究院（Building Research Establishment，BRE）和一些私人部门的研究者最早于1990年共同制定的，目的是为绿色建筑实践提供权威性的指导，以期减少建筑对全球和地区环境的负面影响。BREEAM体系是世界上第一个绿色建筑评估体系。

BREEAM是为建筑所有者、设计者和使用者设计的评价体系，以评判建筑在其整个生命周期中，包含从建筑设计开始阶段的选址、设计、施工、使用直至最终报废拆除，所有阶段的环境性能。通过对一系列的环境问题，包括建筑对全球、区域、场地和室内环境的影响进行评价，BREEAM最终给予建筑环境标志认证。

BREEAM评估通常由持有BRE执照的评估人进行。对于设计项目，评估一般在详图设计接近尾声时进行。评估人根据设计资料做出最终评估，再由BRE给建筑做出定级（Labeling）。如果想获得更好的评分，BRE建议在项目设计之初，设计人员较早地考虑BREEAM的评估条款，评估人也可以以某种适当的方式介入、参与设计过程。评估已使用的现有建筑，评估人需根据管理人员提供的资料，做出一份"中期报告"和一份"行动计划大纲"，以提供改进措施和意见，客户可在最终评估报告及评定之前加以改进，以获得更高的评级。BREEAM 的评估流程，如图8-14所示。

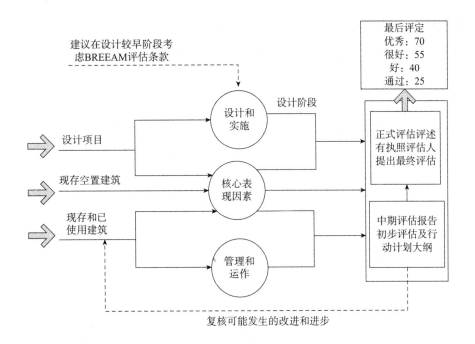

图8-14 BREEAM评估流程图

2. 评估指标及权重

最新版的BREEAM（2014）主要从管理、健康舒适、能源、污染、交通、土地利用、生态、材料、水资源等方面对建筑环境进行评估，指标内容大致可以分为全球性内容、地区性内容、室内环境内容、使用管理内容等四大类。具体包括CO_2的年释放量、建筑外围护结构热工性能（与标准做法相比）的改进量、节能型办公空间和服务设施的提供、污染燃料的采用、可持续木材的采用、再生废物储存方式的提供、年节水量、对建设用地生态价值的影响和改变、建筑的自然采光程度、建筑物的隔声程度、半私密室外空间提供等20多个分项。

在上述指标中，重视能源的消耗以及其可能带来的全球负面影响，能源和交通占较大的权重。BREEAM的评估指标权重表，如表8-19所示。

BREEAM 的评估指标权重表　　　　　表 8-19

评价指标	管理	能源和交通	污染	材料	水资源	土地使用和生态	健康舒适
权重	0.15	0.25	0.15	0.10	0.05	0.15	0.15

3. 评估方法及等级划分

根据BREEAM体系评估建筑种类确定需要评估的内容。建筑所处阶段不同，评估内容相应也不同。评估的内容包括：建筑性能、设计建造和运行管理。其中：处于设计阶段、建成阶段和整修建成阶段的建筑，从建筑性能、设计建造两方面评价，计算BREEAM体系等级和环境性能指数；属于使用中的现有建筑，或是属于正在被评估的环境管理项目的一部分，从建筑性能、管理和运行两方面评价，计算BREEAM体系等级和环境性能指数；属于闲置的现有建筑，或只需对结构和相关服务设施进行检查的建筑，对建筑性能进行评价并计算环境性能指数，无需计算BREEAM体系等级。

BREEAM按照建筑得分给予四个主要级别的评定，分别是通过、好、很好或优秀。在办公建筑版本中，各项指标的预计最高得分分别为：管理160分；健康150分；能源136分；交通104分；水48分；材料98分；土地使用30分；生态126分；污染144分。所以，其最高可能分数是996分。评估书上清楚记录通过的指标，但没有负面评价的叙述。

8.3.2　美国绿色建筑评估体系

美国能源与环境设计先导（Leadership in Energy and Environmental Design，LEED）评价标准是由美国绿色建筑委员会（The US Green Building Council，USGBC）组织编制的，对美国现有建筑进行生态评估的一套评估体系。

1. LEED v4的评价标准分类

LEED v4评价标准分类，如图8-15所示。

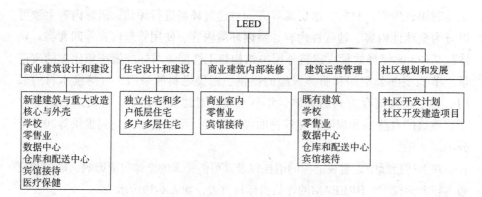

图8-15　LEED v4评价标准分类

五个大类为商业建筑设计和建设、住宅设计和建设、商业建筑内部装修、建筑运营管理、社区规划和发展，覆盖了不同的建筑类型以及建筑物生命周期的不同阶段，从而满足建筑市场细分的不同需求；每项下细分的小类则是考虑到不同建筑的使用功能由于其本身的某些技术特点，需要特别地在某一个绿色建筑评估体系中予以特别的对待和处理。

USGBC通过LEED绿色认证体系至少达到了以下几个目的：使得绿色建筑有一套通用的评估标准；推进整合的建筑整体设计和施工实践；促进了节能环保意识在建筑界的盛行；激励绿色竞争；推进建筑市场的转型。

2．评估指标及分值

LEED v4的评估指标包括：整合项目计划与设计、选址与交通、可持续场址、用水效率、能源与大气、材料与资源、室内环境质量、创新、地域优先等9个方面。每个方面，LEED提出评定目的、要求和相应的技术及策略。LEED v4评价分类及评分条款数目所占分值，如表8-20所示。

LEED v4 评价分类及评分条款数目所占分值　　　表8-20

		整合项目计划与设计	选址与交通	可持续场址	用水效率	能源与大气	材料与资源	室内环境质量	创新	地域优先
商业建筑设计和建设	新建建筑与重大改造	1	16	10	11	33	13	16	6	4
	核心与外壳	1	20	11	11	33	14	10	6	4
	学校	1	15	12	12	31	13	16	6	4
	零售业	1	16	10	12	33	13	15	6	4
	数据中心	1	16	10	11	33	13	16	6	4
	仓库和配送中心	1	16	10	11	33	13	16	6	4
	宾馆接待	1	16	10	11	33	13	16	6	4
	医疗保健	1	9	9	11	35	19	16	6	4
住宅设计和建设	独立住宅和多户低层住宅	2	15	7	12	38	10	16	6	4
	多户多层住宅	2	15	7	12	37	9	18	6	4
商业建筑内部装修	商业室内	2	18	—	12	38	13	17	6	4
	零售业	2	18	—	12	38	14	17	6	4
	宾馆接待	2	18	—	12	38	13	17	6	4
建筑运营管理		—	15	10	12	38	8	17	6	4
		精明选址与连接性	社区形态与设计		绿色基础设施与建筑		创新与设计流程		地域优先得分点	
社区规划和发展		18	41		31		6		4	

表8-20中，每个方面指标包括了少到1项多达20项评价子项。评价子项分为必要项和打分项，必要项即必须达到的标准，不达标则不能参评的项目；打分项则视具体情况打分。所有子项的分数累加即得到总分，满分110分。LEED v4版的评估指标必要项，如表8-21所示。

LEED v4 版的评估指标必要项　　　表 8-21

评估方面	必要项	商业建筑设计和建设			住宅设计和建设		商业建筑内部装修	建筑运营管理	社区规划和发展
		学校	医疗	其他	住宅	小高层楼宇			
选址	涝源规避				√	√			
可持续的场址	施工污染防治	√	√	√	√	√			√
	场址环境评估		√	√					
	无入侵植物				√	√			
	场址管理章程							√	
用水效率	室外用水减量	√	√	√				√	√
	室内用水减量	√	√	√			√	√	√
	建筑整体用水计量	√	√	√				√	√
能源与大气	基本调试和查证	√	√	√			√	√	
	最低能源表现	√	√	√	√		√	√	
	建筑整体能源计量	√	√	√			√	√	
	基础冷媒管理	√	√	√			√	√	
	业主、租户或建筑经理的教育培训				√	√			
	住宅大小				√				
	最佳能源管理实践							√	
材料和资源	可回收物存储和收集	√	√	√			√	√	
	营建和拆建废弃物管理计划	√	√	√			√	√	
	PBT 来源减量——汞		√						
	认证的热带木材				√	√			
	耐久性管理				√	√			
	日常采购和废弃物政策							√	
	设备维护和改造政策							√	
室内环境质量	最低室内空气质量表现	√	√	√			√	√	
	环境烟控	√	√	√	√	√	√	√	
	声学效果最低品质		√						
	通风				√	√			
	易燃气体排风				√	√			
	车库污染物防护				√	√			
	防氡施工				√	√			
	空气过滤				√	√			
	通风空间划分				√	√			
	绿色清洁政策							√	
创新	初步评级				√	√			
精明选址与连接性	精明选址								√
	濒危物种和生态社区								√
	湿地和水体保护								√
	农业用地保护								√
社区形态与设计	可步行街道								√
	紧密型开发								√
	关联和开放的社区								√
绿色基础设施与建筑	绿色建筑认证								√

3. 评估方式及认证级别

在满足所有必要项的要求后，累加所有得分子项的分数得到部分。LEED未采用权重系统，而使用了直接累加的评分方式，简化了操作过程。评估后根据得分数高低，分为合格、银质、金质、白金四个评估等级，由美国绿色建筑委员会颁发认证证书。LEED认证级别与所需分数，如表8-22所示。

LEED 认证级别与所需的分数　　表 8-22

合格	银质	金质	白金
40~49	50~59	60~79	80~110

知识链接

更多设施环境管理知识，请访问设施管理门户网站FMGate——FM智库——研究报告——2018年中国绿色建筑占有率将增至28%。

8.3.3 日本建筑物综合环境性能评价体系

1. 评价体系介绍

日本建筑物综合环境性能评价体系（Comprehensive Assessment System for Building Environmental Efficiency，CASBEE）是由日本政府、企业、学者组成的联合科研团队于2002年推出的。CASBEE全面评价建筑的环境品质和对资源、能源的消耗及对环境的影响，包括新建建筑、既有建筑、短期使用建筑、改修建筑和热岛现象对策等。CASBEE不仅可以用来指导设计师的设计过程，还可以用于确定建筑物的环境标签等级、为能源服务公司和建筑更新改造活动提供咨询、指导建筑行政管理等方面。

为了能够针对不同建筑类型和建筑生命周期不同阶段的特征进行准确的评价，CASBEE评价体系由一系列的评价工具所构成。其中，最核心的是与设计流程紧密联系的四个基本评价工具，分别是规划与方案设计、绿色设计工具、绿色标签工具及绿色运营与改造设计工具，分别应用于设计流程的各个阶段。评估对象按功能不同分为非住宅类建筑和住宅类建筑两大类，非住宅类建筑包括办公建筑、学校、商店、餐饮、集会场所、工厂等，住宅类建筑包括医院、宾馆、公寓式住宅等。

2. 评估指标及权重

CASBEE提出以用地边界和建筑最高点之间的假想空间作为建筑环境效率评价的三维封闭体系。以此假想边界为限的空间是业主、规划等建筑相关人员可以控制的空间，而边界之外的是公共（非私有）空间，几乎不能控制。

CASBEE需要评价"建筑物的环境品质和性能Q（Quality）"和"建筑物的外部环境负荷L（Loadings）"两大指标，分别表示"对假想封闭空间内部建筑物使用者生活舒适性的改善"和"对假想封闭空间外部公共区域的负面环境影响"。建筑物的环境品质和性能（Q）包括室内环境（Q-1）、服务性能（Q-2）、室外环境等评价指标（Q-3）；建筑的外部环境负荷（L）包括能源（L-1）、资源与材料（L-2）、建筑用地外环境（L-3）等评价指标。每个指标又包含若干子指标，概括了影响建筑物环境效率的所有因素。CASBEE的评价指标权重和子指标内容，分别如表8-23和表8-24所示。

CASBEE 的评价指标权重 表8-23

评价指标	Q-1	Q-2	Q-3	L-1	L-2	L-3
权重	0.50	0.35	0.15	0.50	0.30	0.20

CASBEE 子指标内容 表8-24

Q 建筑物的环境品质和性能		
Q-1: 室内环境	Q-2: 服务性能	Q-3: 室外环境（建筑用地内）
Q-1-1: 声环境	Q-2-1: 功能性	Q-3-1: 确保与营造生物环境
Q-1-2: 热环境	Q-2-2: 耐用性与可靠性	Q-3-2: 街道排列与景观造型
Q-1-3: 光环境	Q-2-3: 适应性与可更新性	Q-3-3: 考虑地域性与舒适性
Q-1-4: 室内空气品质		
L 建筑物的外部环境负荷		
L-1: 能源	L-2: 资源与材料	L-3: 建筑用地外环境
L-1-1: 降低建筑冷热负荷	L-2-1: 水资源保护	L-3-1: 大气污染
L-1-2: 可再生能源的有效利用	L-2-2: 使用低环境负荷材料	L-3-2: 噪声、振动、恶臭
L-1-3: 设备系统的高效化		L-3-3: 风害
		L-3-4: 光污染
		L-3-5: 热岛效应
		L-3-6: 区域基础设施负荷

3．评估方式及等级划分

CASBEE采用5级评分制，基准值为3（3分）；满足最低条件时评为水准1（1分），达到一般水准时为3分。依照权重系数，各评价指标累加得到Q和L，表示为柱状图或雷达图。最后根据关键性指针——建筑环境效率指标BEE（Building Environmental Efficiency），给予建筑评价，将其作为评价建筑物绿色性能的标准，并采用以下公式来确定其大小。

$$BEE=Q/L$$

式中 BEE——建筑环境效率；

Q——建筑物的环境质量与性能，代表参评建筑对假想封闭空间内部建筑使用者生活舒适性的改善；

L——环境负荷，代表参评建筑对假想封闭空间外部公共区域的负面环境影响。

当分子Q一定时，分母L越小，BEE越大，也就代表该建筑的绿色性能越高。对建筑物进行评估时，首先是对Q和L分别进行评价，得出各自的评分结果后再将这两项相除，最后得到建筑物环境效率BEE的值。

8.3.4 中国绿色建筑评价标准

我国的绿色建筑评价标准根据评价对象的不同，针对新建建筑和既有建筑改造，分别有《绿色建筑评价标准》GB/T50378—2014和《既有建筑绿色改造评价标准》GB/T51141—2015。

1.《绿色建筑评价标准》

住房城乡建设部和国家质量监督检验检疫总局于2014年联合发布了最新版《绿色建筑评价标准》GB/T 50378—2014（以下简称《评价标准》）。《评价标准》对推动我国绿色生态建筑的研究和设计，规范绿色生态建筑的健康发展产生了积极的影响。

我国目前每年的建设总量居世界之首，要改变我国建筑业高能耗、高物耗、高污染的状况，实现建筑业的可持续发展，必须发展绿色建筑，开展绿色建筑评定工作是发展绿色建筑的重要环节。《绿色建筑评价标准》最早于2006年推出，作为我国第一部面向全国的绿色建筑评价体系，是在总结国内绿色建筑方面的实践经验和研究成果，借鉴国际先进经验的基础上编制的，它的发布和实施所起到的作用和潜在影响是巨大的。我国的绿色建筑的评价工作目前正在探索性地进行，《评价标准》的实施将使绿色建筑评定工作有法可依、有章可循。

《评价标准》的指标体系由节地与室外环境、节能与能源利用、节水与水资源利用、节材与材料资源利用、室内环境质量、施工管理和运营管理7大类指标组成。《绿色建筑评价标准》各指标权重，如表8-25所示。

《绿色建筑评价标准》各指标权重 表8-25

		节地与室外环境 W_1	节能与能源利用 W_2	节水与水资源利用 W_3	节材与材料资源利用 W_4	室内环境质量 W_5	施工管理 W_6	运营管理 W_7
设计评价	居住建筑	0.21	0.24	0.20	0.17	0.18	—	—
	公共建筑	0.16	0.28	0.18	0.19	0.19	—	—
运行评价	居住建筑	0.17	0.19	0.16	0.14	0.14	0.10	0.10
	公共建筑	0.13	0.23	0.14	0.15	0.15	0.10	0.10

每类指标均包括控制项和评分项，评价指标体系还统一设置加分项。控制项的评定结果为满足或不满足，评分项和加分项的评定结果为分值。绿色建筑分为一星级、二星级、三星级3个等级。三个等级的绿色建筑均应满足本标准所有控

制项的要求,且每类指标的评分项得分不应少于40分。当绿色建筑总得分分别达到50分、60分、80分时,绿色建筑等级分别为一星级、二星级、三星级。

截止到2015年12月31日,全国已评出3979项绿色建筑评价标识项目,总建筑面积约4.6亿m²。2008~2015年绿色建筑评价标识项目数量,如图8-16所示。

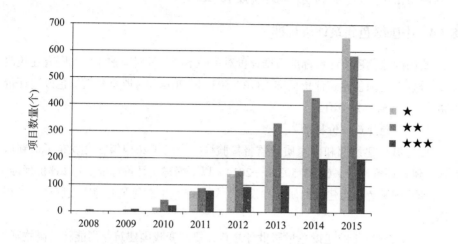

图8-16 2008~2015年绿色建筑评价标识项目数量

2.《既有建筑绿色改造评价标准》

2013年,由中国建筑科学研究院、住房城乡建设部科技发展促进中心牵头开始制定《既有建筑绿色改造评价标准》GB/T 51141—2015,并于2015年正式得到批准,标准号为GB/T51141—2015,自2016年8月1日起正式实施。

来自《中国建筑节能年度发展研究报告2015》的数据显示,目前我国既有建筑体量约为545亿m²,其中约30%~50%出现安全方面问题或进入功能退化期。截至2015年,仅有61个项目通过既有建筑改造而获得绿色建筑标识,总建筑面积约为307万m²,占所有标识项目总建筑面积的比例不足0.7%。

考虑到既有建筑与新建建筑的差异性,以及既有建筑改造自身的特点,《既有建筑绿色改造评价标准》的评价主体内容包括7类指标和提升与创新。既有建筑绿色改造评价标准各指标权重,如表8-26所示。

既有建筑绿色改造评价标准各指标权重　　　表8-26

		规划与建筑 W_1	结构与材料 W_2	暖通空调 W_3	给水排水 W_4	电气 W_5	施工管理 W_6	运营管理 W_7
设计评价	居住建筑	0.25	0.20	0.22	0.15	0.18	—	—
	公共建筑	0.21	0.19	0.27	0.13	0.20	—	—
运行评价	居住建筑	0.19	0.17	0.18	0.12	0.14	0.09	0.11
	公共建筑	0.17	0.15	0.22	0.10	0.16	0.08	0.12

同新建建筑一样，三个等级的绿色建筑也必须满足本标准所有控制项的要求，当总分达到50分、60分、80分时，绿色建筑等级分别为一星级、二星级、三星级。

3．两类标准对比

《绿色建筑评价标准》和《既有建筑绿色改造评价标准》的评价对象同为绿色建筑，有一定相通之处，但对新建建筑和改造建筑的适用范围、制定原则、指标设置和设计、运行评价均有所不同。两大标准对比，如表8-27所示。

两大标准对比表　　　　8-27

		绿色建筑评价标准	既有建筑绿色改造评价标准
适用范围		办公建筑、居住建筑、酒店建筑、商店建筑、医院建筑、学校建筑等	适用于既有建筑绿色改造：改造前后均为民用建筑，且使用功能不发生改变的；改造前后均为民用建筑但使用功能发生变化的；改造前为非民用建筑，改造后为民用建筑的
制定原则		四节一环保	改造所涉及专业
指标设置	不同指标	节地与室外环境、节能与能源利用、节水与水资源利用、节材与材料资源利用、室内环境质量	规划与建筑、结构与材料、暖通空调、给水排水、电气
	相同指标	施工管理、运营管理	
	综合指标	提高与创新	
设计评价		节地与室外环境、节能与能源利用、节水与水资源利用、节材与材料资源利用、室内环境质量、加分项	规划与建筑、结构与材料、暖通空调、给水排水、电气、加分项
运行评价		节地与室外环境、节能与能源利用、节水与水资源利用、节材与材料资源利用、室内环境质量、施工管理、运营管理、加分项	规划与建筑、结构与材料、暖通空调、给水排水、电气、施工管理、运营管理、加分项

关键术语

设施环境　可持续建筑　环境方针　环境目标环境体系　环境要素　室内空气环境　热环境　声环境　英国建筑研究院环境评估法　美国绿色建筑评估体系　日本建筑物综合环境性的评价体系　中国绿色建筑评价标准

复习思考题

1．设施环境管理的主体和目标是什么？
2．设施环境管理面临的难题有哪些，你还能想到哪些？

3. 组织建立环境管理体系分为哪几个阶段，每个阶段的主要任务是什么？
4. 在评价重大环境因素时，需要考虑的问题有哪些？
5. 绝大多数的室内空气质量问题可以通过哪三个方面解决？
6. 室内温度测定的具体步骤是什么？
7. 产生噪声的建筑设备主要有哪些，有什么具体控制措施？
8. 自然采光和人工照明有什么不同，在具体布置时需要如何协调？
9. 国内外与建筑环境管理相关的评价体系主要有哪些？

延伸阅读

[1] 吴硕贤，夏清. 室内环境与设备（第三版）[M]. 北京：中国建筑工业出版社，2014.

[2] 中国建筑文化中心. 世界绿色建筑：热环境解决方案 [M]. 南京：江苏人民出版社，2012.

[3] 白志鹏等. 室内空气污染与防治 [M]. 北京：化学工业出版社，2013.

[4] Stephan, Constantin. Industrial Health, Safety and Environmental Management [M], MV Wissenschaft, Muenster, 2012.

[5] Elmahadi M. A., Tahir M. M., Surat M., et al. Effective Office Environment Architecture：Finding Ingenious Ideas in a Home to Stimulate the Office Environment [J]. Procedia Engineering, 2011, 20: 380–388.

9 建筑能源管理

[本章导读]

面临着世界能源供应短缺或是价格上涨的情况，越来越多的企业意识到能源管理的重要意义。建筑能源消耗一般指建筑物及其设备和系统的运行能耗，如建筑物照明、供暖、空调和各类建筑内使用电器等，它一直伴随着建筑物的使用过程而发生。通过有效的建筑能源管理，不仅能够降低设施的运行成本，节支增效，还能减轻生态环境的负担，实现可持续经营。

[本章主要内容]

- ❖ 建筑能源消耗的比例及其特点；
- ❖ 建筑能源消耗基准指标及公共建筑节能设计标准；
- ❖ 能源管理体系要素及其控制；
- ❖ 能源管理策划的概念及策划过程；
- ❖ 能源管理矩阵、合同能源管理的概念及应用。

9.1 建筑能源消耗和基准

建筑能源消耗一般指建筑物及其设备和系统的运行能耗，如建筑物照明、供暖、空调和各类建筑内使用电器等，它一直伴随着建筑物的使用过程而发生。从设施全生命周期的角度来看，在其50~70年的使用寿命中，建筑材料和建造过程所消耗的能源一般只占其全生命周期能源消耗的20%左右，大部分能源消耗发生在设施运行的过程中。因此，设施能耗应是建筑节能任务中最主要的关注对象。

知识链接

更多建筑能源管理知识，请访问设施管理门户网站 FMGate——FM资讯——新闻动态——《能源效率标识管理办法》（修订征求意见稿）。

9.1.1 建筑能源消耗构成

建筑能耗数据是设施节能工作的基础，本节主要引用了清华大学建筑节能研究中心在《中国建筑节能年度发展研究报告2015》中的相关数据，对建筑能耗的发展状况以及不同类型建筑的能耗结构进行简单分析，从而得出我国建筑能耗的基本特点。

1. 我国建筑能耗及总体发展变化趋势

2013年，我国总建筑面积545亿m^2，总商品能耗7.56亿tce（吨标准煤），约占全国能源消费总量的19.5%。我国北方城镇供暖占1.81亿tce，除供暖之外的能耗占建筑总能耗的75.8%。我国各类建筑能耗比例，如图9-1所示。

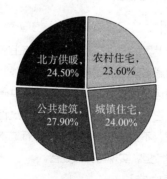

■农村住宅　■城镇住宅　■公共建筑　■北方供暖

图9-1　我国各类建筑能耗比例

由图9-1可以看出，我国南方和北方民用建筑能耗的最大差异在于供暖，北方城镇供暖占建筑能耗的1/4。公共建筑包括办公楼、商场、酒店及工业建筑等，其能耗总量占总建筑能耗的28.13%，是建筑能源管理的重点。

近年来，我国的建筑能耗随着城市化率的提高、经济的发展、人民生活水平的改善而不断增长。从1996年的2.43亿tce（吨标准煤）上升至2013年的7.56亿tce（吨标准煤）。2001~2013年各用能分类的能耗总量变化，如图9-2（a）所示；2001~2013年北方供暖和公共建筑单位面积能耗强度变化，如图9-2（b）所示。

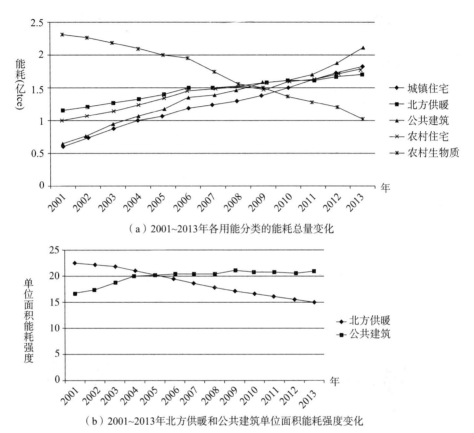

图9-2 2001~2013年能耗总量及北方能耗强度变化

（a）2001~2013年各用能分类的能耗总量变化

（b）2001~2013年北方供暖和公共建筑单位面积能耗强度变化

从图9-2（b）中可以看出，2001~2013年，北方城镇建筑供暖面积从50亿m^2增长到120亿m^2，增加了1.5倍，而能耗总量增加不到1倍，能耗总量的增长明显低于建筑面积的增长，体现了节能工作取得的显著成绩——平均的单位面积供暖从2001年的22.8kgce/m^2，降低到2013年的15.1kgce/m^2，降低了34%。

公共建筑的能源消耗涨幅最大，从2001年的0.65亿tce上升至2013年的1.81亿tce，这是单位面积能耗和总建筑面积同步增长的结果，同时也是由于室内温度环境的改善，设施管理水平的提高，以及建筑内部用能设备的增加所造成的单位面积能耗的攀升。在短短的12年之间，建筑能耗几乎翻了一番。如果任其按照此速度增长，势必会给我国的能源供应安全带来极大的压力，建筑节能势在必行。

2. 公共建筑能耗构成及其特点

（1）办公建筑

典型的办公建筑除供暖外的能耗构成主要包括：照明电耗、办公电器设备电耗、电热开水器和电梯等综合服务设备系统电耗、空调系统电耗以及厨房和信息中心等特定功能设备系统电耗等五个方面。某政府办公楼和某商业写字楼各项能耗比例，如图9-3和图9-4所示。

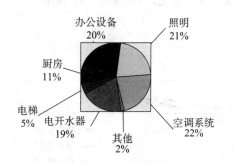

图9-3　某政府办公楼各项能耗比例

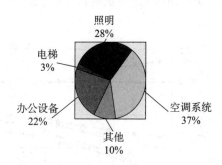

图9-4　某商业写字楼各项能耗比例

（2）商业及旅游建筑

星级酒店和大型商场除供暖外的能耗构成和办公楼基本相同，只是能耗绝对数量、比例和重点有所不同。办公楼设备系统能耗比例高于酒店和商场，而酒店、商场由于空间开阔，空调系统耗能比例大。某星级酒店和某大型商场各项能耗比例，如图9-5和图9-6所示。

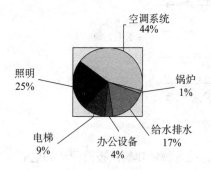

图9-5　某星级酒店各项能耗比例

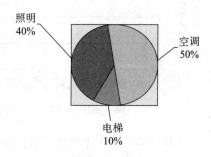

图9-6　某大型商场各项能耗比例

通过对上述各类公共建筑能耗结构的对比分析可知，公共建筑能耗主要由暖通空调、照明、各类服务性设备系统（如电梯等）以及专业设备系统（如厨房、信息设备等）能耗组成。

3. 工业建筑能耗构成及其特点

一般来说，工业建筑能耗主要由照明、空调、通风换气等几大部分组成。影响工业建筑能耗的因素复杂。供暖和空调所耗用的能量，除了建筑物围护结构的室内外温差传热形成的能耗外，还包括室内照明设备、运行机械设备和操作工人的发热量形成的能耗，还受到生产工艺流程和操作特点等影响，与厂房性质、设备特性、运行时间及工作班次等因素有密切关系，不同类型的工业建筑其能耗比例差异很大。广东地区不同类型工业建筑能耗构成，如表9-1所示。

广东地区不同类型工业建筑能耗构成　　　　表9-1

类别	建筑物	空调（%）	照明（%）	通风换气（%）	其他（%）	备注
Ⅰ	A	88.3	11.4	0.3	—	主要生产加工光学镜头等精密部件，对热湿环境要求很高
Ⅰ	B	79.7	11.8	8.5	—	主要从事镁合金压铸、涂装，要求具有全封闭精密无尘涂装生产线
Ⅰ	C	56.8	13.7	29.5	—	主要负责模具喷涂工艺，对生产环境要求较高
Ⅱ	D	43.0	1.0	27.0	29.0	主要生产毛织产品
Ⅱ	E	38.9	12.5	47.1	1.5	主要生产针织、针纺产品
Ⅱ	F	37.0	33.7	29.3	—	主要生产针织产品
Ⅲ	G	3.5	31.4	60.3	4.8	主要负责产品组装，考虑运输和通风，建筑开口很大

表9-1中将工业厂房分为三种类型：Ⅰ类厂房（如表中编号A、B、C的工业建筑）大多从事精密设备仪器的生产加工，其生产工艺对热湿环境要求很高，空调耗能所占比例都在50%以上；Ⅱ类厂房（如表中编号D、E、F的工业建筑）主要从事纺织等工作，对热湿环境要求一般，其空调耗能也都在30%以上。上述两类厂房的空调节能是能源管理的重点。Ⅲ类厂房（如表中编号G的工业建筑）属于大空间敞开式厂房，从事装配运输类工艺，其建筑开口大，空调系统耗能比例小，仅占3.5%，而通风换气耗能则占60%以上。

9.1.2 建筑能源消耗基准指标

能源基准（Energy Baseline）是用来比较能源绩效的定量参考依据。建筑能源消耗基准指标作为衡量建筑能源表现的一种工具，是根据有关能源消耗组别的具有一定代表性的有限样本研究制定的，仅作为评价各类建筑能源管理水平的参考依据，而不是现有建筑必须遵守的技术标准。

1．不同业态建筑能源消耗基准指标

香港机电工程署2016年5月12日发布的建筑能源消耗指标包含了办公室、商铺、酒店旅社、学校及医院诊所等多种业态设施类型。各业态建筑能源消耗基准指标，如表9-2~表9-6所示。

办公楼建筑能源消耗基准指标　　　　表9-2

主要分类	次要分类	范围说明	每年每平方米能源消耗量[MJ/(m²·a)]
私营办公室	设有中央冷气供应租户的大厦（多个租户）中央设施	大厦外墙内所包含面积，包括租户所使用的地方、内墙、柱、升降机大堂、楼梯、走廊及入口大堂，但不包括停车场、机房、露台、天台及种有花草的地方	476
私营办公室	没有中央冷气供应租户的大厦（多个租户）中央设施	大厦外墙内所包含的面积，包括租户所使用的地方、内墙及柱、升降机大堂、楼梯、走廊及入口大堂，但不包括停车场、机房、露台、天台及种有花草的地方	155

续表

主要分类	次要分类	范围说明	每年每平方米能源消耗量 [MJ/(m²·a)]
政府办公室	整座大厦（多个客户）	指量度至大厦外墙的外表面的楼面面积，不包括大厦的公共地方，例如公用厕所、升降机及升降机大堂、电表房、冷气机房、水表房、垃圾槽、天井及楼梯	1005

餐饮及零售能源消耗基准指标　　　　表9-3

主要分类	次要分类	每年每平方米能源消耗量 [MJ/(m²·a)]
餐饮及零售	中式餐厅及酒楼	4636
	非中式餐馆及酒楼	4060
	快餐店	6622
	酒吧	1536
	其他餐饮场所	5729
	商场、地库、楼上铺	1479
	街铺、地铺	1778

酒店及住宿能源消耗基准指标　　　　表9-4

主要分类	次要分类	每年每平方米能源消耗量 [MJ/(m²·a)]
酒店及旅社	酒店	898
	宾馆	1326
	养老院	1872
	服务式住宅	701

学校能源消耗基准指标　　　　表9-5

主要分类	次要分类	每年每平方米能源消耗量 [MJ/(m²·a)]
大学、学院及中小学	大学	752
	大专院校	185
	成人教育学院、职业训练学校	630
	中学	214
	小学	186
	幼稚园	427
	特殊教育学校	120

建筑能源管理 | 221

医院及诊所能源消耗基准指标　　　　表9-6

主要分类	次要分类	每年每平方米能源消耗量 [MJ/(m²·a)]
医院及诊所	医院	1131
	诊所	1709
	私家牙科诊所	379
	化验所	639

2．不同地域建筑能源消耗基准指标

我国南方北方不同类型建筑的能耗基准指标也存在一定差异。北京、西安、上海和广州不同功能建筑的能耗基准指标参考值，如表9-7和表9-8所示。

北京、西安地区不同功能建筑的能耗基准指标参考值　　　　表9-7

序号	系统	单位	北京地区				西安地区			
			普通办公楼	商务办公楼	大型商场	宾馆酒店	普通办公楼	商务办公楼	大型商场	宾馆酒店
1	空调系统全年耗电量	kWh/(m²·a)	18	30	110	46	20	31	112	47
2	照明系统全年耗电量	kWh/(m²·a)	14	22	65	18	14	22	65	18
3	室内设备系统全年耗电量	kWh/(m²·a)	20	32	10	14	20	32	10	14
4	电梯系统全年耗电量	kWh/(m²·a)	—	3	14	3	—	3	14	3
5	给水排水系统全年耗电量	kWh/(m²·a)	1.00	1.00	0.20	5.80	1.00	1.00	0.20	5.80
(1~5)总和	常规系统全年耗电量	kWh/(m²·a)	53	88	200	87	55	89	201	88
6	空调系统全年耗冷量	GJ/(m²·a)	0.15	0.28	0.48	0.32	0.16	0.29	0.49	0.33
7	供暖系统全年耗热量	GJ/(m²·a)	0.20	0.18	0.12	0.30	0.19	0.17	0.11	0.29
8	生活热水系统全年耗热量	GJ/(m²·a)	—	—	—	12	—	—	—	12

上海、广州地区不同功能建筑的能耗基准指标参考值　　　　表9-8

序号	系统	单位	上海地区				广州地区			
			普通办公楼	商务办公楼	大型商场	宾馆酒店	普通办公楼	商务办公楼	大型商场	宾馆酒店
1	供暖空调系统全年耗电量（包括热源）	kWh/(m²·a)	23	37	140	54	40	55	170	78
2	照明系统全年耗电量	kWh/(m²·a)	14	22	65	18	14	22	65	18
3	室内设备系统全年耗电量	kWh/(m²·a)	20	32	10	14	20	32	10	14
4	电梯系统全年耗电量	kWh/(m²·a)	—	3	14	3	—	3	14	3

续表

序号	系统	单位	上海地区				广州地区			
			普通办公楼	商务办公楼	大型商场	宾馆酒店	普通办公楼	商务办公楼	大型商场	宾馆酒店
5	给水排水系统全年耗电量	kWh/(m²·a)	1	1	0.2	5.8	1	1	0.2	5.8
(1~5)总和	常规系统全年耗电量	kWh/(m²·a)	58	95	230	95	75	113	260	119
6	空调系统全年耗冷量	GJ/(m²·a)	0.22	0.32	0.79	0.44	0.38	0.48	1.16	0.68
7	生活热水系统全年耗热量	GJ/(m²·a)	—	—	—	12	—	—	—	12

注：1. 表9-7和表9-8中建筑面积指建筑物除车库以外的建筑面积。
   2. 普通办公楼指建筑面积在2万m²以下且不设置集中空调的中小型办公建筑，该类型建筑的建筑内区很小，外窗可大面积开启。
   3. 能耗指标均不包含信息中心、洗衣房、厨房、大型娱乐中心、车库等。

从表9-7和表9-8的对比分析可以看出，我国南方和北方设施的能耗基准指标在照明系统、室内设备系统、电梯及给排水系统方面都基本一致，主要差异存在于空调及供暖系统。南方夏季空调系统耗能大，冬季供暖没有专门的供暖系统，同样采用空调系统供暖，其耗电量大；北方由于气候原因，夏季空调耗能较小，冬季则采用供暖系统供暖。

知识链接

更多建筑节能案例，请访问设施管理门户网站FMGate——FM专区——能源管理——魔法乐园的能源心脏，上海迪士尼乐园探秘。

9.1.3 公共建筑节能设计标准

为了从设计阶段控制暖通空调和照明能耗，我国颁布了《公共建筑节能设计标准》GB 50189—2015（以下简称《标准》），该《标准》为规范公共建筑节能设计，促进我国建筑节能事业的健康稳定发展起到了重要的作用。为贯彻国家有关法律法规和方针政策，修订后的《标准》于2015年10月1日起开始实施。

按《标准》确定，公共建筑节能目标50%由改善围护结构热工性能，提高空调供暖设备和照明设备效率来分担；照明设备效率节能目标参数以及围护结构、暖通空调方面的规定值，就是在设定"基准建筑"（即20世纪80年代改革开放初期建造的公共设施）全年供暖空调和照明的能耗为100%的情况下，调整围护结构热工参数和供暖空调设备能效比等设计要素，直至全年供暖空调和照明的能耗下降到50%，即定为标准规定值。

据计算和分析，按新《标准》进行建筑设计，由于围护结构热工性能的改善，供暖空调设备和照明设备能效的提高，全年供暖、通风、空气调节和照明的总能耗减少约20%~23%。其中从北方至南方，围护结构分担节能率约4%~6%；空调供暖系统分担节能率约7%~10%；照明设备分担节能率约7%~9%。此外，再加上给水排水、电气和可再生能源应用的相关节能量，执行新《标准》后，全国总体节能率可达到50%以上。

1．新风量

目前，有的业主、设计者往往选取不合理的设计计算参数，出现冬夏季设计室温倒置（比如冬季要求24℃，夏季要求22℃），甚至对于舒适性空调建筑要求全年保持22±1℃恒温。又如新风量的选取，似乎"越大越好"。然而新风量的盲目增大将会大大增加能耗。公共建筑主要空间的设计新风量参数和空气调节系统室内计算参数，分别如表9-9、表9-10所示。

公共建筑主要空间的设计新风量参数　　　　　表9-9

建筑类型与房间名称			新风量 [m^3/(h·p)]
旅游旅馆	客房	5星级	50
		4星级	40
		3星级	30
	餐厅、宴会厅、多功能厅	5星级	30
		4星级	25
		3星级	20
		2星级	15
	大堂	4~5星级	10
	商业、服务	4~5星级	20
		2~3星级	10
	美容、理发、康乐设施	—	30
旅店	客房	1~3级	30
		4级	20
文化娱乐	影剧院、音乐厅、录像厅		20
	游艺厅、舞厅、卡拉OK歌厅		30
	酒吧、茶座、咖啡厅		10
体育馆			20
商场（店）、书店			20
饭馆（餐厅）			20
办公			30
学校	教室	小学	11
		初中	14
		高中	17

公共建筑空气调节系统室内计算参数　　　　表9-10

参数		冬季	夏季
温度（℃）	一般房间	20	25
	大堂、过厅	18	室内外温度差≤10
风速 v（m/s）		$0.10 \leq v \leq 0.20$	$0.15 \leq v \leq 0.30$
相对湿度（%）		30~65	40~65

2．给水排水

公共建筑的平均日生活用水定额、全年用水量计算、非传统水源利用率计算按国家现行标准《民用建筑节水设计标准》GB50555—2010执行。宿舍、旅馆和其他公共建筑的平均日生活用水定额，如表9-11所示。

宿舍、旅馆和其他公共建筑的平均日生活用水定额　　　　表9-11

序号	建筑物类型及卫生器具设置标准		单位	节水用水定额 q_g	热水节水定额 q_r
1	宿舍	Ⅰ类、Ⅱ类 Ⅲ类、Ⅳ类	L/（人·d） L/（人·d）	130~160 90~120	40~55 35~45
2		酒店式公寓	L/（人·d）	180~240	65~80
3	宾馆客房	旅客 员工	L/（床位·d） L/（人·d）	220~320 70~80	110~140 35~40
4	医院住院部	设有公用厕所、盥洗室 设有公用厕所、盥洗室和淋浴室 病房设单独卫生间 医务人员 门诊部、诊疗所 疗养院、休养所住院部	L/（床位·d） L/（床位·d） L/（床位·d） L/（人·班） L/（人·次） L/（床位·d）	90~160 130~200 220~320 130~200 6~12 180~240	45~70 65~90 110~140 65~90 3~5 90~110
5	餐饮业	中餐酒楼 快餐店、职工及学生食堂 酒吧、咖啡厅、茶座、卡拉OK房	L/（人·次） L/（人·次） L/（人·次）	35~50 15~20 5~10	15~25 7~10 3~5
6	商场	员工及顾客	L/（m²营业厅面积·d）	4~6	
7		图书馆	L/（人·次）	5~8	
8	书店	员工 营业厅	L/（人·班） L/（m²营业厅面积·d）	27~40 3~5	
9		办公楼	L/（人·班）	25~40	5~10
10	教学实验楼	中小学校 高等学校	L/（学生·d） L/（学生·d）	15~35 35~40	
11		电影院、剧院	L/（观众·场）	3~5	
12	会展中心	员工 展厅	L/（人·班） L/（m²展厅面积·d）	27~40 3~5	
13		健身中心	L/（人·次）	25~40	10~20
14	体育场、体育馆	运动员淋浴 观众	L/（人·次） L/（人·场）	25~40 3	15~20 1~2
15		会议厅	L/（座位·次）	6~8	2

3. 电气

国家标准《建筑照明设计标准》GB50034—2013对办公建筑、商店建筑、旅馆建筑、医疗建筑、教育建筑、博览建筑、会展建筑、交通建筑、金融建筑的照明功率密度值的限值进行了规定,提供了现行值和目标值。

光源的选择应符合下列规定:

(1) 一般照明在满足照度均匀度条件下,宜选择单灯功率较大、光效较高的光源;不宜选用荧光高压汞灯,不应选用自镇流荧光高压汞灯。

(2) 气体放电灯选用单灯功率不大于或等于25W的光源时,其镇流器应选用谐波含量低的产品。

(3) 高大空间及室外照明场所宜选用金属卤化物灯、高压钠灯。

(4) 除医疗等行业类特殊场所,不应选用白炽灯。

(5) 走道、楼梯间、卫生间、车库等无人长期逗留的场所,宜选用LED灯。

(6) 疏散指示灯、出口标志灯、商业指向性装饰照明等应选用LED灯。

(7) 室外景观、道路照明应选择高效、寿命长、安全、稳定的光源,避免各种形式的光污染。

照明控制应结合建筑使用情况及天然采光状况,进行分区、分组控制;旅馆客房应设置节电控制型总开关;除单一灯具的房间,每个房间的灯具控制开关不应少于2个,且每个开关所控的光源数不应多于6盏;走廊、楼梯间、门厅、电梯厅、卫生间、停车库等公共场所的照明,宜采用集中开、关控制或就地感应控制;大空间场所如大堂、人员聚集大厅、大开间办公室等的照明,宜采用智能照明控制系统。

4. 可再生能源应用

可再生能源是指风能、太阳能、水能、生物质能、地热能、海洋能等非化石能源。目前,可在建筑中规模化使用的可再生能源主要包括浅层地能和太阳能。

公共建筑宜设置太阳能热利用系统,当设置太阳能热利用系统时,应满足太阳能保证率要求。太阳能保证率,如表9-12所示。

太阳能保证率 f (%) 表9-12

太阳能资源区划	太阳能热水系统	太阳能供暖系统	太阳能空气调节系统
Ⅰ资源丰富区	≥60	≥50	≥45
Ⅱ资源丰富区	≥50	≥35	≥30
Ⅲ资源一般区	≥40	≥30	≥25
Ⅳ资源贫乏区	≥30	≥25	≥20

公共建筑的光伏组件应满足全天不低于4h的建筑日照时数;太阳能热水系统的贮热水箱应根据设计环境温度设置保温措施,满足24h内的热损失不超过系统蓄热量的5%的要求。

9.2 建筑能源管理体系

能源管理体系（Energy Management System，EnMs）用于建立能源方针、能源目标、过程和程序以实现能源绩效目标的一系列相互关联或相互作用的要素的集合。建筑能源管理的任务是以降低能源消耗、提高能源利用效率为目的，针对组织活动、产品和服务中的建筑能源使用或能源消耗，进行全面的策划、实施、检查和改进，从而实现能源节约的战略目标。

9.2.1 能源管理体系概况

国际上有关国家制定并实施了能源管理体系国家标准，如英国能源效率办公室等针对建筑能源管理制定的《能源管理指南》、美国国家标准学会（ANSI）制定的MSE2000《能源管理体系》、瑞典标准化协会等制定的《能源管理体系说明》、爱尔兰国家标准局（NSAI）制定的《能源管理体系要求及使用指南》、丹麦标准协会发布的《能源管理规范》等。此外，韩国也发布了相应的国家标准，德国和荷兰也制定了相应的能源管理体系规范。

欧洲标准化委员会（CEN）和欧洲电工技术标准化委员会（CENELEC）共同组建了一个特别工作小组，研制三个与能源管理有关的欧洲标准，其中包括能源管理体系标准。这些标准的制定和实施为我国能源管理体系标准的研制提供了很好的经验。

为推动能源管理体系国际标准的制定，ISO成立了ISO/PC24——国际标准化组织能源管理体系项目委员会。国际标准《能源管理体系要求及使用指南》ISO 50001：2011在2011年颁布实施。2012年12月31日，我国发布了《能源管理体系要求》GB/T23331—2012，于2013年10月1日起实施。

9.2.2 能源管理体系要素

1. 能源管理方针

能源方针是最高管理者发布的有关能源绩效的宗旨和方向，为设定能源目标、指标及采取的措施提供框架。能源方针促使能源管理体系和能源绩效在组织规定的范围和边界内得以实施和改进。

最高管理者应制定能源方针，并确保其满足：

（1）与组织能源使用和消耗的特点、规模相适应。

（2）包括改进能源绩效的承诺。

（3）包括提供可获得的信息和必需的资源的承诺，以确保实现能源目标。

（4）包括组织遵守与节能相关的法律法规及其他要求的承诺。

（5）为制定和评审能源目标、指标提供框架。

（6）支持高效产品和服务的采购及改进能源绩效的设计。

（7）形成文件，在内部不同层面得到沟通、传达。

（8）根据需要定期评审和更新。

2．能源管理政策

建筑能源管理政策主要包含：组织关于实现能源管理目标、保护环境的公开声明和管理承诺；对于委托人员职责、监督汇报流程的清晰定义；指导能源管理实施的具体方案等。能源管理政策示例，如表9-13所示。

能源管理政策示例 表9-13

第一部分：声明	第二部分：责任及流程	第三部分：能源管理计划
1.1 声明承诺	2.1 人员责任	3.1 资源及预算
1.2 政策	2.2 管理机制	3.2 成果回顾
1.3 愿景	2.3 沟通渠道	3.3 行动方案
1.4 近期目标	—	—

能源管理政策制定完成后，必须由董事会审批通过后方能正式生效。政策文本需发送到各个部门征求意见，如有可能，对其中的建议及分歧开会讨论，目的是让所有人充分了解政策，并建立良好的沟通反馈机制。

3．能源管理流程

能源管理采用能源方针指导下的P（策划）、D（实施）、C（检查与纠正）和A（持续改进）国际通行管理流程，借鉴和使用先进的节能技术、方法和节能实践，以达到不断提高组织能源绩效的目标。能源管理流程（PDCA），如图9-7所示。

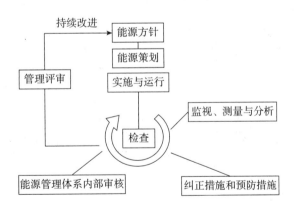

图9-7 能源管理流程（PDCA）

能源管理流程中PDCA各个环节的内容如下：

（1）策划。实施能源评审，明确能源基准和能源绩效参数，制定能源目标、指标和能源管理实施方案，从而确保组织依据其能源方针改进能源绩效。

（2）实施。履行能源管理实施方案。

（3）检查。对运行的关键特性和过程进行监视和测量，对照能源方针和目标评估确定实现的能源绩效,并报告结果。

(4)改进。采取措施,持续改进能源绩效和能源管理体系。

4. 能源管理团队

一旦企业高层做出了能源管理方面的承诺,能源管理工作任务正式纳入组织日常管理的范畴,则首先应选派合适的人员出任能源经理,并组建能源管理团队。

能源经理的职位可以由设施高级经理担任,也可以是设施业务经理兼任。其工作职责描述如下:

(1)制定能源管理政策。

(2)密切监督设施的能耗状况并及时汇报。

(3)研究和确定能源管理最佳实践。

(4)监督实施具体的能源管理方案,以实现能源节约。

(5)争取管理部门的支持,并提高工作人员的节能意识。

(6)定期汇报能源管理绩效,并接受检查。

(7)编制新工程的招标文件、能源标准等。

能源管理团队以能源经理为核心,还包括企业高级经理、财务经理、业务经理、质量安全和环境经理以及现场经理、技术人员等的支持。能源管理实施团队架构,如图9-8所示。该团队成员从各自专业的角度对能源经理提供意见和技术支持,并协助制定能源管理政策和能源绩效报告。

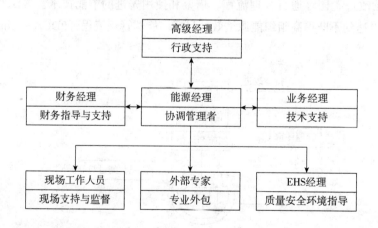

图9-8 能源管理团队架构

9.2.3 能源管理策划

能源策划是实施能源评审,明确能源基准和能源绩效参数,制定能源目标、指标和能源管理实施方案,从而确保组织依据其能源方针改进能源绩效,并形成能源基准、能源绩效参数和实施方案文件的过程。能源策划包括策划输入、能源评审和策划输出三部分。能源策划过程,如图9-9所示。

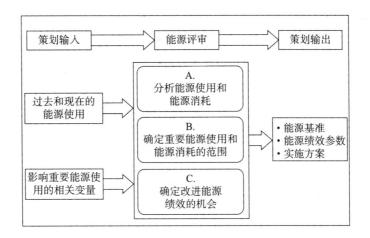

图9-9 能源策划过程

1. 能源评审

能源评审，基于数据和信息，确定组织的能源绩效水平，识别改进机会的工作。组织应将实施能源评审的方法和准则形成文件，并组织实施能源评审，评审结果应进行记录。能源评审包括：基于测量和其他数据，分析能源使用和能源消耗。包括：

（1）识别当前的能源种类和来源。

（2）评价过去和现在的能源使用情况和能源消耗水平。

掌握能耗数据是建筑能源管理的基础。然而，正确计算在一定时期内（如一年）的能源需求量十分困难，有许多不可预知的情况，影响能耗的因素也十分复杂。一般可以利用过去运行的经验来估计未来的能耗，此时则必须具备详细的运行记录和能耗数据，并对以往运行做出分析。

如果没有这些条件，则可以通过一些简单的估算方法进行能耗分析。常用的方法有负荷指标估算方法、温度频率法等。

信息技术的飞速发展，为建筑能耗分析提供了强有力的技术支持。建筑模拟方法是研究建筑能耗特性和评价建筑设计的有力工具，它可以解决很多复杂的设计问题，并将建筑能耗进行量化。建筑能耗模型一般包含四个部分，即建筑模型、暖通空调系统模型、暖通空调设备模型和控制系统模型，模拟的结果包括室内环境状况、设备和系统特性、建筑能耗数据等。建筑能耗模型的构架，如图9-10所示。

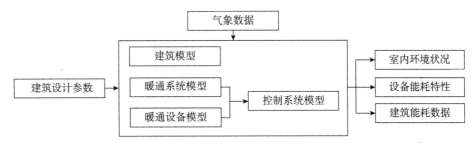

图9-10 建筑能耗模型的构架

2. 能源基准

能源基准是用作比较能源绩效的定量参考依据。组织使用初始能源评审的信息，并考虑能源使用和能源消耗特点相适应的时段，建立能源基准，通过与能源基准的对比测量能源绩效的变化。

当出现以下一种或多种情况时，应对能源基准进行调整：

（1）能源绩效参数不再能够反映能源使用和能源消耗情况时。

（2）用能过程、运行方式或用能系统发生重大变化时。

（3）其他预先规定的情况。

组织应保持并记录能源基准。

3. 能源绩效参数

能源绩效参数是由组织确定的可量化能源绩效的数值或量度。能源绩效参数包括单位时间能源消耗、单位面积能源消耗或多变量模型。组织可选取能源绩效参数，说明其运行的能源绩效状况，并在由于业务活动或基准发生变化影响到能源绩效参数相关性的情况下，对能源绩效参数进行适当的改进。确定和更新能源绩效参数的方法应予以记录，并定期评审此方法的有效性。

4. 实施方案

组织应建立能源管理的实施方案，制定实现能源目标和指标的时间进度要求，保持覆盖相关职能、层次、过程或设施等层面，并形成文件。能源管理实施方案应包括：

（1）职责的明确。

（2）达到每项指标的方法和时间进度。

（3）验证能源绩效改进的方法。

（4）验证结果的方法。

能源管理实施方案应形成文件，并定期更新。能源管理实施方案示例，如表9-14所示。

能源管理实施方案示例　　　　　　　表9-14

序号	项目	可减少排放（吨CO_2/年）	可节约成本（元/年）	项目成本（元）	投资回收期（年）	项目责任人	项目完成时间
1	已完成项目						
1.1	更好地利用冰槽	0	4000	1000	0.25	NF	2017.2
2	低成本/零成本项目						
2.1	蒸汽喷射器改造	40	12000	6000	0.5	GD	2017.8
2.2	安装冷却塔风机温控器	26	1530	1200	0.8	GD	2017.8
2.3	热回收	64	19000	28000	1.5	SM	2017.10

续表

序号	项目	可减少排放（吨CO_2/年）	可节约成本（元/年）	项目成本（元）	投资回收期（年）	项目责任人	项目完成时间
3	其他项目						
3.1	锅炉改造	69	20000	40000	2	GD	2018.5
	合计	199	56530	76200			

能源管理行动方案同样需要提请企业决策层审核通过。在实施的过程中，能源管理行动方案还需不断地完善和补充。

9.2.4 能源管理体系的实施

能源管理体系的实施主要包括：对组织能源利用过程中决定能源绩效的关键特性进行定期的监视、测量和分析；定期进行合规性评价和对能源管理体系实施运行情况开展内部审核；能源管理的纠正和预防措施；控制记录等内容。

1．监视、测量与分析

监视、测量与分析是能源管理体系覆盖范围内各部门、各场所的负责人对所管辖的部门、场所进行日常、定期检查。组织应确保对其运行汇总的决定能源绩效的关键特性进行定期监视、测量和分析。关键特性至少包括：

（1）主要能源使用和能源评审的输出。

（2）与主要能源使用相关的变量。

（3）能源绩效参数。

（4）能源管理实施方案在实现能源目标、指标方面的有效性。

（5）实际能源消耗与预期能源消耗的对比评价。

组织应保存监视、测量关键特性的记录；制定和实施测量计划，且测量计划应与组织的规模、复杂程度及监视和测量设备相适应；确定并定期评审测量需求；确保用于监视测量关键特性的设备所提供的数据是准确、可重现的，并保存校准记录和采取其他方式以确立准确度和可重复性；调查能源绩效中的重大偏差，并采取应对措施。能源管理工作检查清单，如表9-15所示。

能源管理工作检查清单　　　　　　表9-15

序号	能源管理工作内容	检查结果	
		是	否
1	建筑能源管理政策是否已拟订，并通过了企业高层的审批？		
2	是否已委派建筑能源经理，并有清晰的职责定义？		
3	是否已组建建筑能源管理团队，并定期举行沟通会议？		
4	是否已进行过建筑能源审核？		

续表

序号	能源管理工作内容	检查结果	
		是	否
5	能源费用是否得到有效的监控，并经常汇报？		
6	是否已建立节能项目评估系统？		
7	是否对节能项目投入一定资金？		
8	是否已制定明确的建筑能源管理行动计划，并对计划的进展实施监控？		
9	是否有明确的建筑能源管理培训计划，并已对员工实施培训？		
10	是否已建立畅通的建筑能源管理意见汇报及反馈系统？		
11	是否已制定年度审查计划？		

2．合规性评价

为了履行遵守法律法规要求的承诺，组织应建立、实施并保持一个或多个程序，以定期评价对适用法律法规的遵守情况。组织应定期评价对能源使用和消耗相关法律和其他要求的遵守情况。组织应保存合规性评价结果的记录。组织根据其规模、类型和复杂程度，规定适当的评价方法和频次。评价方法包括：建筑能效评估、文件和记录审查、能耗数据统计分析、现场检查等。

3．内部审核

能源管理体系内部审核是组织为衡量体系文件是否符合标准要求、体系文件是否得到执行以及体系运行绩效是否达到预期效果所采取的检查、分析和评价过程。组织应定期进行内部审核，确保能源管理体系达到下列要求：

（1）符合预定能源管理的安排。

（2）符合建立的能源目标和指标。

（3）得到了有效的实施与保持，并改进了能源绩效。

组织应考虑审核的过程、区域的状态和重要性以及以往审核的结果，制定内审方案和计划。审核员的选择和审核的实施应确保审核过程的客观性和公正性。组织应记录内部审核的结果并向最高管理者汇报。监视、测量与分析，合规性评价和内部审核之间的比较，如表9-16所示。

监视、测量与分析，合规性评价和内部审核之间的比较　　表9-16

内容	监视、测量与分析	合规性评价	内部审核
阶段	能源管理体系全过程	能源管理体系全过程	能源管理体系检查阶段
对象	决定能源绩效的关键特性	节能法律法规及其他要求的遵守落实情况	能源管理体系实施运行情况，包括能源文件和体系运行绩效等方面
目的	通过对关键特性的监视、测量与分析，发现体系日常运行过程中的发现问题，提出改进建议，确保严格按照标准和体系文件要求运行	评价与能源使用和能源消耗相关的法律法规和其他要求的遵守情况，发现问题，提出改进建议	评价管理体系实施运行的符合性、有效性，发现问题，提出改进的机会

续表

内容	监视、测量与分析	合规性评价	内部审核
执行者	负责能源利用控制过程的人员，如生产班组等	能源管理机构成员	内部审核人员或外部专家
时机、频次	与能源利用控制过程同步进行，具有即时性、连续性、日常性	定期，规定时间间隔	规定的时间间隔，可采用集中式或滚动式进行
方法	能源利用控制过程的监视、运行记录检查、有效性评价等	设备设施能效评估、文件和记录审查、能耗数据统计分析、现场检查等	现场询问、观察、有效性验证等
报告形式	运行日志、运行记录	不符合报告、合规性评价记录	不符合报告、内部审核报告

4．纠正和预防措施

不符合是指未达到能源目标的要求或者指定的能源目标未满足标准要求；纠正是为消除已发现的不符合所采取的措施；纠正措施是为消除已发现的不符合的原因所采取的措施；预防措施是为消除潜在的不符合的原因采取的措施。纠正、纠正措施及预防措施比较，如表9-17所示。

纠正、纠正措施及预防措施比较表　　　　表9-17

内容	纠正	纠正措施	预防措施
定义	为消除已发现的不符合所采取的措施	为消除已发现的不符合的原因所采取的措施	为消除潜在的不符合的原因而采取的措施
对象	针对不符合，是"就事论事"	针对产生不符合的原因，是"追根溯源"	针对潜在的而不符合的原因，是"未雨绸缪"
目的	对不符合的处置	为防止已出现的不符合的再次发生	为防止潜在不符合的发生
作用时效	当即发生作用	通过跟踪验证才能产生效果	通过跟踪验证才能产生效果
产生效果	问题可能再次发生	从根本上解决问题，不会再次发生	潜在不符合消失
触发条件	所有的不符合都要采取纠正	反复出现或后果严重的不符合等采取纠正措施	举一反三

组织应通过纠正、纠正措施和预防措施来识别和处理实际的或潜在的不符合，包括：

（1）评审不符合或潜在的不符合。
（2）确定不符合或潜在不符合的原因。
（3）评估采取措施的需求，确保不符合不重复发生或不发生。
（4）制定和实施所需的适宜的措施。
（5）保留纠正措施和预防措施的记录。
（6）评审所采取的纠正措施或预防措施的有效性。

5. 控制记录

组织应根据需要建立并保持记录，以证实符合能源管理体系和标准的要求以及所取得的能源绩效成果。组织应对记录的识别、检查和留存进行规定，并实施控制。相关活动的记录应清楚、标识明确，具有可追溯性。

9.3 建筑能源管理实践

9.3.1 能源管理矩阵

能源管理矩阵（Energy Management Matrix，EMM）是审视组织在能源管理方面工作成效的一种有效工具。借助于能源管理矩阵，可以给能源管理现状进行把脉定位。

1. 能源管理矩阵的形式

能源矩阵表通常包括5个方面的内容，每个内容根据执行的情况从0~4分为5个层次。每一列均表述了能源管理中一项重要的议题，包括：政策；组织；员工激励；跟踪、监督及报告系统；宣传与培训；投资。从下往上的每一行则代表了每个议题不断增高的层次水平。

组织根据自己的能源管理情况，逐级逐项进行对照，标定自己能源管理的现状，从而根据测定的结果来制定努力完善的目标，规划应优先采取的措施，弥补自己的不足，并对能耗改善的努力结果进行评估。能源管理矩阵的示意，如表9-18所示。

能源管理矩阵的示意 表9-18

层次水平	政策	组织	员工激励	跟踪、监督及报告系统	宣传与培训	投资
4	能源管理政策、行动方案以及定期检查制度已成为企业战略中的最高管理制度之一	有明确的能源管理组织，能耗管理人员的权、责、利分明	建立了能源经理与员工之间正式与非正式的多层次沟通渠道	有复杂先进的系统为企业设定节能目标、监控能耗、诊断故障、量化节能成果并提供节能项目成本分析	在企业的内外大力宣传能源管理工作的性质以及节能所能带来的成效	通过对所有新建改建项目及设备更新项目进行详细的经济评价，对那些绿色项目做出正面积极的评价与实际支持
3	正式的能源管理政策已经形成，但并未得到最高管理层的行动支持	成立了代表全体客户的能源委员会，该委员会由一位最高管理层成员领导，并任命了能源经理	能源委员会作为主要的渠道，负责与主要客户联系	通过分户计量追踪并监控能源的用途，但节能成效并没有有效地报告给客户	举行员工节能意识培训，并定期开展公开活动	对于新建改建及设备更新项目采取与企业投资项目一样的投资回收期计算
2	由能源经理或高级经理制定了相应的能源政策，但并未被正式认可	任命了能源经理，负责向特别委员会汇报，但职责权限不明确	通过一个由高级经理领导的特别委员会与主要客户联系	通过计量仪表的数据，实现对能源使用的监控管理	某些特殊的员工接受节能意识培训	投资仅适用于回收期短的项目

续表

层次水平	政策	组织	员工激励	跟踪、监督及报告系统	宣传与培训	投资
1	能源政策未正式成文	只有有限能力和影响力的兼职人员从事能源管理工作	能源工程师与少部分客户之间建立了非正式的沟通渠道	根据收据和发票记录能耗成本，作为内部使用	通过非正式的接触与交流促进节能意识的传播	只采取一些低成本的节能措施
0	没有直接的能源政策	没有能源管理的责任人	与客户之间没有联系，也没有信息流通系统	没有关于能源消耗及使用的任何记录	没有节能方面的培训	没有用于提高能效方面的措施

2. 能源管理矩阵的层次

能源管理矩阵由下至上反映了企业能源管理水平的五个不同层次，层次越高说明所达到的能源管理水平越高。

（1）层次0。能源管理并不在企业的日常管理范围内。企业缺乏明确的能源管理政策，没有正式的能源管理组织机构，没有报告的途径，也没有专人负责能源的使用管理。

（2）层次1。在能源管理方面已做出一定的成绩，虽然没有官方正式的能源管理政策，但已明确地指派了能源经理。能源经理通过与基层能源消耗直接相关人员的非正式接触以提高整体能源意识。

（3）层次2。能源管理被认为是企业一项重要的管理工作，但是，在实际操作过程中，鲜有主动的委派及支持行动。

（4）层次3。高级经理认识到了节能项目的价值，能源消耗的议题已被整合到企业的组织架构中去。企业里建立了复杂的信息交流及报告系统，在能源管理及能效投资上也具备了共识体系。

（5）层次4。能源消耗管理在整个企业组织中处于主要地位，能源管理工作完全融入了企业日常管理之中，能耗的责、权、利分明。员工对于节能的价值有充分共识，能对节能项目做出全面的技术经济评价。

显而易见，对任何一个组织来讲，层次3和4是要努力达到的方向。根据节能统计数据显示，一个组织的能源管理每提升一个层次，就可以使能耗节省8%~10%左右。如果经过努力，从层次0达到了最高层次4，能耗可以节省30%~40%左右。

3. 能源管理矩阵的应用

能源管理矩阵在使用时，首先单独考虑矩阵的每一列，在每一列最能体现组织目前能源管理水平的位置标上记号。记号可以标在各行的单元格内，也可位于两行之间。此过程应在组织内外多个不同专业人士之间分别进行，请他们标出心目中最接近现状的方框。

然后，将所有人的结果做比较，并找出平均分布。如果专业人士之间所得出的结果分歧较大，则需要做进一步的沟通，分析差别的原因，消除误解因素。

最后，将各列的记号连起来，所得的连线即表示组织在能源管理各方面的表现，可作为以后节能管理的重要依据。能源管理不平衡矩阵示例，如图9-11所示。

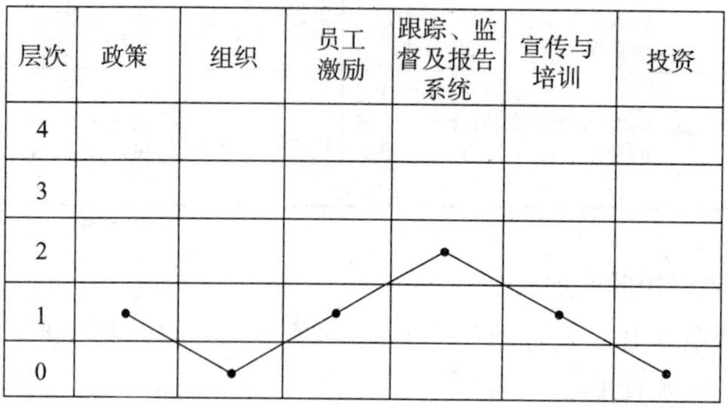

层次	政策	组织	员工激励	跟踪、监督及报告系统	宣传与培训	投资
4						
3						
2				●		
1	●		●		●	
0		●				●

图9-11 能源管理不平衡矩阵示例

根据经验，在一座大楼里大约40%左右的能源是被浪费掉的。这也就意味着能源管理水平每提高一个层次，就可以减少约10%的能源浪费。但是，并不是所有的节能管理事务都要达到最高一级（层次4）的水平，要根据组织的财力和节能所取得的效益决定。

能源管理矩阵最重要的功能是指出组织在哪些方面需要采取进一步的行动，以确保能源管理工作快速有效地发展。通过观察连线的形状，可以看出组织的能源管理是否处于整体平衡的水平。连线的峰顶表示组织能源管理中较为成熟的工作，而谷底则表示企业能源管理中做得最不够的地方。

能源管理矩阵的各列之间不是孤立的，不能想象在跟踪、监督及报告系统仍处于0级的条件下能将能源管理的组织工作提升到第4级。一个方面做得很好，而其他方面表现平平，这对改善能源管理现状并无益处。例如，企业在能源投资方面层级很高，但在节能收效的评估和报告方面很差，这样就毫无意义。如果连线不水平，也不必过分担心，大多数组织中都存在着这样的现象，应针对薄弱环节采取相应的措施，力求能达到矩阵层次的整体提升，从不平衡状态逐步达到平衡状态。能源管理平衡矩阵，如图9-12所示。

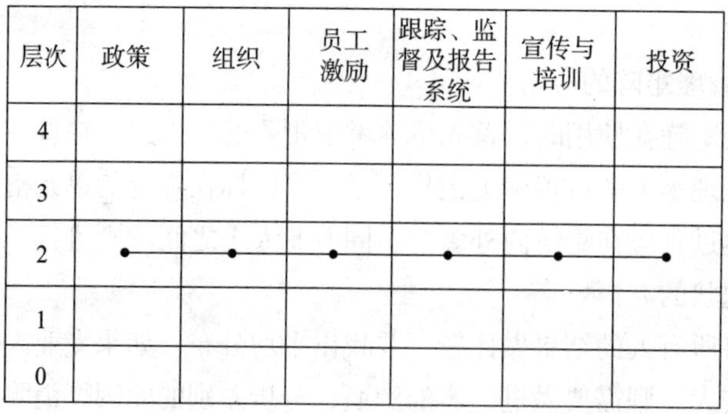

层次	政策	组织	员工激励	跟踪、监督及报告系统	宣传与培训	投资
4						
3						
2	●	●	●	●	●	●
1						
0						

图9-12 能源管理平衡矩阵

根据调查结果，如果能源政策方面落实得很好，组织有节能政策，达到层次3的水平，但组织或者跟踪、监督及报告系统方面只达到层次0或者层次1，因为组织结构混乱，职责不分明，也没有能耗数据收集和分析，那么需要和有关部门、主管领导进行研究、商讨，制定策略和给出预算，或采取容易取得实效的优先措施，或改善层次最低的方面，在短、中期内力求能源管理的所有方面达到相对平衡，长期目标是达到所有方面的最佳化。

知识链接

更多能源投资案例，请访问设施管理门户网站FMGate——FM智库——研究报告——工业园区能源投资模式决策分析。

9.3.2 能源管理系统

1．简介

国际能源组织（International Energy Agency，IEA）指出，建筑能源管理系统（Building EnergyManagement System，BEMS）是指有能力在控制或监视节点和操作终端之间通信传输数据的控制和监视系统，该系统拥有建筑物内所有方面的控制和管理功能，比如空调暖通系统、照明系统、火灾系统、安全系统、维护管理和能源管理。

日本对于BEMS的定义是整合（楼宇自控系统）（BAS）、能源管理系统（Energy Management System，EMS）、楼宇管理系统（Building Management System，BMS）、空调系统自控系统（HVAC）、建筑物优化、错误侦测、诊断和评估系统（Building Optimization，Fault Detection and Diagnosis/Commissioning，BOFDD/Cx）及火灾灾害预防和安全系统（Fire/Disaster Prevention & Security，FDS）等功能为一体的全方位的系统。

我国对于BEMS的定义是指将建筑物或者建筑群内的变配电、照明、电梯、空调、供热、给水排水等能源使用状况，实行集中监视、管理和分散控制的管理与控制系统，是实现建筑能耗在线监测和动态分析功能的硬件系统和软件系统的统称。它由各计量装置、数据采集器和能耗数据管理软件系统组成。BEMS通过实时的在线监控和分析管理实现以下效果：

（1）对设备能耗情况进行监视，提高整体管理水平。
（2）找出低效率运转的设备。
（3）找出能源消耗异常。
（4）降低峰值用电水平。

BEMS的最终目的是降低能源消耗，节省费用。

从以上定义可以看出，IEA对于BEMS的定义中强调的是目的，特别是舒适、安全、能源和人力的双重节约；日本对于BEMS的定义强调的是大集成，整合几乎所有自控系统后提供全系统的联动，涵盖供能、输能和用能进行监视和控制三方面；而国内强调的是数据监测、数据分析、优化策略制定，总体较为偏软件、偏在IT系统，而实现控制功能的偏硬件方面现阶段仍以与BAS结合为主。

2．功能

国内外建筑能源管理系统（BEMS）的功能有一些区别。

（1）国外

以IEA在Annex 16中内容为例，BEMS的大致功能有：

1）系统基本功能。使用BEMS系统，对于建筑物和建筑设备监视、管理的基本功能。

2）监视、操作、列表、打印功能。增加系统对建筑物和建筑设备管理效率的机能。

3）统计图形表示功能。将管理的资料和相关状态用图形号码的方式表示，容易了解建筑物内各种信息的功能。

4）操作者支持系统。丰富的讯息提示功能、提供更简单容易的操作性，让非专业的管理者也能准确地了解系统信息。

5）数据管理功能。具备将历史收集、积累的数据，做各类分析、图解的功能，并可以由此改善整体运转效率。

6）控制功能。对建筑物中各项设备进行运转控制。包括机电控制，各种节能的运转控制及停电和复电后的控制功能；空调控制，空调主机运转最优化的控制功能，以及空调设备其他的节能控制方式；防灾监视，火灾发生时候的监视功能；安保控制，建筑物内的安保控制功能，以及与建筑物设备的联动功能。

7）联动功能。各项设备的自动控制功能和联动控制功能。

8）其他。如多栋建筑的统一集中管理功能、远程网络的控制功能。

9）使用方的资料显示功能。各种系统软件的安装、执行、设定和删除功能。

10）系统状态管理功能。系统能自行针对各项设备运转状态判断有无异常或者变化，并作出相应的运行控制。

（2）国内

以某知名BEMS供应商的产品为例，该系统具备如下功能：

1）数据的采集和存储数据。内容主要包括：建筑物环境参数、设备运行状态参数、各设备能耗数据等。可根据各建筑物的具体情况把数据分为：系统运行所必需的基础数据和辅助数据（可选数据），在管理效果和建设成本间取得平衡。

2）建筑物参照模型和能耗计算类比法。以类型、规模、功能相仿的建筑的能耗作为参照。主要适用于连锁酒店、连锁超市、连锁商场等建筑条件相仿、管理模式相同的同一集团或管理公司旗下的建筑物。

测试法：在建筑物正常运行后，分别在各气候条件下测试采取能耗管理措施和未采取措施的日能耗数量。通常可以在夏、冬两季各选择数天，采取隔日测试法，即第一天，测试采取能源管理措施日能耗量；第二天，关闭能源管理软件测试日能耗量；以此类推。这种方式的缺陷是测试的时间偏长。

计算法：通过为建筑建立模型，设定参数，模拟计算出该建筑物的能耗。这种方式优点很明显，通过模型能对建筑物的各设备能耗全面计算，为能耗管理提供方向性指导。但采用不同的软件计算出的能耗值有差距，目前对计算出的能耗值的准确性和权威性均存在争议，计算结果能否作为节能合同内的节能率计算依据是主要的分歧点。

3）能耗数据分析。通过对建筑的能耗数据统计、分析，结合模型建筑物能耗对比，确定建筑物能耗对比，确定建筑物的能耗状况和设备能耗效率，从而提供建筑物能源管理优化措施。能耗数据分析模块是能耗管理软件的精髓所在，目前市场上各家软件的算法不尽相同，其效果还需市场验证。

4）能源控制和管理。建筑物的节能措施主要通过建筑设备管理系统来执行。能源管理平台和楼宇自控系统的完美结合是能源控制和管理措施实现的保障。目前，能源管理和楼宇自控还分属不同智能化系统，两系统的相互融合应该是智能化系统发展的方向。

9.3.3 合同能源管理

合同能源管理是20世纪70年代中期基于市场的全新的节能新机制，是通过市场手段解决节能融资问题的节能服务模式。专业化的能源服务公司通过与用户签订节能技术改造合同，与用户分享项目运行带来的节能效益，并偿付投资和取得合理利润。合同能源管理在我国引进和推广之后，一直受到国家和政府的关注，并相继提出了加快推行合同能源管理，促进节能服务产业发展的政策措施。

1．合同能源管理运作模式

按照不同资金来源及所获节能效益不同的分配方式，合同能源管理基本的运作模式主要分为以下三类。

（1）节能效益分享型

这种运作模式中，通常由能源服务公司使用自有资金或贷款提供项目资金和全过程服务，节能服务合同中规定节能指标及检测和确认节能率的方法，合同期内能源服务公司与客户按照合同约定分享节能收益，合同结束后设备和节能效益全部归客户所有。节能效益分享型模式，如图9-13所示。

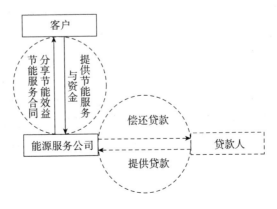

图9-13 节能效益分享型模式

我国在世界银行中国节能促进项目工程采用合同能源管理的节能项目中，基本都采用节能效益分享型运作模式，获得良好成效。

（2）节能量（或节能率）保证型

当节能项目资金的全部或部分由客户提供，或节能设备由设备投资方供应，能源服务公司仅仅提出节能方案，并负责设备的调试运营与管理时，大多采用节能量（或节能率）保证型合同能源管理运作模式。在此种模式中，大部分的节能收益将分配给设备投资方与客户，客户按照合同规定向能源服务公司支付服务费用，在确保节能量的情况下获得的附加收益由节能服务公司享有。

节能量（或节能率）保证型模式下的节能服务合同一般明确规定节能指标及检测和确认节能量（或节能率）的方法。如果在合同期项目没有达到承诺的节能量，由能源服务公司赔付全部未达到节能量的经济损失。一般当节能效益小于还款额时，由能源服务公司支付客户贷款差额；如果节能量超过承诺的节能量，能源服务公司与客户按照约定的比例分享超过部分的节能效益。节能量（或节能率）保证型模式，如图9-14所示。

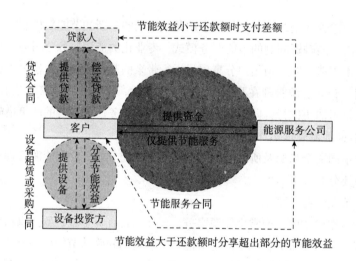

图9-14 节能量（或节能率）保证型模式

节能量（或节能率）保证型合同能源管理运作模式在美国较常使用。这种模式下的节能服务合同通常可能是介于设备投资方、客户及能源服务公司之间的"三方协议"，我国香港地区也多采用此种合同形式。

（3）能源服务托管型

在这种运作模式中，能源服务公司按照节能服务合同规定的指标自筹资金为客户管理、改造能源系统，并承包能源费用。合同中规定能源服务质量指标及其确认方法，不达标时，能源服务公司按照合同给予赔偿。能源服务公司的经济效益来自能源费用的节约，客户的经济效益来自能源费用（承包额）的减少。能源服务托管型模式，如图9-15所示。

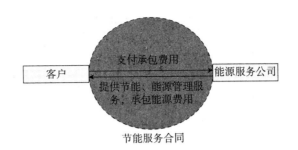

图9-15 能源服务托管型模式

除了以上三种最为基本的合同能源管理运作模式，实践过程中还出现了一些复合型的运作模式，如能源服务公司优先受益模式、改造工程施工模式和能源管理服务模式。

（1）能源服务公司优先受益模式

它是在节能效益分享模式的基础上形成的。这种模式中的节能服务合同规定由能源服务公司优先获得节约能耗所取得的收益，直至收回所有的项目费用为止。当能源服务公司收回其所有项目费用后，若节能量比预期高，则客户可以要求提前中止合同，此后的节能收益由客户享有。

（2）改造工程施工模式

它是将合同能源管理运作模式与普通施工承包相结合，由客户委托工程承包公司做能源审核、节能整体方案设计、节能改造工程施工，按普通工程施工的方式，支付工程前的预付款、工程中的进度款和工程后的竣工款。

（3）能源管理服务模式

它是基于能源服务托管模式而产生的，客户不仅要求能源服务公司提供节能服务业务，还将能源管理业务外包给能源服务公司。

2. 合同能源管理运作流程

合同能源管理一般的运作流程可分为项目洽谈阶段、可行性分析阶段、合同浅谈阶段以及方案实施阶段。合同能源管理运作流程，如图9-16所示。

在项目洽谈阶段，客户应当将其所需的节能服务向能源服务公司表述清楚。若通过招投标方式选择能源服务公司，则应当按照招投标采购的一般程序，发布节能服务招标公告，并编制节能服务招标文件，以供符合条件的能源服务公司参考。

能源服务公司应对项目的可行性进行分析。若项目可行，则由能源服务公司组织能源审核，确认项目当前能耗作为基准耗能量。能源服务公司根据项目实际情况并结合自身节能技术编制节能方案，并对备选的节能方案进行费用评估，供客户评价与选择。

客户与能源服务公司沟通商讨选定节能方案后，双方进入合同洽谈阶段。客户与能源服务公司应当就选取何种合同能源管理模式、节能服务合同条款等进行商讨。在编制节能服务合同时，必须明确条款有目标节能量的大小、节能测算方法、节能效益评估方法、节能效益分配、未达到目标节能量时的赔偿等条款。

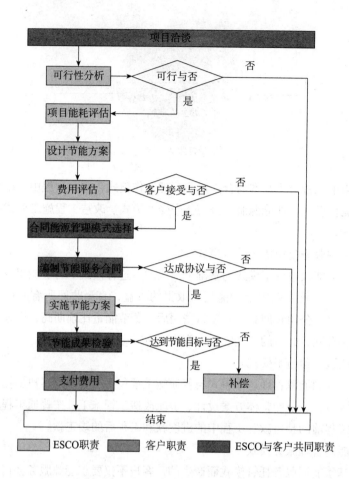

图9-16 合同能源管理运作流程

双方达成协议后,可开始实施节能方案。能源服务公司需按照合同约定实施节能改造、项目验收和维护等业务。项目完成后,由客户与能源服务公司共同组建项目成果评估小组,对项目的节能效益做出客观的测算与评价,最后依据节能效益评估的结果,客户可按照合同给付项目费用或向能源服务公司索赔。

3. 合同能源管理实践

[案例9-1]

某工业自动化企业为某酒店提供整体能效改善和改造措施。这是市政府税收激励计划下的首个整体节能改造的效益分享型合同能源管理项目。改造后该项目将使酒店总能耗降低15%,二氧化碳排放量减少10200t。节能措施包括:

(1)替换公共区域现有光源,改为能效高、耐用的LED照明。
(2)制冷机组变频驱动。
(3)制冷机房智能群控制系统升级。
(4)锅炉烟气热回收余热利用及洗衣房平烫机排气余热回收利用。
(5)冷却塔优化改造。
(6)节能灶具改造。

（7）能源管理平台。

（8）其他，如回收风机盘管冷凝水等节水措施。

上述节能措施不仅为酒店减少了公用事业开支，同时降低了运行成本。

[案例9-2]

某甲级写字楼，建筑面积50000m²，共30层，其中1~3层为大型购物商场，第4层为餐厅，5~28层为现代化办公大楼。大厦总用电量442万kWh/年，其中中央空调制冷总消耗电量75.2万kWh/年。调研发现，该大厦中央空调系统存在较大的节能空间。

通过建筑节能改造机制，采用合同能源管理服务商提供的节能系统后，全年中央空调制冷电量降至61.5kWh，年节省电量近13.7万kWh，节约费用13.6万元，综合节电率可达18%以上。

[案例9-3]

美国加利福尼亚州奥克兰市政府大楼建成于20世纪90年代后期，是较早在项目中应用合同能源管理机制的实例之一。该项目范围包括面积412000ft²的办公区域和87000ft²的停车场。与目前在建筑节能改造项目中应用合同能源管理机制不同，该项目自设计之初就考虑节能降耗，即在新建筑项目中应用合同能源管理，因此至今仍然具有一定的借鉴意义。该项目合同能源管理实施流程，如图9-17所示。

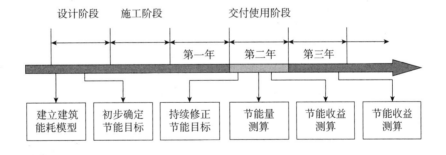

图9-17 奥克兰市政府大楼建设项目合同能源管理实施流程

在项目设计阶段，项目设计方——美国旧金山Eley建筑设计事务所（Eley Associates）使用建筑能耗模拟软件DOE-2.1E对市政府大楼建立了仿真模拟模型，初步拟订了较当时建筑能耗设计规范所允许的建筑能耗量低25%的节能目标。设计方按照此节能目标，通过对能耗模型的反复修正，优化设计方案，随后付诸施工。

项目完工后交付使用的前两年间，对该项目节能情况进行测算，并以投入运营的第二年所得数据作为衡量既定节能目标达标的依据。加利福尼亚大学劳伦斯贝克利研究所在运营阶段的第二、第三年介入继续搜集该项目节能测算数据，用来与合同期满时的节能效果进行比较，从而估算市政府大楼的长期节能能力。

奥克兰市政府大楼项目付诸实施时，合同能源管理模式在美国还处在起步阶段，适应于合同能源管理机制的合同关系尚不十分成熟。该项目由设计-施工（D-B）总承包企业向业主提供节能服务。奥克兰市政府大楼建设项目合同关系，如图9-18所示。

尽管从合同关系来看，该项目有别于目前的合同能源管理项目，但其合同中对节能量的要求、效益分享和损失补偿的限定充分体现了合同能源管理的思想。

业主与设计—施工总承包企业在合同中约定了能耗目标——较当时建筑能耗设计规范所允许的建筑能耗量低25%。当项目完工后以交付使用投入运营第二年的能耗数据作为衡量依据，若该测算结果介于目标能耗量±20000美元范围内，即确认为达到节能目标；若项目建成后能耗量高于此范围，由设计-施工承包企业按1：15的比率赔偿损失的节能效益，赔偿额最高不超过250000美元；反之，按合同约定的5：1比率增加其效益分享，最高不超过250000美元。节能服务合同激励与赔偿条款示意图，如图9-19所示。

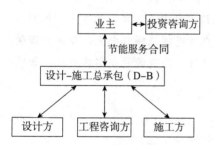
图9-18 奥克兰市政府大楼建设项目合同关系

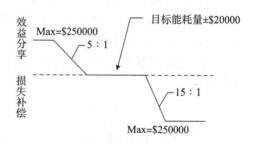
图9-19 节能服务合同激励与赔偿条款示意图

这一合同中约定的激励与赔偿条款体现了合同能源管理的本质，即以节能效益支付项目费用，在未达到保证节能量的情况下由实施者赔偿。

知识链接

更多建筑节能案例，请访问设施管理门户网站FMGate——FM智库——研究报告——万达五星级酒店节能统计和分析报告。

关键术语

能源方针　能源管理模式　能源评审　能源管理策划　能源基准　能源绩效参数　能源管理　矩阵合同　能源管理　能源管理系统

> **复习思考题**
>
> 1．什么是能源基准，能源基准的作用是什么？
> 2．什么是能源管理方针，能源管理方针的制定需满足什么要求？
> 3．能源管理模式包括哪些过程？
> 4．为什么要进行能源管理策划，能源管理策划包括哪些内容？
> 5．说明能源矩阵的内涵及其应用方法？
> 6．合同能源管理有哪些模式，不同模式有何特点？
> 7．国内外建筑能源管理系统（BEMS)的功能有何区别与联系？

延伸阅读

[1] 刘东，李超，任悦. 医院建筑能源审计与节能分析[J]. 建筑热能通风空调，2014，(4)：70-73.

[2] 李晓庆，刘晓燕，马川. 某大型公共建筑能源审计及案例分析[J]. 低温建筑技术，2014，(1)：131-133.

[3] 曹勇，康一亭，曹旭明，魏峥，苏华. 公共建筑能耗基准确定方法与研究现状[J]. 建筑科学，2011，(10)：105-109.

[4] 张赟. 浅析国内外建筑能源管理系统(BEMS)的区别及发展[J]. 科技信息，2012，(22)：260-262.

[5] 赵旭东. 能源管理体系[M]. 北京：中国质检出版社，中国标准出版社，2014.

客户关系管理

[本章导读]

客户关系管理（Customer Relationship Management，CRM）是一种新型的管理理念，它以客户为中心，以不断满足客户需求和为客户创造价值为目标，通过为客户提供个性化的设施管理服务，与客户建立长期稳定的关系，不断提高客户的满意度和忠诚度，从而获得和保留更多有价值的客户。设施管理的服务面向每一个最终用户，必须倾心于客户并通过一系列的行动实施，获得准确的顾客反馈，为客户提供量身定制的产品或服务，建立优质的互相依存型客户关系。

[本章主要内容]

- ❖ 对客户进行分类，客户的需求分析；
- ❖ 客户互动与沟通的要点分析；
- ❖ 运营云端平台的构成及其集成运作机制；
- ❖ 客户服务呼叫中心、工作接收与协调中心的工作流程；
- ❖ 服务质量差距模型及客户满意度的调查与评价；
- ❖ 客户投诉管理，包括投诉的分类、处理、投诉报告及制度。

10.1 客户关系管理的基本要素

10.1.1 客户的分类

客户是对企业产品或服务有特定需求的群体,是企业生产经营活动得以维持的根本保证。客户资源是企业生存、发展的战略资源。设施管理工作的实施,必须明确客户类别,按照不同的标准对客户进行分类,形成差异化的客户策略,更好地维系客户关系和维持客户的忠诚,使设施管理企业能够获得更高的客户满意度和更大的市场竞争优势。客户分类同样也是组织和动员企业的各种不同的信息资源的过程,以便企业能够从业务的角度,采取一种客户专门化的观点和工作态度。

为了对设施管理工作的客户有更好的认知,可将客户按不同的标准进行分类。

1. 按照客户价值划分

客户价值是指在企业与客户的关系维持过程中客户对企业发展所产生的任何贡献,包括货币或非货币两种形式。设施管理的客户价值可分为当前价值与潜在价值,企业为顾客提供其所需的服务,客户反之贡献经济收益作为当前价值;而潜在价值是虽未能在当前表现为利润形式,但客户具有一定的增值潜力,会在未来为设施管理企业创造更多的利润,并且一些客户的忠诚度会带来更大的客户市场。潜在价值是否转化为企业实际获得的价值则取决于客户忠诚度,客户忠诚度高的客户会将潜在价值转化成现实价值,而那些客户忠诚度低的客户可能在未来使用其他竞争者提供的服务。

客户价值的评价体系包括一些特征描述变量,当前价值可由利润、成本组成,潜在价值则包括客户自身水平、忠诚度、信任度等,能在一定程度上预测客户今后一段时间内潜在价值的变化。设施管理企业可依据这些指标对客户进行评价,量化客户价值,为企业提供正确的客户群类别分析及决策指导。设施管理客户价值评价体系,如图10-1所示。

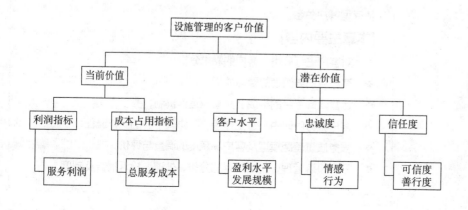

图10-1 设施管理客户价值评价体系

对于量化分析客户价值的结果，可采用ABC分类法进行划分，又称帕累托（Pareto）分析法。它是根据事物在技术或经济方面的主要特征，进行分类排队，分清重点和一般，从而有区别地确定管理方式的一种分析方法。它把被分析的对象分成A、B、C三类，所以称为ABC分类法。

采用ABC分类法进行划分，依据量化的评分结果，可把设施客户分成贵宾型客户、重要型客户和普通型客户三种。基于ABC分类法的客户分类，如表10-1所示。

基于ABC分类法的客户分类　　　　　　表10-1

客户类型	客户名称	客户数量比例（%）	客户创造的利润比例（%）
A	贵宾型	5	50
B	重要型	15	30
C	普通型	80	20

表中所列数值符合帕累托原理，仅为参考值，设施管理部门需要根据具体情况确定。设施管理企业可以对不同类别的客户采取相应的措施，提高顾客忠诚度，最大程度地开发客户的潜在价值。

2. 按照客户与设施管理的相关性来划分

基于受用设施管理服务的整体组织而言，不同的客户与设施管理具有不同的相关性，这些客户对设施管理的关注度、参与度以及利益相关程度都是不同的。一切设施管理方案或变革计划重在付诸实施，而客户的力量是不容忽视的，因此在开始实施前，管理者应针对一些关键问题，基于对服务环境的全面分析，对客户和与客户相关的业务进行关系分析和力量分析，得到不同的客户类型。而在后续实施进程中，也应对关键问题不断地分析思考，设施管理团队人员关注的焦点，应该是客户利益、需求、动机和权力组合范围内的活动动向。

通过进行关系分析和力量分析需要掌握几个关键的问题，比如支持和阻碍的力量是什么；应该积极争取的是哪些人的支持；在何处能产生宝贵的协调作用。通过分析，得出客户与设施管理的相关程度，从而按照不同的类别将客户分为权力型客户、主力型客户和普通型客户。权力型客户是对项目落实有很大影响的关键人物，主力型客户则是对项目成功最关怀、视为"己出"并亲历亲为的客户，普通型则是提出一些基本需求、重点关注自身受用状况的客户。按照这种标准对客户进行划分，可以确定每一种类型的客户在设施管理行动方案中的作用，更好地辅助项目的实施并带动团队的高效运作。按照客户与设施管理的相关性进行分类，如图10-2所示。

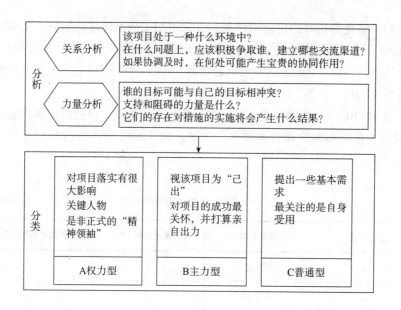

图10-2 按照客户与设施管理的相关性进行分类

3. 按照客户所处的位置划分

按照位置划分,客户可分为内部客户和外部客户。内部客户就是组织内部对设施受用的部门,它包括组织的股东、高级管理层、业务部门(包括核心业务部门和非核心业务支持部门)等。外部客户就是组织外部的客户群,包括外部的战略型业务伙伴及访客等外部利益相关者。

设施管理的内部客户中,股东、首席财务官、首席运营官、总裁等高级管理层是非常重要同时又很特别的一类客户。他们是组织内部的决策者和领导者,必须看成是一个类别以区别于其他客户,这些高级管理者对于与设施管理工作的支持程度和相关建议,从很大程度上决定着设施管理者的工作是否能够有效开展并取得成效。因此,同这一高级别的客户保持良好的沟通是具有重要意义的。

组织内部的各个业务部门,在日常运营和发展中也处于重要的地位,是组织目标的实施者,同时也能够协助并领导设施管理工作的实施。核心业务部门承担着组织的核心业务,具有关键作用,设施管理者要为这类客户提供专项针对性的服务,以辅助组织的核心业务发展;而非核心业务部门则与设施管理部门共同提供支持性服务,面向这类客户的策略是,需要建立沟通和协作的机制,加强组织联动性以开展更优质的服务。组织内部的普通员工是设施管理工作面临的最大受用群,在与全体员工的接触和沟通中要及时了解客户需求、需求动向和设施管理团队被认可的程度,并及时通过进行员工满意度的调查来有效地评价设施管理的工作,进行客户保持和发展。

设施管理的外部客户包括尚未接受服务或停止接受服务的客户,以及短暂受用设施管理服务的外部访客。当为客户提供设施管理服务的过程已经结束时,内部客户转变为外部客户,但客户关系管理策略应该是要与客户建立起长远的伙伴关系,维系较高的忠诚度,使这些客户可能在未来继续成为合作伙伴,并借助客户自身影响力带来更大的客户市场；尚未接受服务的客户则是有一定的接受意向或正在与团队洽谈中的客户，对这类客户应该投入更多的关注和资源，将其转换为内部客户并获取更多收益。另外，组织到来的访客同样是设施管理工作的受用者，访客的价值体现在对组织环境的体验与评价，从旁观者的角度给予设施管理工作有效的建议。

按照客户的位置进行分类之后，可以对不同位置的客户制定相对应的客户维系政策，采取合适成本和具有针对性的方案来发展客户，从而高效地辅助设施管理团队的工作。

10.1.2 客户的需求

设施管理团队为客户提供优质服务，是必须以客户的需求为导向的。客户的需求包括客户的目标、需要、愿望以及期望，是通过双方的长期沟通，将客户对设施管理的欲望、用途、功能进行逐步发掘，将客户心里模糊的认识以精确的方式描述并展示出来的过程。设施管理团队具有完善合理的客户需求机制是必不可少的，这样才能使客户服务和客户满意相辅相成。

马斯洛需求层次理论中，把人类需求按其重要性、产生先后次序分为五个层次，即生理、安全、社交、尊重和自我实现的需求。从这个角度进行分析，设施管理客户的生理需求关注的是基本物质利益，要求设施管理的工作可以满足客户的日常行为；而安全需求则是对法律、秩序、界限的依赖，关注是否能满足自身健康、人身安全、财产安全、工作稳定、道德伦理保障；从社交需求层面来说，客户对社会交际有要求，渴望设施管理的服务能帮助自身提升交际形象和自身归属感，会适当关注自己在所处社会中的地位；而尊重和自我实现的需求是对社交需求的进一步提升，客户聚焦于自身实力、成就，关注服务的象征意义和对自身而言的人性化程度，通过设施管理所提供的服务间接帮助客户在这一层面上发挥潜力，则对客户的行为和满意度都会有正向的指导。

知识链接

更多客户需求分析，可参考世界经理人互动社区——如何挖掘客户需求。

了解客户的需求应该被视为一种连续性。需要注意的一点是，客户的需求是动态的，会随着时间的变化而逐步升级，客户的需求升级是基于马斯洛需求层次理论的拓展，经历了经济高效、规模提升、功能升级、服务升级、精神需求这五个阶段，从而完成对设施管理需求的进一步升级。每个需求阶段的客户都有不同的关注点，设施管理团队需要通过长时间的互动和沟通，持续增加同每一个客户相关联的程度，从而连续地获得客户需求，这是建立良好客户关系的一个有效工具。客户的需求升级路线，如图10-3所示。

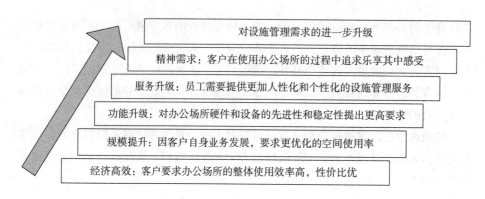

图10-3 客户的需求升级路线

客户关系的实践者着眼于对客户需求进行细致的调查，获得详尽的客户需求进而确定设施管理服务实施的要点。客户的需求调查可以通过访谈、问卷等方式进行，应包括区位交通、建筑形式、空间规划、室内环境、服务水平、建筑设备六个方面。研究表明，工作环境能在一定程度上影响人的心态情绪，进而影响工作效率及满意度，健康舒适的办公环境有利于人保持积极的工作态度和饱满的工作热情，增强员工的满意度，提高员工工作效率。因此，在进行需求调查时还要考虑人的心理和精神需求因素，同时要满足客户对于开放性、隐私性以及生态的办公环境的需求。

1. 区位交通

建筑物不是一个孤立的存在，它与周边环境是一个不可分开的整体，需要有周边环境的辅助，包括商务氛围、交通状况、产业链条是否完备等。建筑物的区位不仅会影响人的来去通行时间和便利度，还会影响对外交流、外出办事的方便，会在一定程度上影响客户的效率。

设施管理团队在规划阶段可以加强与客户的沟通，例如对园区的商务配套提出建议并辅助实施，同时也可以为客户在班车调动等方面提供帮助，在建筑物周围形成交通系统覆盖，满足客户对于区位便利程度的需求。

2. 建筑形式

专业的设施管理团队往往能通过调查和经验数据，有效了解客户对于建筑形式的需求。团队从项目前期设计阶段介入，可以使得建筑形式与使用功能、经济技术的合理性达到统一。设施管理团队参与建筑外观设计、标准层设计等总体规划是提升客户满意度的有效途径，而参与形象设计、标志系统设计等工作，都会为今后的设施管理工作有序开展打下基础。

3. 空间规划

工作空间的布局和使用形态要满足一个企业业务运转的基本要求，同时它也是推动公司策略实施和文化变化的一个有效工具，空间规划通过空间设计、公共空间设置、基础配置和环境氛围这四个方面的作用，影响员工的互动沟通和健康舒适体验，进而影响工作绩效和员工满意度。客户对空间的需求转变源于公司策略的变化和转型，企业的核心业务和经营理念的转变，客户具有新的工作形态和组织形态等,这些都需要空间规划的策略来辅助。空间规划的实施方案需要通过系统性的、有规划的安排来实现。

空间整体设计要充分考虑格局、配置和尺寸,帮助员工调整身心平衡,保持良好的工作状态,公共交往空间应具有自然高效和健康的内涵,能够满足人们驻足停留、分享信息与物质等非正式交流,基础配置和环境氛围决定着员工是否有完备和健康舒适的体验,因此也需要进行细致的员工需求调查。空间规划对工作绩效和员工满意度的影响因素,如图10-4所示。

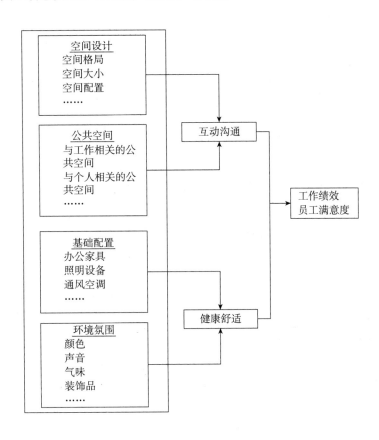

图10-4 空间规划对工作绩效和员工满意度的影响因素

空间规划还包括对建筑物以及整体园区的功能规划设计和实施,要从工作场所导入空间、交通联系、交往空间、停车区域等方面全盘考虑,要通过多方面的融合做到合理化功能分区和人性化功能规划,通过对员工进行需求调查,引导其说出自身的需求。

大堂是办公区的导入空间,主要功能是交通枢纽,进出写字楼的客户都在此集中、缓冲和分流,应从以下几方面考虑:体量大小适当,明确的功能分区,空间装饰简洁明了,色调沉稳明快。交通联系主要指办公场所内部的交通联系,分为水平交通联系和垂直交通联系。水平交通联系主要指走廊,垂直交通联系则依靠电梯。建筑内的走廊需要充足的照明,宜用自然色调装饰。所有的走廊应经过精心装饰,尽可能成为客户办公空间的延展,给客户更舒适的使用感受。

同时，还需满足客户对车位配置、服务管理、智能配套等方面的需求。停车场服务管理需要注重智能化水平，配置停车数量管理系统、出库报警系统及场内报警系统。进出通道设置应考虑停车场进出车辆流线，汽车疏散出口不应少于2个，停车场出口应与城市交通对接。

知识链接

更多空间规划案例，请访问设施管理门户网站FMGate——FM智库——研究报告——办公场所设计的本质改变。

4．室内环境

室内环境包括室内空气质量、光环境、声环境、气味以及视觉环境。对室内环境的标准化管理有助于员工获得积极的工作情绪，提升工作效率。

室内的温度、湿度、舒适度、空气流速、新风量等物理性指标，以及空气中甲醛、苯等化学性指标，都是被客户直接感知并决定客户是否有健康体验的重要环境指标。在设施运营中，各项指标均应达到室内环境质量的评价标准，同时还必须通过客户需求调查，最大化满足不同客户对办公舒适度的需求。高品质的办公空间都会设置相应的新风系统，目的就是为冲淡室内的二氧化碳含量，供给人们正常生理需氧量，冲淡室内有害气体（甲醛等）和气味。

室内光环境人性化设计必须满足客户的生理需要，有足够的照度，让人感到舒适的光的质量，照度应满足室内各功能区的要求，根据各个室内空间的不同特点来设计布光。尽量增加自然光，加强光线品质与降低刺眼光线与眩光，能源上使用达到较佳的效率。

声环境方面，应采取积极措施如选用隔声材料等减少和降低噪声源影响，创造舒适的工作声环境，使员工安心、高效地工作，也可采取音乐播放的形式，调试工作状态。顶棚对声环境的影响，如图10-5所示。

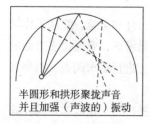
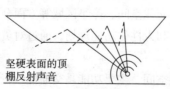
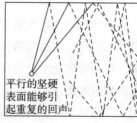

图10-5 顶棚对声环境的影响

在良好的视觉环境中，人能舒适高效地工作。客户的视觉需求中，很重要的一点就是接近自然的需要，满足这种需求有两种途径：通过窗户，使人能观赏到户外的景色；布置室内庭园，将自然景观引入室内。根据有关科学研究数据，适度绿化能提高室内空气环境质量30%，降低噪声和空气污染物15%。生态自然的工作环境对增加企业凝聚力和提高员工的工作热情起着重要作用。

5．服务水平

服务是协同创造和获取价值的设施管理团队与客户的交互行为。服务科学（Service Sciences, Management and Engineering）将服务定义为一个系统，它包含服务人员与客户、科技、组织与信息分享。其中，最关键的要素是人，需要进行客户的研究和服务提供者及客户之间的互动研究；技术方面则包括设施管理服务战略的制定，服务设计及优化、服务效率、服务定价、服务交付、服务质量、服务隐私和安全保证；而服务的内外部系统主要侧重整体性分析，注重各要素之间的关系，包括人与技术的关系、人与共享信息的关系、技术与共享信息的关系；设施管理服务系统中的共享信息包括语言、过程、度量、价格、政策和法律等方面的内容。

设施管理的服务包括许多的活动，而这些活动往往跨越了组织的内部范畴。服务经济时代不再只是一对一的活动，而是组织协调众多领域的知识信息，提供全方位多元的服务。设施管理服务系统包括服务前台与服务后台，设施管理客户提出需求并进入服务的整体系统，服务前台直接与客户互动，使需求得到满足，而后台则获取内部和外部的信息，制定方案，以形成服务标准和服务内容，提供支持前台服务的流程、人员和设备。设施管理服务系统的前台与后台结构，如图10-6所示。

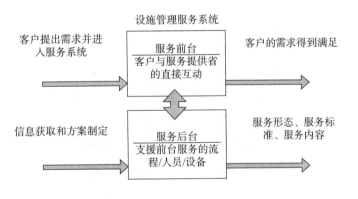

图10-6 设施管理服务系统的前台与后台结构

从整体系统考虑，提高服务水平可以从以下几个方面进行。首先，对服务进行分类研究，针对不同类型的设施管理服务，提取所需要的信息并将其组件化、标准化，为服务的标准化和定制化以及大规模的服务投入奠定基础。例如，制定楼宇标准化管理条例及保洁和安保服务规章制度，对服务人员进行持续的培训。其次，进行服务需求调查，合理调度和配置服务资源，进行服务过程优化和服务流程优化，完成对服务的质量控制和功能配置，并通过客户满意度调查进行深度优化。设施管理具有不同的服务模块，对不同模块的服务进行资源配置和总体成本优化，运用信息与通信技术和服务交付技术，同时完善服务信息交流平台和机制，提供科学分析服务、有效管理服务，并通过流程设计最大化服务的生产力。

服务关系的存在是服务提供者与客户之间存在某种期望的均衡状态。当双方的期望值达到某种均衡时，服务关系将继续发展下去；当双方的期望值达不到均衡时，服务关系就会被破坏。设施管理的服务贯穿于整体的工作流程之中，提高服务水平，达到期望值的均衡状态，是提高客户满意度的有效途径。

6. 建筑设备

客户对建筑设备的安全性、便利性、规范性等方面都会有一定的考虑，并通过直观的感受表现出来。以空调系统为例，目前写字楼主流空调系统为中央空调形式，多采用顶棚式出风，并较多地采用了风机盘管和新风系统结合。专业的设施管理服务需要人性化地考虑客户的需求，考虑空调分区的使用，会根据楼层划分为若干区域，制冷开启和关闭相互独立。

客户希望建筑设备实现便利化与智能化，以更高水平地支持企业业务运转需求。而建筑信息化引导了一种更加智能、便捷、高效的工作模式，成为人性化地满足客户需求的重要体现。通常采用的措施有：对空调、照明、电梯系统实时监控，由计算机管理建筑物能源；提高楼内温度的控制精度，避免夏季室温过低和冬季室温过高的能源浪费；合理划分送风系统，控制建筑物的新风量；空调设备采用高效机组，控制合理的启停操作；实现楼宇智能化系统、通信智能化系统、办公智能化系统、消防FAS、安保智能化系统组成的5A一体建筑智能。安保智能化系统结构图，如图10-7所示。

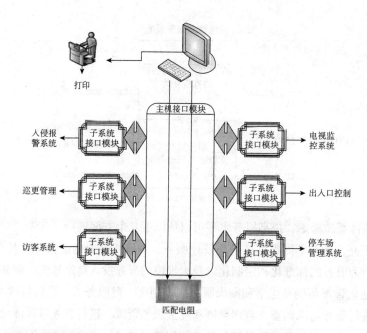

图10-7 安保智能化系统结构图

10.1.3 客户互动与沟通

在设施管理的客户关系实践中，除了向客户提供定制化的服务以外，维系客户关系的观念还应包括与客户互动的类型和风格。客户与设施管理团队在接触过程中所产生的相互影响和相互关系，我们称之为客户互动。实际上，客户互动的概念十分广泛，客户与企业的任何接触，都可以视为互动。当与客户接触时，如何向客户提供最佳、最适合客户的服务或支持，这才是客户互动的关键思想。通过互动、对话来建立对客户的了解，知道在何时该为客户提供何种服务，才能培养较高的客户忠诚度，相关资料积累得越多，掌握客户的精确性就越准，这样设施管理团队在应对不同挑战时，所提出对策的有效性也就会越高，从而提高客户满意度。

互动管理相对于传统单向管理而言，是一种双向管理。由客户发起的互动包括需求和建议、服务的具体化和专门化、服务的合同及资金往来以及客户投诉等。由设施管理团队发起的互动，包括合同的履行与服务的传递、服务的推广活动、告知和培训以及资金的往来等。有效的互动要通过先进的网络、通信等手段，达到企业与目标客户群之间的高效、直接、可循环持续的沟通，从而满足客户的个性化需要，提供咨询或解决投诉，甚至引导、管理客户的需求。客户互动的实施要点，如表10-2所示。

客户互动的实施要点　　　　　　　　　　表10-2

序号	实施要点	主要内容
1	需要有效的服务人员	服务人员代表的授权水平，关系到其在工作中掌握客户互动的自由度。服务人员具有更高授权水平的企业，往往有更高的客户关注水平。从服务人员的角度，双方可直接对话，进行信息的双向互动，有效的授权有助于双方从单纯的买卖关系发展到建立个人之间的友谊，进而维护和保持长期的客户关系
2	需要有效的流程	服务流程设计与实施，应该可以最有效地利用互动过程中的每个要素。如果流程设计具有感应客户态度、需求、认知变化的能力，那么设施管理团队就可以对这些改变做出反应，从而获得客户的信任和忠诚
3	需要有效的服务工具	在信息技术上投入越多的设施管理团队，客户等待互动的时间将趋于缩短，这说明在信息技术上的投资能够在一定程度上提高服务效率。利用服务工具加强与客户的联系，包括信函、电话、网络、电邮、呼叫中心以及服务集成平台和智慧应用端等，可以有效缩短与客户之间的距离

建立起与客户的互动机制仅仅是互动的开始。最重要的是利用服务工具和客户真正做到互动，把互动得来的信息用于设施管理团队的实践，用心倾听客户的意见，与客户共享知识和观点。设施管理团队在关注客户的基础上，将客户和客户的需求与服务运营融为一体，并针对客户需求的转化实施新的改进，来达到和满足客户不断发展的需求，是一种将客户需求的管理思想纳入到服务系统中的运营管理模式。

沟通是人与人之间的信息交流，是一个相互影响、相互作用和协调操作的动态过程。有效沟通是实现与客户互动的重要途径，通过沟通可以获得客户的反馈并利用这些反馈进行互动，进一步加深设施管理团队与客户的关系，通过经常性的交流，让客户清楚服务的理念与宗旨，知道设施管理团队很关心他们的使用感受和使用需求。客户沟通是使客户满意的一个重要环节，只有加强与客户的联系和沟通，才能与客户建立良好的关系。在与客户达成一种有价值的沟通之前，必须先满足一些沟通条件。沟通的条件，如表10-3所示。

沟通的条件　　　　　　　　　　　　表10-3

序号	沟通条件	主要内容
1	对话双方都已经清楚地被对方所识别	在沟通前设施管理团队应对客户进行详细的分类与识别，明确客户的位置、沟通的力量与阻碍，同时，客户也应该知道与之对话的人员信息
2	对话双方都必须全身心地投入其中	双方都应该拥有与对方交换的信息和知识，而目前信息技术的进步，使得这种沟通的成本有效降低
3	对话双方都愿意参与此对话	沟通的主题应是客户感兴趣并且对客户有利的，对设施管理团队也应如此。这样才能增强沟通的意愿
4	对话可以由参与对话中的任何一方来控制	一次沟通涉及的是双方共同的利益，对话中双方交换信息和观点，它可以按照任何一方选择的主题和方法进行。如果想把客户引入对话中，就必须准备好多种结果
5	能够以某种方式改变未来行动，并以此作为沟通结果	设施管理团队同客户的沟通会改变服务的行为，并朝着有利于客户的方向发展。反之，也会改变客户的行为，朝着有利于设施管理团队的方向发展。这样才能进行有效沟通
6	沟通应从前一次沟通停止的地方开始	沟通应从前一次沟通停止的地方开始。这就是在界定一种关系的内容，也是能够触动客户产生忠诚的因素。如果之前发生过沟通，那么再次产生时要做到持续对接，表现得如同这种沟通没有终止一样

在达成沟通的条件后，设施管理团队可以进行与客户的沟通，与客户沟通的过程可以概括为倾听、分担、承担、建议和处理，最终达成沟通的目的。在沟通的每一个过程中，设施管理团队应该给予不同的行为和应答。同客户展开有效沟通的设施管理团队，实质上会得到一种声誉，并拥有强大的服务于客户的能力，拥有很高的客户忠诚度。客户沟通的过程，如图10-8所示。

	倾听	分担	承担	建议	处理
行为	认真倾听 安抚情绪 简要记录 选择积极的用词和行为	体贴关心 换位思考和倾听的应用 表示愿意提供最大的帮助 善用"我"代替"你"	澄清问题，掌握更多的信息 学会记录身份、描述性问题、要求的结果等进一步沟通明确问题	提出解决问题的方法和建议 给更合理的方案做选择	不能当场给答复的，需要给来电者适当的承诺，如回复的时间等 就具体事宜表示感谢
应答	嗯，是的。 我这样理解对吗？ 请您讲慢一些好吗	我很理解您的心情。 我很了解你为什么会有这样的感受。 您先别着急，我立即帮您查	您要反映的问题是……吗？ 我再确认一次…… 您需要得到解决的问题是……	我有一个建议…… 另一种可能是…… 我们可以尝试换个角度来想……	我马上将您的问题上报给相关部门。 我们会在3个工作日内主动给您回复。 给您带来的不愉快我对此非常抱歉

图10-8　客户沟通的过程

10.2 客户服务工具

客户服务（Customer Servicing）作为设施管理战略的重要内容，体现了以客户为主体来开展工作的核心思想。随着设施管理全球化的发展，市场竞争也日趋激烈，信息技术的革新和换代使客户服务的内容和形式也出现了新的变化——利用服务工具。服务工具可以帮助设施管理团队整合服务资源和服务系统，有效地维系客户关系，拥有强大的服务于客户的能力。

10.2.1 设施管理服务云端平台

在客户服务行业，原有的作业信息记录和传达大部分依靠电子邮件和呼叫作业，更有甚者，有部分仍旧停留在纸笔记录的阶段。随着信息技术的发展，一些先进的设施管理服务提供方，在硬件设置和软件系统上历经数年的投入与摸索，将设备上传感器与后台系统、合作方信息、手机应用端等系统相连接，带来简易化和标准化的运营管理解决方案。设施管理服务云端平台的建立，变革了原有的客户服务管控模式，有效地整合内外部的多方服务资源，为客户提供更加多维的服务，满足客户不同层次的需求，是在科技进步和时代发展背景下的服务再升级。

为了更加简单、透明地进行客户服务工作，云端平台将客户、设施管理团队、设施管理合作方进行集合管理，在一个统一的平台上进行运作，将客户的需求、运营的解决方案和服务资源的提供者及其信息进行梳理并集成。简单来讲，云端平台的角色是需求响应的协调者、服务的推荐者、服务理念的宣传者和客户信息的收集者，以及后台能力的评价者。云端平台是以呼叫中心、手机客户端、企业客户端、设备管理系统、资源管理系统等为代表的互联互通、相互支持的系统。它不只是技术领域的问题，更是一种理念，通过网络的连接，扩展彼此之间的合作与服务。设施管理服务云端平台示意图，如图10-9所示。

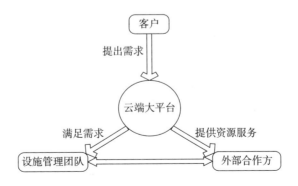

图10-9 设施管理服务云端平台示意图

在设施管理服务云端平台中，客户、设施管理团队以及合作方拥有一种集成运作的机制。设施管理方云端平台直接对接客户的需求，并将其传递给设施管理团队，而设施管理团队则利用自身资源以及外部合作方的支持，提出合理的解决方案，从而主动去满足客户的需求。

简单而言，系统中的各类负责人可以看到客户的诉求，协调资源去解决；企业的合作方可以看到企业的需求，积极提供解决方案实现利益共享。例如，后台的管控者会清楚地知道每一个办公区域的空气质量、服务人员在哪个区域工作等，让每一个微小个体的形态与设施管理总部的云形态保持着关系。通过平台的运作机制，将成为一个内生驱动的系统，从而实现持续、稳定地为客户、员工、合作方提供服务，实现系统的价值；通过对收集的各种信息、多方资源的整合，形成智能化的运营管理行为，向客户提供优质化的服务。

信息时代的到来带来了手机应用客户端的普及，在设施管理服务云端平台中，手机应用端可以有效提高服务的便利程度，实现了真正的简易操作，是帮助设施管理团队进行客户管理的有效工具。手机应用端通过在云端平台与后台系统连接，实现了线上管控。以保修信息为例，客户可以通过客户端自助上传信息，维修部实时收悉该报修信息，通过另一客户端发送工单给附近匹配的维修员工，员工接单后在最短时间内完成维修。

还有一些提高客户体验的客户端，比如空气质量的检测应用、暖通空调智能控制应用等，它们由云端平台统一操控，这些程序能够极大地提升客户的使用体验，创造便利性和实用性，目前在很多成熟的办公园区都已经上架使用，并获得了反馈和良好评价。某园区空气质量监测APP的应用，如表10-4所示；空气质量监测APP界面，如图10-10所示。

图10-10 空气质量监测APP界面

某园区空气质量监测 APP 的应用　　　　　表 10-4

序号	特点和使用优势
1	了解客户的需求： 　空气质量是中国的首要问题之一
2	通过 50%~60% 的地方实践获得了 75% 的 PM2.5 减少幅度
3	用较小投资额产生极大影响： 　5000名员工可以即时感受； 　利于招聘与留住人才； 　提升访客的使用体验； 　销售技术，成为领先者
4	与其他的部门协作，并促进合作成功： 　房产及相关设备、物业管理和销售工作
5	获得 CVP（即移动开发最有价值专家）和员工的反馈

云端平台中的设备监控与运营系统是平台的核心内容之一，设备管理的优劣直接影响客户的生活，也会影响到建筑物的价值体现。远程设备监控与运营系统能够将设备的运行情况采集后，采用软件系统进行管理，出现故障和异常情况及时提醒技术人员，自动派单，可以实现对设备的远端控制，高级别的技术人员可以对设备进行远程会诊，从而达到有效管理及人力资源高效运用，提高响应客户需求的能力。远程设备监控与运营系统可实现功能，如图10-11所示。

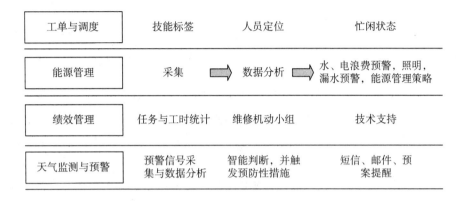

图10-11 远程设备监控与运营系统可实现功能

10.2.2 客户服务呼叫中心

呼叫中心（Call Center），是指综合利用通信及计算机技术，对信息和物资流程优化处理和管理，集中实现沟通、服务和生产指挥的系统。多年来，呼叫中心产业市场已经从早期业务内容简单、技术简单、应用简单进入目前的业务内容丰富、技术相对先进与系统化、应用覆盖深入且广泛的发展阶段。早期的呼叫中心以热线电话、咨询服务等为主，由经过训练的服务人员来接听处理客户的各类问题，而随着企业对客户工作重视程度的提高，基于提供更多丰富服务的需求，呼叫中心在客户服务方面的功能也在不断提高。

从设施管理客户服务的应用来看，呼叫中心已经延伸到了企业相关的各个工作环节，达到最广泛的客户联络；通过主动的客户回访、满意度调查等主动了解客户的意见与建议，把握客户需求，进一步挖掘客户价值，在此基础上给客户以最大程度的关怀。通过呼叫中心提供客户服务。

1. 呼叫中心类型

任何技术的革新都有可能带来呼叫中心的进步，随着计算机技术与通信技术的发展，呼叫中心逐步形成了以下几种类型。

（1）基于网站的呼叫中心

网站呼叫中心减轻了呼叫中心业务代表的日常工作，而改由网站承担这些工作。上网的客户可以和业务代表共享网页，在需要帮助时，只需按动一下键盘，就可与业务代表联系。必要时，使用同一设备，业务代表就可处理因特网呼叫、普通语音呼叫和电子邮件呼叫，从而充分利用了现有的通信资源。

（2）视频呼叫中心

视频呼叫中心能在普通呼叫中心的基础上使客户与业务代表双方通过屏幕"面对面"地交谈，并可将相关数据显示在屏幕上，客户就可以通过面对面的视频和音频连接沟通。在综合业务数字网（IntegratedServices DigitalNetwork，ISDN）的专用网或公共网的基础上，视频呼叫中心可通过可视电话或视频电话亭，与目标客户之间进行连接。

（3）虚拟呼叫中心

利用智能化网络技术，建立虚拟呼叫中心。这种系统具有大型数据库和数据仓库，它可以为每一个"入网"的客户提供决策支持和数据分析。

2．服务处理流程

呼叫中心的服务流程通常根据不同的呼叫类型，有不同的处理流程。呼叫中心一般有两类流程：一是与客户相关的关键流程，二是关键支持流程。前者需要操作人员与客户或最终客户进行交互才能进行下去。例如，客户来电进行报修，这就是典型的与客户相关的关键流程，因为需要直接与客户进行沟通确认。而关键支持流程是支持流程，目的是保障前者的执行效果。例如，根据客户需求保修，进行工单派发、接单和关闭，形成一个支持流程。呼叫中心投诉电话处理工作流程，如图10-12所示。

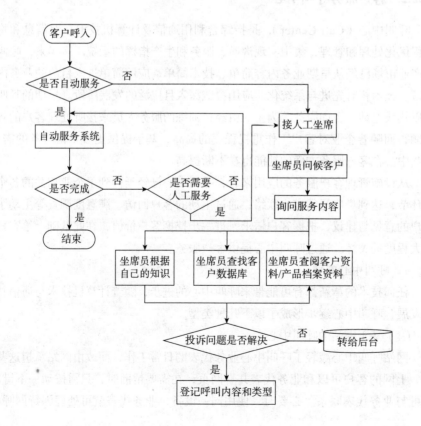

图10-12 呼叫中心投诉电话处理工作流程

呼叫中心接到客户电话,根据客户选择是否需要自动服务执行不同的服务。如果客户选择人工服务,则接入人工座席;座席员与客户进行交流并询问服务的内容后,座席员经过三条路径提出解决方案;座席员告知客户,如果投诉问题得到解决,则进行最后处理,即登记呼叫内容和类型,若还没解决则转交后台处理。同样地,如果客户选择自动服务,则根据工作流程执行相关的操作。

10.2.3 工作接收与协调中心

工作接收与协调中心(Work Reception and Coordination,WRC)是设施管理组织中一个重要的接收设施服务请求,并将工作进行排序、安排执行和协调,在工作任务结束后对工作结果进行评价的机构。

1. WRC工作范围

在中小型组织中,WRC是设施经理工作的助手,为设施经理提供日常的设施服务内容;在大型企业中,WRC是可以作为设施管理组织中一个独立的工作部门存在的。这里主要介绍WRC对工作的排序及其工作流程。WRC的工作范围,如图10-13所示。

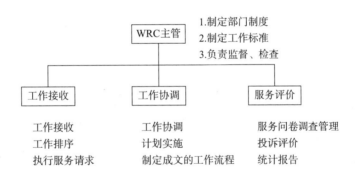

图10-13 WRC的工作范围

WRC作为一个独立的工作部门,通常会设有一个WRC主管,负责制定WRC部门制度、工作标准并对整个部门的工作实施监督和检查。WRC的内容主要包括工作接收、工作协调和服务评价。其中,工作接收又包括对工作的接收、工作排序以及执行服务请求;工作协调包括协调各项工作、计划的实施以及制定成文的工作流程;服务评价的内容也包括三方面:服务问卷调查管理、投诉评价和统计报告的制定。整个WRC在主管的监督协调下,各司其职,协同工作,共同为设施管理工作服务。

2. WRC的工作排序标准

WRC职员参与组织设施管理的日常工作,接收设施服务请求,需要首先分清服务请求工作的重要程度。根据设施服务工作的重要性,WRC有三种对工作排序的标准,即紧迫性、价值和难易程度。

(1)根据工作紧迫性的排序

根据工作紧迫性,可以将服务请求工作分为三个等级。服务请求工作的优先级，如表10-5所示。

服务请求工作的优先级　　　　　　　　　　表10-5

等级	特征	描述
优先级1	保护生命和安全的工作	通常WRC职员在接到优先级1电话后马上对该工作进行处理
优先级2	急需实施的工作	通常优先级2的请求需要对方出具书面的服务单，应该在1个工作日内完成
优先级3	日常服务单	通常优先级3的服务请求需要对方出具书面的服务单，应该在3~5工作日内完成

（2）根据工作价值的排序

当工作需要的大量资金投入和重要性程度超过设定的标准时，设施服务方应在执行前对指定的任务进行仔细的检查。此外，也可以用解决问题所需要的时间作为标准来衡量工作价值。

（3）根据难易程度的排序

WRC职员接到有些服务请求后，需要得到相关部门的认可后才能开展工作，即使这种工作需要很少的资金。例如，插座的安装位置对室内装置有很大的影响，所以，不管处理电气服务请求的成本有多少，所有的这种服务请求都要送往规划设计部门。

3．WRC工作流程

为了提高服务的效率和有效性，根据不同的标准，WRC对工作服务请求会设计严格的工作流程，使工作执行流程化。同时，便于WRC对服务质量的考评，发现问题，并迅速作出改进。根据不同的优先等级，WRC对工作的安排和要求不同。不同优先等级工作要求和流程，如表10-6所示。

不同优先等级工作要求和流程　　　　　　　　表10-6

序号	工作要求	优先等级		
		优先级1	优先级2	优先级3
1	确定条件	接到优先级1电话	需要对方出具书面的服务单	需要对方出具书面的服务单
2	工作危急程度	威胁生命和安全的工作	严重影响工作，但不如优先级1严重	不影响正常工作、不危害健康或安全的事件
3	标准反应时间	30min	1d	3d
4	完成时间	工作直到危险解除	完成时间取决于任务的复杂性	完成时间取决于任务的复杂性
5	接到服务请求后的即时工作要求	迅速根据电话选择安全人员或维修人员	完成必要的记录和适当介绍；选择部门或人员；将这些记录内容传递给相关负责人	完成必要的记录和适当介绍；选择部门或人员；将这些记录内容传递给相关负责人
6	是否需要反复进行	需要反复工作，直至问题解决	可能需要配合，并反复进行	可能需要配合，并反复进行

根据表10-6所示，不同优先等级的工作要求和流程安排是不同的。一般的工作流程为：首先，客户打电话给WRC讲述问题，WRC接到电话后先准备服务单，再进行前期的工作安排，并派出专员进行调查。根据专员现场调查，确认该工作的优先等级。如果工作是优先级1的，即与生命和安全有关的工作，WRC应该立即采取行动，迅速根据电话选择安全人员或维修人员进驻维修，并且要求反复工作，直至问题得到解决。在维修的过程中，应当向WRC汇报；当问题得到解决后，再由WRC向客户反馈。同样，优先级2、3的工作也可按照表10-6的要求进行流程安排。

10.3 客户满意度管理

客户满意度反映的是顾客的一种心理状态，它来源于顾客对设施管理团队提供的服务所产生的感受与自己的期望所进行的对比，是顾客对团队、服务和人员的认可程度。通过客户满意度测评，有利于设施管理团队对服务进行持续改进，协助调整服务运营方案，提高整体绩效并增强设施管理企业的整体竞争力。

10.3.1 服务质量差距模型

客户满意度主要是由购买前的期望和使用后的感知之间的差异来决定的，即客户满意度是可感知的效果和期望值之间的差异函数。菲利普·科特勒（Philip Kotler）认为，客户满意度是指一个人通过对一个产品或一种服务的可感知效果（或结果）与期望值相比较之后所形成的愉悦或失望的感觉状态。弗雷德里克·赖克哈尔德（Frederick Reichheld）通过对各种行业的研究，发现客户忠诚度提高5%，利润上升幅度最低为35%，最高可以达到100%。

服务质量差距模型由美国营销学家帕拉休拉曼（A.Parasuraman）、赞瑟姆（Valarie A Zeithamal）和贝利（Leonard L. Berry）提出，在服务行业中作为服务组织改进服务质量的基本框架，有助于管理者分析服务质量问题产生的原因，并帮助管理者了解改进服务质量的方法与措施。设施管理者应熟练掌握这一模型的应用，通过构建一套系统全面的客户服务质量管理体系来消除差距服务质量，即顾客预期的服务质量与顾客感知的服务质量之间的差距。服务质量差距模型，如图10-14所示。

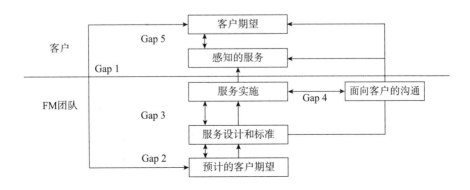

图10-14　服务质量差距模型

Gap 1：认知差距——未准确、详尽地了解顾客的期望

设施管理人员对前期的需求调查不足，或是调查对象、方法或程序存在不足，以及日常服务过程中未及时掌握需求变化。这种差距的产生根本在于没有倾听客户的心声，为了消除差距，应该采用多种渠道和方法倾听客户的心声，采取全方面的需求调查和满意度调查，建立完善沟通机制和投诉机制。

Gap 2：质量标准差距——未选择正确的服务设计和标准

服务质量规范制定有缺陷，如不全面或不明晰，不能支持目标的整体实现，或是由于资源、成本等限制因素，无法实现用户期望。消除此种差距，应综合考虑各方因素，特别是资源限制，设定服务目标，通过服务水平协议SLA（Service Level Agreement）来表现，并公示。根据服务水平协议，制定作业范围，确保服务水平得以实现并可衡量。另外需要注意，在服务外包时，此条特别重要，需纳入服务合同。

Gap 3：服务交易差距——未按标准提供服务

差距来源于服务人员缺乏服务意识、服务技能、工作积极性，或受情绪影响，以及服务各环节、人员缺乏团队合作精神，或没有足够的现场处理能力。应严格管理供应商认证以及招聘工作，加强并持续性地培训，提高服务意识与责任心和服务技能，提高团队意识和沟通合作技能。同时，注重绩效考核，加强管理和监管，设置关键的控制点。

Gap 4：沟通的差距——服务传递与对外承诺不相匹配

服务人员同用户沟通时提出过度承诺，且在内部未达成共识，服务各流程环节的不同部门之间缺乏沟通和配合。服务人员并没有把做出的努力告知用户，服务宣传不够。对此差距的应对方法是，对多环节服务设计及时的反馈机制，确保各环节的处理信息及时有效传递给用户；创建多渠道的沟通机制，确保各部门之间能够进行有效的横向沟通和配合，加强服务政策、服务目标（SLA）的宣传和引导，对用户期望值进行引导。

Gap 5：感知服务质量差距——感知或经历的服务与期望的服务不一样

这部分的差距源于客户对服务的直观感知，在很大程度上是以上几种差距中的某几种因素共同作用的结果。要提高服务水平就要尽可能缩小服务过程中的四个差距来使客户满意，明确各项差距的产生原因以及相互关系，积极提高服务水平，提高满意度和工作效率。

10.3.2 客户满意度的相关因素

对客户满意度的相关因素的研究已经表明，客户满意度的驱动因素主要由三个方面组成：企业因素、客户因素和环境因素。客户满意度的驱动因素，如表10-7所示。

客户满意度的驱动因素　　　　　　　　表10-7

序号	驱动因素	主要内容
1	企业相关的因素	产品相关因素：如品牌、性能、质量、价格、功用、便利等；服务相关因素：如质量、便利、流程、价格等
2	客户相关的因素	主要有客户属性、个人偏好
3	环境相关的因素	主要包括宏观经济、技术、竞争厂家、供求关系、渠道等

在这三个方面的共同作用下，企业和客户建立关系，并同时使客户形成对企业所提供的产品和服务的满意度的感知。

针对设施管理中影响客户满意度的企业相关因素，可以具体表述为以下两方面。

1. 设施硬件因素

狄伦（Dillon）和费舍尔（Vischer）通过研究，将客户对设施硬件的满意度设计了24个问题、5个等级的调查问卷。对于这24个问题，通过调查对象反馈答案的相关性统计，经归纳形成9个参数组，即影响客户满意度的九个设施因素。客户满意度的影响因素（设施硬件因素），如表10-8所示。

客户满意度的影响因素（设施硬件因素）　　　　　表10-8

组别	因素	问题	组别	因素	问题
1	热舒适度	温度的舒适性 制冷 温度变化	6	照明	电器照明 灯光亮度 灯的眩光
2	空气质量	通风舒适度 空气清新度 空气流动	7	建筑噪声控制	空调系统噪声 照明系统噪声 建筑物外部噪声
3	噪声控制	噪声干扰 噪声水平 特殊噪声	8	总体满意度	总体满意度
4	空间舒适度	家居布置 工作空间 工作存储空间 个人存储空间	9	对工作的作用	对工作的作用程度
5	隐私控制	视觉隐私 语音隐私 电话隐私	—	—	—

2. 服务质量因素

服务质量取决于客户所感知的服务水平与客户所期望的服务水平的差距程度。影响服务质量的因素分为五个方面：①反应灵敏性。为客户提供和更新服务的速率；②移情性。关心客户，可以为客户提供人性化服务。③专业人员的特质。它指的是设施人员为客户提供服务时所应该具备的专业的技能和素质。④可靠性。可靠和准确地履行服务承诺的能力。⑤可感知性。建筑物和设备等可识别物给客户留下的印象。在设施管理中,还包括第六个因素——保证性,让客户感到值得信赖和信任的程度。

上述六个方面是影响客户对设施管理部门服务质量感知的关键因素,其中每个因素又包含一些具体的问题。客户满意度的影响因素(服务因素),如表10-9所示。

客户满意度的影响因素(服务因素)　　　　　表10-9

组别	因素	问题	组别	因素	问题
1	反应灵敏性	网络系统的灵活性 通信技术安全性 应急事件反应 有毒废物的管理 固体废物的管理 ……	4	可靠性	保留客户记录 根据客户要求履行职责 工作程序、步骤 ……
2	专业特质	理解工作进程 礼貌待客 专业技巧 沟通交流 职员仪表 对投诉的反应 与公众的联系 ……	5	可感知性	公用设备 景观绿化 公共厕所 空间设计 ……
3	移情性	发展规划 公众需求 条例实施 ……	6	保证性	客户的安全感 ……

10.3.3　客户满意度调查

客户满意度调查的目的是针对客户不满意的因素寻找改进措施,进一步提高产品和服务质量。因此,通过对收集到的客户满意度信息进行分析整理,找出不满意的主要因素,确定纠正措施并付诸实施,以达到预期的改进目标。

1. 客户满意度调查渠道和步骤

客户满意度调查的方式多种多样,包括口头的和书面的。根据调查信息收集的目的、性质和资金等条件,来策划客户满意度调查的最佳方案,确定责任部门,对收集方式、频次、分析、对策及跟踪验证等作出规定。收集的客户满意度信息有如下方面:①客户投诉;②与客户的直接沟通;③问卷和调查;④密切关注的团体;⑤消费者组织的报告;⑥各种媒体的报告;⑦行业研究的结果等。

在具体的操作中,可以采用定性和定量两种调查方法,定性调查可采用评定满意等级的方法进行,为了获得客户满意度数据,应该进行定量调查。设施管理

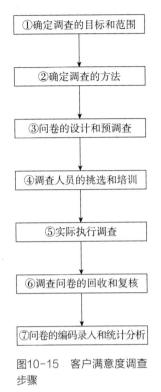

图10-15 客户满意度调查步骤

部门必须具备适合使用的客户信息档案，能快速准确地找到客户，这也是设施管理部门建立客户信息管理系统的重点所在。客户满意度调查步骤，如图10-15所示。

2. 客户满意度调查方法

客户满意度调查的主要方法有以下四种：

（1）面谈调查法

面谈调查法就是调查人员与一个被调查者直接进行面谈，或者与几个被调查者集体面谈，可以一次面谈也可以多次面谈。这种方法可以直接与被调查者见面，听取意见，并观察其反应，灵活性较大，得到的资料也比较真实。但这种方法成本较高，调查结果与调查人员的素质水平有较大关系。

（2）电话调查法

电话调查法是由调查人员根据抽样的要求，在样本范围内用电话向被调查者提出询问，听取意见。用这种方法进行调查，收集资料快，成本低，并能以统一格式进行询问，所得资料便于统一处理。但有一定局限性，在调查时，不易取得被调查者的合作，不能询问较复杂的问题，调查难以深入。

（3）邮寄调查法

邮寄调查法是将设计好的问卷邮寄给被调查者，请他们按照表格要求填写后寄回。这种方法调查范围较广，被调查者有较充裕的时间来考虑回答问题，且不被调查者影响，收集情况比较真实。但问卷回收率较低，时间往往拖得较长，被调查者有可能误解问卷的含义，影响调查结果。

（4）网上调查法

网上调查法是调查人员通过E-mail等方式将问卷发到被调查者邮箱，或公布在网上，由被调查者自愿回答进行调查，从而实现收集信息的目的。网上调查法的调查成本较低，样本容量较大，效率比较高。但该方法要求被调查者必须能上网，而且往往因为调查问卷的长度和难度等因素导致有效问卷数难以保证。

3. 客户满意度调查表

客户满意度调查应该紧扣可能引起客户不满意的问题。通常在制定客户满意度问卷调查表时，应当根据各种设施的具体状况、不同特点和已建立的评价指标体系来设计调查表。根据前面提出的设施管理客户满意度相关因素和组织的自身情况，可以选择相应的问题，制作问卷调查表，并采用5级或10级量表测量工具进行打分。针对设施硬件因素的客户满意度调查表，如表10-10所示。

针对设施硬件因素的客户满意度调查表　　　　　表10-10

客户满意度调查表

亲爱的客户，感谢您长期对××设施管理部门的支持，为了更好地了解您的需求和持续改善我们的服务质量，烦请您认真地填写本问卷调查表，您的意见将对我们的设施管理发展提供很大的帮助，谢谢您！（请您依据满意度回答下列问题，并提出您的宝贵建议。）

1	温度的舒适性	差	1	2	3	4	5	好
2	制冷	太冷	1	2	3	4	5	舒适
3	温度变化	太频繁	1	2	3	4	5	不变
4	通风舒适度	差	1	2	3	4	5	好
5	空气清新度	浑浊空气	1	2	3	4	5	新鲜空气
6	空气流动	通风不好	1	2	3	4	5	流通良好
7	噪声干扰	差	1	2	3	4	5	没问题
8	噪声水平	太嘈杂	1	2	3	4	5	舒服
9	特殊噪声	烦扰的	1	2	3	4	5	没问题
10	家居布置	差	1	2	3	4	5	好
11	工作空间	差	1	2	3	4	5	好
12	工作存储	不足	1	2	3	4	5	充足
13	个人存储	不足	1	2	3	4	5	充足
14	视觉隐私	差	1	2	3	4	5	好
15	语音隐私	差	1	2	3	4	5	好
16	电话隐私	差	1	2	3	4	5	好
17	电器照明	差	1	2	3	4	5	好
18	灯光亮度	太亮	1	2	3	4	5	不太亮
19	灯的眩光	高眩光	1	2	3	4	5	无眩光
20	空调系统噪声	嘈杂	1	2	3	4	5	没问题
21	照明系统噪声	嘈杂	1	2	3	4	5	没问题
22	建筑物外部噪声	嘈杂	1	2	3	4	5	没问题
23	总体满意度	不满意	1	2	3	4	5	非常满意
24	对工作的作用	困难	1	2	3	4	5	简单
25	请您提出您对我们的建议或其他问题：							

单位名称		填表人		职务	
填表日期		联系电话		邮箱	

在收集和分析客户满意信息时，必须注意两点：

（1）客观标准

客户有时是根据自己在消费商品或服务之后所产生的主观感觉来评定满意或不满意的，因此，往往会由于某种偏见而产生情绪障碍和关系障碍。因此，不能仅靠客户主观感觉的报告，同时也应考虑是否符合客观标准的评价。

（2）调查对象

客户对产品或服务消费后，遇到不满意时，也不一定都会提出投诉或意见。因此，应针对这一部分客户的心理状态，利用更亲情的方法，以获得这部分客户的意见。

10.3.4 客户满意度评价

1. 客户满意度评价指标

客户满意度评价指标，是指用以测量客户满意程度的一组项目因素。要评价客户满意的程度，必须建立一组与设施管理有关的、能反映客户对设施服务满意程度的指标体系。

全面是指评价项目的设定，应既包括设施的硬件项目，又包括无形的和外延的服务项目，否则，就不能全面了解客户的满意程度，也不利于提升客户满意水平；另外，由于影响客户满意度的因素很多，不能一一用作测量指标，因而，应该选择具有代表性的主要因素作为评价项目。

例如，在对某校园设施管理满意度进行评价时，通过对与师生教学和生活密切相关的设施管理影响因素的分析，建立设施管理满意度评价指标体系。校园设施管理满意度评价指标体系，如图10-16所示。

2. 客户满意度模糊综合评价案例

按照图10-16中所示某校园设施服务设施管理满意度评价指标体系，对各因素的重要性给出非常重要A、重要B、一般重要C、次要D和无关紧要E共5个序列。

（1）设U为因素集。

$$U=\{u_1, u_2, u_3, u_4, u_5\}$$

$U_1=\{u_{11}, u_{12}, u_{13}, u_{14}, u_{15}, u_{16}, u_{17}, u_{18}\}$；$U_2=\{u_{21}, u_{22}, u_{23}, u_{24}, u_{25}, u_{26}\}$；$U_3=\{u_{31}, u_{32}, u_{33}, u_{34}, u_{35}, u_{36}\}$；$U_4=\{u_{41}, u_{42}, u_{43}\}$；$U_5=\{u_{51}, u_{52}, u_{53}\}$。

式中 u_1——建筑物管理；

u_2——空间管理；

u_3——安全管理；

u_4——支援服务；

u_5——能源管理。

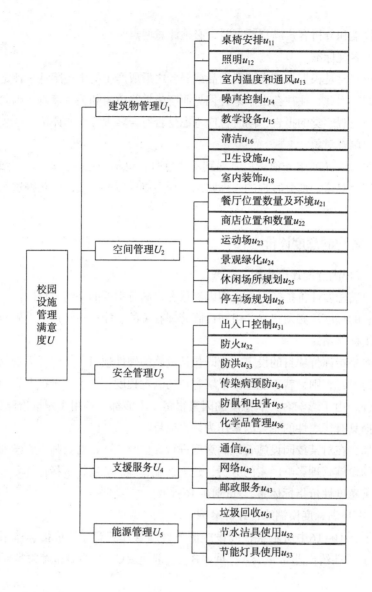

图10-16 校园设施管理满意度评价指标体系

(2) V 为评语集。

$$V = \{v_1, v_2, v_3, v_4, v_5\}$$

式中 　v_1——非常满意；

　　　v_2——满意；

　　　v_3——一般；

　　　v_4——不满意；

　　　v_5——极不满意。

(3) 由评判组的每一个成员根据已确定的评价等级标准 $v_1 \sim v_5$ 依次对各个指标进行判断评价。应用专家意见比例法，根据选择某等级的成员数对评价组成员总数所占的比例，确定该指标的评语集。校园设施管理满意度的评判结果，如表10-11所示。

校园设施管理满意度的评判结果　　　表 10-11

一级指标	权重	二级指标	权重	评语集				
				非常满意	满意	一般	不满意	极不满意
建筑物管理 U_1	W_1	桌椅安排 u_{11}	w_{11}	0	0.55	0.40	0.05	0
		照明 u_{12}	w_{12}	0.15	0.45	0.30	0.10	0
		室内温度和通风 u_{13}	w_{13}	0	0.45	0.30	0.15	0.10
		噪声控制 u_{14}	w_{14}	0	0.45	0.25	0.25	0.05
		教学设备 u_{15}	w_{15}	0.15	0.55	0.15	0.10	0.05
		清洁 u_{16}	w_{16}	0.35	0.45	0.10	0.10	0
		卫生设施 u_{17}	w_{17}	0.20	0.25	0.25	0.25	0.05
		室内装饰 u_{18}	w_{18}	0	0.45	0.45	0.10	0
空间管理 U_2	W_2	餐厅位置数量及环境 u_{21}	w_{21}	0.15	0.25	0.40	0.15	0.05
		商店位置和数量 u_{22}	w_{22}	0.10	0.30	0.45	0.15	0
		运动场 u_{23}	w_{23}	0	0.20	0.50	0.30	0
		景观绿化 u_{24}	w_{24}	0.20	0.40	0.25	0.15	0
		休闲场所规划 u_{25}	w_{25}	0.05	0.25	0.45	0.20	0.05
		停车场规划 u_{26}	w_{26}	0.05	0.30	0.50	0.05	0.10
安全管理 U_3	W_3	出入口控制 u_{31}	w_{31}	0.30	0.55	0.15	0	0
		防火 u_{32}	w_{32}	0.30	0.40	0.25	0.05	0
		防洪 u_{33}	w_{33}	0.15	0.30	0.45	0.05	0.05
		传染病预防 u_{34}	w_{34}	0.05	0.40	0.50	0.05	0
		防鼠和虫害 u_{35}	w_{35}	0.10	0.15	0.55	0.15	0.05
		化学品管理 u_{36}	w_{36}	0.05	0.45	0.45	0.05	0
支援服务 U_4	W_4	通信 u_{41}	w_{41}	0.05	0.40	0.40	0.15	0
		网络 u_{42}	w_{42}	0.05	0	0.55	0.20	0.20
		邮政服务 u_{43}	w_{43}	0.05	0.25	0.20	0.40	0.10
能源管理 U_5	W_5	垃圾回收 u_{51}	w_{51}	0.15	0.45	0.30	0.10	0
		节水洁具使用 u_{52}	w_{52}	0.05	0.45	0.40	0.05	0.05
		节能灯具使用 u_{53}	w_{53}	0.05	0.30	0.30	0.15	0.20

上述表 10-11 的评判结果，可以形成各二级指标的评语集，构成下列二级指标评价决策矩阵：

$$R_1 = \begin{pmatrix} u_{11} \\ u_{12} \\ u_{13} \\ \vdots \\ u_{18} \end{pmatrix} = \begin{pmatrix} 0 & 0.55 & 0.4 & 0.05 & 0 \\ 0.15 & 0.45 & 0.3 & 0.1 & 0 \\ 0 & 0.45 & 0.3 & 0.15 & 0.1 \\ 0 & 0.45 & 0.25 & 0.25 & 0.05 \\ 0.15 & 0.55 & 0.15 & 0.1 & 0.05 \\ 0.35 & 0.45 & 0.1 & 0.1 & 0 \\ 0.2 & 0.25 & 0.25 & 0.25 & 0.05 \\ 0 & 0.45 & 0.45 & 0.1 & 0 \end{pmatrix}$$

同理，得出 R_2、R_3、R_4、R_5。

（4）根据调查问卷中各项因素重要性序列值的选择，利用Delphi法编制因素优先得分表，计算并规范化后得到各评价指标权重如下：

$W_1 = (w_{11}, w_{12}, w_{13}, \cdots, w_{18}) = (0.127, 0.137, 0.128, 0.135, 0.130, 0.133, 0.115, 0.094)$

同理，可得 W_2、W_3、W_4 和 W_5。

（5）结合二级指标权重 $W_i = \{w_{ij}\}$，根据公式 $B_i = A_i R_i$，求得二级指标集：

$B_1 = (0.110, 0.453, 0.268, 0.138, 0.032)$

用同样方法得到 B_2、B_3、B_4、B_5，可得二级指标评判矩阵为：

$$R = \begin{pmatrix} B_1 \\ B_2 \\ \vdots \\ B_5 \end{pmatrix} = \begin{pmatrix} b_{11} & b_{12} & \ldots & b_{15} \\ b_{21} & b_{22} & \ldots & b_{25} \\ \ldots & \ldots & \ldots & \ldots \\ b_{51} & b_{52} & \ldots & b_{55} \end{pmatrix} = \begin{pmatrix} 0.110 & 0.453 & 0.268 & 0.138 & 0.032 \\ 0.094 & 0.282 & 0.422 & 0.169 & 0.032 \\ 0.161 & 0.382 & 0.385 & 0.057 & 0.014 \\ 0.050 & 0.218 & 0.383 & 0.249 & 0.099 \\ 0.084 & 0.401 & 0.333 & 0.100 & 0.082 \end{pmatrix}$$

（6）由专家打分给出建筑物管理、空间管理、安全管理等5个一级指标的权重 $A = \{w_1, w_2, \cdots, w_n\} = (0.314, 0.201, 0.276, 0.117, 0.092)$，按综合评价 $B = AR$ 公式求得：

$B = (0.112, 0.367, 0.351, 0.131, 0.040)$

（7）评价结果分析

将5个满意度各与某分值对应起来。评估结果与相应分值对照，如表10-12所示。利用评价结果确定一个确切的分值 F。

评估结果与相应分值对照　　　　　　　　　　表10-12

评估结果	非常满意	满意	一般	不满意	极不满意
相应分值	100	80	60	40	20

记 $K = (100, 80, 60, 40, 20)^T$，$F = B \times K$。则该校设施管理满意度各项服务评价代数值为：

$F_1 = B_1 \times K = $ （0.110, 0.453, 0.268, 0.138, 0.032）×（100, 80, 60, 40, 20）
=69.415

同理，F_2=64.743，F_3=72.38，F_4=57.429，F_5=66.116。

60（一般）<F_1、F_2、F_3、F_5<80（满意）；40（不满意）<F_4<60（一般）。即该校师生对校园建筑物管理、空间规划和管理、安全管理和能源管理都基本满意，而对网络通信等支援服务不太满意。

最终的综合评价代数值为：

$F = B \times K = $ （0.112, 0.367, 0.351, 0.131, 0.040）×（100, 80, 60, 40, 20）
=67.589

60（一般）<F=67.589<80（满意），结果表明该校师生对设施管理服务总体上基本满意。

知识链接

更多客户满意度测量方法研究，请访问设施管理门户网站FMGate——FM智库——研究报告——设施管理服务客户满意度测量。

10.4 客户投诉管理

《质量管理-顾客满意-组织处理投诉指南》ISO10002：2004标准对投诉的定义是：投诉是向组织表达对该组织的产品或投诉处理过程本身的不满，并明确表示或暗示希望得到回应或解决。

提高客户满意度，是企业客户关系管理的核心；而通过有效管理方式，解决客户的投诉难问题，则是提高客户满意度的有效手段。在如今竞争激烈的环境中，设施管理服务创新正在重新定义可接受的绩效水平。在管理设施客户需求和保护组织形象时，良好的投诉管理体系是设施管理成功的决定性条件之一。

10.4.1 客户投诉分类

投诉是正常的现象，接待与处理投诉是设施管理服务过程中重要的组成部分，设施管理部门可以通过处理投诉，提高服务水平。设施管理人员要正确看待投诉，将处理投诉看成是一种改善自身管理与服务，加深与客户沟通联系的机遇。通过处理投诉，可以纠正设施管理过程中出现的不足，维护和提高设施管理部门的形象。根据不同的分类方法，客户投诉可以有不同的类型，常见的分类方法如下。

1. 根据投诉的重要性分类

根据投诉的重要性分类，设施管理中所接受的投诉主要分为不重要投诉、一般重要投诉和重要投诉。它们的重要性程度逐步增加，设施管理部门应当给予的关注度也应相应地提高。

2．根据投诉有效性分类

根据投诉有效性，即投诉是否成立，主要分为有效投诉和无效投诉两类。需要明确的是，有效投诉成立的判断条件。有效投诉是客户对设施管理部门的工作和服务产生不满甚至抱怨而向部门正式提出的质询。它区别于一般建议。建议是客户希望现有服务水平得以提高而提出自己意见的温和方式，未必是对服务的不满。

例如，某公司会议室设置的一个座位刚好位于中央空调出风口的正下方。在会议期间，员工A坐在该位子对着空调吹会感觉到有些冷，而整个会议室的空调设置及温度控制效果都不错。因此，员工A便向设施管理部门提意见，要求在空调空间设计时避免此类问题的发生。这类问题属于建议范畴，而不属于有效投诉。

3．根据投诉的具体原因分类

设施管理范围广泛，根据投诉的具体原因分类可以立即定位问题关键点。通常有设备故障投诉、维修服务过程投诉、物资供应投诉等。具体到每一类又可以细分成很多投诉类型。按照投诉原因划分的常见投诉类型，如表10-13所示。

按照投诉原因划分的常见投诉类型　　　　表10-13

投诉类型	具体示例
设备故障投诉	如供水系统、消防系统、空调系统、电子监控系统、安保系统、网络系统等故障投诉
维修服务过程投诉	如维修时间过长、维修过于频繁、报修反应迟缓等
物资供应投诉	如所需采购的备品、备件的购买、存储、发放不当，采购审批时间延时、迟迟得不到确认，设施私自外借或被他人占用等
……	……

4．根据投诉的途径分类

根据投诉的途径分，主要有以下几种方式：

（1）电话投诉

客户通过直接拨打设施管理部门的服务热线表达自己的不满。这类投诉存在很大的一个弊端，由于双方是通过电话交流，无法从表情、动作上识别客户的情感不满度，会带来表意不明确的情况。

（2）信函投诉（包括邮件等电子信函）

选择信函投诉是一种比较正式的投诉方式。由于写信是一个较长时间才能完成的事情，因此客户会以一种经过深思的方式真实反映整个事件。

（3）当面投诉

客户选择当面去组织或部门进行投诉。这类投诉最大的特点就是双方当事人可以面对面将投诉的事件分析清楚，不会带来沟通交流上的障碍。

10.4.2 客户投诉处理

设施管理是一种服务行为，不同的客户总会产生各种不满意的意见，带来不同的客户投诉。可以说，投诉是设施管理服务水平不断提高的推动力。只有在不断接受处理投诉的过程中，才能使设施管理水平得到不断发展，从而不断地改进和提升管理和服务的质量。

因此，面对各类投诉应当采取积极的态度和正确的方法，遵循投诉处理的基本原则。在处理投诉时必须遵循"受理—跟进—处理—回复"责任人制度，确保每个投诉都能有人管，有人跟进，让投诉有效地得以解决。特别地，针对重大的投诉事件，应该建立一套特别的应急预案，确保重大投诉不会给设施管理部门带来不利的影响。

为了更加高效地处理客户的投诉，设施管理部门应该制定一套规范化的投诉处理流程。客户投诉处理通用流程，如图10-17所示。

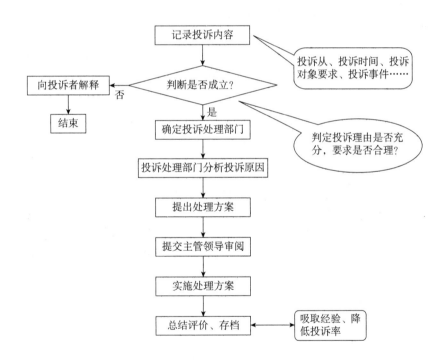

图10-17 客户投诉处理通用流程图

在投诉的各个阶段，投诉受理部门或个人应该注意下列问题：

（1）受理投诉阶段

应该控制自己情绪，保持冷静、平和；先处理客户的情绪，改变客户心态，然后处理投诉内容；应将客户的投诉行为看成是公事，进行实事求是的判断，不应夹杂个人情绪和喜好；抱着负责的心态，真正关心客户投诉的问题。

（2）接受投诉阶段

应该认真倾听，保持冷静；同情理解并安慰客户；给予客户足够的重视和关注；不让客户等待太久；当客户不知道等待多久时，告诉客户明确的等待时间；注意对事件全过程进行仔细询问，语速不宜过快，要做详细的投诉记录；立即采取行动，协调有关部门解决。

（3）解释澄清阶段

不得与客户争辩或一味寻找借口；注意解释语言的语调，不得给客户有受轻视、冷漠或不耐烦的感觉；换位思维，易地而处，从客户的角度出发，做合理的解释或澄清；不得试图推卸责任，不在客户面前评论组织、其他部门或同事的不是；在没有彻底了解清楚客户所投诉的问题时，不得将问题转交其他同事或相关部门；如果确实是己方原因，必须诚恳道歉，但是不能过分道歉，注意管理客户的期望；限时提出解决问题的方法。

（4）提出解决方案阶段

根据投诉类别和情况，提出相应的解决问题的具体措施；向客户说明解决问题所需要的时间及其原因；如果客户不认可，或拒绝接受解决方法，坦诚向客户表明组织的限制；按时限及时将需要后台处理的投诉记录传递给相关部门处理。

（5）跟踪回访阶段。

根据处理时限的要求，注意跟进投诉处理的进程；及时将处理结果向投诉的客户通告；关心询问客户对处理结果的满意程度。

10.4.3　客户投诉报告及其制度

投诉报告是指对投诉事件进行分析调查，并进行统计分析的一种周期性汇报。它有利于设施管理部门更好地了解服务的过失和不足，及时改进服务质量，减少客户的不满意度，从而提高客户忠诚。投诉报告制度是指对投诉事件进行分析调查，并进行统计分析的一种周期性汇报制度。为了有效地提高工作效率，使投诉报告能够准确地为设施管理部门改进服务质量提供信息，应当制定合理的投诉报告制度，通过规范制度化的执行使投诉事件在最短的时间内得到解决并得到反馈。

1. 投诉报告内容与要求

在制定投诉报告的时候，应该明确其内容与要求。

（1）报告内容

投诉报告基本内容，如图10-18所示。

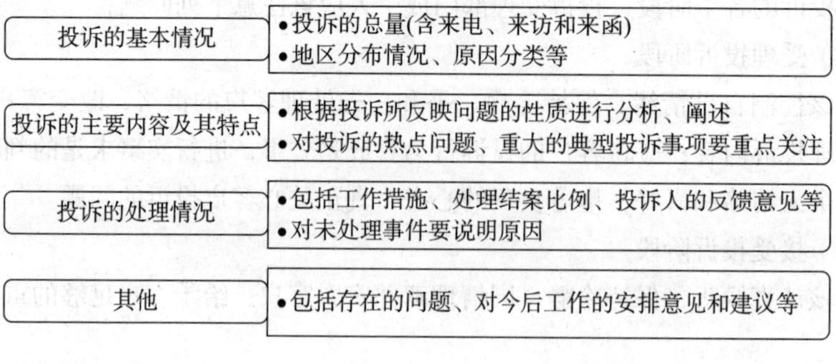

投诉的基本情况	●投诉的总量(含来电、来访和来函) ●地区分布情况、原因分类等
投诉的主要内容及其特点	●根据投诉所反映问题的性质进行分析、阐述 ●对投诉的热点问题、重大的典型投诉事项要重点关注
投诉的处理情况	●包括工作措施、处理结案比例、投诉人的反馈意见等 ●对未处理事件要说明原因
其他	●包括存在的问题、对今后工作的安排意见和建议等

图10-18　投诉报告基本内容

（2）报告要求

投诉报告应该明确下列基本要求：①报告上报时间。应该根据设施管理服务周期，选择合适的时间点。②报告格式。统一制定规范化的报告格式，方便填写、易于阅读。③报告部门和接受人。

2. 投诉报告格式

对于每一件投诉事件，设施管理部门都应当进行必要的记录。通常以表格的形式记录存档，每个月再根据这些存档的表格进行统计分析，制定该月度的投诉报告。投诉记录表样式，如表10-14所示。

投诉记录表样式　　　　　　　　　　表10-14

投诉单位		投诉日期			
投诉受理人员		投诉者联系电话/手机		投诉者电子邮件	
投诉事件所属类型：					
投诉原因： 填写人： 年　月　日					
处理意见： 					
纠正措施： 签名： 年　月　日					

投诉报告的制定需要考虑的因素很多，根据设施管理的业务特点，主要应该包括投诉的类型、产生的原因分析，当月各类投诉构成比例分析，对比上月各类投诉的变化比例统计、新增投诉的类型、产生原因和处理方案分析，客户对投诉处理的结果满意度分析等。设施管理部门月度投诉报告样式，如表10-15所示。

设施管理部门月度投诉报告样式　　　　　表10-15

报告月份		报告制定者		当月投诉事件总数	
主要投诉类型统计：					
各类投诉比例分析： （如当月各类投诉构成比例、对比上月各类投诉的变化比例等）					
各类投诉产生的原因分析：					
本月新增投诉类型：					
新增投诉产生原因及处理方案：					

关键术语

客户分类　客户价值　需求分析　客户互动　有效沟通　云端平台　客户服务　呼叫中心　工作接收与协调中心　服务质量差距模型　客户满意度　客户投诉

复习思考题

1. 设施管理的客户可以按照哪些标准进行分类？
2. 按照客户与设施管理的相关性来分类时，要进行何种分析？
3. 客户的需求升级路线是什么？
4. 客户的需求调查应包括哪些方面的内容？
5. 设施管理团队与客户互动前，应满足哪些条件？
6. 设施管理服务云端平台的集成运作机制是怎样的？

7. WRC的工作有哪些排序标准?
8. 服务质量差距模型中有哪些差距,应通过哪些方法减少差距?
9. 设施管理客户的满意度有哪些相关因素?
10. 客户满意度的调查方法有哪些,各方法具有何种特点?
11. 客户投诉处理应注意哪些基本问题?并结合自身实践举例说明。

延伸阅读

[1](美)邓·皮泊斯,马沙·容格斯. 客户关系管理[M]. 郑先炳,邓运盛译. 北京:中国金融出版社,2006.

[2](德)斯特劳斯. 服务科学:基础、挑战和未来发展,[M]. 吴健,李莹,邓水光译. 杭州:浙江大学出版社,2010.

[3]单友成,李敏强,赵红. 面向客户关系管理的客户满意度指数模型及测评体系[J]. 天津大学学报(社会科学版),2010,12(3):119-124.

[4]刘承水,戴俊良. 试论客户满意与忠诚的互动关系[J]. 中央财经大学学报,2007,(1):76-79.

[5] Jensen P. A., van der Voordt T., Coenen C.. The added value of facilities management: concepts, findings and perspectives[M]. Lyngby: Polyteknisk Forlag, 2012.

设施管理绩效与审核

[**本章导读**]

在新时代环境下,随着人们对工作质量、管理成本以及客户满意度的要求越来越高,设施管理已经逐渐演变成为组织的重要职能,设施管理绩效与审核是设施管理过程中的关键环节。设施管理绩效侧重对设施管理服务供应商服务水平的管理,设施管理审核是对组织的现有设施资产以及设施管理服务进行的评价,范围更加广泛。服务水平协议、关键绩效指标和设施管理审核三个方面的绩效管理和审核工具,为组织获得良好的设施管理服务,实现业务稳定运营提供有力保障。

[**本章主要内容**]

- ❖ 设施管理服务水平协议的作用、要求和内容;
- ❖ 设施管理服务水平协议管理流程;
- ❖ 关键绩效指标体系的设立;
- ❖ 关键绩效指标评价方法;
- ❖ 设施管理审核的分类、程序及内容。

11.1 设施管理服务水平协议

服务水平协议（Service Level Agreement，SLA）是指服务供应商和客户之间或者服务供应商之间的一种互相认可的协定。它为客户提供了一种定义自己所需服务的方式，使用户能够明确指出自己需要什么样的服务以及供应商应该保证什么样的服务质量。此外，SLA还定义了保证这些指标真正得到实现的过程以及绩效评估的方式和方法。随着设施管理中的外包趋势的增加，服务水平协议越来越受到市场的重视。

11.1.1 服务水平协议作用和要求

设施管理服务水平协议是在一定的管理费用下，为了保障设施管理服务质量，设施管理服务供应商和客户之间通过协商正式达成的协定，包含有双方对服务内容、优先权和责任的共同理解，以及对服务质量等级的协定。规约了设施管理服务供应商与客户之间的权利、责任和义务。

一个完整的设施管理服务水平协议是一个合法的文档，包括了所涉及的当事人、协定条款、违约的处罚、费用和仲裁机构、修改条款、报告形式和双方的义务等内容，其根本目的是让合作双方在合同执行之前达成一个清晰的共同愿景。同时，建立一定的机制限制各方的违规行为，鼓励双方努力达到或超过事先约定的目标。

客户与设施管理服务供应商签订服务水平协议时，需要承担相应的额外费用。如果业务指标低于协议要求时，设施管理服务供应商也需按协议的要求赔付给客户相应的费用。设施管理服务水平协议体现了客户和设施管理服务供应商之间一种新型的利益平衡关系。

1. 服务水平协议的作用

设施管理服务水平协议，既可以帮助设施管理服务供应商提高自身的竞争力，避免客户对服务质量产生的分歧，又可以帮助客户对设施管理服务供应商进行选择和绩效管理，起到转移管理风险等作用。设施管理服务水平协议的作用主要体现在如下两个方面。

（1）从设施管理服务供应商角度

1）促进设施管理服务供应商展现核心竞争力。设施管理服务供应商可以通过设施管理服务水平协议的条款，展现其自身的服务能力，以及区别于竞争对手的核心竞争力。

2）帮助客户理解设施管理服务供应商的服务质量和费用之间的关系。设施管理服务供应商通过设施管理服务水平协议，可以帮助客户理解"快捷、便宜、优质"三个服务要素之间的互斥性。如果客户期望得到优质的服务质量，就必须付出更高的管理费用。高端客户愿意付出相对较高的费用来获得优质的服务，低端客户则会选择三个服务要素的折中方案。通过设施管理服务水平协议，设施管理服务供应商可以细分市场，为客户提供量身定制的设施管理服务条款。

3）清晰定义提供设施管理服务的前提条件。在不同的设施管理服务条件下，设施管理服务供应商的管理标准和实施能力会有不同的要求。例如，节假日休息时间和平时工作时间管理人员的配备和实施能力存在差异；正常工作情况和紧急情况下的应对措施不一样。对于一个排风系统的反应性维修的响应时间一般情况下为小于一个工作日，而处于紧急情况时为小于30min。这样，不但可以保障设施管理服务供应商的利益，同时也避免了设施管理服务供应商和客户在服务质量上的一些误解。

（2）从设施管理服务客户角度

1）提供选择和衡量供应商的标准。客户可以使用统一的设施管理服务水平协议参数对不同的设施管理服务供应商进行横向比较，并结合自己所需要的设施管理服务水平协议等级来选择最优化的方案。例如，两家设施管理服务供应商都能提供同样类型的设施服务，其中A的故障率指标低于0.01%，而B低于0.05%。显然，A公司在保障设施正常运行方面有更大的优势。

2）明确设施管理服务供应商所要承担的责任。通过设施管理服务水平协议中责任条款和奖惩指标，可以避免设施管理绩效评价过程中出现的分歧和争议，从而降低双方的风险。

3）提供质量监控的有力工具。设施管理服务水平协议为客户审核、监控设施管理服务供应商履约的状况提供了有力的工具。

4）保障服务转包过程中的质量。在设施管理外包服务中，会出现设施管理服务供应商将一些业务再分包给专业服务商的情况。在整个设施服务提供的价值链中，一个外包合同中的客户可能是另一个外包合同中的服务供应商；同样，一个外包合同中的服务供应商可能是另一个外包合同中的客户。因此，当设施管理服务供应商将业务再次进行分包时，有责任与其他相关服务商签订在服务内容、服务水平、绩效评价等条款上与上一级设施管理服务水平协议相一致的服务水平协议，以保障和客户签署的设施管理服务水平协议能正常履行，最大程度上保护客户的利益。设施管理服务角色转换关系，如图11-1所示。

图11-1 设施管理服务角色转换关系

设施管理服务水平协议建立了设施管理服务供应商和客户之间有别于传统形式的服务关系和服务模式，其根本区别在于：设施管理服务水平协议量化了设施管理服务供应商的服务质量，并且使客户能够参与设施管理服务水平协议的管理。

在市场激烈的竞争下，设施管理服务水平协议逐渐演化成为各设施管理服务供应商扩大市场份额、吸引更多客户的有力工具。设施管理服务供应商不仅在SLA中承诺向客户提供有保障的服务，而且还会保证当没有达到商定的服务水平时将做出相应赔偿，从而赢得信誉，争取更多的市场份额。

值得关注的是，设施管理中供应商SLA管理并不会在合作期间一成不变，而是根据客户的需求变化而动态变化的。设施管理服务供应商需要主动地掌握客户的需求变化，从而向客户提供满意的服务质量。

2．服务水平协议的要求

一份高质量的服务水平协议应当具备完备性、可扩展性、可实现性、可操作性、可理解性。

（1）完备性。

关于设施管理服务的所有定义、参数、阈值、操作规则都应该可以在设施管理服务水平协议协定中找到，而且包含设施管理服务水平协议有关的所有组成部分。虽然不可能将客户的所有需求都一次性地表达清楚，但至少协议的内容应该是完备的，能够满足客户的确定需求。

（2）可扩展性

设施管理服务水平协议的实践是一个逐步完善的过程，客户的需求在变，市场条件也在变，对设施管理服务供应商的服务要求也会变，同时还不断会有新的服务要求提出来。因此，设施管理服务水平协议应该是一个可扩展的协议，可以不断升级和完善。

（3）可实现性

设施管理服务水平协议中定义的服务级别、服务内容、服务参数以及阈值的计算、公式和方法都应该是可实现的，只有可实现的服务才是提供给客户的真实服务。

（4）可操作性

为了实现设施管理服务水平协议中协定的目标所采取的方法、步骤和行为规则，都应该有明确的操作流程作为指导。同时，设施管理服务供应商应当对服务相关数据进行记录，提供绩效评价需要的信息，并为客户提供绩效报告。

（5）可理解性

设施管理服务水平协议必须是易于客户理解的，并且由客户和设施管理服务供应商达成共识。由于设施管理服务水平协议是客户和服务供应商之间的协定，因此协商的前提就是客户能够理解设施管理服务水平协议中描述的内容。

11.1.2 服务水平协议内容

设施管理服务水平协议作为客户与设施管理服务供应商之间签订的协定，表达了客户对于设施管理服务供应商服务水平的期望，并将这些期望转化为正式的要求和目标，说明可以忍受的目标临界值。以服务响应时间为例，照明设备或者复印设备的故障维修响应时间应该对设施管理服务供应商来说具备可行性，同时对客户来说是可以忍受的。因此，深刻理解整个设施管理服务水平协议的内容，对于设施管理服务水平协议的实施有着重要的意义。设施管理服务水平协议示例，如表11-1所示。

设施管理服务水平协议示例　　　　　　　表11-1

序号	章名	内容
1	基本信息	1.1 协议目的
		1.2 协议主体
		1.3 协议有效期
2	服务范围	2.1 建筑本体
		2.2 电信系统、HAVC、给水排水系统……
		2.3 小型建筑工程的管理
		2.4 景观绿化
		2.5 餐饮、清洁、安全管理
		2.6 能源管理
3	服务时间和费用	3.1 服务优先权的分类，以及相应的服务传递时间
		3.2 费用和支付
4	服务质量	4.1 服务质量
5	绩效	5.1 绩效测量
		5.2 绩效报告的提交
6	客户和设施管理服务供应商的接口	6.1 服务争端解决流程
		6.2 奖励和惩罚
		6.3 设施管理服务水平协议的修改程序

1. 基本信息

在协议基本信息中，主要对协议目的、主体和有效期进行描述。协议的目的是服务水平协议双方就签订的目的进行概括性阐述，一般为一段描述性文字。

例如，某设施管理服务水平协议中的协议目的描述如下："本协议旨在就双方共同认可的服务水平，以及如何针对服务水平进行监测、测量、评价和管理进行清楚的描述和理解。本协议自签订之日起，正式形成甲方和乙方之间的有效协议。所有由设施管理服务供应商提供的服务应当根据本协议及本协议提及的文件中的标准和测量方法进行监测、测量和评价。"

2. 服务范围

这一部分要明确客户和服务商之间的关系、双方各自应承担的义务，还应尽量清楚地表述设施管理服务所包含的服务范围和项目内容。需要对双方协商达成一致的服务项目内容，以及应排除在外的项目进行说明。

例如，某设施管理服务水平协议所涵盖的服务项目包括为客户提供以下设施服务：

(1) 建筑、机械设备、仪器器材、外部景观的管理。
(2) 小型建筑工程的管理。
(3) 餐饮住宿的管理。
(4) 水电和电信管理等。

其中，建筑、机械设备、仪器器材、外部景观的管理所涵盖的服务范围包括：

1) 供配电系统；
2) 污水处理系统；
3) 办公设备等。

客户的职责一般包括：为设施管理服务供应商的服务活动正常进行提供保障和便利，允许设施管理服务供应商人员进入和接近相关设施，保证客户人员正确合法使用相关设施等。设施管理服务供应商的职责一般会在服务规范中进行详细的描述。

3. 服务时间和费用

这一部分对设施服务优先权的分类，以及相应的服务传递时间、服务费用和支付进行了描述。

服务优先权一般与服务的传递时间紧密相关。以服务响应时间为例，一般服务优先权越高，服务响应时间越短。设施服务优先权及服务响应时间示例，如表11-2所示。服务费用相关条款主要描述服务费用的支付时间和支付方式。

设施服务优先权及服务响应时间示例　　　表11-2

服务优先权	响应时间
5	2月
4	1月
3	1周
2	2d
1	1d
0	2h

4. 服务质量

设施管理涵盖的服务项目种类很多，为了避免由于服务质量定义不清而导致的纠纷，需要在设施管理服务水平协议中针对不同项目的服务内容，对服务结果输出、服务水平和监测方法进行明确的定义和表述。由于服务质量在未来将作为评价设施管理服务供应商绩效的依据和标准，因此双方就服务质量达成清晰的共识和理解至关重要。为了提高设施管理服务水平协议的操作性和方便客户的理解，通常将服务质量的描述以表格的形式展现。某设施管理项目服务质量指标格式，如表11-3所示。

某设施管理项目服务质量指标格式　　　　表11-3

服务内容	服务结果输出	服务水平	监测方法
预防性维护和维修	按照要求对原件进行修理	标准维修响应时间为60min	工单记录
损坏原件的替换	维修符合相关规定	紧急维修响应时间为30 min	计算机系统报告
……	……	……	……

表11-3中，服务项目所涵盖的内容有预防性维护和维修、损坏原件的替换等；服务结果输出主要对服务结果进行定性的描述。例如，按照要求对原件进行修理、维修符合相关规定等。服务水平主要对服务结果进行定量的描述。例如，标准维修响应时间为60min，紧急维修响应时间为30min等。监测方法主要描述监测的手段。例如，工单记录、投诉的记录、计算机系统报告等。

5．绩效

这一部分主要对绩效的测量和绩效报告的提交进行规定。绩效的测量主要对绩效指标和评分标准进行描述和列示；绩效报告的提交是对设施管理服务供应商向客户提供绩效报告的周期和内容作出规定。

6．客户和设施管理服务供应商的接口

这一部分主要对协议双方发生争议时沟通的途径和方法、对设施管理服务供应商的奖惩以及设施管理服务水平协议的修改程序进行了描述。

（1）服务争端解决流程

通常合同中都有争议发生时申请仲裁或提起诉讼的相关条款，但执行这些条款也就意味着双方产生损失，甚至合作的失败。设施管理服务水平协议中的争议条款则有所不同，它规定的是在合作过程中双方对一些具体事件的处理流程和原则。例如，"设施管理服务供应商应将某类事件通知给客户组织的某负责人"、"联席会议召开频率"等。通过这样一种规范化的途径让双方进行充分的交流，可以最大程度地争取合作顺利进行。

（2）设施管理服务供应商的奖惩

设施管理服务水平协议中需要规定当服务商没有达到约定的服务质量时应被扣除部分服务费用或赔偿损失。惩罚机制应当具有不同层次，以激励设施管理服务供应商提供高质量的服务。

除此之外，设施管理服务水平协议中还应该包括激励条款，即规定服务质量超过约定水平时，给予设施管理服务供应商一定的经济奖励。只有将惩罚和奖励结合起来才能真正使服务商的利益和客户的利益保持一致，从而使服务商有提高服务质量的动力。惩罚和奖励条款应当是可量化的。某设施服务项目的惩罚条款示例，如表11-4所示。

某设施服务项目的惩罚条款示例　　　　　　　表11-4

绩效评分	惩罚措施
85~95 分	在管理费中扣除 3%
84~80 分	在管理费中扣除 5%，并支××的赔偿费用，提出改进行动方案
79 分及以下	在管理费中扣除 7%，并支付××的赔偿费用，提出改进行动方案

相应的，奖励条款也需要量化。例如，成本、能源费用节省达到6%以上，奖励设施管理服务供应商节省费用的30%等。

11.1.3　服务水平协议管理流程

设施管理服务水平协议的一大亮点就是帮助客户实现了服务质量的量化评估，而量化的关键在于设施管理服务水平协议的指标设计、测量和评价。在设施管理服务水平协议的生命周期中，通常包括服务开发、协商和定制、服务执行和数据监控、评估四个阶段，每一阶段几乎都是围绕指标评分的相关工作开展的。设施管理服务水平协议通过以结果为导向的重点指标，才得以实现量化的管理。设施管理服务水平协议管理流程，如图11-2所示。

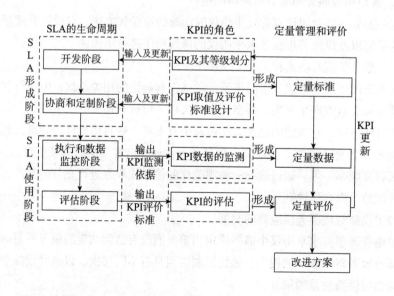

图11-2　设施管理服务水平协议管理流程

1. 服务开发阶段

这一阶段可以被看作是设施管理服务水平协议的起始阶段。这个阶段的主要工作包括：明确客户需求；明确所提供的服务，明确反映服务水平的SLA指标及

SLA指标取值范围，SLA指标等级划分；设计设施管理服务水平协议模板。

为了满足不同客户的需求，设施管理服务水平协议可以承诺不同等级的服务水平。不同等级的服务水平对应不同的SLA指标取值，以及SLA指标可接受范围。

服务水平的等级代表着可以提供的不同服务质量水准。较高的服务质量水平也意味着较多资源投入、较高的服务管理费用。客户在考虑服务质量的同时，也需要考虑服务成本的支出。设施服务水平与等级的关系，如图11-3所示。

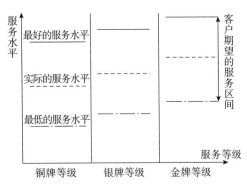

图11-3 设施服务水平与等级的关系

注：点画线表示设施管理服务水平协议规定的最低服务水准；实践和虚线分别表示设施服务供应商的实际服务水准和最好服务水准。

按照不同客户的需要，可以根据SLA指标的标准，将设施服务水平划分为金牌、银牌、铜牌三个等级。其中，设施管理合同规定最低服务水准、设施管理服务供应商的实际服务水准和最好服务水准所形成的客户期望的服务区间处于高、中、低不同的位置。组织应当根据自身设施管理业务的要求选择相应的设施服务水平等级。

设施管理服务供应商的目标就是将服务质量控制在客户可接受的范围之内，并努力实现最高的服务水平。当服务水平低于合同规定的水平时，客户就可以根据设施管理服务水平协议中规定的惩罚条款，对设施管理服务供应商的管理费用进行扣减，甚至要求设施管理服务供应商赔偿损失；当服务水平达到或者接近可能达到的最高水平时，设施管理服务供应商可以根据设施管理服务水平协议中规定的奖励条款，申请得到规定的奖励费用。

2. 协商和定制阶段

这一阶段是根据开发阶段形成的服务产品目录对服务选项、服务类别和SLA指标数值进行协商。主要工作有：客户根据自身需要和服务供应商提供的建议，选择与相应服务水平有关的SLA指标，并通过协商明确各SLA指标的取值；双方协商付费、违例赔偿等问题；明确设施管理服务水平协议报告输出的内容。

协商的范围可能会有所不同，视所提供的服务和客户的类型而定。例如，服务供应商可能会向小型企业客户提供预先定义的服务水平供其选择；而对于大型集团客户则需要对服务水平进行细致的个别协商。设施管理服务供应商与客户签署设施管理服务水平协议合同标志着这个阶段结束。

服务水平协议的指标设计一般分为重点一级指标和详细的二级指标（有时也会设计更加具体的三级指标）。SLA指标的设计是SLA能否发挥其重要作用的关键，若SLA指标制定不当，会导致以下问题：指标含糊不清，无法实现SLA执行的期望，SLA自动管理难以执行，产生虚假的SLA违约；不合理的指标甚至可能会激发错误的行为。以某全球500强企业为例，设施管理SLA评分指标，如表11-5所示。

设施管理 SLA 评分指标　　　　　　　　　　表 11-5

一级指标	二级指标	打分人	评估频率
关键业务中断	100% 正常运营	全球 FM 负责人	月度
报告	及时性 报告内容完整性 持续性 数据完整性	全球 FM 负责人	月度
工单完成及时率	—	区域 FM 负责人（亚洲、欧洲）	季度
工单满意度	—	区域 FM 负责人（亚洲、欧洲）	季度
EHS 合规性	受伤事故 合规性问题关闭及时性 报告内容完整性和及时性 EHS 关键事件报告 EHS 工作完成度	全球 EHS 负责人	季度
额外项目完成及时性及预算控制情况	—	全球 FM 负责人	月度
交通	到达准时率 事故沟通及时率 女性乘客护送保障	项目交通委员会	季度
食品	服务报告完整性和及时性 膳食委员会会议纪要及时性 食品短缺等事件通知及时性	项目膳食委员会	季度
能源管理	能源数据收集完成率 能源节省机会 能源数据提交及时率及准确性	全球 FM 负责人	月度
关键岗位稳定情况	—	全球 FM 负责人	月度
关键岗位更换周期	—	全球 FM 负责人	月度

3. 服务执行和数据监控阶段

这一阶段，设施管理服务供应商根据设施管理服务水平协议文件中规定的SLA指标服务标准提供客户所需的服务，服务性能的SLA指标数据将会按照规定的监测依据进行记录，并最终形成定量评价的基础数据。

数据监控的主要工作有：对服务绩效的相关数据进行记录，报告相关关键绩效指标的监测结果，验证设施管理服务水平协议有效性。当发生达不到设施管理服务水平协议合同中规定要求的违例情况时，按照合同指明的措施进行处理。

4. 评估阶段

在这一阶段，有两种类型的评估：一种是客户根据自己的要求，检查设施管理服务供应商管理服务水平协议的执行情况，并根据评价的结果对设施管理服务供应商进行奖惩，支付相应的管理费用；另一种是设施管理服务供应商评估对客户的综合服务质量，明确在技术和管理方面存在的问题，调整服务目标和设施管理措施，创建新的设施管理服务水平协议等级。

设施管理服务供应商则需要依据评价的结果制定应对方案，改进现有设施管理方案的不足，并通过评价发现客户对于SLA指标需求的变化，对关键绩效指标及其等级的选择进行及时的更新。SLA指标更新后就进入了下一轮设施管理服务水平协议循环，设施管理服务水平协议正是通过不断的循环、改进而逐渐发展完善的。

对设施管理服务供应商服务水平评估可关注以下几个方面：

（1）对规范和标准的遵守程度。
（2）服务质量指标。
（3）服务时间指标。
（4）服务支出。
（5）设施管理服务供应商和客户的沟通。
（6）客户满意度。

服务水平测量相关数据可以通过一系列方法进行收集。例如，从设施管理服务供应商的工作簿（Worksheet）和工作报告中可以得到相关的测量数据，或者通过客户调查的反馈记录。

工作报告可分为内部报告和外部报告。

（1）内部报告

它用于服务供应商对设施系统性能和服务进行内部诊断，以及进一步生成给客户的报告。内部报告中设定的可接受服务水平下限可能比在设施管理服务水平协议合同中规定的更加严格，以保证在违例情况发生前，有机会采取纠正措施，避免合同中规定的违例情况出现。同样，内部报告的产生间隔也比外部报告要短，以便根据报告分析结果对系统进行及时的调整。

（2）外部报告

它应当每隔一定周期（通常为一个月）由设施管理服务供应商提交给客户。客户代表可以为设施管理服务供应商提供服务绩效记录表格模板，设施管理服务供应商有责任根据这一表格完成相关质量报告。外部报告中要体现所提供的服务达标情况，以便让客户知道是否达到了设施管理服务水平协议中协商的服务要求。

组织在收集到这些数据后，应当每隔一段时间将这些数据输入相应的计分簿（Scoresheet）中。计分簿的格式和内容应当在服务水平协议中进行描述和列示，这样就为协议双方提供了绩效评测的共同基础。某设施项目响应性维护服务的评分表格示例，如表11-6所示。

表11-6 某设施项目响应性维护服务的评分表格示例

关键绩效指标	目标服务水平	分值	实际服务水平	得值	客户满意度	得值
条例或标准	符合健康和安全条例，使用合格产品	10	符合健康和安全条例，使用合格产品	10	满意	10
服务质量	问题得以纠正，避免其重复发生，将对客户业务的影响程度降到最低	20	错误得以诊断，问题得到纠正，对客户业务的影响程度较小	18	应当加强对业务影响的关注	12
服务时间	最长2h之内响应；最长4h之内完成（最长总服务时间为6h）	10	响应时间为3h；服务时间为2h（总服务时间为5h）	8	应当加强对响应延迟的关注	5
服务支出	总费用在120~200元之间	10	总费用为200元	10	满意	10
设施管理服务供应商与客户的沟通	通知客户工作进展情况，以及可能的完成时间	20	工作完成后，通知客户问题得以修正	16	在收到反映的问题到工作完成的过程中，与客户没有进行联系	14
服务整体情况	工作按照以上要求完成	70	工作执行情况较为满意，成本控制在协议成本之内，但是响应时间不符合协议水平	62	工作情况和成本较为满意，响应时间和沟通情况较不满意	51

在表11-6中，实际服务水平是根据设施管理服务供应商提供的相关服务数据和信息进行评分的。实际服务水平的测量与服务响应时间、客户调查、服务费用以及服务质量因素相关；客户满意度评分是基于组织对客户的服务满意程度的记录得到的。当实际服务水平与目标服务水平不一致时，设施管理服务供应商应当采取相应的改进措施。这样可以促进组织和设施管理服务供应商对服务水平测量的积极参与和持续改进。

综上所述，SLA指标是设施管理服务水平协议实现定量管理和评估的媒介。设施管理服务水平协议通过SLA指标的定量化，实现了设施管理服务供应商绩效监测和评估的定量化，使得客户能够对设施管理服务供应商提供的服务质量进行更加科学、客观的管理。

知识链接

更多服务水平协议管理流程的内容，请访问设施管理门户网站FMGate——FM智库——研究报告——设施管理服务客户满意度测量。

11.2 设施管理关键绩效指标

关键绩效指标（Key Performance Indicator/Index，KPI）是指用于沟通和评估被评价者主要绩效的定量化或行为化的标准体系。关键绩效指标被看作是连接个体绩效和企业战略目标的桥梁。

在设施管理中，KPI是通过对设施管理服务的关键参数进行设置、取样、计算、分析，来衡量设施管理绩效的一种目标式量化管理指标。关键绩效指标对于客户而言，可以形象地表述设施管理服务质量，从而使客户合理地评价设施管理服务供应商的绩效，增强可控性并有效地简化管理流程；对于设施管理服务供应商而言，关键绩效指标起着牵引和导向的作用，可以通过对关键绩效指标的分析，找出业务上的不足，实现持续改进。

11.2.1 关键绩效指标体系设立

在构造绩效测量的关键指标时，应当从分析组织战略的成功关键影响因素开始着手。关键成功因素（Critical Success Factors，CSFs）是指组织为了实现已有目标必须采取的措施。每个关键成功因素可能包含一个甚至多个关键绩效指标，而关键绩效指标的设置就是为了使管理层能够理解、测量以及控制每个关键成功因素。例如，如果组织确定了实现客户满意最大化这一目标，则关键成功因素中应当包括客户满意度，而其中的一个关键绩效指标应当为固定时间内的客户投诉次数或者客户满意度的评级。

节约客户成本、提高服务质量以及为客户的核心业务提供必要的保障支持是设施管理服务的基本职能，其影响因素有多个方面，涉及财务、设施、服务、客户、安全和环境等多个角度。因此，设施管理服务供应商要实现良好的设施管理服务，就要把握设施管理的经济性、设施的可靠和完好性、服务便捷性、客户满意程度、安全性以及环保性等关键成功因素及相应的关键绩效指标，以保证服务整体绩效。设施管理关键绩效指标体系的结构，如表11-7所示。组织可以根据自己的战略目标，设置不同关键成功因素下属的关键绩效指标，并确定不同的权重，以保证组织战略目标的实现。

设施管理关键绩效指标体系的结构　　　　　　表11-7

设施管理绩效影响因素	影响因素评价角度	关键成功因素	一级KPI举例
需求驱动因素	财务角度	经济性	成本是否在预算之内； 成本节约百分比； ……
	设施角度	可靠性	设施平均无故障运行时间； 预防性维护完成率； ……
质量感知因素	服务角度	便捷性	服务响应性； 服务完成时间； ……
	客户角度	满意度	客户满意度； 客户投诉率； ……

续表

设施管理绩效影响因素	影响因素评价角度	关键成功因素	一级 KPI 举例
基本保障因素	安全角度	安全性	治安事件发生率； 火灾发生率； ……
	环境角度	可持续性	污水、垃圾等污染物的处理； 相关环保法规的遵守； ……

设施管理绩效影响因素包括如下方面。

（1）需求驱动因素

由于提高设施运行的可靠性、降低设施管理成本是组织将设施管理外包的两项主要驱动因素，因此设施管理需求驱动因素主要包括财务和设施两个角度的关键成功因素。财务角度的关键成功因素主要衡量设施管理的经济效果，针对预算、成本节约和能源成本进行评价；设施角度的关键成功因素主要衡量设施运行的可靠性，主要针对设施的运行和维修、维护状况进行评价。在评价设施管理服务供应商绩效时，这两个方面是最主要的设施考查角度。

（2）质量感知因素

由于客户对于服务质量的感知主要受到服务便捷性的影响，并反映在客户满意度方面，因此设施管理质量感知因素主要包括服务和客户两个角度的关键成功因素。服务角度的关键成功因素主要衡量设施使用的便捷性，主要针对服务的响应性和完成时间进行评价；客户角度的关键成功因素主要衡量客户满意度，主要通过客户满意度调查对客户总体满意程度进行评价。

（3）基本保障因素

保障设施运营的安全性、实现环境质量达标和遵守环保法规是设施管理不可或缺的重要服务内容，也是设施管理服务的基本保障因素。安全角度的关键成功因素主要衡量设施环境的安全性，针对治安事件发生率和火灾发生率等关键绩效指标进行评价，保障组织的日常业务运营安全性；环境角度的关键成功因素主要衡量对环境质量达标和环保相关法规遵守程度，主要针对污染物的处理以及相关环保法规的遵守程度进行评价，反映现代设施管理的可持续性。

由于每个关键成功因素对应着一个或多个关键绩效指标，因此可以通过因果关系图（也称鱼刺图）对关键成功因素进行分门别类的排列，找出设施管理关键成功因素下面的关键绩效指标。关键绩效指标的设置，需要通过头脑风暴的方法先罗列出所有可能的绩效表现，然后分类、合并形成指标，再根据组织的历史经验提炼出关键绩效指标。设施管理可靠性绩效指标分解示意图，如图11-4所示。

对关键成功因素进行分解后，设施管理服务供应商和客户应对绩效指标体系进行认真的审核与筛选，体现成本、质量和效率方面的平衡性和各指标之间的相关性，客观地反映设施管理各项业务重点，防止自相矛盾和相互冲突。

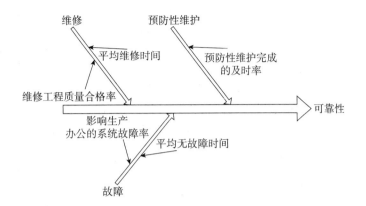

图11-4 设施管理可靠性绩效指标分解示意图

11.2.2 关键绩效指标描述

关键绩效指标设置的合理性决定了绩效评价能否真实反映出设施管理服务供应商的服务水平,因此关键绩效指标的设计至关重要。

指标的设计应满足SMART原则,即:

(1)S——明确的(Specific)。绩效指标要具体、清晰、明确,符合特定的工作要求,不能笼统。

(2)M——可测量的(Measurable)。绩效指标可数量化或者行为化,验证这些绩效指标的数据或者信息是可以获得的。

(3)A——可达到的(Attainable)。绩效指标在付出努力的情况下可以实现,避免标准设立过高或过低。

(4)R——相关的(Relevant)。绩效指标要和工作有相关性。

(5)T——时限性的(Time Bound)。绩效指标要有时限性,应规定完成绩效指标的特定期限。

1. 关键绩效指标的维度信息

确定指标的科学性、合理性后,还要对关键绩效指标的几个维度信息进行描述,一般主要包含以下内容:

(1)指标名称。便于指标评价和管理。

(2)指标定义。界定指标内在性质和范围,避免理解错误。

(3)设置目的。明确表示指标的设置对设施管理服务的影响和目的。

(4)指标计算公式。清晰地界定指标量化评价方法。

(5)数据收集。考核数据收集负责部门。

(6)数据来源。考核数据的来源。

(7)数据核对。考核数据核对责任部门。

(8)考核周期。由于每个指标内容和涵盖内容以及关注程度不同,因此要设置不同的考核周期。一般考核周期分为月度、季度和年度三种。

预防性维护完成率关键绩效指标的指标维度示例,如表11-8所示。

预防性维护完成率关键绩效指标的指标维度示例　　　表 11-8

指标名称	预防性维护完成率
指标定义	某一时期、某设施实际预防性维护完成量与计划完成量的比率
设置目的	考核某设施预防性维护的及时完成情况
指标计算公式	预防性维护完成率 $= \dfrac{实际完成量}{计划完成量} \times 100\%$
数据收集	相应的设施管理部门
数据来源	相应的设施管理部门的管理记录
数据核对	行政部门
考核周期	每半年一次

2．关键绩效指标的描述要求

关键绩效指标的描述要符合下列基本要求：

（1）要尽量使用数量化的描述方式。对于不能形成一致理解的模糊性形容词，应尽量避免使用，如"及时响应"、"以最快的速度"等都是非量化的模糊性形容词，不适宜作为关键绩效指标评价标准。而应使用诸如"五分钟内予以响应"、"按照客户书面要求的速度"等类似语言来予以描述。

（2）要尽量使用"实义动词+数量词"的表达方式，例如"设施完好率达到90%"等；避免使用"虚义动词+名词"的表达方式，如"保持设施良好性能"等，因为这样的描述会影响到绩效评价的准确性和客观性，容易产生分歧，引发矛盾。

（3）要尽量使用简洁的语句，避免使用冗长的句子。关键绩效指标评价应当简洁明了，具体实用，冗长的句子表述，或者不同的断句方式会导致理解上的歧义，应当尽量避免。

（4）要尽量使用清晰的概念，避免模糊不清的定义。例如，在绩效评价标准中使用"重大失职"，却没有对"重大失职"明晰的定义。那么，在设施管理服务供应商绩效评价时会发生较大的歧义。如果对重大失职定义为"对客户业务造成中断，并且造成财产损失××元以上的称为重大失职"，则可以避免歧义的出现。

关键绩效指标规范化描述语言示例，如表11-9所示。

关键绩效指标规范化描述语言示例　　　表 11-9

不宜使用的语言	宜使用的语言
难以达成共识的形容词	数量化和描述性的语言
举例： 及时响应； 以最快的速度	举例： 五分钟内予以响应； 按照客户书面要求的速度
虚义动词 + 名词	使用"定义动词 + 数量词"的表达方式
举例： 保持设施良好性能	举例： 设施完好率达到 90%

续表

不宜使用的语言	宜使用的语言
冗长、概括性的句子	句子简洁清楚
举例： 在工作日期间开放时间与工作时间相同	举例： 工作日开放时间为上午 9:00- 下午 6:00
使用模糊不清的定义	◎清晰的专用词汇定义
举例： 使用"重大失职"一词，却缺乏相关的定义	◎举例： 对客户造成业务中断并且造成客户财产损失××元以上的称为重大失职

例如，某跨国企业设施管理服务KPI打分体系中，首先规定关键绩效指标的目标和标准必须通过业主的审核同意，并且服务供应商要遵照合同执行服务。KPI打分体系并不是一经设定就永远不变的，业主可能根据该打分体系的执行情况及需求的变化而添加、删除或修改关键绩效指标的权重，但必须提前一定期限向服务供应商发送书面通知。

KPI打分体系中的分数等级代表的定性解释如下：

5——服务超出预期；

4——达到服务预期；

3——服务符合要求；

2——服务低于要求；

1——服务不符合要求。

某跨国企业设施管理KPI季度打分卡，如表11-10所示。

某跨国企业设施管理 KPI 季度打分卡　　　表 11-10

KPI 季度计分卡（节选）		
KPI 类别	KPI 类别权重（%）	KPI 名称
财务	5	报告、开具发票的及时性和准确性
EHS 合规	10	EHS SLA 计分卡
客户关系管理，质量管理	10	管理层满意度调查（合作关系的健康度）
	5	数据库输入的完成度和准确度
	10	最终用户满意度调查
供应链合规	10	供应链 SLA 计分卡
财务管理	10	战略思维，战略执行，流程管理，有效的措施、风险、合规性及持续改进的报告
服务水平	15	供应商审核评分
	20	服务供应商 SLA 记分卡
可持续性	5	能源消耗和废物的减少

知识链接

更多设施管理评价指标体系内容，请访问设施管理门户网站 FMGate——FM 智库——研究报告——医院设施性能评价指标体系的构建。

11.2.3 关键绩效指标评价

关键绩效指标的分解和确定为设施管理服务供应商的绩效评价奠定了基础，但是要实现设施管理服务供应商绩效的合理评价，还需要明确其评价基准和选择相应的评价方法。合理选择绩效评价基准和评价方法不仅可以为客户提供决策支持，还能帮助设施管理服务供应商寻找和改进自己的不足。

1. 关键绩效指标的评价基准

在对设施管理的关键绩效指标进行评价时，通常采用以下基准：

（1）历史基准

它是指以组织以前年度的业绩状况，作为评价设施管理的基准。基于历史基准的设施管理绩效评价是一种判断设施管理绩效改进程度的方法。它可以针对设施绩效表现的改进进行评价，从而显现出设施管理服务供应商的管理效果和水平，但是缺乏设施管理行业间的可比性。

（2）行业基准

它是指以行业的关键绩效指标基准作为参考，从而制定的评价基准。它是以一定时期、一定范围内的同类组织为样本，采取一定的方法，对相关数据进行测算从而得出的基准值。这种方法要求组织具有比较敏锐的市场触觉，具有较好的外部信息敏感性，能够通过科学、可靠的方法和渠道收集同类组织的相关信息，并具备较强的信息处理能力。

（3）经验数据基准

它是指根据设施管理服务供应商为各种设施提供服务所得到的经验数据，经过识别目标设施和客户的类型，并根据客户的要求对经验数据加工和调整后得到的评价基准。

（4）计划基准

它是指以事先制定好的年度计划、预算或预期达到的目标作为参考要素而制定评价基准。这样得到的评价基准可能主观性比较强、人为因素比较大。但如果设施管理服务供应商能够清晰地对年度计划或者预期达到的目标进行阐述，并且和客户达成共识，那么其质量和效果还是相当理想的。例如，计划设定预防性维护完成率100%的目标。如果设施管理服务供应商能够清晰地阐述预防性维护的措施以及计划，那么该项指标便可以成为一项有效的关键绩效指标。

如果以历史基准作为评价基准值，则这个比值代表了本期设施管理绩效与以往绩效表现的进步或者退步；如果以行业标准作为评价基准值，则这个比值代表了相对于业内最佳绩效而言，设施管理在一个特定方面的绩效表现的相对优劣程度；如果以经验数据作为评价基准值，则这个比值代表了设施管理满足客户不同需求的程度；如果以计划基准作为评价基准值，则这个比值代表了设施管理服务供应商对预期目标的实现程度。

2. 关键绩效指标的评价方法

对于能够用数量表示的关键绩效指标，可以采用百分比率法、调控评分法、强制性标准对照法、加减分考核法和等级评价量表法进行评价。

（1）百分比率法

它是用关键绩效指标的实际完成值除以事先确定的标准值，然后再乘以权重系数，就得到该关键绩效指标的实际考核值，这是一种比较精确的计算方法。

（2）调控评分法

这是一种常用的关键绩效指标计分方法，其原则是结合工作性质和实际要求，在评分时由低向高设置 n 个绩效区间；然后根据设施管理绩效落入的区间，将权重乘以相应区间对应的得分。调控评分法的分值和得分计算，如表11-11所示。

调控评分法的分值和得分计算 表11-11

KPI 区间	0~50%	50%~70%	70%~80%	80%~90%	90%~100%	100%~120%
分值	0	0.5	0.7	0.8	0.9	1.3
得分	0	权重×0.5	权重×0.7	权重×0.8	权重×0.9	权重×1.3

（3）强制性标准对照法

对于一些设定的强制性标准，例如消防系统合法性，关键绩效指标评价的结果只有达到和没有达到两种。对照设定的强制性标准，绩效评估要么是满分，要么是零分，不可能有其他的选择。

（4）加减分考核法

采用加减分的方式确定指标标准，一般适用于目标任务比较明确、技术比较稳定的情况。在加减分考核法的基础上，有时也采用负分考核法。这是一种只对标准分进行扣减，而不加分的关键绩效指标评价方法。没有发现问题时，关键绩效指标得分为满分；当发现关键绩效指标在完成过程中，出现异常情况时，按照一定的标准进行扣分。例如，当预防性维护完成率为100%时，该关键绩效指标为100分，完成率每减少1%，扣5分。

（5）等级评价量表法

它是将指标的绩效水平都划分成一个七级或九级的量表，由客户或者相关人员根据自己对服务的感知进行评价的方法。

3. 关键绩效指标的评价案例

例如，某组织机构聘请某设施管理服务供应商作为该组织设施的管理方，经过双方商定确定设施管理关键绩效指标A、B、C、D、E和F的权重分别为0.20、0.20、0.17、0.15、0.15和0.13。

设施管理服务供应商在提供一季度的设施管理服务后，客户根据规定的关键绩效指标评价方法和程序对设施管理服务供应商绩效进行考核。设施管理服务供应商KPI指标的绩效考核，如表11-12所示。

设施管理服务供应商KPI指标的绩效考核　　　表11-12

KPI指标	A	B	C	D	E	F
权重	0.20	0.20	0.17	0.15	0.15	0.13
目标	20	20	17	15	15	13
实际得分	18	17	14	13	14	11
目标实现率（%）	90.00	85.00	82.35	86.67	93.33	84.62

经过统计，该设施管理服务供应商绩效的各项KPI指标实际得分分别为18分、17分、14分、13分、14分、11分。根据计算得到的各关键绩效指标的目标实现率分别为90.00%、85.00%、82.35%、86.67%、93.33%和84.62%。设施管理绩效评价的雷达图，如图11-5所示。

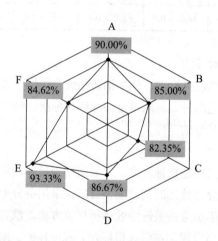

图11-5　设施管理绩效评价的雷达图

本例绩效评价基准采用的是计划基准，即以原定目标作为基准值。当关键绩效指标与基准值的比值越接近100%时，说明设施管理服务在这个方面的目标实现程度较高；反之，则说明设施管理服务在这个方面与原定目标相差较远，这一方面的设施管理服务急需改进。由图11-5可知，该季度的设施管理在C和F方面表现最差，应当进行经验总结。

在采用原定目标作为基准值时，设施管理服务供应商一般应当与客户商定一个绩效考核指标的临界值，作为判断绩效水平是否可以接受的界限。这一临界值的设定可以通过设施管理服务供应商的经验或者统计学原理制定，同时也要满足客户的要求。

在本例中，如果双方商定的绩效考核指标临界值为85%，则C和F两个方面的关键绩效指标处于临界值以下，客户可以按照规定给予设施管理服务供应商一定的惩罚，并要求设施管理服务供应商提供相应的解决方案和改进措施。设施管理服务供应商也可以根据分解后的二级关键绩效指标的得分，进一步发现具体问题，提出应对办法。

知识链接

更多关键绩效指标评价的内容，请访问设施管理门户网站FMGate——FM智库——研究报告——利用物联网实现不动产的绩效管理。

11.3　设施管理审核

审核是经过授权和具备相应资格的组织和人员所从事的活动，是收集客观证据，发现不足，以促进管理体系持续改进的过程。设施管理审核通过对组织的现有设施资产的运营状况以及设施管理服务进行评价，进而起到帮助组织识别资产运营状况，找出设施管理的缺陷，帮助组织制定未来的设施管理规划的作用。因此，设施管理审核对组织的战略意义愈发显著。

11.3.1　设施管理审核分类

设施管理的审核主要包括对建筑空间管理、建筑及设备管理系统、EHS管理、能源管理以及业务流程等方面内容的审核。设施管理审核可以根据其实施的时间点不同或者根据其审核内容不同进行分类。设施管理审核分类，如图11-6所示。

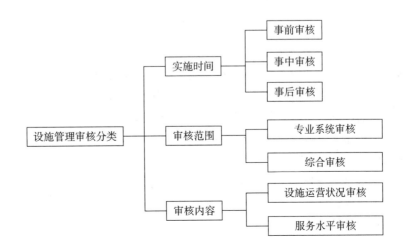

图11-6　设施管理审核分类

1. 按实施时间分类

按实施的时间点对设施管理审核进行分类，一般可以分为设施管理团队进驻前的事前审核、设施管理过程中的事中审核以及完成某一个阶段任务后的事后审核。

（1）事前审核

设施管理服务供应商在投标前，首先需要对客户所拥有的设施及其运营情况进行调查，从而对未来的工作范围和复杂程度形成大致的了解，并根据其情况制定相应的服务水平标准。

（2）事中审核

事中审核是指在设施管理过程中，组织将设施管理资源、内部期望和外部标杆进行有序的、客观的比较过程。如今，组织的管理者越来越关注设施管理部门对组织的贡献。因此，组织的设施管理者应当了解自己团队工作的现状，即：设施管理服务是否能够满足管理者和客户的要求和期望。

设施管理审核能够帮助设施管理服务团队了解客户设施运营的每一个细节，从而对组织的设施运营情况形成整体的认知，并促进持续改进战略的实施。

（3）事后审核

事后审核是指设施管理某一个阶段的管理服务结束后的审核，是设施管理服务团队对其提供的设施管理服务绩效的阶段性评价。组织主管部门领导根据设施管理审核的结果，给予设施管理服务团队相应的奖励或惩罚。

2. 按审核范围分类

按审核范围进行分类，可以将设施管理审核分为专业系统审核和综合审核。

（1）专业系统审核

它主要对设施的某类系统及其管理进行审核，常见的专业系统审核有电气、暖通等系统审核、空间审核、能源审核等。该审核通常会使用访谈、问卷、照片、视频记录和物理测量等方法。专业系统审核一般会根据审核对象的复杂程度持续两三周至几个月不等。

（2）综合审核

它是审核内容最为全面，同时也是用时最长，调查最为深入，费用也相应最高的审核方式。该审核方式通常会对硬件设施、财务管理、项目管理、管理流程、质量体系等方面进行全面的调研和观察。综合审核一般持续几个月到一年，甚至更长，它所得到的结论和建议具有长期战略价值。综合审核的目标并不在于改善某个现有问题，而是为了考察组织的设施资产运营和设施管理服务的现有水平，为组织的未来设施管理规划提供决策支持。

3. 按审核内容分类

按审核内容进行分类，可以将设施管理审核分为设施资产运营状况审核和设施管理服务水平审核。

(1) 设施运营状况审核

设施运营包括组织的建筑本体、电气系统、暖通系统、弱电系统、空间管理系统等。通过对上述设施系统的审查和回顾，对其性能状况进行准确的评估、总结系统缺陷、提出针对性的改进意见。通过系统的全面的设施资产运营状况审核，可以帮助组织跟进自身各类设施系统的运营状况并及时整修完善，增强系统的运行能力和使用寿命。有效的设施资产运营状况审核，可以增强设施系统的利用效率，产生经济效益。

(2) 服务水平审核

它是对设施管理团队及设施管理服务供应商的管理水平、合同管理、财务管理、质量管理、业务流程等方面的全面的梳理和审核。通过设施管理服务水平的审核，组织可以对设施管理团队的工作绩效有更加客观的认识，有助于建立更加完善高效的合同管理框架、优化业务流程等。

11.3.2 设施管理审核程序

虽然根据设施管理审核对象和内容的不同会在审核主体、审核流程和审核资源投入等方面存在差异，但它们的审核程序存在共性。各类设施管理审核都需要经历准备阶段、数据收集阶段、评价阶段和决策阶段四个阶段。设施管理审核流程，如图11-7所示。

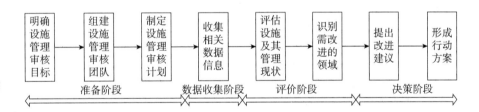

图11-7 设施管理审核流程

1. 准备阶段

在设施管理审核准备阶段，需要完成明确设施管理审核目标、组建设施管理审核团队以及制定设施管理审核计划三项工作。

(1) 明确设施管理审核目标

设施管理审核负责人应通过与组织高层主管、中层运营管理人员以及基层专业人员的沟通，明确组织的需求，确定设施管理审核类型和审核目标。

(2) 组建设施管理审核团队

设施管理审核团队的组建主要需要解决以下两个问题：明确外部咨询单位在审核中的职责和组织内部设施管理审核团队人员的选择。专业系统审核根据实施方式不同，可以分为咨询方主导型和咨询方辅导型两种方式。

1) 咨询方主导型专业系统审核。它主要依靠外部咨询单位对数据进行收集、基准比较以及分析，最后由咨询单位提供一份设施管理绩效的评价和整改行动报告,让客户从整体上把握自己拥有的设施状况。

2)咨询方辅导型专业系统审核。它主要依靠客户内部人员完成相关的数据收集和整理工作,而咨询单位主要扮演着导师的角色,指导客户内部人员的审核工作。在这种审核方式下,客户不仅能了解设施资产的整体概况,还能对细节给予关注,从而充分掌握详细的设施资产运营状况。

在咨询方主导型专业系统审核中,组织应把团队组建的关注点放在明确外部咨询单位的职责方面;而在咨询方辅导型专业系统审核中,组织应把关注点放在内部设施管理审核团队人员的选择上。

相对而言,综合审核相对专业系统审核持续时间更长,诊断范围更大,通常需要咨询方和客户的共同配合才能完成。综合审核的审核团队中,最高层为审核委员会,通常由组织高层管理人员或者设施管理经理担任,主要负责提供工作建议和审批审核报告。委员会直接管辖审核工作组,该工作组的主要职责为制定工作计划以及数据的收集和分析。同时,外部咨询单位应当向工作组提供相关的指导、服务和信息。设施管理综合审核团队构架,如图11-8所示。

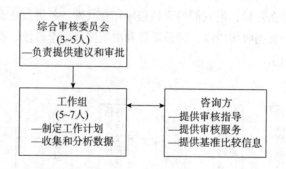

图11-8 设施管理综合审核团队构架

(3)制定设施管理审核计划

制定设施管理审核计划的前提是明晰审核范围。因此,确定审核范围也属于制定设施管理审核计划的一项重要汇总内容。根据专业系统审核和综合审核的不同要求,设施管理审核范围可以涵盖硬件设施、财务管理、项目管理、管理流程、质量体系等多方面的内容。

就设施管理专业系统审核而言,应从现有设施系统的识别着手。识别出设施系统的各项组成后,审核团队再根据审核目标,确定审核对象、审核范围和具体审核内容。常见的专业系统审核范围,如表11-13所示。

常见的专业系统审核范围　　　表11-13

序号	系统组成	建筑结构	设备系统
1		基础、斜坡	HVAC系统
2		屋面系统	电气系统

续表

序号	系统组成	建筑结构	设备系统
3		地板系统	消防系统
4		门窗	管道排污系统
5		顶棚系统	排风系统
6		外墙	电信系统
7		内墙	运输系统
		……	……

明确设施审核范围后，审核团队负责人可以根据资源条件以及具体工作内容，制定审核计划，并在审核过程中跟踪审核情况。

2．数据收集阶段

在专业系统审核中，审核团队应当审阅各专业系统的运行记录和维护数据，对设施进行现场调查，并对设施的物理性能、使用功能和维护状况等方面进行打分；在综合审核中，除了上述方法外，审核团队还可以从设施管理内部人员、设施管理相关方、最终客户等方面进行访谈、问卷调查、市场分析、同类标杆比较，以及查阅技术、经济和管理文件（包括组织架构、财务报表、成本记录、管理制度、工作流程等）。

3．评价阶段

评价阶段的主要工作包括评估设施管理现状，以及识别需要改进的领域。设施管理现状的评估是通过对关键绩效指标进行打分来实现的，并通过基准比较方法识别出需要改进的领域。有必要时，也可以对不同专业系统进行风险评级，一般分为无风险、低风险、中等风险、高风险、需紧急改善五类。

4．决策阶段

决策阶段的主要工作包括提出改进建议，以及形成行动方案。一般在审核负责人的带领下，各类专业工程师通过头脑风暴，运用价值工程等方法对现有设施系统提出新的改进和整改措施。在确定改进方案的同时，审核团队还需要根据各项系统设施的评价结果，确定各项改进方案的实施优先级，以及确定资金的分配情况，最后形成行动方案。

11.3.3 设施管理审核内容

设施管理专业系统审核和综合审核因为目的性不一样，审核内容也不尽相同。

1．专业系统审核内容

专业系统审核主要关注组织的硬件系统管理水平，其侧重点在设施系统的物理情况、功能性、维护情况、周围环境的影响、操作性影响、环境问题和合规性等方面的表现。设施管理专业系统审核内容，如图11-9所示。

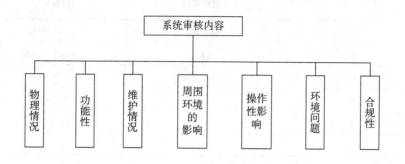

图11-9 设施管理专业系统审核内容

不同组织或同一组织出于不同目的时所进行的设施管理审核的内容有较大的差异。请阅读下面案例。

根据艾立克·陈（Eric Chan）《集成化医院设施审核》一文对香港西九龙某医院的设施管理研究结果，医院设施管理专业审核主要包括以下内容。

（1）物理情况

审核设施的物理情况主要是为了对设施过去的运行状况进行评价。主要评价指标有：

1）总体外观。通过现场观察进行调查。

2）剩余可使用寿命（Useful Life Left，ULL）。

$$ULL=[预期寿命-（审计年份-安装年份）]/预期寿命×100\% \quad (11-1)$$

（2）功能性

审核设施的功能性主要是为了对设施的系统性能表现进行评价，主要指标为可服务性（Service Availability，SA）。

$$SA=(1-ADT/TOT)×100\% \quad (11-2)$$

式中 ADT——年停机时间（根据日常记录），h；

TOT——年运行时间，24×365=8760h。

（3）维护情况

审核设施的维护情况主要是为了对设施过去的维护管理情况进行评价，主要评价指标有：

1）常规检查年完成率。

$$常规检查年完成率=年常规检查完成项目数/年常规检查应完成项目总数×100\% \quad (11-3)$$

2）常规维护年完成率。

$$常规维护年完成率=年常规维护完成项目数/年常规维护应完成项目总数×100\%； \quad (11-4)$$

（4）周围环境的影响

审核设施的周围环境影响主要是为了评价周围环境对设施系统的绩效和可使

用寿命产生的影响，主要评价指标有：

1）设施周围的温度和湿度。

2）设施周围通风情况等。

（5）操作性影响

审核设施的操作性影响主要是为了评价设施系统对组织业务和日常运营的影响，主要评价指标有：

1）备用资源情况。

2）对运营服务产生的风险等。

（6）环境问题

审核设施环境问题主要是为了评价由于设施的运营而对环境产生的影响，主要评价指标有：

1）能源指数，例如，每平方米每年能源费用。

2）设施运行引起的污染等。

（7）合规性

审核设施合规性主要是为了检查任何与法规不符合的事项，主要评价指标有：

1）职业健康安全。

2）消防。

3）无障碍通道等。

2．综合审核内容

综合审核通常会对组织的建筑、设备及其服务管理进行全面的调研和观察。评价的目标不仅仅为了改善某个现有问题，更是为了考察组织设施管理服务绩效的现有水平，因此需要对客户满意度、设施现状、财务表现和变动数据等内容进行审核。

因为综合审核涉及的内容较多，难以将所有指标一一列出，因此仅对主要审核内容进行阐述。

（1）客户满意度

客户满意度主要从设施和服务质量两个角度对客户的满意程度进行评价，其中客户不仅仅指设施管理的最终客户，还包括设施管理人员、供货商和咨询服务商等设施管理相关方。

1）审核设施状况主要关注内容有：外观、形象；健康、安全；清洁；舒适度（供暖、通风、空调、照明、声学等）；建筑；空间规划、设计和使用等。

2）审核服务质量主要关注内容有：需求预测情况；项目管理；搬迁管理；预算和会计管理；服务态度；响应时间；沟通情况；创新情况；服务成本等。

（2）设施现状

设施现状主要对成本、设施管理人员以及设施标准等方面进行评价，主要关注内容有：

1）工作场所规格。
2）平均每人可租或者可用面积。
3）自有设施比率。
4）租赁设施比率等。

（3）财务表现

财务表现主要对设施的采购、安装和运营成本进行评价，主要关注内容有：

1）所有设施的市值。
2）费用支出。家具和设备、建筑改善项目、更新、租赁设施改善项目、大型项目的咨询费用、房地产购置等。
3）运营和维护支出。折旧、水电费、资产税、维护和消耗品、合同服务、租金、保险、工资、行政费用等。

（4）变动数据

变动数据主要关注以下内容：

1）工单的数量和种类。
2）家具、建筑、人员搬迁项目的种类和成本等。

关键术语

设施管理绩效　服务水平协议　服务供应商　服务质量评估　关键绩效指标　评价基准　设施运营状况审核　设施管理审核

复习思考题

1．分析设施管理服务水平协议的组成内容和目的。
2．从设施管理服务供应商的角度看，设施SLA的作用是什么？
3．设施管理绩效影响因素有哪些，如何理解？
4．管理绩效指标设计的SMART原则是什么？
5．常用的KPI评价方法有哪些？
6．按照审核范围，设施管理审核如何分类？
7．设施管理审核有哪几个阶段？
8．在设施管理KPI评价中，如何认识行业基准的作用？

延伸阅读

[1] 美国管理会计师协会. 财务规划、绩效与控制 [M]. 舒新国, 程秋芬译. 北京: 经济科学出版社, 2012.

[2] 付亚和, 许玉林. 绩效考核与绩效管理 [M]. 北京: 电子工业出版社, 2009.

[3] 刘伟, 石冰心. 服务水平协议(SLA)——Internet服务业的新趋势 [J]. 电信科学, 2000, (11): 5-8.

[4] Stefan Wuyts, Aric Rindfleisch, Alka Citrin. Outsourcing customer support: The role of provider customer focus [J]. Journal of Operations Management, Volume 35, May 2015, Pages 40-55.

[5] Forslund H.. Performance management in supply chains: logistics service providers' perspective [J]. International Journal of Physical Distribution & Logistics Management, 2012, 42(3): 296-311.

信息技术在设施管理中的应用

[本章导读]

　　信息技术（Information Technology，IT）是指人类开发和利用信息资源的全部手段和方法的总和。信息技术的发展和演变对设施管理产生了巨大的影响。设施管理信息系统（Facility Management Information System，FMIS）实现了整个组织内部所有人员、空间、位置、设备等资源的整合，并为管理者提供了一个数据自动化操作平台，从设施维护工作流程的自动化，到空间规划功能的可视化，更加高效、及时、精准地为组织设施管理提供各项综合服务。掌握信息技术工具，熟练操作设施管理专业软件已经成为现代设施管理从业人员必备的技能之一。

[本章主要内容]

- ❖ 现代设施管理中信息技术的发展和应用；
- ❖ 设施管理信息需求分析；
- ❖ 不同视角下FMIS的系统架构和选型；
- ❖ FMIS各功能模块之间的联系；
- ❖ FMIS实施过程中的关键因素和成功经验；
- ❖ 典型设施管理综合解决方案的主要功能。

12.1 设施管理信息技术发展和作用

在过去五十年中，信息技术的发展对于设施管理产生了重大的影响。从早先的工单管理系统到计算机维护管理系统（Computerized Maintenance Management System，CMMS），再到利用企业内部网络轻松实现空间管理功能的计算机辅助设施管理（Computer Aided Facility Management，CAFM）系统，每一次信息技术的革新都对设施管理发展起到了巨大的推动作用。尤其是在国际互联网出现以后，基于Web的计算机设施管理系统在跨行业、跨国界的更广阔的范围内得以实现。设施管理组织不断采用新的信息技术提升绩效，而信息技术的发展不仅推动了设施管理模式的发展，同时也促进了设施管理概念的更新。

12.1.1 计算机设施管理系统的发展

1. 计算机维护管理系统

20世纪60年代初期，组织并没有形成设施管理信息系统的统一认识，不存在设施管理信息系统这样的概念，组织内部也没有设施经理和相应的设施管理部门。当时对设施管理的认识停留在设备的维护与保养层面，有关设施管理的各项工作分散在行政办公、人力资源、后勤保障等多个部门完成，这些部门拥有各自的办公系统。制造行业曾经广泛在机械设备的维护工作中应用工单管理系统（Work Order Management System，WOMS）来提升维护工作的效率。

当组织展开工作流程自动化时发现，单单依赖于一套新的计算机系统是无法实现目标的。因此，一些组织开始在大型主机上安装并运行具备设施管理综合解决方案的计算机维护管理系统以及相关应用软件。CMMS的目标是优化并利用有限的资源（人力、设备、材料和资金）来帮助设施经理获得设施管理业务流程的控制能力，进行设施与设备的维护维修，以及购置与处理。CMMS包含了原有的工单系统功能，还包括一个存储组织维护信息的数据库系统，帮助维护人员在正确的地点、正确的时间做出正确的决定，并且对所有的维护活动进行不间断管理和控制，以及在未发生故障前对设备采取有针对性、有计划性、有目标性的预防性维护工作。CMMS还包括资产管理功能，记录设备和物业的相关数据，包括规格、保修信息、服务合同、配件、购买日期、预期寿命等，以及其他任何可以帮助管理人员或是维修人员的资料。

过去相当长一段时期内CMMS以设备维护为其核心功能，但随着设施管理的概念、内涵不断更新，这种观念已经发生了改变。对于CMMS产品的关注范围已经扩展到了包含多种设施的企业资产管理系统（Enterprise Asset Management，EAM），也称企业资产维护管理系统。EAM是面向资产密集型企业的信息化解决方案的总称，其前身称作计算机维修管理系统。EAM可以有效提高企业的生产率以及资产利用率，企业通过Internet访问集成了设备状态信息的EAM系统来制定设备维护的计划决策。CMMS系统将着眼点放在设备维修的层面，借助计算机实现维护工作管理和备件采购库存管理。而进入EAM阶段后，着眼点扩大到资产的层面，从而在CMMS的基础上，将资产管理相关的项目管理、人力资源、安全与职业健康、维修成本、移动应用等子系统纳入到EAM范围之内。今天，CMMS系统涵盖了维护、修理和运营所涉及的方方面面：从库存和采购到工作管理和建立设备模型。CMMS系统的领先优势在于对复杂设备的建模能力，如从公路、管道、线路到产品流程。目前市场上CMMS和EAM的产品有很多，其中比较知名的是IBM公司的MAXIMO综合解决方案。

在制造行业应用中取得成功的CMMS是非常好的系统化设施管理软件工具，现在仍然在企业资产管理和物业管理领域内被广泛使用。

2．计算机辅助设施管理系统

在20世纪80年代初，国际设施管理协会、英国设施管理协会等组织开始对设施管理进行大量深入细致的研究。那些拥有大量建筑设施、众多员工和成批设备，并且实行中心化集中管理的大型组织也逐步认识到了设施管理的重要性，计算机辅助设施管理（CAFM）系统开始逐步应用。CMMS与CAFM系统（又称为设施管理软件）关系紧密，因为在不少组织中这两者是可以等同互换的。1982年，ARCHIBUS公司发布了其第一款CAFM系统，并将CMMS的主要功能纳入其中；1983年，ARCHIBUS公司成为Autodesk公司全球的合作伙伴，并于1985年发布世界上第一套整合CAFM系统。

CAFM系统在设施管理的全生命周期内，帮助设施管理者充分利用组织现有的设施资产，并有效降低维护与运营的成本。CAFM系统作为一种专业软件工具能够帮助设施管理人员对于各种设施相关的信息进行追踪、获取和规划，分析整理，并以图表形式汇报；CAFM系统包括各种技术和信息源，如面向对象的数据库、计算机辅助设计（ComputerAidedDesign，CAD）系统、建设信息模型（Building Information Modeling，BIM）和连接到其他系统（如：CMMS）的接口。结合了CAD技术的CAFM系统将空间、人员、资产、维护和财务等功能汇集到一个单一的系统，通过把不同系统的信息结合起来，提供了设施管理自动化的统一视角，并把相关设施的调试和分析能力包括进来，以提供更多的基于可靠信息的决策。

CAFM系统通常提供与CAD系统以及空间数据库相连的接口，使得计算机辅助管理或计算机集成设施管理从本质上更具有战略性。在遍及政府、医疗保健、教育、商业等不同的行业和工业环境中，CAFM系统通过合成和分析复杂数据来改进设施管理实践，同时设施经理在空间管理和信息管理中扮演着越来越重要的角色。

现在，CMMS与CAFM系统仍然在相同或不同的行业及组织中应用，两种系统并没有绝对的区别。CMMS系统主要侧重设备维护管理，CAFM系统则更加侧重空间管理和搬迁管理；CMMS系统主要的用户是工厂，CAFM系统的主要用户是大型企业和学校、医院等公共组织。CMMS与CAFM系统都是设施管理信息系统的一个部分，这两种系统不断地完善各自的功能，越来越多地在功能上相互重叠、融合。随着信息技术本身的发展，这种集成化的趋势愈发明显，整合了CMMS与CAFM功能，并与地理信息系统（Geographic Information System，GIS）、计算机辅助设计等系统互联的新的设施管理信息系统开始出现。

3. 设施管理信息系统

设施管理通常服务于企业的非核心业务，然而非核心业务对于一个企业的生存发展并非无足轻重；传统上认为设施管理部门是成本中心，而新的管理理念是要将其发展为利润中心。以高效集权管理为目标的管理整合成为优先管理目标，主要体现在设施管理信息系统（Facility Management Information System，FMIS）的整合。经过几十年的发展，结合包括系统工程、通信技术、电子计算机技术等在内的各种技术应用，现代设施管理的内涵不断扩展，服务功能不断延伸，正在发展成为一个完全新型的综合设施管理服务体系。现代大型企业中设施管理越来越多地涉及财务管理、人力资源管理等功能，这些部门之间有大量的信息需要整合与共享。企业需要的是设施管理综合解决方案，一种网络化的，并且与企业原有的企业资源计划（EnterpriseResourcePlanning，ERP）系统、人力资源（Human Resource，HR）系统通过通用接口整合的、结合CAD和GIS技术的集成化的设施管理信息系统。

20世纪90年代初，商业机构开始进入Internet，使Internet开始了商业化的新进程，成为Internet大发展的强大推动力。如今，Internet已经成为世界上存在的最大、最便捷的通信网络。当工作流程和技术档案管理这类基于过程的工具与设施管理技术更好地整合时，会使Internet的收益再一次得到显著提高。设施管理协作网站，基本上是在客户、设计顾问、承包商，以及需要查看和处理任何项目信息表格的任何人之间进行信息共享。其中大多数网站都能够在网络上给图纸标注、自动把数据和文件发送给适当的个人、对某些数据采取安全措施，并且越来越多地把设施管理网站软件与其他应用程序链接起来，如项目管理和成本预算等。这些网站借助于Internet或Intranet，使得内部或外部用户可以有效利用这些数据。Internet在控制访问权限、使用和管理建筑设施数据方面，正发挥着越来越重要的作用。

在20世纪的70年代和80年代，计算机辅助设计技术是设施管理巨大生产力和质量的保证，数字化信息被一次性输入整合了CAD技术的设施管理信息系统。设施管理者不再依赖于纸基的设计图纸，电子化的空间信息数据在异构平台通过网络传输和共享，设施管理者可以用较小代价获取更佳的质量控制。同时，FMIS越来越多地与现有成熟的地理信息系统互联，将设备和建筑物数据与地理空间科技有机结合。通过地理空间信息系统所获取的数据使得组织在节约时间和资源的同时提高制定决策的质量。综合化的FMIS提供空间业务智能支持，提供可视化的图表，将地理空间信息和房地产、设备和基础设施信息相结合，有助于改善组织合作和决策的制定。

FMIS通过将空间、人员、资产和财务信息整合在一个系统中，提供一个对于设施运营状况全景式的反映。通过将这些信息整合，FMIS提供了一个观察设施管理绩效的统一视角，并为设施管理决策提供更多更准确的信息支持。一个设计良好的FMIS要能够确保系统记录的质量，要保证决策制定过程可被追溯，要建立可靠的反馈和前馈机制以确保设施管理团队成员间的有效沟通。

12.1.2　其他信息技术的应用

随着知识经济时代的来临和信息社会的飞速发展，信息技术在设施管理领域中扮演着越来越重要的角色，成为现代设施管理中不可或缺的重要技术手段和管理工具。除了上述计算机维护管理系统（CMMS）、计算机辅助设施管理（CAFM）系统、设施管理信息系统（FMIS）等计算机设施管理系统外，其他信息技术的应用带给设施管理崭新的局面。

1. B/S架构

早期的FMIS产品都是采用C/S（Client/Server）架构，即客户机和服务器架构。组织内部网络的服务器上安装可以为所有设施管理者共享的数据库资源，而客户端软件则安装在每个应用设施管理功能的部门或个人的终端机器上。用户必须安装FMIS产品才能使用设施管理服务，而且产品的更新升级也给使用者带来不少的麻烦。

从现代管理理论的观点来看，用户真正需要的是设施管理服务，而并非设施管理软件产品本身。因此，采用更为开放的B/S（Browser/Server，浏览器和服务器）架构成为一种更佳的选择，大多数CAFM应用都将来自应用服务提供商（Application Services Providers，ASPs）。由第三方企业提供通信设备和运营及维护设施管理数据库，设施管理者不必在其使用的计算机上安装FMIS，只需要登录Internet，使用网络浏览器访问设施管理软件系统提供商的专业网站，就可以实现工作界面。这样就大大简化了客户端电脑载荷，减轻了系统维护与升级的成本和工作量，降低了设施管理的总体成本。

2. 无线网络

无线网络技术的进步也推动了设施管理的发展。设施管理者的个人计算机、手机、PDA等设备通过Internet、无线传感网络、蓝牙技术实现了无缝连接。设施管理者的个人计算机随时可以通过E-mail接收服务器端的有关设施管理的最新资料和数据，如设施的即时运营状况或是一份总部下达的设施搬迁计划。如果设施管理者不在计算机旁边，无法第一时间接收邮件的话，个人计算机将通过企业内部无线传感网络通知配带个人移动终端设备（比如手机）的设施管理者，设施管理者也可以通过蓝牙技术将个人计算机和其移动设备中的数据同步更新。因此，设施管理者不必担心错失任何最新的设施管理信息，并可以据此来调整自己的工作安排。

3. 射频识别

在现代设施管理中一种无接触式自动识别技术——射频识别有着广泛的应

用。与今天广泛应用的条形码技术比较，射频识别技术的最大优点就在于非接触性获取信息。因此，完成识别工作时无需人工干预，完全实现自动化，可以识别高速运动物体，并可同时支持多个射频卡工作，操作快捷、方便且不易损坏。射频识别技术的应用使现代化设施管理的透明度大大提高，安装在工作间、车库、办公室等公共场所的阅读器，能够自动记录各种设施的工作状态和在不同地点之间的搬移活动，从而便于设施管理者进行实时的追踪。每一种新的信息技术的出现，都会很快在设施管理中得到应用，如现在非常流行的虚拟化设计和虚拟化施工技术等。

4. 电子商务

鉴于设施管理领域的发展规模与市场潜力，将电子商务（e-commerce，e-business）技术应用到设施管理中似乎是一种必然的结果。但目前对财富500强企业的研究数据表明：从设施管理的实践出发，电子商务在设施管理中的应用也只是刚刚兴起，应用最多的功能就是通过互联网采购设施设备，发布设施管理采购信息。不过，在上述研究中大约有四分之一的企业坦承，自2003年以来，由于采用了电子商务技术使得他们的设施管理部门产生了重大变革。

5. 建筑信息模型

作为建筑业最热点话题和新兴信息技术，建筑信息模型（Building Information Modeling，BIM）正为整个建筑行业带来新一轮的革新。美国国家BIM标准定义BIM为对建筑设施的物理和功能特性的数字表达，信息共享和知识分享，以为建筑设施从概念设计、建设施工、运维拆除全生命周期中的所有决策提供可靠依据的过程。BIM已改变了建筑的设计和施工方式，在建筑设计中使用BIM所获得的优势已被广泛认可，并且许多建筑师也正在积极采用该软件——帮助将其基于工程图的流程转变成基于模型的流程。美国总务管理局规定，对于在2007财年及之后领取设计资金的主要项目，必须交付建筑信息模型中的空间程序信息。

BIM也正在改变建筑的运营和维护方式。通过在建筑生命周期中时间较长、成本较高的维护和运营阶段使用BIM中的高质量建筑信息，业主和运营商便可降低由于缺乏互操作性而导致的成本损失，从而促进对于建筑生命周期管理的沟通，并增强面向基于模型的流程的设施管理。将BIM三维模型与传统设施管理系统相结合，可以将BIM模型中存储的大量建筑相关信息，如设施的几何形状信息、材料的耐火等级和传热系数属性信息、构件的造价和采购等数字信息运用于设施管理系统，克服传统的二维设施管理系统过程抽象的缺点，实现对建筑物的三维可视化的信息模型管理，使系统用户清晰、直观地了解运维对象。同时，有利于空间、设备资产的科学管理，对可能发生的灾害进行预防，降低运营维护成本。具体实现技术上通常将BIM模型、运维系统与RFID、移动终端等结合起来应用，最终实现诸如设备运行管理、能源管理、安保系统、租户管理等应用。目前，国内外已经开始了对于BIM在运维阶段的运用的研究，也有部分公司及团体进行了基于BIM的运维系统的开发。

知识链接

更多BIM系统知识，请访问设施管理门户网站FMGate——FM智库——研究报告——BIM在FM领域的应用调查。

6．大数据

大数据是诞生于信息科学领域的概念。美国国家科学基金会将大数据定义为"由科学仪器、传感设备、互联网交易、电子邮件、音视频软件、网络点击流等多种数据源生成的大规模、多元化、复杂、长期的分布式数据集"。麦肯锡全球研究所定义大数据是超出常规数据库软件工具所能捕获、存储、管理和分析的超大规模数据集。维基百科定义大数据为所涉及的数据量规模大到无法通过人工，在合理时间内达到截取、管理、处理并整理成为人所能解读的信息。比较接受的一种观点是通过描述"大数据"的4V特征来间接地定义和识别"大数据"。4V即规模性（Volume）、多样性（Variety）、实时性（Velocity）、价值性（Value）。

设施管理大数据涉及企业ERP数据、客户关系数据、传感器数据、设施运营数据等诸多结构化或非结构化数据类型，并呈现出爆炸性增长趋势。大数据技术将深刻改变设施管理的服务方式、服务模式、服务手段，实现运营监测、故障定位、应急预警和分析决策等功能。例如，收集、分析和利用企业内部关键设施设备运行数据的能力，将决定设施管理服务的决策和管理水平；以数据深度挖掘为特点，可以促使设施设备维护服务走向精细化和定制化，助力企业核心竞争力提升；合理利用行业外部大数据提高所拥有数据的质量和规模，可提前获取行业潜在变化信号，明确设施管理行业的发展动向。目前，国内外已有众多基于数据挖掘的设施设备管理系统，可以从设备运行的大量数据中，挖掘内部信息和知识，预测其发展趋势，进行状态维修，提高设备管理水平。

知识链接

更多设施管理信息系统解决方案，请访问设施管理门户网站FMGate——FM智库——研究报告——走进设施管理中的各种高端信息通信技术。

12.1.3 设施管理信息技术的作用

新一代信息技术的发展使得全球范围内的社会生产方式、市场体系和组织的商业和管理行为模式都有了很大的调整，现代设施管理面临着新的机遇和挑战。全球化使各个企业之间的竞争突破了狭隘的地域空间限制，竞争不单只是来自国内，更多的竞争将来自于全球范围。

作为一名现代设施经理，必须认识到在目前和今后相当长的一段时期内，设施管理水平还将迅速发展。而开拓并完善新型管理方式、满足日益多样性复杂性的客户需求，都离不开信息技术在设施管理中的应用。信息技术主要在以下几个方面强化了现代设施管理功能：

1. **战略规划**

设施管理包括固定资产和空间开发的战略任务，提供全新或修订后的资产规划，并改善相应的组织架构。而设施管理信息系统将帮助企业实施战略空间需求、设备购置、建造成本、环境限制等方面的分析，以及其他方面重要的规划职能。

2. **运营成本**

当前，组织中的建筑及其所属设备的运营成本通常居高不下，组织的管理者也越来越重视设施运营和维护的成本问题。一个有效的设施管理信息系统能够实时和高效地跟踪工作环境，通过设施管理信息系统的自动化、可视化手段帮助设施管理的专业人员轻松实现包括跟踪能源消耗、公用设施的监管、照明管理、清洁管理和空间维修责任监管和费用核定功能。

3. **空间管理与预测**

设施管理信息系统可以实现对组织固定资产的盘点和管理，包括建筑物空间的测量和使用、标记有害物质存放的位置、设定疏散通道、消防器材的安放位置的分析，以及相关的建筑物空间的属性参数定义和标准化，如建筑年限、预期寿命、合同和保修数据等。

设施管理信息系统可以确定组织目前的空间利用率，还可以在客户或任务需求的基础上计划未来空间需求，包括管理人们对空间和公用设施的需求和技术实现方式，以及搬迁规划等功能。

4. **维修维护**

设施管理信息系统作为现代设施管理从业人员的必备专用工具，可以对组织的需求迅速做出反应。基于信息技术的现代设施管理，可以充分发挥已有各种硬件设施的作用，确保设施稳定和可靠运转，高效率地、准确地清除设施的各种障碍，监测设施的日常维修和预防性维护操作。

5. **设施状态评估**

设施管理信息系统能够辅助工作人员对建筑物和设备的状况进行检查并报告存在的安全隐患和对风险做出评估等，这些功能通常是通过设施管理信息系统与地理信息系统的接口来实现的。

信息技术已经成为整个组织生产和运营管理系统的一个有机组成部分，在设施管理中应用信息技术可以大幅提高设施管理服务的质量与效率，为组织带来持续的竞争优势。

12.2 设施管理信息系统模型及实施

对于设施管理的组织来说，FMIS的分析和设计工作非常重要。经过良好规划的FMIS可以灵活地应对未来新增的空间需求、设施搬迁的管理和设备维护计划的变更，并保证组织获得最大利润。本节以资源整合的视角介绍了FMIS的总体构架和概念模型。

设施管理信息系统的实施是一项复杂的工程，作为系统开发生命周期中的后期阶段，系统的规模越大，实施阶段的任务越复杂。系统实施阶段的目标就是把系统设计的物理模型转换成可实际运行的真实系统。系统实施阶段既是成功地实现真实系统，又是取得用户对真实系统信任的关键阶段。

12.2.1 设施管理信息需求分析

由于设施管理领域技术的多样性和复杂性背景，不同组织内对设施管理的定义和设施经理的角色定位也千差万别。然而，不同的组织对于信息却有着共同的认识：信息是一种极为重要的决策制定的支持性元素。信息以电子数据为载体，增强了组织交换信息的能力，并且在时间与空间上革命性地改变了通信方式。组织需要从信息重要性的角度出发，重新思考设施与计算机及FMIS的关系。

设施管理对于高效性的要求，必须依赖设施管理信息传递的及时性、准确性、完备性以及系统的反馈，全面、可靠的信息在设施管理决策制定的有效性方面非常重要。然而，设施管理不同业务流程的信息构成方式不同，处理信息的方式也比较繁杂，体现在信息的收集、整理、分发、显示以及更新的全过程。基于建设和运行、维护的设施全生命周期的信息数据包括两个主要方面：设施新建、改建或扩建过程中所收集的数据和设施运行与维护期间所生成的数据。

第一个方面，设施新建、改建或扩建过程中的规划、设计和施工（Architecture, Engineering and Construction, AEC）阶段。由于传统的工程建设模式导致AEC的"分裂"（Fragmentation）特征，形成信息孤岛。信息孤岛示意图，如图12-1所示，造成项目规划、设计和施工参与方之间的信息沟通障碍，它们大都采用自身专用的数据结构，在不同的计算机信息系统之间没有统

图12-1 信息孤岛示意图

一、标准化的数据收集和交换过程。因此，设施拥有者和设施经理们所得到的只是有限的CAD图纸、大量记录在纸上的操作指南、维护手册和工作计划，以及设备调试检验合格证。设施管理人员在此过程中所遇到的问题有两个：

（1）在设施设计和建造期间难以获得有用的系统信息。

（2）所获得的数据，如纸基的文档和图纸，需要重新输入电子设备。

第二个方面，在设施运行与维护期间，设施系统的高效维护需要并且不断地产生大量各类数据，并存储在为数众多的不同类型的媒介中，其中约有94%是保存在纸张上的。信息技术所具备的存储和操作大容量数据的能力，被认为是提高信息管理的运作效率、降低维修费用的补救办法。设施管理信息系统内部数据的交换关系，如图12-2所示。

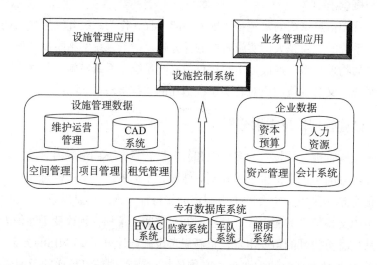

图12-2 设施管理信息系统内部数据的交换关系

但是，由于自动化的设施管理功能与CAD系统以及组织原有的资产管理、人力资源管理系统等应用都采用离散的工作方式，相互之间形成了一个缺乏结构和控制的信息流。设施管理应用与组织的业务管理应用之间缺乏统一的控制平台，彼此不能有效并行运作。此外，采用手工的方式将一个计算机系统的数据输入到另一个计算机系统的时候容易产生错误，而那些采用直接数字控制（Direct Digital Control，DDC）组件的"设施控制系统"（如安全、照明以及空调系统）的制造商们所使用的往往是互相不兼容的通信系统。

12.2.2 设施管理信息系统架构

1. 系统架构

设施管理信息系统开发并不是一件容易的事情。虽然许多设施管理经理人明白FMIS带来的收益，但是他们没有太多时间或精力来推动FMIS在组织内部的实施。组织的设施管理部门通常将FMIS的开发、实施及管理的任务委托给IT部门。而IT部门的人员通常不会真正了解设施管理的业务流程，对于设施管理需求和对象的定义也不十分清楚。

设施管理信息化过程中一个重要的问题就是信息系统的架构。为了在设施的全生命周期内充分发挥FMIS的作用，能够经得住设施业务变化和时间的考验，信息系统的良好架构是必不可少的。如果不重视整个信息系统的规划，没有从全局的角度考虑，就可能造成各个环节相互割裂、各部门各自为政、信息沟通不畅的局面，FMIS也就成了信息孤岛。因此，在设计、开发一个设施管理信息系统之前，一定要有一个明确的、并且得到设施管理部门认可的信息系统框架。基于全生命周期的设施管理信息系统框架，如图12-3所示。

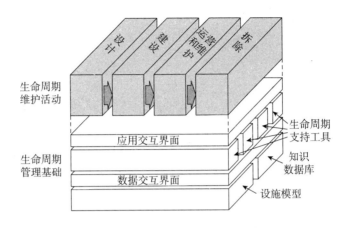

图12-3 基于全生命周期的设施管理信息系统框架

图12-3描述的基于设施全生命周期的FMIS的架构，主要包含设施模型和知识数据库。其中，设施模型包含了设施所有的属性和功能信息，如设计参数或是设施部件采用的材料数据或是结构数据。当然，这个模型依靠信息技术的支持，应该与施工记录以及运营和维护的历史数据相联系。

知识数据库中包含的数据主要涉及设施管理理论和经验知识，如设施预防性维护理论、设施状态评估经验方法等。设施的全生命周期过程中都应该可以访问知识数据库，并且运营和维护过程中新产生的数据也应该可以正常地更新到知识数据库中。知识数据库中的数据要能反映设施当前运营的真实状态，设施管理中各项决策的制定应该是基于数据库中最新的数据。

2. 设施管理信息系统整合

目前，在软件产品市场上有多种功能的设施管理信息系统，但基本上都无法提供一个完整的、具体的综合解决方案。因此，设施管理信息系统应该是一种由多个子系统有机构成的整合的信息系统，在通用信息基础上实现各个自动化信息系统的组合，并且在设施维护的整个生命周期内进行优化管理。这种整合提高了运营效率，提供了一个整合的信息技术规划和服务的环境。

（1）FMIS 功能模块整合

复杂的设施系统所依靠的技术与知识，不仅来自于组织内部员工，也来自于其服务的客户。基于设施管理信息技术的整合包括设施业主、用户、建筑师、结构工程师、暖通工程师、设施经理等各类设施管理参与者的资源。

组织采用整合系统的策略，提供一个完整、统一的共享信息和功能的系统，以减少业务流程和内容相同工作的重复，并在不同系统部分和不同应用软件之间实现流畅的、准确的信息交换能力。整合系统的各个子系统或功能模块之间有不同的连接方式，一种是简单的端到端的连接，各模块之间以一种松散的方式直接互联通信，没有中央节点的控制。端到端的连接方式，如图12-4所示。

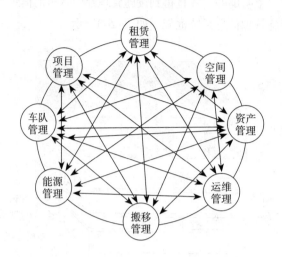

图12-4 端到端的连接方式

这种端到端的连接方式需要单独开发各个模块之间通信接口和协议，各模块之间也很难协调同步工作。更好的整合方式是"轴—辐"式结构。"轴—辐"式结构，如图12-5所示。这种"轴—辐"式的结构有一个中央核心节点，其他节点之间的信息交换都通过它的转换服务实现。作为一个实体对象，这个核心包括了在各个模块之间交换信息的通道，在系统内实现一种统一的标准化的独立于各个模块开发商的信息结构和通信标准。

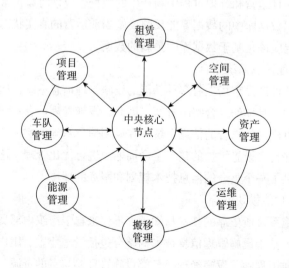

图12-5 "轴—辐"式结构

设施管理信息系统整合的核心点是将每个独立的自动化子系统组合为一个单一完整系统的基础，也可以将这个核心的功能节点视为一个基础的支撑平台。通过这个平台实现基本的通信协议，并为构建在其上的各子系统模块提供服务支持。它实现了将关于技术的、管理的和财务的信息整合到一个系统中的可能性；

这也要归功于信息技术在存储数据方面的发展，消除了信息对象的丢失，加快了查询数据的速度，并且减少了查询数据中出现的错误。

（2）FMIS概念模型整合

概念模型是对真实世界中问题域内的事物的描述，而不是对软件设计的描述。概念模型用于信息世界的建模，是现实世界到信息世界的第一层抽象，是数据库设计人员进行数据库设计的有力工具，也是数据库设计人员和用户之间进行交流的语言。

FMIS概念模型是设计者对设施管理现实世界的认识结果的体现，是对其软件系统的整体概括描述。构建基于全生命周期的设施管理信息系统，需要对设施管理业务流程进行分析，确定是否适用于自动化或是计算机控制，还是仍然要借助于人工操作完成，要分析各个应用模块之间的相互关系以及定位，应用模块所涉及的数据量、数据类型、格式和其他重要的系统管理问题，包括数据安全和尽可能减少获取信息时的风险、用户—系统接口的设计方案、数据交换及系统管理过程。

从组织长远发展的角度出发，基于设施管理功能真实需求来设计FMIS，通过将空间、人员、资产、设备维护和财务等功能集成，为用户提供了一个全面的视角来观察和分析设施管理。FMIS概念模型，如图12-6所示。

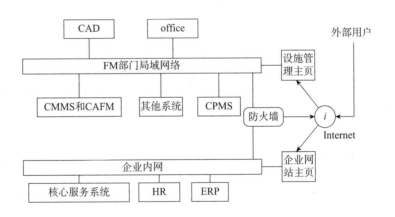

图12-6 FMIS概念模型

FMIS通常是一组软件的套装，包括一个存储企业资产数据的中央数据库，可以使用户轻松方便地使用、查询和存取设施相关资料的用户图形界面，核心的业务功能模块常常分为两个基本组成部分：运营（维护）和设施（空间、租赁和搬迁管理等），这两个类别相对应的软件分别是计算机维护管理系统（CMMS）和计算机辅助设施管理（CAFM）。某些时候FMIS单独是指CMMS与CAFM其中之一，有时候则两者兼而有之。

从更广义的角度来说，一个整合的FMIS，也称整合的设施管理系统，还包含用来跟踪资本更新及维护的资本规划管理系统，并与人力资源系统、企业资源计划系统相连接，并提供与CAD系统的接口。

概念结构中还包括组织内部网络和FM部门局域网络的IT基础设施、外部网络、互联网及相关硬件以及在线的网络服务系统，供内、外部用户访问FMIS的网站链接。

12.2.3 设施管理信息系统选型

现代化的FMIS能够处理设施管理日常业务和数据，并为组织提供必要的决策信息。但是，如何来获取并实施一套真正符合组织自身需求的设施管理信息系统呢？是组织内部IT人员自行开发，还是进行外部采购？是采购本土品牌，还是外国品牌？是一次开发完成并部署，还是采购组件进行产品二次开发再部署？是采购整套企业级设施解决方案产品，还是只选择部分设施管理功能模块？实践证明，一个成功的FMIS的实施，既需要组织认真的前期准备，也需要选取合适的产品。一般而言，FMIS选型时应遵循以下原则：

1．明确组织整体需求

FMIS选型失败的主要原因是不了解组织设施管理信息化的真正需求，项目目标不明确，没有很好地做需求分析。如果仅仅将组织内部各部门的直接"需求"进行简单汇总，只考虑各部门自己的立场和局部利益，不考虑整体效果，这样的需求是表面且片面的，常会引起部门之间资源冲突而产生摩擦。所以，在FMIS选型时，判定需求一定要站在组织战略的高度，进行跨部门的思考。

2．符合现代设施管理标准

市场上冠以FMIS名称的软件很多，然而很多软件并不符合现代设施管理标准。其中一些还只是停留在单一的设备预防维护概念上，或是简单地将设施管理等同于物业管理，还有一些产品在计划层次上不规范，不能体现FMIS与其他系统平台整合或协作的管理思想。对企业而言，获得一个并不标准的设施管理信息系统是不能接受的。

3．系统的成熟与先进性

选择FMIS时，应该尽可能选择成熟的软件产品。一个软件产品成熟与否的判别标准是看其有没有足够多的用户群和成功先例。例如，在企业资产维护领域被广泛采用的MAXIMO系统有全球客户10000多家，有很多成功的应用案例。

FMIS采用的软件技术各不相同，由于软件技术发展极快，一些采用老旧技术开发的FMIS存在着兼容性和升级问题；系统采用的构架对软件的持续性也有影响，如以前的系统大多采用C/S构架，新推出的产品一般采用更为方便的B/S构架；此外，软件技术对系统的开放性也有影响，采用合理的技术可以减少软件系统跨平台带来的成本，提高系统的开放性。上述这些技术层面的因素，也是选择FMIS时必须考虑的因素。

4．实力强大的供应商

选择正确的软件也包括选择正确的软件供应商，只有经济和技术实力强大的供应商才具备开发高质量软件产品的能力。供应商具有好的发展前景将有助于同客户建立长期合作关系，而信誉则是保证良好售后服务的关键。但在FMIS选型上，不能只重视产品品牌，而忽视实施团队。目前，国内FMIS供应商的技术能力和经济实力良莠不齐，售后服务和长期合作方面也有待提高。国内的产品以中低端市场为主，购置费用和维护费用较低，更适合国内中、小企业使用。国内跨国企业和少数大型国有企业所采用的FMIS基本上是国外知名的设施管理提供商的产品，如侧重空间管理的ARCHIBUS公司和BIG公司、擅长设施维护管理的IBM公司以及精于财务管理的Yardi Systems公司。

5. 全部拥有成本

拥有成本是选择软件时必须考虑的因素。在满足性能要求的情况下，成本要尽可能低，也就是说性价比要高。在选择合适的FMIS产品时，不能仅仅考虑软件系统本身的成本，还要考虑实施、维护、升级等后续服务的成本。此外，与系统实施密切相关的费用可能还包括购买PC、服务器、打印机与网络设备等硬件产品，以及操作系统和数据库产品的费用、人员培训费用等。所以，必须系统地考虑组织对于FMIS的全部拥有成本。

除了以上这些原则以外，选择软件时还要考虑软件的灵活性、易用性等因素。灵活、易用的软件容易被业务人员所接受。

12.2.4 设施管理信息系统实施

1. **系统实施阶段**

当组织选择了合适的FMIS产品之后，就需要考虑并进行系统实施工作。对于FMIS而言，系统的大规模建设是一次性的，而系统的运行、维护、升级、变革则是长期性的。作为一个成功的FMIS，首先要做好一次性的工作，这是今后长期工作的基础。FMIS实施后带来的企业设施管理流程重组将是一个长期的、持续性过程，如果忽视了它的长期性而想一蹴而就，最终也将导致FMIS实施的失败。系统实施阶段的主要环节，如图12-7所示。

图12-7 系统实施阶段的主要环节

（1）项目组织

FMIS的实施需要有专门的组织来指导和执行。项目领导小组主要由企业的最高管理层领导、项目实施小组组长、咨询公司人员组成。项目领导小组的主要任务包括：制定方针策略，指导项目实施小组的工作；批准项目计划，监控项目进程；调配人力和资金；推动培训工作；解决实施过程中的问题，协调矛盾。项目组织成立后，首要任务就是制定一个切实可行的项目实施计划，有许多种方法可以用来制定信息系统实施计划，如Gantt图方法、Pert图方法等。计划要求做到目标具体、内容详细、顺序合理、责任明确、措施落实，以便由该计划指导实施小组的日常工作。计划的合理性将成为FMIS成功的关键。

（2）数据准备

FMIS上线需要大量的数据。这些数据分为两种：基础数据和业务数据。基础数据是指FMIS运行所必需的数据环境，如操作系统平台以及数据库系统；业务数据主要是设施管理活动相关的数据，如HVAC和照明系统的相关参数。数据准备非常耗时、耗力，一定要确保数据的质量，这样才能提高FMIS上线的成功率。

（3）模拟运行

在基础数据准备完成后，为了深入理解FMIS，应分析它同现行管理模式的差异，并进一步熟悉软件，体会软件操作和手工操作的不同，进行软件的模拟运行。

模拟运行只需在项目实施小组内部进行，测试内容必须涵盖FMIS的各个功能模块，也就是说这是一次集成测试。测试的数据不是全部企业的实际数据，而是选用或虚拟很少一部分典型的数据来进行模拟运行。模拟运行时要对各种条件进行测试，覆盖软件所提供的各种功能，不能只测试最简单和标准的流程。

（4）用户化和二次开发

由于FMIS软件开发商往往倾向于开发出通用性强的软件，而不同企业有自己的特点和要求，因此，往往需要进行用户化和二次开发。用户化主要指非功能性的更改，如对操作界面、报表格式、术语称谓等的改动，这些改动往往可以通过系统配置来完成，不需要修改程序或者重新开发；二次开发主要是功能性的改动，往往需要修改代码。一些软件供应商提供二次开发工具，可以由用户自行二次开发。二次开发一定要慎重对待，只有在现有软件功能确实不能满足企业需求的情况下，才考虑进行二次开发。

（5）试点运行

在用户化和二次开发完成后，软件已基本成型。这时，应将工作重点转移到对用户的教育和培训上来。可以通过试点运行，让用户实际操作软件，达到实战演练的目的。通过试点运行，一方面可以验证或测试用户化和二次开发的可执行性；另一方面可以检查数据的准确性与合理性，调整和确定各种凭证和报表；更重要的是，试点运行要有业务人员的参与，可了解FMIS的操作方法和实际效果。

（6）系统切换

试点运行若获得成功，则表示系统运行良好，可以投入实际应用，即企业从原有系统转向运行FMIS。通常，系统切换之前是新、旧系统并行，这样可以检验新、旧系统运行结果的一致性。系统切换可以采用渐进或逐步切换的方式，从一种产品系列扩展到更多的产品，从一个部门扩展到更多部门，从几个模块扩展到所有模块。

(7) 持续改进

FMIS实施是一个持续改进的过程。系统切换成功并不是FMIS实施的终结，而仅仅是个开端。从FMIS运行的基础数据来讲，这些数据和企业自身密切相关，而且是随企业的发展而不断变化的，这种变化体现在设施管理数据的准确性和数据的完整性两个方面。企业需要不断地从实践中对数据进行修正和维护，最终达到较高的准确性。企业必须具备这种基础数据的维护能力，能够及时搜集、整理新数据并输入到系统中，才能保证数据的完整性。

2. 实施成功经验

FMIS不仅是一个人机系统而且还是一个社会技术系统，因此要成功实施FMIS，首先必须有技术的保障，其次是管理环境的保障。在FMIS开发和实施过程中的每一个环节，都必须有组织以及社会的参与。FMIS成功的实施离不开技术的支撑、管理的支撑，更离不开切实可行的实施策略。

尽管计算机运用于设施管理中已经有30多年了，但仍然有60%以上的企业不满意其设施管理信息系统，无法清楚地知道执行这些系统能否获益。从大部分企业实际情况看，实施FMIS不成功的问题不在于系统本身，而在于企业能否成功应用该系统。FMIS实施的成功要素，如图12-8所示。

FMIS实施的成功要素：
- 组织最高管理层的重视
- 没有所谓绝对的"最佳实践"
- 合理的实施计划
- 更多的功能不代表更多的价值
- 培训员工适应新系统

图12-8 FMIS实施的成功要素

(1) 组织最高管理层的重视

实施FMIS以后组织的最终受益人是最高领导层，FMIS涉及组织更新和职责权限的重组，只有具备进行变革权力的人才能真正地推进FMIS的实施。FMIS的实施会带来设施管理模式的变革，必然涉及更新观念和改革管理。没有组织高层领导的决心和具体指导，FMIS是不可能成功的。FMIS项目必须有高层决策者的亲自参与和大力支持，才能保证项目成功，这就是所谓的"一把手"原则，它是FMIS项目成功的关键因素。

(2) 没有所谓绝对的"最佳实践"

FMIS的最终使用者不必迷信所谓独一无二的全球"最佳实践"。因为设施管理者如何定义和执行一个特定的业务流程，如维修工单或是搬迁计划，取决于设施管理者所服务的组织的战略、市场环境、员工、外部竞争，以及业务流程中所涉及的每一个人。如果用户希望所使用的FMIS可以为自己的设施业务设计出最佳实践流程的话，将不得不为此增加更多资金的投入。

（3）合理的实施计划

FMIS实施是一个相当复杂的过程，从组织整体的角度出发，成功实施FMIS在信息、管理、技术等方面都有较高的要求。合理的、详尽的实施计划应考虑：对组织目前设施管理状况的有效评估；确定企业期望通过实施设施管理信息系统所达到的状态，期望花费的时间、人力、物力；确认目前状态与期望状态的差距和不足；确定内部资源、技术和能力。

（4）更多的功能不代表更多的价值

根据IFMA的报告显示，大部分用户经常使用的只是FMIS产品20%的功能，虽然有部分用户声称达到了30%以上，但是包括高端用户在内，几乎没有组织认为超过了50%。大型的FMIS综合解决方案并不适合于所有的组织，而所有的功能模块都并非是必须的选择。而且，大量操作复杂而又并不实用的功能对于组织和员工来说都是一种负担。因此，也许一个FMIS应该从一个简单空间使用申请程序开始，然后根据组织业务的需要不断增加新的功能模块。

（5）培训员工适应新系统

成功实施FMIS的目的是保证FMIS可以顺利运行，提升设施管理水平和效率。因此，必须有非常好的培训项目的支持并且要有经验丰富的实施顾问的指导。对于组织高层管理人员的有关FMIS原理和管理思想的培训和对业务人员熟练掌握软件操作方法的培训，都同样重要。

12.3 典型设施管理信息系统软件

本节以ARCHIBUS、IBM、Yardi Systems、BIG等公司的软件产品为例，介绍一些比较有代表性的FMIS软件，它们的功能较完备，应用范围较广。

1. ARCHIBUS-TIFM

ARCHIBUS-TIFM（以下简称ARCHIBUS）是由ARCHIBUS公司提供的关于不动产及设施整体管理的综合解决方案（Total Infrastructure and Facility Management，TIFM），能够实现人、过程、资产以及工作环境最优化设计，从而支持组织的业务目标。

ARCHIBUS解决方案关注资产及设施全生命周期的管理，提供了追踪资产的可视化管理工具，有针对性地提供长期规划。这一规划在财务安排、空间管理、预见性风险规避等方面进行全过程、系统的实施。从建筑物业主、管理者和使用者的角度出发，ARCHIBUS解决方案对所有的设施与环境进行规划和管理，在为使用者提供服务的同时为管理人员提供创造性的工作条件以及一个安全舒适的工作场所。

ARCHIBUS解决方案提供了集成的、端到端的资产及设施整体管理的软件解决方案，在资产、不动产及设施管理的各个方面提供先进的应用及专业技术。ARCHIBUS解决方案提供了图形、图像和数据库之间的集成，通过与AUTOCAD无缝集成，将CAD图形和数据库结合在一起，实现数据库和CAD图之间的设施信息实时更新。因此，可以在一个环境中，通过利用GIS、CAD空间及设计数据，将不动产、设备、人员、设施、流程、空间位置信息和图形集成到一个计算机管理平台上进行有效的管理，帮助用户实质性地追踪资产，实现固定资产可视化图形化管理能力，真正地实现建筑集成管理系统。

2. IBM-MAXIMO 资产管理

IBM-MAXIMO（以下简称MAXIMO）资产管理是IBM公司提供的企业资产管理系统。针对不同行业，IBM公司设计了相应的应用解决方案，如 MAXIMO for Facilities、MAXIMO for Industry等。

MAXIMO 资产管理由六个关键的管理模块组成，包括资产、工作、服务、合同、物资与采购管理。MAXIMO资产管理软件关键模块，如图12-9所示。MAXIMO 允许用户开发功能全面的程序，来进行预防性的、预测性的、日常的以及计划外的维护。综合使用这些程序，有助于达到降低成本、延长资产正常运行时间的目标。

图12-9 MAXIMO 资产管理软件关键模块

MAXIMO将资产管理的功能、性能和前景上升到了一个新的高度。MAXIMO以单一的软件平台为基础，提供涵盖整个组织中所有资产类型——生产、设施、运输和IT的全方位视图，使组织的资产管理者全方位了解所有资产，发掘出这些资产内部未利用的所有潜力，保证组织可以及时获得所需的各种资产的信息，并予以合理利用，使组织目标与总体业务目标密切地保持一致。

MAXIMO以工单的创建、审批、执行、关闭为主线，合理、优化地安排相关的人、财、物资源，将传统的被动检修转变为积极主动的预防性维护，与实时数据采集系统集成，可以实现预测性维护。通过跟踪记录设施全过程的维护历史活动，将维修人员的个人知识转化为企业范围的智力资本。集成的工作流与业务流程配置功能，使得用户可以方便地进行系统的授权管理和应用的客户化改造工作。

3. Yardi Systems

Yardi Systems提供了房地产投资管理和设施管理行业中全面的业务管理工具，在设施的全生命周期中为组织整个投资组合提供优化的解决方案。Yardi 产品线中主要包含以下系列产品：

（1）Yardi Voyager

它是一个完全集成的、基于浏览器的、企业级端到端的全业务解决方案的设施管理软件系统。

（2）Yardi Portal

它可以帮助吸引那些希望使用全功能营销网站的潜在客户，并向它们提供一流的服务，包括在线支付租金和租赁续签等。

（3）SiteStuff

它提供全面服务的电子采购解决方案，帮助业主和商业房地产管理人员对维护、维修以及运营设施用品采购实行有效控制，集中支出管理，并且精简了设施维护服务合同的投标过程。

（4）Yardi Genesis

它是一个基于Windows的完全集成的资产与物业管理软件系统，主要的服务对象是那些拥有较少量房产的小型企业。

（5）Yardi Enterprise

它是一个基于Windows的完全集成的资产与物业管理软件系统，主要的服务对象是那些拥有中等规模房产的企业。

4．BigCenter 设施管理综合解决方案

BigCenter 设施管理综合解决方案结合了来自技术、房地产、业务流程和建筑方面的专家的经验，根据房地产业主、住户以及投资者需求为其所做的战略决策提供支持。BigCenter主要包含以下功能：

（1）工作管理

它目的是推进组织达到最佳生产能力，并促使员工始终保持对组织核心业务的关注，首先是确保对设施资产的良好维护，最大限度地提高其使用寿命。使用工作系统的报表功能，保证设施管理人员可以对服务提供商、合同、设备、作业计划、资源分配进行有效控制和协调。

（2）租赁管理

设施管理人员可以使用租赁管理功能，按照组织有关规定来管理组织中有关不动产租赁、财务以及设施设备的相关信息，并做出不动产的投资组合选择决策。

（3）空间管理

它为组织提供详细说明库存、使用、占用数据的准确和及时的空间信息，可以降低实施空间规划和设计的成本，简化工作流程，并且消除因为重复的数据采集带来的数据间不一致的问题。

（4）项目管理

它为组织提供了一个简单易用的协作工具，用来管理项目进度、预算、绩效、周期以及项目的各种指标，可以帮助工作人员实现过程的一致性、有效管理工作流程和记录工作日志。

5. 集智设施管理信息系统IIS

集智设施管理信息系统，是应同设施管理公司联合上安物业管理公司联合开发的一款软硬件结合的集成设施管理系统，包括软件子系统（网站及手机客户端）和硬件子系统（WEB服务器、手持终端及无线实时探测器等），已成功运用于上安所运营的建筑设施中。IIS系统界面，如图12-10所示。

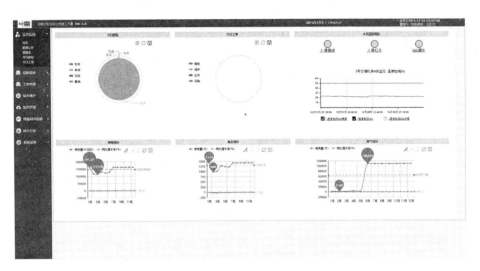

图12-10　IIS系统界面

IIS主要实现如下功能：

（1）巡检功能

事先在各个设备和巡检位置部署设备标识（电子标签或二维码），根据各巡检工作的路线、范围、周期、人员特性，通过管理端定义各巡检任务，并设置每个巡检任务所辖的巡检点和巡检设备，以及各设备所对应的巡检菜单。

巡检人员通过网络将各巡检任务下载至巡检终端后，根据终端提示，到巡检现场扫描对应的设备标识；终端将根据设备标识和巡检任务设置依次提示调取当前巡检点对应的巡检信息和菜单，巡检人员根据终端提示现场完成各类巡检工作并填写相应的菜单，如果发生异常情况巡检人员可以通过终端反馈预设异常信息，手写异常信息以及使用终端摄像头拍摄现场照片以供参考。

（2）工单管理

工单管理可以在网络客户端、手持终端完成工单的处理流程。提供最近工单的查询及状态提示功能；工作人员可以进行接单、查单，并根据需要采用文字或者拍照形式补充工单信息等操作；管理人员还可派单、排程、更改工单状态；与资材管理及设备台账模块联动，可以根据需要方便地进行设备关联和资材配件领用；和第三方接口模块及排班模块联动，可以根据设置在处理过程中自动通知值班人员和管理人员。

（3）服务中心

通过报障管理，查看、管理报障记录，并可根据判断对报障记录生成工单。

手持终端和WEB页面端均提供报障管理界面，巡检和工作人员可以根据现场情况和工作需要在终端上生成故障报告单，并可拍摄现场照片一并上传供后续工作参考。

（4）台账查询

通过台账管理，方便地进行日常设施设备台账信息的建立、维护和更新。内容包括了台账新建、编辑、查看、筛选功能。而台账信息页面显示了台账信息、图片、最近巡检信息以及维修维护信息等相关全生命周期内容。系统将相关设施设备信息以标准规范的格式录入系统形成电子化的台账，并且将台账信息、配件、维保信息结合，配合图片进行高效直观的管理。

知识链接

更多设施管理信息系统解决方案，请访问设施管理门户网站FMGate——FM服务——解决方案——IIS智能巡检系统。

关键术语

信息技术　设施管理综合解决方案　计算机维护管理系统　计算机辅助设施管理系统　设施管理信息系统　B/S架构　无线网络　射频识别　电子商务　建筑信息模型　大数据　系统架构　系统选型　系统实施

复习思考题

1. 信息技术对设施管理的主要作用是什么？
2. 比较计算机维护管理系统、计算机辅助设施管理系统和设施管理信息系统的区别和联系。
3. 阐述建筑信息模型在设施管理领域的最新发展。
4. 阐述大数据时代设施管理的变革及发展趋势。
5. 基于全生命周期的设施管理信息系统框架的主要内容和方面有哪些？
6. 设施管理信息系统FMIS选型时应遵循的主要原则是什么？
7. 阐明设施管理信息系统FMIS实施的主要步骤。
8. 设施管理信息系统实施成功要素有哪些？
9. 分析和比较典型设施管理系统软件的主要功能。如何选择合适的设施管理系统软件？

延伸阅读

［1］维克托·迈尔·舍恩伯格，肯尼思·库克耶. 大数据时代：生活、工作与思维的大变革［M］. 盛杨燕，周涛译. 杭州：浙江人民出版社，2012.

［2］何关培等. BIM总论［M］. 北京：中国建筑工业出版社，2011.

［3］薛华成. 管理信息系统（第6版）［M］. 北京：清华大学出版社，2012.

［4］Lavy S., Jawadekar S..A Case Study of Using BIM and COBie for Facility Management［J］. International Journal of Facility Management，2014，5（2）.

［5］Kasprzak C., Dubler C..Aligning BIM with FM：streamlining the process for future projects［J］. Australasian Journal of Construction Economics and Building，2012，12（4）：68-77.

设施业务持续管理

[本章导读]

面对每时每刻都可能发生的各种自然灾害和人为灾难,如美国"9·11"事件、SARS疫情、福岛核泄漏、汶川地震、雅安地震等事件,为建立灾难性事件应对机制,保持企业业务持续并迅速恢复运转,减少突发事件对业务正常运营的影响,最终实现组织的稳定和可持续发展,各国政府和研究机构相继出台了一系列有关业务持续管理(BCM)的标准和规范。

[本章主要内容]

- ❖ 业务持续管理的概念与发展历程;
- ❖ 设施业务持续管理的概念、过程和实施要素;
- ❖ 业务影响分析的步骤、风险识别的内容以及风险评估的方法;
- ❖ 设施业务持续管理策略,侧重介绍风险减轻策略以及业务持续策略;
- ❖ 设施业务持续响应计划,包括事件管理计划、业务持续计划以及业务活动恢复计划;
- ❖ 设施业务持续管理的演练、维护和评审。

13.1 设施业务持续管理概述

"业务持续"的概念最早源于"灾难恢复"一词,灾难恢复(Disaster Recovery,DR)是指利用技术和管理手段,确保组织在灾难发生后的关键数据、数据处理系统和业务可以恢复,其最终目的是保证在灾难发生后的指定时间内恢复既定范围的业务运营。随着国际形势和经营环境的日益复杂,灾难事件造成的业务中断给组织带来的损失逐渐超出了组织能够承受的范围,为了应对这一情况,业务持续管理(BCM)应运而生。

13.1.1 业务持续管理概念与发展

业务持续管理(Business Continuity Management,BCM)是一套一体化的管理体系,它对潜在的灾难危险加以辨别并进行分析,从而确定其对组织运作造成的威胁以及这些威胁对组织的业务所产生的冲击,为组织提供一个有效的弹性架构和管理机制来阻止或减小这些威胁,使得灾难事件给组织带来的损失最小化。它涉及风险管理、灾难恢复、建筑物和设备管理、供应链管理等多项内容。BCM范围,如图13-1所示。

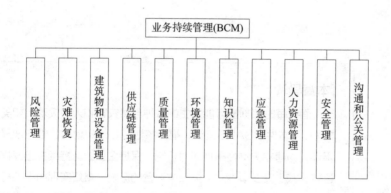

图13-1 BCM范围

BCM保证了关键业务(或主营业务)与设施系统能够经得起各种突发事件的影响,即无论发生任何意外事件,组织的关键业务或设施也不会中断运营。业务持续比灾难恢复(DR)的内涵和外延更宽泛,它不再是那种传统的对付自然灾害的应急反应措施,已成为组织战略层面重要的管理内容之一。BCM发展历程,如表13-1所示。

BCM发展历程 表13-1

时间段 项目	1970~1980年代	1990年代	2000年代
概念	灾难恢复 (DR)	业务恢复 (Business Recovery,BR)	业务持续管理 (BCM)

续表

时间段 项目	1970~1980 年代	1990 年代	2000 年代
重点	数据中心运转中断	现场故障（数据中心、办公室）	重要业务过程（包括供应链）中的运作风险
可交付项目	信息技术灾难恢复计划	业务恢复计划	业务持续计划
驱动因素	早期法规 中央主机不断增加的重要性	电子商务 集中的 ERP	公司治理 恐怖主义、生物威胁 供应链管理
典型事件	数据中心火灾或管线故障	关键呼叫中心运转中断	关键供应商破产或网站受到攻击
决策	可选 ——————————————————→ 法定		

BCM能够在突发事件发生后，减小突发事件对组织的影响程度，缩短业务恢复所需的时间。突发事件情景下具备或不具备BCM的组织能力对比，如图13-2所示。

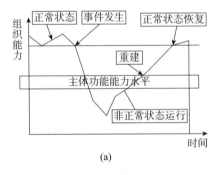
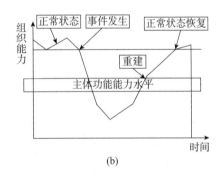

图13-2 突发事件情景下具备或不具备BCM的组织能力对比
（a）具备BCM的组织能力（b）不具备BCM的组织能力

知识链接

更多业务持续管理的作用，请访问设施管理门户网站FMGate——FM智库——研究报告——应急准备与业务持续之利益相关者与FM的作用。

由于BCM在组织业务持续性保障方面的重要作用，针对事关国计民生的关键行业，多数发达国家的政府部门均提出和制定了BCM方面的法规和标准。现行的BCM部分标准汇总，如表13-2所示。

现行的 BCM 部分标准汇总表 表 13-2

序号	标准号	标准名称	发布时间
1	GB/T 30146—2013	公共安全　业务连续性管理体系　要求	2013-12-17

续表

序号	标准号	标准名称	发布时间
2	GB/T 31595—2015	公共安全 业务连续性管理体系 指南	2015-05-02
3	YD/T 2880—2015	域名服务业务连续性管理要求	2015-07-14
4	ISO 22313-2012	公共安全业务连续性管理体系指南	2012-12-15
5	ISO/IEC TS 17021-6-2014	合格评定.管理体系审核和认证机构的要求.第6部分：业务连续性管理体系审核和认证的能力要求	2014-10-15
6	ISO/TS 22317-2015	社会安全.业务连续性管理系统.业务影响分析（BIA）指南	2015-11-30
7	ISO/TS 22318-2015	社会安全.业务连续性管理系统.供应链连续性指南	2015-09-15
8	NF X52-313-2014	社会安全.业务连续性管理系统.指南	2014-01-01
9	NF Z74-007-2014	信息技术.安全技术.信息和通信技术业务连续性的准备指南	2014-12-26
10	NF Z74-306-2014	社会安全.业务连续性管理系统.要求	2014-11-15

13.1.2 设施业务持续管理过程

设施业务持续管理（Business Continuity Management of Facilities，BCMF）是业务持续管理（BCM）的重要组成部分，通过识别并分析威胁组织重要设施业务运营的风险及可能造成的影响，建立相应的组织架构和管理机制来应对这些风险，保证组织重要设施能够持续运营或在规定时间内恢复，减少组织的损失。

BCMF既是一个一体化的管理体系，也是一个循环往复的、动态的、具有前瞻性的管理过程。它可以分为四个阶段实施：理解组织，决定BCM策略，开发并实施BCM响应计划以及演练、维护和评审，并要求组织将这四个阶段深植于组织文化中。BCMF生命周期，如图13-3所示。

图13-3 BCMF生命周期

1. 理解组织（Understanding the Organization）

在这一阶段，需要找出组织中最关键的业务功能及支持该业务功能的设施系统，并研究当业务与设施系统中断时所产生的风险。因此，组织必须进行业务影响分析（BIA）以及随之而来的风险评估（RA）。BIA包括确定支撑组织业务持续的关键活动，支持这些活动的设施系统，设施系统被中断时对组织造成的影响、复原时限、复原的优先级、相互依赖性，以及持续要求和所需资源（如人员、场地、支持技术、设备和信息等）；RA则是要求组织检查关键的设施业务活动或设施系统面临的风险，了解威胁、弱点，并记录所界定的威胁和弱点爆发的可能性以及可能带来的影响。

2. 决定BCM策略（Determining BCM Strategy）

在这一阶段，组织的目的是找出并仿真各项可选择的策略，以便确保关键设施系统能够持续运营，或者在中断后组织能够在合理的复原过程中，将设施系统复原至可接受的持续性水平。组织在决定BCM策略时，需要考虑业务持续所需的人员、装备、技术、信息、供应品及利益相关者等资源。同时，能够熟悉当地的应急服务并了解全球BCM最佳实践，将有助于组织针对不同事件选择最合适的策略。

3. 开发并实施BCM响应计划（Developing and Implementing BCM Response）

这个阶段是BCMF生命周期中最重要的阶段，包括计划的准备与拟订，进行事件的应对，并且可在业务中断时，一步步地恢复并加以维护，达到预定的水准。在这个阶段，组织需要制定事件管理计划（IMP）、业务持续计划（BCP）以及业务活动恢复计划（ARP）。IMP指用于应急事件发生时定义清晰的行动计划，通常涵盖了实施事件管理流程所需的主要人员、资源、服务及行动；包括行动清单、媒体响应流程以及利益相关者的管理流程等。BCP是为了处理组织的业务或设施系统中断，并使业务或设施系统恢复到事件发生之前的水平。而ARP将提供一个行动框架，帮助他们恢复现有服务或提供备用的场所和设施。

4. 演练、维护和评审（Exercising, Maintaining and Reviewing）

该阶段的目的是组织可通过持续性改善行动，确保BCMF项目的有效性、正确性和实用性。演练指的是根据BCP中记录的流程，对团队成员进行持续性培训和排练，确保BCP能获得定期验证，并持续采取改善措施；维护指的是定期修正并更新流程，以确保所计划的流程方案不会因时间而失效；最后，组织管理高层应对整套BCMF项目进行评审，以确定计划是否适当、充足及有效，进而满足持续性的需求。

为确保BCMF项目的成功，组织应当确认BCMF项目是否已被正确地列入组织的文化和日常的业务。组织中所有雇员都应对自身角色有足够的认知，并受过相关的培训，以学习如何处理特殊任务。当全体雇员都理解并接受BCMF体系的功能时，组织对于业务中断的处理能力才会提升。BCMF各阶段主要工作过程及组成部分，如表13-3所示。

BCMF 各阶段主要工作过程及组成部分　　　　表13-3

BCM 阶段	BCMF 过程			主要组成部分
阶段1 理解组织	组织战略（运作和业务目标） →	关键业务因素（重要任务活动） →	业务结果（服务或产品）	业务影响分析 风险评估和控制

续表

BCM 阶段	BCMF 过程	主要组成部分
阶段 2 决定 BCM 策略	组织BCM战略 → 风险减轻策略 → 业务持续策略	组织 BCM 策略 风险减轻策略 业务持续策略
阶段 3 开发并实施 BCM 响应计划	事件管理计划（IMP）→ 业务持续计划（BCP）→ 业务活动恢复计划（ARP）	计划和计划编制 外部机构和组织 危机或 BCM 事件管理 资源（组织内部资源或外包供应商） 应急反应和运作 通信 公共关系和媒体
阶段 4 演练、维护和评审	BCM演练 → BCM维护 → BCM评审	BCM 计划的演练 雇员或 BCM 团队的预演 技术或 BCM 系统的测试 BCM 维护 BCM 审查
建设和植入 BCMF 文化	BCMF文化和认知计划 → 教育和文化建设活动 → 培训计划	有关教育、意识和培训的持续规划
BCMF 计划管理	BCMF计划管理 → BCMF政策 → BCMF保证	董事会承诺、主动参与 组织（公司）BCMF 战略 BCMF 政策和框架 角色、义务、责任及权利 财政、资源、保险、审计 管理信息系统：度量、记分卡或基准 合规性：法律法规问题

13.1.3　设施业务持续管理实施要素

BCMF是需要组织最高层推动的管理活动。一个完善的BCMF组织框架能够让组织有足够的弹性来应对不同的事件。在组织成长为一个可信赖组织的时候，与BCMF有关的组织战略和设施风险是一个必须面对的重要问题。

1. BCMF的人员组织

BCMF组织由BCMF工作组、BCMF协调者、各行动小组三个层次组成。BCMF组织内的每一个人，都将在BCMF项目中扮演各自的角色。BCMF组织结构图，如图13-4所示。

（1）BCMF工作组

由高级管理层以及重要部门负责人组成BCMF工作组，并在灾难发生时负责全部的BCMF。

（2）BCMF协调者

一位训练有素的BCMF协调者将在BCMF工作组和各行动小组之间起到桥梁的作用。

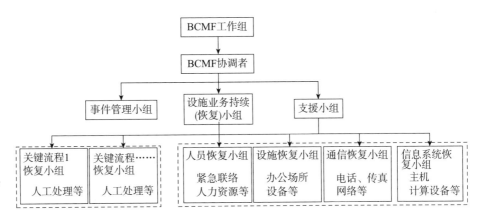

图13-4 BCMF组织结构图

（3）行动小组

包括事件管理小组，按照IMP文件进行事件应急响应工作；业务持续（恢复）小组，按照BCP文件进行业务持续或恢复工作；支援小组，负责对业务持续（恢复）起支援作用的功能或领域的持续（恢复）工作，如人员恢复、设施恢复、通信恢复、信息系统恢复等。

知识链接

更多设施业务持续管理组织的内容，请访问设施管理门户网站FMGate——FM智库——研究报告——运营持续管理在设施管理组织中的应用研究。

2. BCMF与风险管理

为能使组织在设施业务运营中可确认、评估、承受及转移风险，必须充分使设施风险管理（Risk Management of Facilities，RMF）系统与BCM相结合，才能有效地确立风险管理策略。对于已建立设施风险管理系统的组织而言，将具有更大的竞争优势，因为结合风险管理系统所制定的BCMF方案，满足国际和国内法规与标准的要求，进而能有效降低灾害发生后的严重性，强化组织设施风险管控与业务恢复的能力，最终才能提升组织的市场竞争力及实现组织可持续发展的最终目标。

BCMF是对RMF框架的扩大性补充，通过BCMF，组织可以了解到其设施业务运营所面对的风险以及这些风险可能造成的后果。不同理论或方法的关注点，如表13-4所示。

不同理论或方法的关注点　　　　　表13-4

序号	理论或方法	主要关注点
1	灾难恢复——DR（Disaster Recovery）	信息系统的恢复 主要用于数据和信息系统的保护

续表

序号	理论或方法	主要关注点
2	风险管理——RM（Risk Management）	风险的分析、预防和控制 偏重有形资产、忽视无形资产
3	危机管理——CM（Crisis Management）	危机事件的演变和机理 主要用于突发事件的处理 考虑对企业品牌的影响力
4	应急管理——EM（Emergency Management）	突发事件的应对和处理 多以政府为主体
5	业务持续管理——BCM	灾难中企业的生存 以恢复业务为焦点，确保在预定的时间内恢复业务运行 以业务为导向，是企业的整体行为

RMF包含了识别支持组织赖以生存的产品和服务的设施系统，以及管理这些设施系统可能面临的风险，以确保这些设施系统能够持续运营，进而使组织能够按时提供其产品和服务。通过BCMF，组织能够明白事件发生之前需要采取的行动，以确保其人员、信誉、资产、系统和信息的安全性。

3．BCMF与组织战略

所有组织，无论大小，都有其短期、中期和长期战略目标。例如，扩张、多元化、收购兼并其他组织等。这些战略目标一般都是通过组织战略规划的形式来描述和确定的。

随着市场变化和组织对外部环境敏感度的提高，BCMF正日益成为组织至关重要的战略议题。组织的最高管理层认识到BCMF的重要性，就会主动识别新的商机中所附带的影响组织战略发展的风险，并评估组织对这些风险的接受水平。

业务中断事件产生的后果可能是生命、财产或收入方面的损失，也可能是组织的声誉或生存所依赖的某项关键业务活动或设施业务运营的中断，它们可能对组织产生深远的影响，且不局限在组织的内部，包括：对环境的破坏；造成基础设施无法运行；造成公用事业，如供电、供水、运输或电话服务的中断；使组织所处的法律、法规和政治环境产生根本性的改变；造成供应链中断，组织持续向客户提供产品和服务的能力会受到严重影响。

此外，一旦破坏性的事件不断发展，则会出现新的利益相关者，例如竞争对手、环保主义者、监管部门和媒体等，并直接影响到该事件最终的严重程度。在某些情况下，某些利益群体可能也会对组织应对业务中断施加负面的压力。

13.2 业务影响分析和风险评估

BCMF的第一步是通过业务影响分析（BIA）及风险评估（RA）对组织自身以及其所处的环境有一个充分的了解。对于企业来说，BIA和RA都非常重要。没有RA，企业将不能识别潜在的风险。没有充分的BIA，企业的BCP将失去方向，这将损坏企业在灾难之后迅速恢复的能力。组织将基于分析与评估的结果，选择BCMF方案并编制相应的BCMF响应计划，并且确保BCMF项目与组织的目标、义务及法定职责相匹配。BIA和RA的区别汇总，如表13-5所示。

BIA和RA的区别汇总　　　　　　　　表13-5

序号	BIA	RA
1	将容忍多长时间无法访问信息资产资源	将提供何种程度的控制措施保护信息资源
2	比较组织的损失导致的无法容忍的影响和持续应对损失的花费	比较缺少安全控制措施时信息资产的损失和实施控制措施的花费
3	评估事件在一段时间内所造成的影响	评估事件发生的可能性和后果的严重性
4	恢复策略	保护和防范措施
5	如何应对和恢复	如何积极主动地防范

13.2.1　业务影响分析

业务影响分析（Business Impact Analysis，BIA）指分析活动和业务的中断可能带来的影响的过程。BIA一般采用问卷调查和有选择的内部交流的方式来获取所需信息，主要包括关键业务流程识别及恢复优先级排序、恢复关键业务流程所需资源、业务流程中断影响的定性及定量分析、各业务流程之间的相互依赖性、重要的数据记录等工作。BIA的步骤如下。

（1）确定关键业务流程

首先应识别设施的所有业务流程，那些短时间的中断就会给业务运营造成极大的影响、并且需要被迅速恢复的流程，应该被确定为关键业务流程。

（2）确定业务中断造成的影响

应确定定量和定性的影响。例如，定量的影响有收益的减少、资本支出的增加，定性的影响有市场份额的减少、公共信心的减少等。应注意要关注于各种中断产生的影响，而不是从来不会影响业务的特定威胁。

（3）评估中断恢复参数

对识别出的每一项关键流程，要确定其最大可容忍中断时间（MTPD）、恢复时间目标（RTO）和恢复点目标（RPO）等重要流程中断恢复参数。

1）最大可容忍中断时间（Maximum Tolerable Period of Disruption，MTPD）。

每项关键业务流程的MTPD是指设施系统所能容忍的该流程最长中断的时间。一旦该流程在此期限内无法恢复，设施业务持续将面临严重的威胁。它一般由下列三项数据综合确定：

①流程自中断到恢复所需的最长时间；

②恢复期应该维持的最低运营水平；

③恢复到正常运营水平所需时间。

通常情况下，组织确定的MTPD值越低，则业务恢复所需的成本就越高，恢复策略的复杂性也越高。因此，应根据其实际情况确定业务恢复的各项要求。MTPD与恢复成本的关系，如图13-5所示。

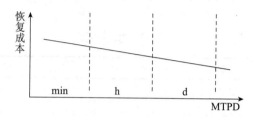

图13-5 MTPD与恢复成本的关系

2）恢复时间目标（Recovery Time Objective，RTO）

在确定了关键业务流程的MTPD后，可在此基础上确定每项关键业务流程的RTO。RTO是指事件发生后，所设定的恢复关键业务流程的目标时间。恢复时间目标（RTO）评估示意图，如图13-6所示。

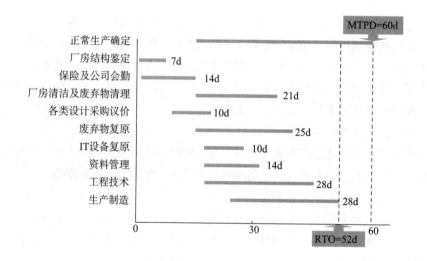

图13-6 恢复时间目标（RTO）评估示意图

3）恢复点目标（Recovery Point Objective，RPO）

RPO是指因硬件、程序或通信发生故障等风险事件导致的设施业务中断后，必须恢复到过去某时间点业务运营状况的要求。例如，除了某些特别重要的业务信息数据通过实时复制，保证备份副本始终都是完整和最新的，此外，一般业务信息数据很可能在风险事件发生后部分丢失，就需要确定备份必须作出的最低频率，并选择最佳恢复技术和程序。例如，如果RPO是1h，那么每小时就必须至少备份一次。如果RPO是5d（120h），那么必须每隔120h或少于120h备份一次。

（4）确定支持各项业务流程的关键资源

实际的恢复过程需要一个彻底的资源需求评估，以确保尽快恢复关键业务流程及相关的依赖关系。可能的资源包括设施、人员、设备、软件、外部机构的支持等。相关外部机构一览表，如表13-6所示。

相关外部机构一览表 表13-6

序号	外部机构	职责	如何建立联系
1	消防部门	响应火灾；帮助进行现场的事前及事后评估	为了进行撤离演练、楼层管理培训，需有专门负责物理场所安全的人员或BCP制定者与他们建立联系
2	建筑部门	审批房屋使用许可证——如果遇到了一个明显影响设施的事件，当完成修复工作后，就需要获得使用许可	在计划编制过程中，安排专门负责设施管理的人员或BCP制定者与他们建立联系——这些人应该还可以告诉您邻居的情况以及可以说明的任何风险
3	公安部门	对紧急情况进行响应，帮助撤离，以及人群拥挤控制	安排负责物理场所安全的人员、法务人员或者BCP制定者与他们建立联系，邀请他们参与训练
4	医院	提供医疗帮助和救援；能在制定医疗应急响应计划过程中提供帮助	作为BCM响应计划的一部分，安排负责物理场所安全的人员或BCP制定者与他们建立联系
5	应急管理服务机构	对于重大事件进行响应控制	指定BCP制定者与他们建立联系，确认其事件管理联络人，邀请他们参加本地的演习
6	疾控中心、卫生组织	提供有关医疗紧急情况的信息（例如，大规模流感）	相关网站有大量的信息可用于制定医疗紧急预案和大规模流感预案
7	军队	在区域灾难和民事骚乱发生时提供安全保障	与他们建立联系，确认需要配合工作的联络人
8	证监会	通过报告紧急情况中的要求获得免责	如果属于安全行业，负责法律合规的人员应该具有相关联络信息
9	政府	在灾难发生后提供激励政策来保护就业	如果可能的话，设法认识政府相关人员，支持社区活动及志愿者活动
10	职业安全与健康管理部门	进行健康安全检查	人力资源部应该设法认识此部门的管理人员

（5）确定业务功能的恢复优先顺序

在完成上述工作后，紧接着就需要根据设施的运营目标、价值观以及上述三个时间参数对所有关键业务流程进行恢复优先级排序。例如，如果确定设施系统必须在4h之内恢复运营，BCMF协调者将需要采取措施满足这一需求。同样的，如果多数业务流程可以容许24h的中断，但某关键业务流程只能够中断8h，BCMF协调者将为该关键业务流程优先提供所需资源，确保其按时恢复。通过对业务流程排定优先级，可以为BCM策略的制定提供依据，并且BCMF协调者也据此对应急资源的分配和支出做出更准确、更符合实际的决定，以节约时间、精力和费用，从而保证灾难事件发生后，业务的恢复过程能够以一个系统的方式进行。

知识链接

某交通枢纽系统恢复优先级的评价案例，请访问设施管理门户网站FMGate——FM智库——研究报告——设施运营持续管理风险评估及应对策略研究。

要注意的是，有些关键业务流程是在设施内部运行的，而有些则是在设施外部由其他组织，如供应商运行。在上述分析的基础上形成业务影响分析报告。业务影响分析报告样表，如表13-7所示。

业务影响分析报告样表　　　　　　表13-7

序号	业务功能	描述	影响等级	MTPD	所需资源	RTO	恢复优先级
1	请求响应	接受客户的订单请求，查询库存，确认订单	3	24h	应用程序	20h	高
……	……	……	……	……	……	……	……
……	……	……	……	……	……	……	……

13.2.2　风险识别

在完成BIA后，进行RA前，组织应该了解哪些风险会对其业务持续造成影响。风险识别所要回答的问题是：存在哪些风险？哪些风险应予以考虑？引起风险的主要原因是什么？风险识别不是一次就可以完成的事，其结果应根据组织内部和外部环境的变化持续更新。

1. 风险识别的内容

感知风险和分析风险构成风险识别的基本内容，两者相辅相成。它们之间的联系表现为：只有感知风险的存在，才能进一步有意识、有目的地分析风险，掌握风险存在及导致风险事件发生的原因和条件。

（1）感知风险

即通过调查和了解识别风险的存在。例如，调查组织是否存在财产损失、责任负担和人身伤害等方面的风险。又例如，通过调查，了解一家物流企业因设施业务中断面临的财产损失风险、人身风险和责任风险，而财产风险又包括车辆财产损失、存货仓库及库存物损失和其他设备损失等。

（2）分析风险

即通过归类分析，掌握风险产生的原因和条件，以及风险所具有的性质。例如，造成物流组织财产损失、责任负担和人身伤害等风险的原因和条件是什么，这些风险具有什么样的性质和特点。又例如，引起供电系统中断的风险因素很多，如火灾、地震等，而引起供水系统中断的风险因素有洪水、暴雨、水管或其他设备破裂、供水总管破裂等。

BCMF工作组一般要设法识别下列六种类型的潜在损失：

1）设施业务中断造成的财产的物质性损失以及额外费用支出；

2）因财产损失而引起的收入损失和其他设施业务中断损失以及额外费用支出；

3）因设施业务中断而引起的组织信用损失；

4）因损害他人利益引起的诉讼导致组织遭受的损失；

5）因欺诈、犯罪和雇员不忠诚等行为对设施业务运营和组织造成的损失；

6）因组织高级管理人员或设施业务运营关键人员的死亡和丧失工作能力对设施业务运营和组织造成的损失。

2．风险识别的途径

通常风险识别主要通过以下几种途径。

（1）环境调查

风险识别过程的关键是辨别清楚环境风险源。评估物质、社会、经济、政治、法律等不同环境所需要的信息，其来源各不相同。但是，环境调查过程至少应回答下面几个问题：环境的一般特征是什么？总体来看，环境风险损失程度如何？环境特有的危险因素和风险因素是什么？如何看待自己所面临的危险因素与风险因素？一般来讲，RA文件中都会包含对具体环境的一段简短描述。环境调查的主要目的是描述而不是分析。

（2）文档分析

组织的历史及其当前的运营状况都会由各种各样的文档记录下来，这些记录是在设施业务运营风险识别和风险评估中所需信息的基本来源。作为风险识别过程的起点，风险识别人员必须获得有关组织运营和历史的一些内部文件或外部文件。风险识别所需文档，如表13-8所示。

风险识别所需文档　　　　　表13-8

序号	文档	序号	文档
1	年度报告复印件	13	过去两年的最新应收款
2	最新的资产负债表	14	车辆清单
3	最新的损益表	15	职工名册
4	订购单	16	火灾保险费率表
5	安装和服务协议	17	雇员补偿情况
6	销售协议	18	一般责任赔偿情况
7	租赁协议复印件	19	车辆责任赔偿情况
8	其他契约复印件	20	运营流程图
9	有保险组织审核的最新薪水册	21	BCMF政策复印件
10	最新的库存估价报告	22	与赔偿负责人协议的复印件
11	最新的建筑物估价	23	安全性政策
12	安全性原则	24	三年中的损失和理赔记录

（3）面谈

组织中每个雇员或管理者对于他们各自职权与活动范围内的风险信息了解得最清楚。与各个阶层的雇员谈话十分重要，因为仅仅依靠管理者提供的信息，可能只是"官方看法"而已，这些看法很多时候不太准确。

此外，面谈还能带来某些战略优势。通过与雇员谈话的方法让他们参与风险识别的过程，BCMF工作组其实将自身关注的重点在很大程度上已经暗示给了雇员，这种参与式的互动有助于BCMF工作组即将正式推出的BCM响应计划，较为容易地获得各成员的广泛认同。

（4）现场检查

对组织的各个设施业务运营场所进行检查，与管理者和一般雇员交流，常常可以引起对原来忽视的风险的关注。现场检查必须由能够回答任何问题的业主或管理人员陪同。在现场检查中携带照相机会很方便。可能的话，带上袖珍录音机或摄像机可以更方便做记录。

经过这样一次由有关人员陪同的现场检查以后，风险识别人员可能希望再单独进行几次现场检查。在第二次检查中，风险识别人员最好准备一张现场分布图，注明设备、保险箱和防护装置等的位置。另外，风险识别人员最好能带一张火灾保险费率表，它是工程师的技术性报告，用于预测建筑物火灾保险的费率。

3．风险识别结果

一般组织的设施业务运营风险可简单地区分为内部和外部两大类。常见的内部风险有设备故障、火灾、爆炸、机密信息外泄、重要管理人员被同业挖角、设施发生重大质量问题等；外部风险有电力中断、恐怖袭击、天灾（台风、水灾、地震）、金融风暴、竞争对手恶意攻击等。设施业务运营的风险识别结果，如表13-9所示。

设施业务运营的风险识别结果　　　　　　　　　　表13-9

内部风险		外部风险	
人为	意外	人为	意外
雇员监守自盗 重要管理人员被同业挖走 罢工 ……	资料错误与遗漏 文件误删除 楼宇内公共设施失灵（如供电、供水、暖通、电话等系统） 设备失灵（如终端、个人电脑、影印设备等） 局域网故障 ……	窃听 黑客袭击 恶意代码 盗窃 供货商供货中断 炸弹威胁、恐怖袭击、生化威胁 ……	电力中断 天灾（台风、水灾、地震、火灾等） 金融危机 政府政策修改 国际原材料涨价 ……

13.2.3　风险评估

风险评估（RA）就是对识别后所存在的风险做进一步的分析及度量，是对组织某一特定风险的性质、发生的可能性以及可能造成的损失进行估算、测量。通过RA不仅可以计算出比较准确的损失概率和损失严重程度，也有可能分辨出主要风险和次要风险，为风险定量评价提供依据，也为BCMF人员进行风险决策提供依据。

1．风险发生概率的评估

RA首先要解决的是风险事件在确定时间内（如一年、一月或者一周）发生的可能性，即概率的大小。

概率评估的具体方法有定性分级和定量测算两种。前者是BCMF人员根据自己对风险的观念，将风险事件按发生的可能性大小分级；后者则是根据统计资料应用概率统计的方法进行计算。定性分级自然不如定量测算精确，但也有可取之处，其不必依赖有关风险的足够丰富的信息。

一般地，组织在分析损失发生频率时，如果能够掌握较充分的信息，那么各种潜在风险发生的概率就较容易准确计算。概率的数值处于0~1之间。概率为0，表明事件不可能发生；概率为1，则事件肯定发生。显然，只有很少的事件是完全不可能发生或肯定发生的，大多数事件的发生概率都介于0~1间。

2．风险损失程度的度量

风险损失程度是指风险发生后可能的损失金额的大小。风险损失程度的评估实际上就是对损失的严重性进行估算。组织在确定损失的严重程度时，必须考虑每一特定风险可能造成的各类损失及其对组织设施业务运营的最终影响，既要评估潜在的直接损失，也要估计潜在的间接损失。

（1）财产损失风险度量

财产损失有两类来源：直接财产损失和间接财产损失。直接财产损失通常较容易确认及估计，而间接财产损失则较难确认且较难度量。

1）直接财产损失的风险度量。直接财产损失的损失幅度可以从不动产、动产、承租人改建以及珍贵文书和记录等方面度量。

2）间接财产损失的风险度量。间接财产损失是指由于财产损失造成的除了财产本身价值以外的全部其他损失。例如，一幢价值2亿元的办公大楼被焚毁，则该组织不仅损失掉办公大楼本身的价值2亿元，它还失去了自大楼焚毁到重建完成期间的出租收入。这样的出租收入损失就是间接财产损失的一种形式。

间接财产损失一般分为两类：非时间因素的间接财产损失和时间因素的间接财产损失。

非时间因素的间接财产损失是指由于财产损坏造成但不随时间变化的损失。例如，当配件毁坏时所引致生产停顿的损失，换言之，该损失并不是直接损坏的部分。

时间因素的间接财产损失，是那些损失金额为时间函数的间接财产损失，因为这些因素所引致的损失是来自无法继续运营的设施和由此引致的收入减少或要支付额外费用。时间因素的间接财产损失包括业务中断、继续运营的费用、连带性业务中断、连带性附加成本和租赁权益风险。

（2）责任风险度量

现代组织的责任风险损失越来越受到重视。责任风险存在于组织活动的各个环节。例如，组织雇员在工作时受伤，会引起雇员补偿责任的索赔；组织的产品或服务若被认为对公众造成了伤害，会产生产品责任；组织如果违反了法律法规或处理有毒物质不当造成伤害，由被害人索赔引起的官司会产生环境损害责任；

雇佣行为责任，是由雇员或求职者的诉讼引起的潜在损失，包括控告雇主的不当雇佣、不当升职降职和解约等。

责任风险的特点之一就是损失的大小没有极限，损失程度随着时间的推移在不断增加。识别可能的责任损失，需要现代法律专家的支持，共同处理责任损失。

法律责任风险的损失有三个来源：①由于疏忽致使他人受到伤害，必须依照法院的判决赔偿被害人的损失。②法律抗辩费用。辩护费是十分昂贵的，特别在法庭发现被害人的控告缺乏足够的依据、虚假或欺诈的情况时更是如此。某些案件中，辩护费甚至比判决的赔偿金还要高。③对潜在法律责任的防损成本。由于法律责任风险的复杂性，对于法律责任风险的损失程度的评估，还没有普遍适用的方法。

3．风险等级

RA方法有很多种，有德尔菲法、风险矩阵分析法、层次分析法，还有模糊综合评估法和风险价值法等。

风险矩阵分析法是一种普遍采用的方法。它是指将风险发生的概率及风险的严重性划分为不同等级，并给每个等级赋值，然后对识别出的每项风险，将其概率和严重性相乘，得出该风险的风险等级，即：

$$风险等级 = 风险概率 \times 风险严重性$$

设施管理服务部门风险评估矩阵样表，如表13-10所示。

设施管理服务部门风险评估矩阵样表　　　　表13-10

潜在的业务中断	发生概率	发生时间少于　时，潜在的影响				
		SER	CUS	COM	FIN	REG
自然事件 ——火灾、爆炸 ——洪水、风暴 ——地震						
技术 & 环境破坏 ——硬件或软件故障 ——公用设施中断(电力、供水等) ——通信或邮政中断 ——运输中断 ——化学或生物污染						
人为因素 ——人的错误 ——安全漏洞 ——心怀不满的雇员 ——劳动争议和停工 ——内乱						
其他 ——前任操作 ——后续操作 ——非技术支持单位 ——技术支持单位 ——外包业务 ——外部服务供应商						

注：服务（SER）——不符合服务水平协议；客户（CUS）——失去客户对业务的信心；竞争（COM）——损失业务的竞争地位；金融（FIN）——影响企业的财务状况；法律和注册（REG）——不遵守法律和监管要求。用"L"、"M"和"H"来表示的可能性和影响，分别为"低"、"中"和"高"。

如果对组织的每项关键业务流程和识别出的每项风险都进行以上的评估，就能得到关键设施业务风险评估表。关键设施业务风险评估表，如表13-11所示。

表13-11　关键设施业务风险评估表

关键业务活动	风险	可能后果	严重性	发生概率	风险等级	既有预防措施	新增预防措施
信息处理	区域停电	服务器停止运行	9	0.1	Ⅱ	配有UPS以维持15min电力 配有紧急发电机一台	
	服务器故障	服务器停止运行	9	0.1	Ⅱ	拥有备份服务器，可于第一时间替换	
	黑客攻击	服务器瘫痪	9	0.5	Ⅲ	定期更换服务器登录密码 安装防火墙	采用"分布式"服务器架构方案
旅客运输	地震（道路中断）	无法准点运送旅客	7	0.1	Ⅱ	必要时采用其他运输方式	无
……	……	……	……	……	……	……	……

13.3　设施业务持续管理策略

总体来说，组织可采取的BCMF策略可以分为不作为、改变、暂停或终止，风险减轻以及业务持续四类。BCMF策略，如图13-7所示。

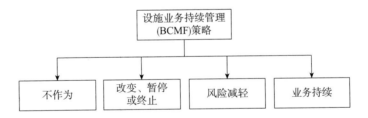

图13-7　BCMF策略

（1）不作为

如果组织的高层管理者认为组织目前的设施业务运营状况完全可以抵御任何风险的话，就会选择不作为。但是，这个决定必须明确告知组织的成员，并且被记录在案。有些情况下，风险造成的影响可能会超出组织的承受能力，但是由于风险发生的概率极低或者采取控制措施的成本太高，组织也可能会不作为。

（2）改变、暂停或终止

在与组织的目标、法律、利益相关者的期望没有冲突的情况下，改变、暂停或终止某项设施的运营也许是适当的选择，如某项寿命期很短的设施。

（3）风险减轻策略

如风险转移、风险最小化、风险吸收等。

（4）业务持续策略

即风险事件发生后，组织应采取行动来应对事件，并实现其业务可持续目标。

13.3.1 风险减轻策略

风险减轻策略可以减少风险事件发生的可能性或最大限度地减少或降低其潜在影响。因为不是所有的风险事件都可以预防或者降低到组织可接受的程度，所以风险减轻策略应与其他方案结合使用。风险减轻策略主要包括风险转移、风险最小化和风险吸收。设施风险减轻策略，如图13-8所示。

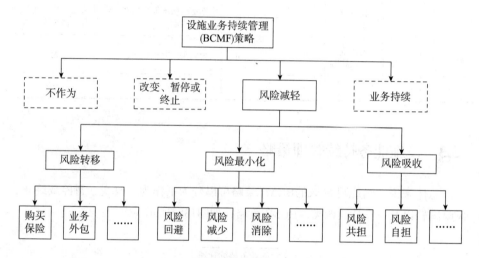

图13-8 设施风险减轻策略

对于组织面临的如决策风险、技术风险和生产风险中的部分可控的风险，可以通过计划、组织、协调等方式对其加以预防和控制。而对于一些不可控的风险，如由于宏观政策环境、市场需求所导致的风险，则可采用风险回避、风险转移、风险共担等风险减轻策略。

1. 风险转移

风险转移是指组织将自身可能遭遇的损失或不确定性后果转嫁给他人的风险处理方式。尽管组织转移风险的原因和手段各异，但都试图达到同一目的，即将可能由自己承担的风险损失转由其他人来承担。

风险转移一般有两种形式：第一种是风险的财务转移。即风险活动承担者不变，只是财务损失承担主体发生了转移，最常见的方式是向保险公司购买保险；第二种是风险的非财务转移或实体转移。即风险活动连同其财务责任全部由一个承担主体转移到另一个承担主体，最常见的有外包、委托、出售等方式。

2. 风险最小化

组织可以通过回避或者减少、消除风险三种途径来减少风险发生的机会或降低风险的严重性，使风险最小化。

（1）风险回避

风险回避是指经过设施风险预测评价，权衡利弊得失，主动放弃或改变某项可能引起较大风险损失的活动，从而中断风险源，遏制风险事件发生。风险回避也能够在风险事件发生之前完全消除某一特定风险可能造成的种种损失。但风险回避在某种程度上意味着丧失组织可能获利的机会，导致组织争取获得高收益的进取精神不足。

风险回避只有在人们对设施风险事件的存在与发生、对损失的严重性完全有把握的基础上才具有积极的意义。由于人们认识能力有限，无法对所有的风险都进行识别并评价，因而风险回避的方法存在着一定的局限性。

（2）风险减少

风险减少是指通过缓和或预知等手段来减少风险，降低风险发生的可能性或减缓风险带来的不利后果，以达到风险减少的目的。风险减少的有效性在很大程度上取决于对风险的认识。

根据帕累托的"80/20"原理，BCMF风险中只有一小部分具有很大威胁。因此，要集中力量对付威胁最大的那些风险。

（3）风险消除

风险消除是指从风险源入手，将风险的来源彻底消除，是对所有可能风险给予明确分析和测定后实施的对抗措施。通常采用：①有形手段。它是指通过采用新技术来降低风险威胁，如采取防止风险因素出现、减少已存在的风险因素、隔离风险因素等措施。②无形手段。包括教育法、程序法等。

3．风险吸收

当转移、减少、消除、回避风险变得不可能或者带来的成本组织无法承受时，组织就会选择自己承担这些风险，并设立意外损失准备基金来应对风险造成的损失；另外，组织也可以选择与其他组织共担风险。

（1）风险共担

风险共担是通过增加风险承担者数量来使每个承担者的风险减少。例如，在引入节能新技术、新工艺、新产品时，组织可采用融资租赁、合同能源管理等模式与其他组织联合，以弥补在技术经验、技术信息、管理经验、市场信息等任一部分的不足，从而提高总成功率，提高共同抗风险能力。

（2）风险自担

风险自担可分为两大类：计划性风险自担和非计划性风险自担。计划性风险自担是对某些风险在风险识别、估计及评价的基础上，决定自己承担风险损失的全部或部分，也称主动风险自担；非计划性风险自担是针对某些风险，由于BCMF人员没有意识到其存在或虽然知道风险存在却低估了风险的严重程度，未引起重视，从而在风险事件发生时被动自我承担。

在BCMF生命周期的分析阶段中，通过对风险进行分析，可以提出一些潜在的风险减缓措施。潜在风险减缓措施示例，如表13-12所示。

潜在风险减缓措施示例　　　　　　表13-12

风险	减缓措施
电力中断	UPS 或发电机
火灾	自动灭火喷淋系统
地震	锚固定设备
机械故障	定期维护
洪水	防洪堤
偷盗	访问控制
闪电	避雷针或接地

13.3.2 业务持续策略

组织的业务持续策略包括：劳动力、技能和知识；工作场所及配套设施；运营支持技术；数据和信息；日常用品和设备；基本保障等六个方面。业务持续策略，如图13-9所示。

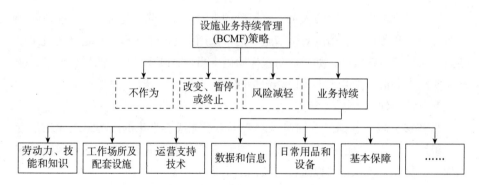

图13-9　业务持续策略

一旦组织的设施业务中断，在BIA阶段确定的时间表内，以上这些方案的组合将为组织业务持续提供保障。

1. 劳动力、技能和知识

组织应对设施业务运营所必需的技能和知识做完整的分析，并制定合适的方案对这些技能和知识进行保护。在分析时，不应只局限在组织内部，还应扩展到其他拥有专业知识和技能的供应商和利益相关者。具体的措施包括：①对雇员和供应商进行多技能培训；②关键技能需分散在不同雇员身上，避免过度集中；③由第三方提供组织所需的关键技能；④制定关键人员的接替计划；⑤注重知识的保存和管理。

2. 工作场所及配套设施

组织应制定工作场所及配套设施方案，降低现有工作场所不能使用所造成的影响。具体的措施包括：①在组织内部设置替代工作场所和设施；②由关系组织提供替代工作场所和设施；③由专业的第三方服务商提供替代工作场所和设施；④在家或组织以外的地点办公。

3. 运营支持技术

组织应该配置支持设施业务运营的技术资产，包括IT硬件、通信设备、应急供电、卫生急救、安全消防等。设施业务运营支持技术的持续策略主要取决于该技术的特性以及该技术与关键产品和服务之间的关联度。应考虑以下三方面的结合使用：①由组织内部提供支持；②由外部单位提供给组织；③由第三方在外部提供给组织。

组织之间因为其规模、特性以及设施系统的复杂性不同，设施业务运营支持技术会相差很大。某些依赖专业化或定制类技术的组织还需为这些技术制定专门的持续方案。

4. 数据和信息

组织的信息安全方案应确保对组织至关重要的信息受到适当的保护，并且维持其可恢复性。另外，如何确保正在运作中的信息不流失也应事先规划。信息安全方案要将与组织设施业务运营有关的所有形式数据都考虑进来，即所有物理格式（如书面资料）和虚拟格式（如电子资料）的信息。

5. 日常用品和设备

在办公室环境中，日常用品和设备可能包括信笺、文具、打印机、传真机等。在其他行业中，可能要求有少量的库存或者是实时供应。在有些情况下，组织可能还需要大量储存某些必需品，如大量储存油料，以防止事件造成的供应中断。

组织应详细列出支持其设施业务运营所需的日常用品和设备的目录，并维持一定的库存，以防止供应中断。组织可采取以下方案的一种或几种结合使用：①应急物资的异地存储；②由第三方随时支援物资补给需求；③将实时供应系统分散至其他地点；④暂存于外部仓库或发货地点；⑤保留旧设备作为应急备用；⑥对于独特且准备期较长的设备与物资需有额外的风险控制措施；⑦将关键设施在地理位置上分散。

6. 基本保障

风险事件发生后，组织雇员的各项基本保障可能会受到很大的影响。组织应制定相应的方案保护雇员不受或尽量少受伤害，并满足雇员的一些基本需求。

首先，组织应该评估业务持续策略在雇员福利保障方面的需求，然后以此评估为基础，制定相应的雇员福利保障计划，为计划的实施和维护提供支持，同时考虑到相关的社会和文化因素。

组织还需要特别注意残疾人士或其他特殊群体（如孕妇、因伤病而暂时失去行动能力的人群等）。根据各方需求提前做好规划，有助于减少风险或者打消相关人员的顾虑。

组织应明确指定相应人员在风险事件发生后负责处理以下事项：①紧急疏散及人员清点；②持续对雇员或客户沟通及安全提醒；③与雇员指定的紧急联系人

或其近亲联络并告知情况；④确定撤离现场的雇员或供应商的位置；⑤康复服务（身体和情感）；⑥家庭支持；⑦翻译服务；⑧运输援助；⑨为雇员和其家属提供热线电话以告知情况；⑩为撤离现场的雇员或来访者提供酒店客房等临时住宿等。

在紧急情况发生后，政府应急部门在抢救生命和减少损失方面扮演着非常重要的角色。因此，组织应与政府的应急部门保持联系，做好预先的准备，并指定专门人员与政府的应急服务部门取得联系，并且该人员应被授予适当的权力以便在必要的时候做出决策。

13.4 设施业务持续响应计划

一个重大事件可以造成组织设施业务中断并进而影响组织履行其义务的能力。组织对风险事件的响应可分为战略层面、战术层面和操作层面。不同层面分别对应组织制定的事件管理计划（IMP）、业务持续计划（BCP）以及业务活动恢复计划（ARP）。制定各项计划的目的是尽可能地明确组织应对设施业务中断所需采取的各项行动以及所需的各种资源。事件响应的组织层面与响应计划层级的关系，如图13-10所示。

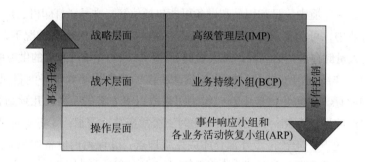

图13-10 事件响应的组织层面与响应计划层级的关系

事件发生后，以上三种BCM响应计划将在事件发展初期、危机化解、开始恢复和成果巩固等四个阶段发挥不同的功能和作用。不同事件发展阶段BCM响应计划的功能和作用，如表13-13所示。

不同事件发展阶段 BCM 响应计划的功能和作用　　　　表 13-13

事件发展阶段	状态	事件管理计划（IMP）	业务持续计划（BCP）	业务活动恢复计划（ARP）
1	事件初期	媒体管理 战略评估	联络紧急救助部门 损害评估 正式启用业务持续服务	损害限制与资产抢救（设施管理部门） 伤亡管理（人力资源部门）
2	危机化解	媒体管理 监控业务持续小组	调用可替代资源	联络雇员

续表

事件发展阶段	状态	事件管理计划（IMP）	业务持续计划（BCP）	业务活动恢复计划（ARP）
3	开始恢复	停止	管理可替代资源	恢复关键设施业务运营
4	成果巩固	评审	停止或评审	恢复更多设施和功能

以上三个层次的BCM响应的功能和结构适用于只有一个运营场所的中等规模的组织。对于更小的组织来说，可能只设置一个管理团队来承担所有战略和战术层面的职责就足够了，但是一个团队最好专注于处理战略层面的问题，将战术层面的问题交给另一个团队处理。

对于拥有多个运营场所的组织来说，可能在上述三个层面上增加以下的层级会更加合适：

（1）在每个地点安排一个响应小组，由业务持续中心小组负责支援。

（2）在每个主要地点安排一个业务持续中心小组，由事件管理中心小组负责支援。

（3）以所在国家为单位设置独立的业务持续管理团队，如果组织在全球范围内声誉受到影响，则总部介入事件的处理。

13.4.1 事件管理计划

事件管理计划（Incident Management Plan，IMP）详细描述组织的高级管理层如何在战略层面管理危机给组织造成的影响，这些影响可能并不完全包含在BCP的范围之内。也就是说，IMP处理的危机事件并不一定会造成业务中断。例如，一次恶意收购、媒体曝光或者全国范围内的紧急状态。事件发生期间，对媒体的响应通常也应包含在IMP中。

IMP为应对所有威胁到设施业务运营的问题提供行动标准。它能够使组织在事件的急性期及时作出反应，并采取应对措施。在事件发生后，及时应对外部环境问题以及利益相关者所关切的问题。IMP最根本的目的是：确保所有相关人员的安全，将损失降到最低。此外，IMP应该有高级管理层的支持，并且有足够的预算以支持IMP的制定、维护和训练。组织IMP的内容，如表13-14所示。

组织IMP的内容　　　　表13-14

序号	主题	内容
1	目的和范围	IMP应明确要恢复的设施系统，并设定具体的时间目标，并且明确该计划在何种情况下能够启用，以及启用后应该采取的措施
2	角色和责任	IMP中应明确所有拥有一定权力（决策权或动用某项资源的权力）的人员或团队在事件期间和事件发生后应扮演的角色和应担负的责任。另外，对发挥关键作用的角色应指定副手

续表

序号	主题	内容
3	调用或动员程序	IMP 文件中应明确 IMP 启动的方法。组织应该有一个清晰明确的流程，以便组织能够在破坏性事件发生后的最短的时间内启用 IMP。此外，计划中应明确谁在何种情况下负责启用该计划
4	文件的编制者和维护人员	组织应指定 IMP 的主要编制者，并在文件中明确由谁负责审查、修改和定期更新 IMP。组织应建立计划版本的控制系统，一旦计划有更改，应立即向有关方面发出正式通知
5	行动计划	对于 BIA 阶段所确定的设施业务运营所引起的每一种后果，IMP 都应有对应的响应策略
6	人员响应	计划中应详细说明事件发生后，组织如何与雇员、雇员的亲属、朋友以及紧急联络人取得联系。在某些情况下，在一份独立文件中详细列出这些内容可能更合适
7	媒体响应	组织的 IMP 中应明确事件发生后的媒体响应程序，包括：①组织的事件沟通策略，并描述组织与媒体的首选沟通方式；②媒体响应的行动指南，或者是事先起草好的声明模板，在事件发生后就尽快寻找合适的时机提供给媒体；③挑选经过训练的、能够胜任的发言人，授权向媒体发布信息
8	利益相关者的管理	计划中还应明确组织的利益相关者，并按照联络的先后顺序排序。如果有必要的话，组织还应制定一个利益相关者管理计划，以确定排序准则，并为每一个利益相关者或利益相关团体分派一名管理人员
9	汇合地点（指挥中心）	组织应预先确定一个汇合地点（或指挥中心）。在事件发生后，管理人员能够在那里发布指令、处理相关事务。指挥中心中应配备必要的设备。如果事件造成当地电话网络超载，那么该会议地点将发挥关键的作用。此外，还应指定备用场所，一旦原先的场所受事件影响无法使用，组织可以立即启用备用场所
10	其他	以事件日志或其他形式记录的有关事件细节的关键信息、作出的决定、伤亡细节、损失评估、所发布的信息等内容；图、表、照片以及其他可能与事件有关的信息；与第三方（合资合作伙伴、承包商、供应商等）有关，并得到双方认可的响应策略；资源停留集结区的详细信息；各关键区域的交通规划；一套索赔管理流程，确保所有的保险索赔方案以及组织提出的或针对组织的法律诉讼符合相关法规和合同要求

13.4.2　业务持续计划

业务持续计划（Business Continuity Plan，BCP）是为了处理组织的设施业务中断，并使组织的设施业务运营恢复到事件发生之前的水平。BCP应根据组织的BCM战略来制定，为BCM小组提供处理流程和程序，并为小组成员分配权力、义务和责任。BCP还应详细界定组织与外部各方，如恢复服务供应商、政府紧急救助部门的界面以及处理原则。组织的BCP应包含下列内容。

1. 目的和范围

BCP旨在帮助组织从业务中断中恢复。具体而言，BCP提供政策和指导，以确保该组织能有效地应对业务中断，并尽可能地恢复其业务。

风险事件发生时，组织的设施业务运营遭受重创，毫无准备的组织由于恢复设施业务的时间较长，有可能导致客户流失，甚至组织倒闭。相反，事先制定了BCP的组织，在确保关键设施业务不中断的情况下，迅速恢复了产品供应或服务，从而保全了组织的形象以及市场占有率，赢得了客户的信赖。BCP的实施效果，如图13-11所示。

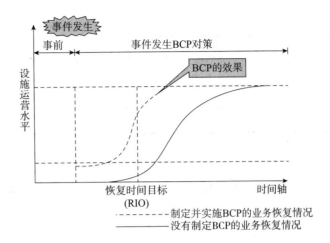

图13-11 BCP的实施效果

2．角色和责任

BCP中应明确所有拥有一定权力（决策权或动用某项资源的权力）的人员或团队，在事件期间以及事件发生后应扮演的角色和应担负的责任。如果需要，BCP还应包括：与外部组织或机构的接口，以及组织内部各业务持续小组、事件管理小组之间的接口；应对事态升级或诱发事件的职责和程序；确保事件由急性期顺利过渡到可控阶段的一系列程序，并记录此过程中的所有重要信息；事件后的审查程序和检查表。

3．调用或动员程序

BCP文件中应明确BCP启动的方法。组织应该有一个清晰明确的流程，以便组织能够在破坏性事件发生后的最短时间内启用BCP。此外，计划中应明确谁在何种情况下负责启用该计划。

4．计划文件的编制者和维护人员

组织应指定BCP的主要编制者，在文件中明确负责审查、修改和定期更新BCP的人员，并建立计划版本的控制程序。组织可通过制作文件分发表来明确计划每一个副本责任人的头衔以及该副本的存放位置。文件分发表格式示例，如表13-15所示。

文件分发表格式示例　　　　　表13-15

副本编号	责任人头衔	存放地点
1	BCP 协调人 （BCP Coordinator）	总部大楼 1楼 主管办公室
2	部门主管 （Agency Director）	总部大楼 1楼 主管办公室
3	通信主管 （Communications Director）	总部大楼 2楼 212室档案柜

续表

副本编号	责任人头衔	存放地点
4	IT 主管（IT Director）	总部大楼 32 楼 318 室档案柜
……	……	……

5．行动计划或任务表

BCP的行动计划中，应将事件需采取的行动和任务以结构化的形式，按照先后顺序列出，要突出强调：

（1）行动计划如何启动。

（2）谁负责确认并启动BCP。

（3）作出上述决定需采取的步骤。

（4）在作出该决定之前，决策者应向哪些人咨询。

（5）一旦决定启动BCP，应该告知哪些人。

（6）明确何人在何时到哪里去。

（7）何时、何地、有何资源与服务可以使用，还包括调用外部和第三方的资源。

（8）以上这些信息何时以及如何在组织内传递。

（9）相关的人工替代作业和系统恢复的详细流程等。

6．资源需求

计划中应明确不同时间点业务恢复所需的资源，主要包括：人员、设备和日常用品、技术、通信和数据、安全保障、运输物流保障、人员救济需求、应急费用等。

7．重要信息

计划中应明确重要信息的来源以及获取方式，主要包括：

（1）财务（如工资）详情。

（2）客户账户记录。

（3）供应商和利益相关者的详情。

（4）法律文件（如合同、保险政策、契约等）。

（5）其他服务文件（如服务水平协议）。

8．责任人

组织指定专人负责事件发生后的人员救济事项，如：人员紧急疏散与人员清点；持续和雇员或客户沟通与安全提醒；确定撤离现场的雇员或供应商的位置；康复服务（身体和精神）；家庭支持；翻译服务；运输援助等。BCP目录样板，如表13-16所示。

BCP 目录样板 表 13-16

章节	一级标题	二级标题
1	简介	1.1 文档目的 1.2 BCP 范围 1.3 计划、审查、批准和维护
2	BCP 责任	2.1 设施管理（FM）BCP 通信录 2.2 责任团队 2.3 支持单位及外部服务供应商列表 2.4 进度报告优先级 2.5 重要记录及其位置列表
3	业务影响分析（BIA）	3.1 业务影响分析流程 3.2 业务持续风险 3.3 潜在的业务中断与业务影响分析评估
4	业务持续计划（BCP）	4.1 联系信息（内部与外部） 4.2 风险管理团队 4.3 BCP 站点 4.4 BCP 资源、设备或物资
5	预防与控制策略	5.1 预防策略 5.2 控制策略
6	恢复策略	6.1 损坏评估 6.2 原场所恢复
7	测试策略	7.1 概述 7.2 测试团队组织架构 7.3 测试标准 7.3.1 准入标准 7.3.2 准出标准 7.4 测试策略清单与成功标准 7.4.1 综合测试 7.4.2 局部测试 7.5 测试结果评估

13.4.3 业务活动恢复计划

对于事件响应小组和各业务活动恢复小组来说，业务活动恢复计划（Activity Resumption Plan，ARP）将提供一个行动框架，帮助他们恢复现有服务或提供备用的场所和设施。

ARP的目的是在总体BCP的指导下，系统化地安排事件响应小组和各业务活动恢复小组的响应活动，以应对设施业务中断。ARP包括了具体部门或业务单位对事件的响应活动，如：

（1）设施管理部门为对特定事件以及特定事件对设施造成的影响所制定的计划。

（2）人力资源部门为应对事件期间的人员救济问题所制定的计划。

（3）IT部门为恢复IT服务及相关业务所制定的计划。

（4）具体业务部门为在规定时间内恢复设施功能所制定的计划。

设施业务流程的复杂性和紧迫性，决定了一个活动恢复计划涵盖的活动数量。根据组织的复杂程度，活动恢复计划可能需要更多、更加详细的计划来支持，如对特定的响应活动、地点或设备制定的更详细的计划。

ARP应该是"行动导向"的。这就要求它能够快速启用，而且不应包括与事件无关的内容。

1. 计划编制流程

计划编制流程,如表13-17所示。

计划编制流程　　　　　　　　表13-17

序号	阶段	工作内容
1	前期准备阶段	委任计划的整体编制工作负责人,并在每一业务单位安排一名代表协助编制计划; 设定计划的目标和范围; 制定一个计划编制方案,并设立时间表; 明确计划编制所需的总体BCMF战略基础
2	计划编制阶段	确定计划的结构、形式、组成部分和内容; 制定计划大纲或模板计划,以促进计划文件的标准化,但允许必要时存在个别差异; 确保各业务单位指定专人担负计划中的各项职责; 对计划制定进行专业指导和管理
3	计划完善阶段	在部门内部对计划进行咨询和评审,必要时可分发到其他部门征求意见; 收集反馈意见; 对计划进行适当的修改; 对计划进行一系列测试,直到通过为止; 将所有计划整合,并审查其一致性; 与BCP进行整合; 对所有计划进行资源需求分析,以确定所需资源

2. 计划编制方法和内容

编制操作层面的ARP所需的方法、工具和技术包括:访谈(结构化和非结构化);BIA和资源需求分析;检查表和计划模板;研讨会。

具体的计划可能包括以下内容:损害限制与设施抢救计划;雇员救济计划;业务单元恢复计划;设施灾难恢复计划。ARP可能包含的内容,如表13-18所示。失去场所时的计划启动清单样表,如表13-19所示。

ARP可能包含的内容　　　　　　　　表13-18

序号	计划内容	序号	计划内容
1	人员疏散及"限制外出"计划	13	事态升级准则
2	炸弹或类似情景的处理措施	14	事态升级至运营持续小组的流程
3	避难点(包括备用或场外避难点)	15	对运营持续小组的初步联络的响应
4	与政府应急部门的联络	16	联系小组成员
5	工作人员和访客的疏散	17	每个运营流程的恢复计划; 雇员人数; 关键联系人; 运营活动的恢复程序; 恢复优先权; 特殊流程; 所需耗材
6	抢救资源并根据合约请求支援		
7	事态升级情景描述		
8	人员救济		
9	健康和安全的法律责任		
10	人员清点程序		
11	人员联络程序		
12	复原和咨询方面的资源	18	其他

失去场所时的计划启动清单样表　　　　表 13-19

	行动	执行者	备注	完成后打勾
1	接收有关紧急情况的报告	应急管理小组负责人	记录时间	
2	联络管理小组和 ___ 场所 BCM 响应小组负责人	应急管理小组负责人	记录时间	
3	联络备用设备场所，并且警告可能会宣布灾难	应急管理小组负责人	记录时间	
4	评估损失	应急管理小组负责人及管理小组	网络、设备、大楼、雇员	
5	预估	应急管理小组负责人及管理小组	<1h……	
6	预估业务风险	应急管理小组负责人及管理小组		
7	决策：如果决定是不宣布，那么联络备用场所，通知他们警告结束；如果决定是宣布，继续步骤 8	应急管理小组负责人		
8	宣布灾难：立即通知高管层小组；按照附录 ___ 中的程序在备用场所宣布灾难	应急管理小组负责人及管理小组		
9	通知：在紧急通知名单中确认的应急管理小组负责人使用附录 ___ 中的程序	管理小组负责人	记录时间	
10	启动指挥中心	应急管理小组负责人	记录时间	
11	到达位于 ___ 场所的指挥中心	应急管理小组负责人及管理小组	记录时间	

13.5　设施业务持续管理实施

组织为保障设施业务持续所作的一切安排，应通过不断地演练、维护和评审，确保其实施确实适合组织所设定的目标。因此，需要通过测试和演练来验证其可执行性和适用性，并把所发现的问题输入到持续改进过程；针对可能的变化，还需要有专门的角色来负责对这些计划的维护，以保证信息的不断更新、计划的持续适用；最后，还要对计划进行定期的评审，以发现其中不适用的部分，并对于计划执行的成效进行评估和审查。

13.5.1　设施业务持续管理演练

BCMF 演练的目的是通过培训、评估、改进等手段，提高组织设施系统的业务持续能力和紧急事件管理能力。通过演练可以锻炼事件响应团队的协作能力、信心，并积攒正确处理事件所需的经验。

1. 演练的类型

组织开展 BCMF 演练可采用包括桌面演练、功能演练和全面演练在内的多种演练类型。BCMF 演练主要类型及其特征，如表 13-20 所示。

BCMF 演练主要类型及其特征　　　　表 13-20

复杂度	演练类型	测试特性	目的	建议频率
简单	桌面演练	互动式的假设情景讨论 在会议室或小型场所举行 相关部门负责人或关键岗位人员参加 采取口头评论形式和简短的书面报告	检验响应流程的完整性和正确性 锻炼参与人员解决问题的能力	至少每年一次
较复杂	功能演练	针对某项业务持续响应功能或其中某些响应活动 调用有限的外包资源 在应急指挥中心举行，并可同时开展现场演练 更多的响应人员和部门参加。必要时，还可要求外部机构或组织参与 提交有关演练活动的书面汇报	测试团队间的互动及协作沟通能力 展示参与人员的知识和技能	每年或半年一次
最复杂	全面演练	针对 BCP 中全部或大部分响应功能 动员大量的人员和设备 提交正式的书面报告	针对整个 BCM 系统进行全面的测试	每年或两年一次

（1）桌面演练

桌面演练是指由相关部门负责人或关键岗位人员参加的，按照BCP及其标准运作程序，讨论紧急情况时应采取行动的演练活动。主要目的是在友好、较小压力的情况下，锻炼演练人员解决问题的能力，以及解决BCP所涉及人员的相互协作和职责划分的问题。

桌面演练的主要特点是对演练情景进行口头演练，一般是在会议室内举行非正式的活动。主要作用是在没有时间压力的情况下，演练人员在检查和解决BCP中问题的同时，获得一些建设性的讨论结果。

桌面演练只需展示有限的业务持续响应和内部协调活动，事后一般采取口头评论形式，并提交一份简短的书面报告，总结演练活动和提出有关改进工作的建议。桌面演练方法成本较低，主要用于为功能演练和全面演练做准备。

（2）功能演练

功能演练是指针对某项业务持续响应功能或其中某些响应活动举行的演练活动。主要目的是针对业务持续响应功能，检验业务持续响应人员以及BCM体系的策划和响应能力。功能演练一般在应急指挥中心或现场指挥所举行，并可同时开展现场演练，调用有限的外部资源。外部资源的调用范围和规模应能满足响应模拟紧急情况时的指挥和控制要求。

功能演练比桌面演练规模要大，需动员更多的响应人员和部门。必要时，还可要求外部机构或组织参与演练过程，为演练方案设计、协调和评估工作提供技术支持，因而协调工作的难度也随着更多组织的参与而增大。

功能演练所需的评估人员一般为4~12人，具体数量依据演练地点、组织规模、现有资源和演练功能的数量而定。演练完成后，除采取口头评论形式外，还应向最高管理层提交有关演练活动的书面汇报，提出改进建议。

（3）全面演练

全面演练指针对BCP中全部或大部分响应功能，检验、评价组织业务持续能力的演练活动。全面演练一般要求持续几个小时，交互式进行，演练过程要求尽量真实，调用更多的响应人员和资源，并开展人员、设备及其他资源的实战性演练，以展示相互协调的应急响应能力。

全面演练也需要各业务部门、业务持续协调人员和BCP拟订人员的参与，以及外部机构或组织人员在演练方案设计、协调和评估工作中提供的技术支持，且这些人员或组织的演示范围更广。全面演练一般需10~50名评价人员。演练完成后，除采取口头评论、书面汇报外，还应提交正式的书面报告。

2．演练的评价

只有通过评价，才能确定一次演练是否成功。通过评估演练阶段收集到的各种信息，可以帮助改进BCP，并为将来的演练设计更加完善的场景。演练评价可以突出培训需求，发现BCP与实际需要之间的差距，并明确业务持续所需的资源。

演练评价方法主要有两种：专职评价人员评价法和参与人员访谈法。

（1）专职评价人员评价方法

它是指在演练覆盖区域的关键地点和各关键岗位上，派驻公正的评价人员。他们的任务是观察整场演练，记录演练人员采取的行动，监控演练的进度，记录演练中遇到的各种问题，收集评估所需的各种数据，并最终评估演练的成功与否。

评价人员在评价中可采用的评价准则包括计划的完成度、清晰度、有效性以及可执行性几个方面。演练评价准则具体内容，如表13-21所示。

演练评价准则具体内容　　　　表13-21

类别	准则
完成度	计划中每一步之间都逻辑相关（没有步骤缺失） 演练参与人员不需要作出计划外的假设 计划中包含所有需要的信息（电话号码、地址等） 计划中表明了所有的依赖关系
清晰度	演练参与人员理解计划中的每个指示或步骤，不需要业务持续协调者给予解释 计划中每部分的目标明确 计划执行的组织体系清晰且符合逻辑，演练参与人员不至于"迷路" 计划中的各种图、表易于理解 计划中的职责清晰，不会出现询问谁负责此事的情况 如果需要，演练参与人员能够知道其他地点正在发生什么，以及其他人员在做什么 计划中语句流畅，表达清晰 页面布局和格式（字体、大小、在页面中的位置等）令人满意
有效性	计划中所述的行动对业务持续来说是有意义的 计划中所述的行动是可行的 计划中所述的行动对计划所处的环境和假设条件来说是最佳选择 恢复点目标（RPO）是可实现的
可执行性	计划有一个明确的起点 计划有一个明确的终点 计划的编写过程逻辑清晰 恢复时间目标（RTO）是可实现的

（2）参与人员访谈法

它是指在演练结束后，组织对演练参与人员进行问卷调查或访谈，回顾演练的目标，并要求参与人员评价目标的实现程度。演练控制人员负责收集、分析调查结果，并编写评估报告。同专职评价人员评价法一样，评估报告应包括对现有BCP缺陷和优点的评价、对演练目标实现程度的评价、对计划改进的建议等。该报告应作为改进BCP和未来演练方案的指导文件。

演练之后，各个部门应当完成演练报告，获得部门主管批准，并上报演练组织方演练报告（演练行动事项样板），如表13-22所示。报告应当包含演练结论、发现的问题和行动计划。演练组织方应当汇总报告，并跟进问题的解决。如有必要，针对解决的问题，再组织小范围演练。

演练报告（演练行动事项样板）　　　　　表13-22

	行动事项	责任	预计完成的时间	问题或意见
1	用正确的电话号码更新紧急通知名单	BC规划小组	××年4月20日	4%的雇员由于电话号码不正确无法联系上
2	依据确认的变化来更新恢复程序	业务功能小组	××年5月15日	—
3	包括异地存储中所缺少的数据	异地存储	××年4月25日	缺少应有的操作手册
4	在指挥部安置2条额外的电话线和一块较大的白板	BCP	××年5月15日	—
	……	……	……	……

13.5.2　设施业务持续管理维护

BCMF维护的目的是对BCMF流程定期修正并更新，确保其持续有效、适用且不随时间而失效。对BCMF方案进行维护的频率取决于设施系统变化的性质、规模和步伐。当业务流程、地点或技术出现重大变革，BCMF演练或测试过后，按照BCMF评审提出的改进建议对BCMF方案改进过后，或者根据BCP中所规定的维护时间表的要求，组织应对BCMF方案进行维护。

1．BCMF维护的内容

BCMF维护的内容包括：

（1）审查组织内部设施业务流程、所用技术及人员等方面的变化。审查可能是由变更管理流程引起的，也可以是BCMF演练结果或评审报告所引起的。

（2）对BIA阶段关于组织运行的环境所做的假设，如一些时间节点进行审核，并提出质疑，以检查自上一次审核以来，这些时间节点是否需要改变。

（3）审查组织困难时期所需的外部服务是否能及时且充分的获得，如资产恢复、信息恢复和分包服务。

（4）审查业务持续安排中有迫切时限的供应商是否仍然满足组织要求。

（5）审查是否需要对相关人员进行培训、宣传或沟通，以确保他们了解这些变更或修订。

BCMF维护过程结束后，组织应通过正式的版本变更控制流程，向组织中的关键人员分发更新修正或修改后的BCMF政策、战略、方案、进程和计划。

2．BCMF维护成果

通过BCMF的维护流程，组织会得到如下维护成果：

（1）一份正式的业务持续与维护方案文件。

（2）由高级管理层同意并签署的一份正式的BCMF维护报告（包括相关建议）。

（3）以文件形式证明组织采取的BCMF前瞻性（Proactive）管理和监控措施。

（4）核实组织中负责实施BCMF战略和计划的人员是否受过专门训练，且是否胜任。

（5）核实组织监控BCMF风险的手段。

（6）以文件形式证明组织在制定BCP和IMP时已经充分考虑了其结构、活动、宗旨、工作人员和目标等方面的重大改变。

13.5.3 设施业务持续管理评审

组织管理高层应对整套BCMF进行评审，以确定计划是否适当、充足及有效，进而满足设施业务持续性的需求。BCMF评审主要包括审计和自评估两个方面。

1．审计

审计的目的是对组织现有的BCMF能力与竞争力进行全面的审视与检查，以验证是否与组织最初确立的BCMF标准和准则相违背。

通过BCMF审计，可以验证组织的BCMF策略是否与现行法律、标准、BCMF战略、BCMF框架，以及最佳实践标准相兼容；可以找出BCM各方面存在的关键缺陷及问题，并予以解决。BCMF的审计流程包括：

（1）制定BCMF审计计划

该计划应该明确下列内容：

1）确定审计类型。如合规性审计、项目审计等。合规性审计是确定组织的BCMF是否遵循了特定的程序、规则或条例；项目审计是对BCMF项目管理工作的全面检查，包括项目的文件记录、管理方法和程序、财产情况、预算和费用支出情况，以及项目工作的完成情况。

2）明确审计目标。期望得到的结果和提交的成果（审计目标在一定程度上应根据相关法律或法规来确定）。

3）确定适用的审计标准框架（如遵循表13-2中所列标准）。

4）明确审计范围。包括需审计的管理制度、规范、区域、部门或场所等。

5）明确审计方法。包括审计方式，如问卷调查、访谈、文件审查、方案审查等；活动截止日期和时间表；审计结果评价标准；特定学科领域的审计要求。

（2）收集和整理BCMF审计信息

对通过访谈笔记、调查问卷或演练、实物调查、取样等其他渠道获得的信息，进行进一步的编译、汇总，确定信息内容和有效性是否满意，以及是否需要进一步的访谈和调查；将以上获得信息与相关文件（如BIA）进行比较；参考相关资料，例如标准、法规和"最佳实践"准则，以验证初步调查结果。

（3）形成初步的审计意见

对审计发现结果设定风险权重，以关键、高、中、低来区分风险程度，确定审计发现结果的评级标准，并对审计结果进行评定。

（4）编写审计报告

审计报告草案先供各利益相关者讨论，汇集各方面意见后形成正式的审计报告。审计报告应包括相关建议，以及仍存在分歧的问题。审计报告提出的建议也可以作为BCMF维护方案的重要组成部分。

（5）制定补救行动计划

通过补救行动计划及时间表，以执行审计报告提出的建议，并建立一个监测程序。

审计的频率和时机根据组织的规模、特性以及法律地位而定，并受到相关法律和法规的影响，有时还受利益相关者需求的影响。

BCMF审计可以安排内部人员进行，也可以邀请外部审计人员或设施管理专业人员进行。审计一般半年或一年进行一次。

2. 自评估

BCMF自评估在确保组织拥有强大、有效且适用的BCMF能力和竞争力方面扮演着重要的角色。通过自评估可以证明组织确实拥有从事件中恢复设施业务运营的能力，且自评估被认为是一项最佳实践。自评估应根据组织的设施管理目标而开展，并考虑到相关的行业标准和最佳实践。

（1）自评估流程

BCMF自评估流程，如图13-12所示。

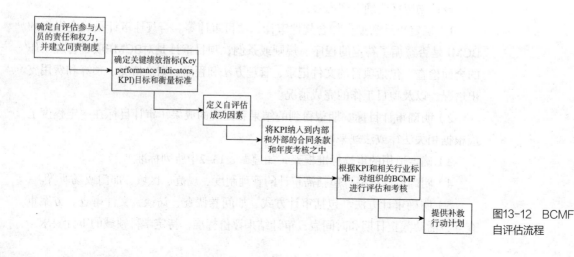

图13-12　BCMF自评估流程

（2）自评估指标

组织BCMF的自评估包括定性评估与定量评估两部分。BCMF自评估关键绩效指标，如表13-23所示。

BCMF 自评估关键绩效指标　　　　表13-23

关键绩效指标	备注
BCP 文件的完整度	计划中每一步之间都逻辑相关（没有步骤缺失） 计划中提出的各种假设充分 计划中包含所有需要的信息（电话号码、地址等） 计划中表明了所有的依赖关系
自上次有效演练以来的月数	
自上次演练以来仍未解决的问题数	
自上次 BIA 以来的月数	
自上次 BIA 以来仍未解决的问题数	
BCP 中包括的经评估的新 IT 技术	
BCP 中包括的经评估的新增或更改后的运营流程	
业务持续小组动态指标的充分性与可行性	如小组成员联络电话号码、通知供应商名单、恢复工作任务分配情况等
是否为 BCMF 的实施和维护编制了详细的预算	
预算控制指标	
自评估保证记分卡	

关键术语

业务持续管理　灾难恢复　业务影响分析　最大可容忍中断时间　恢复时间目标　恢复点目标　风险评估　风险矩阵分析　事件管理计划　业务持续计划　业务活动恢复计划　演练　维护　评审

复习思考题

1. 什么是业务持续管理，业务持续管理主要经历了哪三个阶段？
2. 设施业务持续管理生命周期所包含的四个阶段是什么？
3. 设施业务持续管理的主要工作过程和组成部分有哪些？
4. 设施业务持续管理组织应如何架构，组织中人员的职责是什么？
5. 简述设施业务持续管理与风险管理的区别与联系。

6. 业务影响分析与风险评估的区别是什么，如何进行业务影响分析？
7. 在业务影响分析过程中，评估中断恢复的重要参数有哪几个？请简单介绍。
8. 进行风险识别的途径有哪些？
9. 风险评估的方法有哪些，风险矩阵分析法应如何应用？
10. 设施业务持续管理策略有哪几类，各类策略主要内容包括什么？
11. 简述事件管理计划、业务持续计划以及业务活动恢复计划的功能和作用。
12. 演练的目的是什么，有哪些类型，如何进行评价？
13. 维护与评审包含哪些内容？

延伸阅读

[1] 德勤企业风险管理服务部. 业务连续性计划和管理——莫让无妄之灾阻断公司业务[M]. 上海：上海交通大学出版社，2012.

[2] 国际业务持续协会. 如何在业务持续方面实施全球良好实践的指南——良好实践指南[M]、余绍强译. 北京：中国标准出版社，2014.

[3] GB/T 30146–2013/ ISO 22301：2012，公共安全业务连续性管理体系要求[S]. 中华人民共和国国家质量监督检验检疫总局 中国国家标准化管理委员会，2014.

[4] GB/T 31595–2015/ ISO 22313：2012，公共安全业务连续性管理体系指南[S]. 中华人民共和国国家质量监督检验检疫总局 中国国家标准化管理委员会，2015.

[5] Kelly Okolita. 构建企业级业务连续性规划[M]. 于天等译. 北京：机械工业出版社，2015.

[6] Woodman, P. and P. Hutchings, Disruption & Resilience – The 2010 Business Continuity Management Survey[R]. Chartered Management Institute，2010.

参考文献

［1］Cotts D. G., Roper K.O., Payant R. P.. The Facility Management Handbook［M］. American Management Association, 2010.

［2］曹吉鸣, 缪莉莉. 我国设施管理的实施现状和制约因素分析［J］. 建筑经济, 2008, (3): 100-103.

［3］John Boudreau. 未来, 这个世界只有4种工作模式［EB/OL］. 哈佛商业评论, 2016.

［4］Jensen P. A.. Organisation of facilities management in relation to core business［J］. Journal of Facilities Management, 2011, 9 (2): 78-95.

［5］Chotipanich S., Lertariyanun V.. A study of facility management strategy: the case of commercial banks in Thailand［J］. Journal of Facilities Management, 2011, 9 (4): 282-299.

［6］Alexander K.. A Strategy for Facilities Management［J］. Facilities, 1994, 21 (11): 269-274.

［7］Thompson A.A., Gamble J. E., Strickland A. J.. Strategy: winning in the marketplace: core concepts, analytical tools, cases［M］. McGraw-Hill, 2004.

［8］Martha A., O'mara. Strategy and Place: Managing Corporate Real Estate and Facilities for Competitive Advantage［M］. Sloan Management Review, 10/1999.

［9］(美) 费雷德. R. 戴维. 战略管理 (第10版)［M］. 李克宁译.北京: 经济科学出版社, 2006.

［10］Kaplan R., Norton D.. The balanced scorecard: Translating strategy into action［M］. Cambridge, MA: Harvard Business School Press, 1996.

［11］Griffin C. P.. Strategic planning for the internal marketing and communication of facilities management［J］. Journal of Facilities Management, 2002, 1 (3): 237-246.

［12］Robert A. Klein. Strategic facilities planning: Keeping an eye on the long view［J］. Journal of Facilities Management, 2004, 2 (04): 338-350.

［13］Don Dennis. Strategic facility management and technology: The case study of the University of Calgary［J］. Journal of Corporate Real Estate, 2002, 4 (03): 215-226.

［14］(美) 达夫特. 组织理论与设计 (第10版)［M］. 北京: 清华大学出版社, 2011.

［15］徐晨. 运营持续管理在设施管理组织中应用研究［J］. 北方经济, 2012, (16): 102-103.

［16］朱倩, 徐晨. 基于社会网络的设施管理组织网络结构特性研究［J］. 管理观察, 2013, (13): 113-115.

［17］Kuda, František, Berankova, Eva. Integration of Facility Management and Project Management as an Effective Management Tool for Development Projects［J］. Applied Mechanics & Materials, 2014, 501-504: 2676-2681.

［18］Jon Steiner. The art of space management Planning flexible workspaces for people［J］. Journal of Facilities Management, 2005（4）: 6-22.

［19］Abdullah S., Ali H. M., Sipan I.. Benchmarking space usage in higher education institutes: attaining efficient use［J］. Journal of Techno-Social, 2012, 4（1）: 11-20.

［20］Tertiary Education Facilities Management Association（TEFMA）. Space Planning Guideline 3rd edition［M］. Sydney: TEFMA Publication, 2009.

［21］Office of Real Property Management, Performance Measurement Division. Workspace utilization and allocation benchmark［R］. GSA, 2012.

［22］李洋, 魏峰, 马松影. 办公空间室内设计中的心理环境因素研究［J］. 陕西科技大学学报（自然科学版）, 2009, 27（01）: 177-180.

［23］丛丹. 高等院校学科建设的房屋面积策划研究［M］. 上海: 同济大学, 2009.

［24］Office of the Assistant Secretary, Office of Real Property Leasing, Deputy Assistant Secretary - Indian Affairs. Space management: request for space handbook［M］. Release # 14-29, 2014.

［25］Anne Leforestier. The Co-Working space concept - CINE Term Project［R］. Indian Institute of Management, 2009.

［26］Wikipedia. Coworking. [Online] Available: https://en.wikipedia.org/wiki/Coworking.

［27］IBM Knowledge Center. 管理搬迁. [Online]Available: http://www.ibm.com/support/knowledgecenter/zh/SSFCZ3_10.4.0/com.ibm.tri.doc_10.4.0/spm_spmove/t_ctr_mmv_move_mng.html.

［28］陈光. 现代企业空间管理［M］. 上海: 同济大学出版社, 2014.

［29］Marek Potkany. Facility Management and Its Importance in the Analysis of Building Life Cycle［J］. Procedia Economics and Finance 2015.

［30］I. Ikediashi D., O. Ogunlana S., Boateng P.. Determinants of outsourcing decision for facilities management（FM）services provision［J］. Facilities, 2014, 32（9/10）: 472-489.

［31］Hui E. Y. Y., Tsang A. H. C.. Sourcing strategies of facilities management［J］. Journal of Quality in Maintenance Engineering, 2004, 10（2）: 85-92.

［32］Hassanain M. A., Al-Saadi S.. A framework model for outsourcing asset management services［J］. Facilities, 2005, 23（1/2）: 73-81.

［33］Bernard Lewis, Richard Payant. Facility Manager's Maintenance Handbook［M］. McGraw-Hill Education, 2007.

［34］Kathy O. Roper, Richard P. Payant. The Facility Management Handbook［M］. Amacom. 2014.

[35] John Fennimore. Sustainable Facility Management: Operational Strategies for Today [M]. Pearson. 2013.

[36] IFMA, Eric Teicholz. Technology for Facility Managers: The Impact of Cutting-Edge Technology on Facility Management [M]. John Wiley&Sons Inc, 2012.

[37] Nurul Syakima M. Y., Maimunah Sapri, Mohd Shahril A. R.. Measuring Performance for Classroom Facilities [A]. International Economics Development and Research Center (IEDRC). The Proceedings of 2011 International Conference on Sociality and Economics Development [C]. International Economics Development and Research Center (IEDRC), 2011: 5.

[38] U. S. Department of Energy. Operation & Maintenance Best Practice Guide: Release 3.0, August 2010.

[39] Shozo Takata, Hiroyuki Hiraoka, Hajime Asama, Nobuyuki Yamaoka, Daisuke Saito. Facility Model for Life-Cycle Maintenance System. CIRP Annals - Manufacturing Technology. Volume 44, Issue 1, 2005, Pages 117-12.

[40] Pablo L. Durangoa, Samer M. Madanat. Optimal maintenance and repair policies in infrastructure management under uncertain facility deterioration rates: an adaptive control approach. Transportation Research Part A: Policy and Practice. Volume 36, Issue 9, November 2002, Pages 763-778.

[41] Reliability Simulation and Design Optimization for Mechanical Maintenance [J]. Chinese Journal of Mechanical Engineering, 2009, 04: 594-601.

[42] 刘忠和, 李校生. 物业设备维护与管理 (第三版) [M]. 大连: 东北财经大学出版社, 2015.

[43] 冯国会, 李洋, 李刚等. 暖通空调系统运行维护 [M]. 北京: 人民交通出版社, 2013.

[44] Elmahadi M. A., Tahir M. M., Surat M., et al. Effective Office Environment Architecture: Finding Ingenious Ideas in a Home to Stimulate the Office Environment [J]. Procedia Engineering, 2011, 20: 380-388.

[45] Jackson B. S. L.. The ISO 14001 Implementation Guide: creating an integrated management system [J]. Quality Progress, 2010 (12): 59.

[46] Stephan, Constantin. Industrial Health, Safety and Environmental Management [M], MV Wissenschaft, Muenster, 2012.

[47] 黄院臣, 王韶华, 李建军. 变电设备运行维护培训教材 (基础篇) [M]. 北京: 中国电力出版社, 2015.

[48] 李长宏. 工厂设备精细化管理手册 [M]. 北京: 人民邮电出版社, 2014.

[49] 中华人民共和国住房和城乡建设部. 公共建筑节能设计标准 [J] GB50189—2015. 北京: 中国建筑工业出版社, 2015.

[50] 中华人民共和国住房和城乡建设部. 民用建筑节水设计标准 [M] GB50555—2010.

北京：中国建筑工业出版社，2014.

[51] 能源管理体系要求GB/T 23331-2012/ISO 50001：2011［S］. 2012.

[52] 赵旭东. 能源管理体系［M］. 北京：中国质检出版社，中国标准出版社，2014.

[53] 上海市经济委员会. 上海市能源审计报告内容和深度要求［S］. 2008.

[54] 张赟. 浅析国内外建筑能源管理系统（BEMS）的区别及发展［J］. 科技信息，2012（22）：260-262.

[55] Buttle F.. Customer relationship management：concepts and technologies［M］. Routledge，2009.

[56] Dyche J.. The CRM handbook：a business guide to customer relationship management［M］. Addison-Wesley Professional，2002.

[57] Hoots M.. Customer relationship management for facility managers［J］. Journal of facilities management，2005，3（4）：346-361.

[58] Jensen P. A., van der Voordt T., Coenen C.. The added value of facilities management：concepts，findings and perspectives［M］. Lyngby：Polyteknisk Forlag，2012.

[59] 顾晓栋. IT外包中服务水平协议的研究和应用［D］. 上海交通大学，2008.

[60] 刘伟，石冰心. 服务水平协议（SLA）——Internet服务业的新趋势［J］. 电信科学，2000，(11)：5-8.

[61] Stefan Wuyts, Aric Rindfleisch, Alka Citrin. Outsourcing customer support：The role of provider customer focus［J］. Journal of Operations Management，Volume 35，May 2015，Pages 40-55.

[62] Joseph H. K. Lai, Edmond C. K. Choi.Performance measurement for teaching hotels：A hierarchical system incorporating facilities management［J］. Journal of Hospitality Leisure Sport & Tourism Education，Volume 16，June 2015，Pages 48-58.

[63] Edward Finch.Third-wave Internet in facilities management［J］. Facilities，2000，18（5/6）：204-212.

[64] Eric Teicholz.Computer-aided facilities management and facility conditions assessment software［J］. Facilities，1995，13（6）：16-19.

[65] Thomas Madritsch Michael May.Successful IT implementation in facility management［J］. Facilities，2009，27（11/12）：429-444.

[66] Lavy S., Jawadekar S.. A Case Study of Using BIM and COBie for Facility Management［J］. International Journal of Facility Management，2014，5（2）.

[67] Kasprzak C., Dubler C.. Aligning BIM with FM：streamlining the process for future projects［J］. Australasian Journal of Construction Economics and Building，2012，12（4）：68-77.

[68] D. S. Then. Integrated resources management structure for facilities provision and management［J］. Journal of Performance of Constructed Facilities，2003，17（1）：

34-42.

[69] K. Alexander. Facilities Management: Theory and Practice [J]. London and New York: Spon Press, 1996: 196.

[70] F. Booty. Facilities management handbook [J]. Burlington: Elsevier/Butterworth-Heinemann, 2006.

[71] T. Wireman. Computerized Maintenance Management Systems [J]. New York: Industrial Press, 1994.

[72] BS 25999-1, 2006 Business continuity management. Code of practice [S]. UK's national standards organization, 2006.

[73] BS 25999-2, Business continuity management-Part 2: Specification for business continuity management system [S]. UK's national standards organization, 2007.

[74] Forbes Gibb, Steven Buchanan. A framework for business continuity management [J]. International Journal of Information Management, 2006, 26(02): 128-141.

[75] Michael Gallagher. Business Continuity Management [M]. Great Britain: Ashford Colour Press Ltd, 2003.

[76] 邓云峰. 重大事故应急演习策划与组织实施 [J]. 劳动保护, 2004, (04): 19-25.

[77] 李潮欣, 李甦伟, 彭华涛. 风险转移的常见策略分析 [J]. 价值工程, 2005, (01): 97-99.

[78] 王德迅. 业务持续管理的国际比较研究 [J]. 世界经济与政治, 2008, (06): 74-80.

[79] 国家共享文献标准服务平台[DB/OL]. http://www.cssn.net.cn/.

[80] 靖鲲鹏, 宋之杰. 风险管理的新方法——业务持续管理 [J]. 燕山大学学报（哲学社会科学版）, 2013, 14(1): 92-99.

[81] 高维. 风险评估与业务影响分析的区别与联系 [J]. 计算机安全, 2011, (4): 79-81.

[82] WoodmanP., P. Hutchings.Disruption & Resilience – The 2010 Business Continuity Management Survey [R]. Chartered Management Institute, 2010.

[83] 王金玉. 业务连续性管理（BCM）国家标准诞生的背景与现实和历史意义 [J]. 办公自动化, 2014, (12): 30-33.

[84] 中华人民共和国国家质量监督检验检疫总局, 国家标准化管理委员会. GB/T 31595-2015/ ISO 22313：2012 公共安全业务连续性管理体系指南 [S]. 北京：中国标准出版社, 2015.

[85] 中华人民共和国国家质量监督检验检疫总局, 国家标准化管理委员会. GB/T 30146-2013/ ISO 22301：2012公共安全业务连续性管理体系要求 [S]. 北京：中国标准出版社, 2014.